本书为教育部人文社会科学重点研究基地
吉林大学理论法学研究中心重大项目
“法律方法理论研究”（项目编号：10JJD820008）的结项成果

聚焦思维规则的法律方法研究

Legal Methodology Research Focusing on the Rules of Thinking

陈金钊　吕玉赞　著

图书在版编目(CIP)数据

聚焦思维规则的法律方法研究/陈金钊，吕玉赞著．—北京：北京大学出版社，2020．3

ISBN 978-7-301-31106-6

Ⅰ．①聚… Ⅱ．①陈… ②吕… Ⅲ．①法律—方法论—研究—中国 Ⅳ．①D920．0-03

中国版本图书馆 CIP 数据核字(2019)第 300949 号

书　　名　聚焦思维规则的法律方法研究
JUJIAO SIWEI GUIZE DE FALÜ FANGFA YANJIU

著作责任者　陈金钊　吕玉赞　著

责 任 编 辑　孙维玲

标 准 书 号　ISBN 978-7-301-31106-6

出 版 发 行　北京大学出版社

地　　址　北京市海淀区成府路 205 号　100871

网　　址　http://www.pup.cn　新浪微博：@北京大学出版社

电 子 信 箱　sdyy_2005@126.com

电　　话　邮购部 010-62752015　发行部 010-62750672
编辑部 021-62071998

印 刷 者　北京虎彩文化传播有限公司

经 销 者　新华书店

965 毫米×1300 毫米　16 开本　25 印张　336 千字

2020 年 3 月第 1 版　2020 年 3 月第 1 次印刷

定　　价　88.00 元

目录

导　论

在2010年度教育部人文社会科学重点研究基地重大项目“法律方法理论研究”获批以后，研究团队数次开会，商讨如何更好地完成这一课题。在此之前，由陈金钊教授牵头、历经六年完成的国家社科基金年度项目“法律方法论研究”比较全面地介绍和梳理了法律方法论的各种基本理论。为了在此基础上真正推进法律方法论研究，避免与以往的法律方法论研究重复，研究团队多次讨论和论证了本课题的理论语境、问题意识和研究进路，最终达成如下共识：

一是法律方法研究的思维转向是国家治理体系法治化的内在要求。国家治理体系的法治化不仅意味着法律制度和法律体系的现代化，而且意味着治理体制和治理能力的法治化。治理体制和治理能力的法治化只有通过法律方法论塑造的法治思维和法治方式才能实现。国家治理能力的提升需要我们重视法律方法论研究，法律方法论研究的重心亟待转向法律思维规则。

二是法律方法论在根本上是服务于法治思维和法治方式的，具有法教义学属性，所建构的思维方式主要是一种合法性思维。因此，法治思维构成了法律方法论的主要研究对象，中国法律方法论研究需要遵循法治思维和法治方式的内在逻辑。相较于技艺性的法律方法，法律思维规则对当下中国具有更大的理论和实践意义,中国法律方法论研究的重心必须转向法律思维规则。同时,法律解释规则和法律修辞规则等思维规则不管在具体建构还是在表达形式上,都必须接受形式逻辑的制约。

三是从西方法律方法论的发展轨迹可以发现,法律方法论研究的重心已经逐渐从技艺性的法律方法转向规定性和规范性的法律思维规则。

在中国语境下,法律方法论研究的重心之所以转向法律思维规则,还存在以下理由:

首先,法治是一种规则治理的事业,按照规则的指向和功能,法律规则可以划分为制度性法律规则和思维性法律规则。制度性法律规则是由国家立法机关创制的包含在各种法律渊源之中的法律规范,其具体表现形式包括法律概念、法律规则和法律原则。它既可以制定法的形式出现,也可以判例法、法官法、法理学说等形式出现。在规则指向上,它仅涉及各种法律主体的权利义务关系的分配和配置。相对于制度性法律规则,思维性法律规则具有一定的辅助性和依附性,它是为各种制度性法律规则的执行和适用而存在的。根据制度性法律规则适用的环节,思维性法律规则可以相应地划分为法律发现规则、法律解释规则、法律论证规则、法律论辩规则、法律修辞规则、利益衡量规则、法律推理规则等。思维性法律规则具有理论性和实践性两种形式,前者是指各种法律方法论理论和学说,后者是指法官等法律实务人员在司法实践中有意识或无意识地使用的各种法律解释技术和法律推理技术等。根据对于思维性法律规则的态度,西方法律方法论研究大致经历了三个不同的发展阶段:第一阶段,各种法律方法还未被转换为法律思维规则,它们只能作为各种法律解释技巧、要素或方法等被表述和交流,这时的法律方法更像是一种法律实践的技艺。第二阶段,各种法律方法经过长期的发展已经被简化为各种法律发现规则和法律适用规则,原先的法律解释技巧、要素或方法逐渐具备或呈现出规则化的形态。但是,各种思维性法律规则在适用中会出现各种矛盾和冲突。第三阶段,各种思维性法律规则之间的矛盾和冲突经由法律论证理论获得了合理的解决方案,各种思维性法律规则之间的适用顺位和效力关系被转化成论证结构和论证程序问题。因此,各种思维性法律规则也被相应地转化成法律论证规则。

其次,法律思维规则是法律方法论的核心内容。法学是一门实用学科,学以致用是法学的品性。法律方法论之"用"表现在两个方面:一是作为一种知识,以前见的方式嵌入人们的头脑,帮助人们理解、解释和运用法律;二是作为一种劝导性的思维规则,引导人们判断、推理、解释、发现、论证针对个案的裁判规范。尽管法律方法的知识很重要,但指引人们展开法律思维的规则才是核心。从总体上看,法律方法论是为制订行动方案所准备的思维规则。尽管法律方法论包含解决疑难案件的技术、技艺和行动方案,但这些技术、技艺和行动方案都是为揭示法律思维规则而进行的举例说明,最多只能被当成法律人经验的一部分。法律方法论作为一种理论,虽然面向司法实践,但并不是司法实践本身,对法律人思维规则的概括总结以及必要的阐释才是法律方法论的核心任务。

再次,法治思维和法治方式的形成需要法律思维规则。在制度性法律规则意义上,中国的法律体系已经基本形成。但是,中国的法治建设仍然任重而道远,其重要原因在于,中国古代的法律文化与当下的法理学和法哲学研究并没有意识到围绕制度性法律规则展开其运用规则研究的重要性。中国传统文化的整体性思维和辩证思维既不尊重法律规则,也没有发展出相应的法律思维规则。中国当代的法理学和法哲学在某种意义上还主要是一种政治法理学或法政治学,各种法律方法论研究也没有意识到法律方法论研究转型的意义,各种进路的方法论研究反而造成和加剧了理论与实践沟通的阻力和难度。因此,思维性法律规则研究对法治中国建设更具有特殊意义。即便有了制度性法律规则,但如果缺乏各种相应的思维性法律规则,中国依然不能形成法治思维，法治方式也无法成为国家治理的根本范式。一方面，法律思维规则可以使各种法律主体以一种内在观点之法学的态度围绕各种制度性法律规则展开法律思考，法律思维规则可以使法律主体的法律思维在正确的轨道上运行。另一方面，法律思维规则具有规定性和规范性特点，可以有效防止或减少法律主体任意规避法律、扭曲法律。

最后，法律方法只有被简化为思维规则才能真正形成对司法实践的规范和指引能力。在过去二十多年的法律方法论研究中，我们时刻提醒自己应该面向司法实践，为法律实务人员出谋划策，并且已经发表和出版了大量的研究成果。但是，我们经调研发现，各种法律方法论的研究成果对司法实践的影响力并不是很大。其中一个关键原因在于，我们的研究被各种理论争议“绑架”，没有把法律方法精炼为法律思维规则。我们的法律方法论研究做到了深入，但没有从深奥的理论中跳出来。本来法治的理想是以简约应对复杂，但很多研习法律方法论的人感觉到，我们现在的理论实际上是以复杂的理论应对复杂的案件。法律方法论研究为司法实践服务的基本目标没有实现。要实现从法律方法论向法律思维规则的转向，一个主要的问题意识即在于，从各种复杂、有争议的法律方法理论和多种多样的法律方法中总结或提炼出适合中国司法实践的法律思维规则。

在明确了中国法律方法论研究的问题意识和主要任务以后，关于本书的内容和结构，尚有如下交代：

第一，本书中的思维性法律规则并不完全对应西方法律方法论发展的第二阶段，而是在一种非常宽泛的、相对于制度性法律规则的意义上被使用和理解，因此法律修辞规则等也会被纳入其中一并考量。同时，我们认为，尽管法律思维规则的种类很多，但在法律思维规则作为劝导性规则可以被习得、遵守和发挥指引作用的意义上，法律解释规则和法律修辞规则是其最为主要的部分。法律解释规则是传统思维性法律规则的主体部分，将之纳入思维性法律规则体系自不待言。法律修辞规则作为一种法律论辩规则，在内容和指向上与法律论证规则存在一定程度的重合。不过,本书描述和建构的法律修辞规则是一种语词、行为意义上的合作规则和实用性商谈规则,尽管在规则的设置和表达上也要遵守程序性法律论证规则,但我们会根据法律论辩和法律对话的语言特点进行某种通俗化的转换。

同时,法律修辞规则旨在谋求法治思维、法治方式与法律可辩驳性之间的折中和妥协,它将法律思维的体系性思维和问题性思维融为一体。各种法律解释规则在适用中所出现的规则冲突和规则漏洞在进入论辩环节后,通过法律修辞规则都可以得到一定程度的解决。因此,法律修辞规则比程序性法律论证规则具有更强的实用性和实践指引意义。法律推理规则包括形式推理规则和实质推理规则两部分。形式推理规则实质上相当于形式逻辑规则,本书将其作为法律思维规则研究的逻辑基础和思维前提。至于实质推理规则,与其相对应的逻辑类别有非形式逻辑、道义逻辑和非单调逻辑等,这些推理规则和逻辑类别与程序性法律论证具有大体相同的实践指向和规范内涵,而且其逻辑形式和结构决定了它们更适合被用来重构法律裁判过程而非指引司法审判。因此,在思维性法律规则的意义上,法律推理规则并不适合作为单独的法律思维规则类型。

第二,尽管本书旨在向读者呈现简约的法律思维规则,但依然难免"长篇大论"。对此,我们想预先"辩解"的是:首先,呈献给读者简约的法律思维规则是一回事,对这些规则的研究是另一回事。没有充分的论证,我们根本无法知道法治中国建设过程中究竟需要哪些简约的法律思维规则。或者说,法律思维规则的研究与法律思维规则的训练是两回事。真正简约的法律思维规则是需要在法律方法训练中展示的。其次,在各种法律思维规则的论述和研究中,我们都会在最后环节总结出我们认为合适的、契合当下中国司法实践的相应的法律思维规则,尽管从目前来看这可能是一种奢望。

本书系吉林大学理论法学研究中心承担的教育部人文社会科学重点研究基地重大项目"法律方法理论研究"的结项成果,由陈金钊、吕玉赞合作完成，陈金钊承担第一、二、三、四章的写作，吕玉赞承担第五、六章的写作。为了完成该科研项目，以陈金钊为主持人的研究团队已经在《中国法学》《现代法学》等杂志上发表文章近五十篇，出版专著《中国法律方法论研究报告》（北京大学出版社 2012 年版）、《法治思维及其法律修辞方法》（法律出版社 2013 年版）两部。这样的结项成果数量也许会使我们"言多必失"，缺点和错误难以避免，所以更期待各位专家的批评和指正，以便我们进一步完善、修正。

第一章
国家治理能力的法治化呼唤法律方法研究的转向

由于法治本身是一个无法在逻辑上充分证成的经验命题，因此"国家治理体系的现代化就是法治化"只是一个虽未被证成但已被广泛接受的命题。国家治理体系的现代化可从政治学和法学的角度进行理解与论证。不同于政治学家对国家治理体系的宏观诠释，学者不仅重视法治体制的制度建构，而且注重人们运用、调整具体法律制度的思维能力和制度能力。在规范法学的意义上，法治化不仅意味着法律制度和法律体系的现代化，更意味着法律思维和司法裁判的规范化和正当化。国家治理体系的现代化通过治理体制和治理能力的法治化才能最终实现。但是，从制度固有的"路径依赖"特性和法治的稳定性、预期性需求的角度看，治理能力的法治化对国家治理体系的现代化具有更重要的意义。治理能力意味着一种制度能力，它与人们的法治思维和法治方式密切相关。因此，我们需要重视法律方法在法治中国建设中的作用。法律方法就像国家治理体系的"骨髓"，具有自我矫正的"造血"和"免疫"功能。

第一节 国家治理体系现代化的法治诠释

欲充分发挥国家和社会治理体制的作用,需要注意治理与法治的区别,也需要探讨治理与法治的联系。法社会学研究发现,如果把国家治理完全等同于法治的推行,则带有太多的理想主义成分。因为法治只是国家治理的一种理想手段,治理者要解决的问题比先前的法律设计复杂得多。社会是复杂的,而法治却是一种趋于简约的治理方式。自从法社会学学者看到法律必须适应社会才有效力以后,关于法治的实质主义思考就增多了。在很多法社会学学者眼中,法治已开始失去以简约(简单)应对复杂的属性,简约的法治与国家治理交织在一起了。虽然国家与社会治理都离不开法治,但是若把法治完全等同于国家治理,治理者很可能会失去对国家与社会的掌控和调整能力。规范主义法学学者认为,法治应该发挥其以简约方式调整复杂社会关系的功能。法治是一种单线条调整社会关系的方式,规范性、程序性、形式性是其显著的特征。国家治理则更趋于实质主义的思维指向,除考虑形式法治的要求外,还需要从大局、政治等角度思虑当下问题的解决方案。法治的形式性和治理的实质性思维构成了两者的明显区别。我们从治理与法治的区别中得出的结论是:形式法治应该依托国家治理体系发挥作用。但是,在具体的语境中,人们需要考虑在不违背形式法治基本要求的前提下,考虑实质的综合因素对判断的影响。国家与社会治理都需要运用综合手段,而不仅仅是法治。法治只是国家与社会治理的一种手段,除此以外还有人治、德治等治理方式。任何国家的治理都不存在纯粹的法治方式,国家治理需要综合手段的运用。

当然,任何堪称法治的治理肯定是以法治方式作为最基本的治理手段的。任何治理手段都会程度不同地和法治有某种联系。一个国家是不是法治国家,取决于是法律因素还是政治、道德、宗教等因素占据思维、决策的主导地位。法治社会是一种以法律作为主导因素的决策机制和行为方式。近些年出现的治理理论，已经不是单方面追寻形式法治的理论，而是一种趋向于综合形式法治和实质法治优点的理论。以民主法治为核心的现代法治被视为一种综合治理的基本工具。[1]现代治理理论与法治理论在很多方面都存在着重合。国家治理体系的完善与全面推进法治中国建设是同一个过程。换句话说，法治建设的目标之一就是完善国家治理体系，离开法治的全面推进，国家治理体系就无法完善。"国家治理的现代化，有赖于各个领域的法治化。"[2]法治及法治思维方式对治理体系的完善、治理能力的提升、错误行为的校正有着重要的意义。在治理过程中，可以通过法治思维的训练，以法治方式应对、解决各种复杂的矛盾。在国家治理体系中，思考可以使我们更全面地认识法治的作用，而"探讨法制与治理关系的最好办法，莫过于从治理的视野去观察法律"[3]。

一、国家治理体系法治化的背景：从管理到治理

由管理向治理转变是政治家的设想，强调的是制度与体制的转型。在法治之下，思维和行为方式如何转变，是以研究法治思维规则为主的法律方法论需要解决的问题。尽管体制或制度的转型最能够显示"推进法治中国建设"的特征，但是我们也要注意到，在治理体制完善的前提下，只有法治思维水平得以提升和法治方式得到广泛运用，国家治理和社会治理才能接近法治中国的目标。法治中国建设需要依托国家治理体系的现代化，而法治中国的实现则需要把现代管理制度落实到具体的治理活动中去。中国在推行市场经济以后，社会关系越来越复杂。

---

〔1〕 参见唐皇凤：《新中国60年国家治理体系的变迁及理性审视》，载《经济社会体制比较》2009年第5期。

〔2〕 林振义：《如何认识推进国家治理体系和治理能力现代化？——三谈深入学习贯彻十八届三中全会精神》，载《光明日报》2013年11月28日第1版。

〔3〕 卢毅林：《善治与节制——国家治理视野中的公法》，载《福建法学》2006年第4期。

以纵向权力为主的国家全能主义的管理思路已经很难适应市场经济以及民主政治发展的需要，也难以化解日益激化的社会矛盾。在这种情况下，国家治理、社会治理的法治化成了政治学家、法学家共同关注的课题。从人类社会的管理经验来看，对复杂社会关系的处理，需要采取简约的方法。以简约应对复杂是解决问题、化解矛盾的正确出路，而法治就是这样一种治理工具。国家治理体系的现代化就是法治化，它包括两个方面的含义：一是治理制度的法治化，即建立完善的国家治理制度；二是实现路径的法治化，即用法治思维和法治方式落实法律制度的规定。这两个方面缺一不可，现代化的国家治理体系必须通过法律加以确定，而其运行方式也必须是法治化的。离开法治化的评价尺度和标准，空洞地谈论国家治理体系和治理能力现代化没有实质意义。〔1〕

法治中国目标的实现需要治理体系的完善和治理能力的提升。中国需要从国家全能主义的统治转向由国家、市场和社会协调发展的治理模式。“治理”是20世纪末兴起的新政治概念，它不同于“统治”的概念。从统治走向治理，是人类政治发展的普遍趋势。治理体制和治理行为体现的是工具理性，无论是在哪一种政治体制下，无论谁上台执政，都希望自己统治下的国家得到良好的治理。“少一些统治，多一些治理”，这是21世纪世界主要国家政治变革的重要特征。从政治学理论来看，统治与治理主要有五个方面的区别：其一，权威主体不同。统治的主体是单一的，是政府或其他国家公共权力；治理的主体则是多元的，除政府外，还包括企业组织、社会组织和居民自治组织等。其二，权威的性质不同。统治是强制性的；治理可以是强制性的，但更多是协商性的。其三，权威的来源不同。统治的权威来源是强制性的国家法律；治理的权威来源除法律外，还包括各种非强制性的契约。其四，权力运行的向度不同。统治的权力运行是自上而下的；治理的权力运行可以

---

〔1〕 参见莫纪宏：《国家治理能力的现代化是一项系统工程》，载《中国社会科学报》2014年1月17日第A07版。

是自上而下的，但更多是平行的。其五，作用所及的范围不同。统治所及的范围以政府权力所及的领域为边界；治理所及的范围则以公共领域为边界，比统治要宽广得多。[1] 在改革大潮中，中国的管理模式也开始向治理模式转变。

从法治的角度看，治理理论有如下特征：

第一，法治之下的治理是一种反对刚性统治的非暴力形式，是通过法治的柔性管理达致善治。治理虽然与管理不完全一样，但仍属于管理的一种形式，只不过打破了把权力渗透到社会各个角落、不留死角的国家权力全能主义的管理模式。通过向社会组织分权，使社会治理的自治程度提高、管理方式扁平化，从而使刚性的权力与平等的权利交叉实施对国家与社会的治理。这不是要放松对社会的管理，而是要实现公权力机关和社会组织的共同治理，从而减少基于权力的绝对化可能产生的恶，最终实现善治。就像范愉教授所说的："中国语境下的善治是法治化进程中的善治，不仅要树立法的权威，实现规则之治，还要避免硬性法治、过度法治，使治理开放灵活、多元而有弹性。只有这样才能克服法律的局限性，又有可能接近善治。"[2]治理理论中的法治，不仅是管理者可以运用的工具，而且是所有参与治理者可以共享的工具。治理的柔性是对管理者的要求，主要是消除权力行使过程中的刚性，尽量减少使用强制手段等硬办法；社会组织能做的或者能用自治办法实施的事，尽量减少公共权力的介入。在柔性管理体系中，"一方面需要通过党和政府的柔性管理，通过党的群众工作来有效化解矛盾，消弭冲突；另一方面还需要从社会治理的实践出发，在维护最广大人民根本利

---

〔1〕 参见俞可平：《沿着民主法治的道路，推进国家治理体系现代化》，http://theory.gmw.cn/2013-12/03/content_9679196_3.htm，2013 年 12 月 27 日访问。

〔2〕 范愉等：《多元化纠纷解决机制与和谐社会的构建》，经济科学出版社 2011 年版，第 69—70 页。

益的基础上科学看待秩序维护中的社会强制问题。”〔1〕当然,柔性管理并不是完全去掉法律的刚性,而是要排除过度依赖强制手段,要在治理过程中真正实现以柔为主、刚柔相济。实施法治就是要讲法说理,运用法律方法软化法律的刚性,把专政的实质软化为透彻的说理,在尊重权利的基础上,把法治方式的妥协运用到极致。同时,对那些不讲法律和道理的人来说,基本的强制措施还是必要的;没有强制的法治,对那些不遵守法治的人来说是毫无意义的。

第二,在政府主导的前提下,由多元主体参与治理。由管理向治理转变,政府权力退出部分领域,这不是推脱责任,而是要把政府不该管的、管不好的领域让渡给社会组织,以充分调动各种主体参与治理的积极性,改变过去所有问题都由政府扛起来的做法。传统理论把社会成员分为统治者与被统治者,统治者包揽所有的管理,被统治者完全是管理的对象。然而,在这种管理体制下,由于参与管理的主体过于单一,管理者劳心费神但效果不好,并且容易产生腐败与专横。“管理”与“治理”虽只有一字之差,但治理可以把更多的主体(包括社会组织和公民等)吸纳进来,不仅能够调动各方面的积极性,而且是对权力的限制,从而可以达致善治;不仅能够在一定程度上遏制腐败,而且为有效化解社会矛盾提供机会。“在市场观点看来,政府最严重的治理问题源自其庞大的规模和复杂的结构,即传统上大型的、垄断式的政府部门很难应对不断变化的环境因素(如市场信号),它们的焦点通常会集中在内部的正规制度和科层权威方面,并以此作为行动依据。因此,改革者们建议,有效的变革方案就是分散制定政策的权力,并创造出大量竞争性的小型机构来分解原先较大的部门。他们认为,这些做法将有助于使政府在结构上更加趋于扁平,也更易于横向间协调起来制定出适应环境

---

〔1〕 蔡志强:《社会强制与社会治理创新》,载《学习时报》2013年11月25日第A4版。

变化的政策。”[1]党的十八大以来，中央多次强调要“加快形成党委领导、政府负责、社会协同、公众参与、法治保障的社会管理体制”，体现了多元主体共治的理念。可以说，政府、市场、公民社会三元并存与互补的现代国家治理模式已经成为转型国家制度改革的目标。转型国家的政府已经无法对影响经济发展的权力与资源保持原有的垄断性控制，国家治理日益依赖于政府、市场、公民社会的协调互动。[2]

第三，在体制分工明确、法律健全的基础上，用法治方式解决矛盾冲突。由于多元主体参与治理不能“各吹各号”，因此相同的法治思维和行为方式特别有必要，不然就会出现社会秩序的混乱。学者们已经发现，治理体系和治理能力的现代化就是管理体制以及管理者思维和行为方式的法治化。在很多政治学学者看来，法律制度越来越重要。“在重构国家治理体系的过程中，制度的力量发挥了越来越大的作用，中国国家治理的法治化、制度化程度越来越高，制度化调控模式在稳步萌生。国家治理方式与手段的法治化，国家权力内部运作中以领导责任制、目标管理责任制为核心的责任制度，以一票否决制为基础的考核制度以及一系列以例会或联席会议制度为形式的协调制度，大大提升了权力运作的规范化、制度化程度，‘权力的制度网络’在日益成长与成熟。”[3]中国的治理体制在权力分工问题上虽没有欧美国家那么独立清晰，但已经有了基本的分工，各主体的权力界限也是大体清楚的。现在的问题是，各种权力的独立性较差，在抓权力的时候，各主体分工但不分家了；基于制度的制约有时成了相互间的扯皮，没有形成科学的治理体制。从法律方法论的角度看，仅仅有制度或者权力的分工还是不

---

〔1〕 李泉：《治理理论的谱系与转型中国》，载《复旦学报(社会科学版)》2012年第6期。

〔2〕 参见刘婷婷、张慧君：《转型深化进程中的国家治理模式重构》，载《俄罗斯研究》2008年第3期。

〔3〕 唐皇凤：《新中国60年国家治理体系的变迁及理性审视》，载《经济社会体制比较》2009年第5期。

够的，因为制度给我们提供的是思维和决策根据，要想使已有的制度发挥作用，离开法治思维就会寸步难行。最明显的例证是，中国已经建成社会主义法律体系，但并没有彻底改变“有法律，无法治”的现实。因此，我们需要在法治中国建设中推进国家治理体系的现代化。

第四，由重视纵向管理体制转向与横向社会组织共治并重。权力的行使和权利的实现都需要有法律基础。由于国家和社会治理的范围非常宽泛，因而不能仅靠政府一家来实施。中国转型时期的国家治理不仅要维护社会和市场秩序，调和、处置社会纠纷和冲突；还要防范、处理天灾人祸等社会风险，服务和管理流动务工人员、农村留守老妇幼等特殊人群；甚至引导和监管基于互联网的“虚拟社区”以及类似场域也要被纳入治理范围。[1] 纵横交错的网络治理模式成为现代社会有效的公共事务治理之道。网络治理模式作为一种秩序形态或者治理机制，其基本形态包括非正式团体、互助组织、小型或者地方性制度网络、协作形式的社会存在、自助团体等，其基本特征包括扁平的组织形式、平等的成员身份以及共同的责任，构成网络的基本要素包括团结、利他主义、互惠和信任等。[2] 支撑这种纵横治理的架构是各种正式组织和非正式组织。需要明确的是，在它们之间建立正常有序的关系是法律制度对权限的确认，以及参与治理者对法律制度正确理解所必须具有的法治思维和法治方式。没有现代化的法治，就没有管理向治理的转变。

二、治理体系法治化的历史背景：社会转型

按照李贵连教授的说法，中国自1840年开始向现代社会转型。[3]

---

〔1〕 参见江必新：《推进国家治理体系和治理能力现代化》，载《光明日报》2013年11月15日第1版。

〔2〕 参见唐皇凤：《新中国60年国家治理体系的变迁及理性审视》，载《经济社会体制比较》2009年第5期。

〔3〕 参见李贵连：《从贵族法治到民主法治：中国法治转型之路》，载《中国社会科学报》2013年11月13日第A06版。

也就是说，中国国家治理的现代化问题在那时已经被提出来了。只不过，那时的人们更重视船坚炮利的“唯物”主义，而不重视制度性文化以及人的思想观念的现代化对社会发展的重要意义。从直观的角度观察，鸦片战争失败好像就是因为船不坚炮不利所造成的。1895 年甲午战争的失败，则使中国人意识到，中国的落后不仅体现在科学技术方面，在制度与文化方面也存在着严重的问题。所以，一批先知先觉的中国人急于把世界上最先进的制度引进中国。在各种“主义”的激烈竞争中，中国共产党选择了最前卫的一种——超越自由主义和国家主义的社会主义。在 1949 年取得民族解放战争的胜利以后，我们开始建设社会主义，取得了巨大的成就，并积累了丰富的经验。然而，在前所未有的社会主义建设中，我们也遇到很多的问题。前些年，我们把优先发展经济当成最大的政治，使经济等有了较大发展。然而，在发展过程中也出现了不少复杂的社会矛盾，人们发现传统的管理体制已经很难适应市场经济和民主政治的发展。因此，中国需要不断地推进改革，实现由国家全能主义的管理向治理的转变。“社会转型”成了标志中国进步的关键词。现在人们已经意识到，国家治理体系的现代化就是法治化，社会转型的根本标志就是实现法治中国。治理体制的法治化就是要根据法治的原则动员国家、社会的各方面力量参与治理，完善国家治理和社会治理体制，提升国家和社会治理能力。实现国家和社会治理能力的现代化，抓住当前推进改革的最重要因素，既是对世界历史经验的总结，也是提升中国软实力的重要组成部分。

近些年来，我们之所以对国家治理体系比较自信，是因为“中国模式”的治理方式超越了西方思想家所设计的市场、民主模式。对于中国经济发展、增长的速度以及良好势态，西方学者们惊叹不已，美国未来学家戴维・霍尔甚至说中国“以不可思议的气势崛起，成为全球经济舞台上的表演者之一"[1]。改革的成功使我们对自己选定的治理体制有了更多的自信。但是，也有学者提出，改革不应该是社会的常态，若一个国家经常用改革来促进发展，则在逻辑上可以推知：这个国家经常性地处于不正常状态，社会不停地处于改革转型之中。这要么是制度、体制出了问题，要么是社会要出大问题，而法治是稳定社会的治理方式。目前，由于我们的社会转型还没有完成，因此改革还需要持续一段时间。但是，我们必须用法治方式去约束在很多问题上(包括改革措施、外交和军事手段的运用)的"莽撞"。值得注意的是，十八届三中全会对全面深化改革作出具体安排，强调要"紧紧围绕使市场在资源配置中起决定性作用深化经济体制改革""紧紧围绕坚持党的领导、人民当家作主、依法治国有机统一深化政治体制改革""紧紧围绕建设社会主义核心价值体系、社会主义文化强国深化文化体制改革""紧紧围绕更好地保障和改善民生、促进社会公平正义深化社会体制改革""紧紧围绕建设美丽中国深化生态文明体制改革""紧紧围绕提高科学执政、民主执政、依法执政水平深化党的建设制度改革"。能不能落实这六个"紧紧围绕"，要看多方面的因素：一要看国家治理体系能否随着改革建立起来；二要看社会治理体系是否完善；三要看参与治理者的能力；四要看法治跟进的程度；等等。我们注意到，当今中国社会既需要体制的改革，也需要法治的全面跟进，需要在社会转型中完成法治中国建设。这次改革与以往不同的是，在制定改革措施的时候，也非常注重法治建设，倡导以法治凝聚改革共识，在全面深化体制改革的同时推进法治中国建设。

虽然法治依附于治理体制，但它也是治理体制的组成部分。在整个治理体制中，法治方式的运用是关键性的，相当于人体系统的"骨髓"，对治理体制的完善具有重大意义。没有法治方式，治理体制的运

---

〔1〕 参见〔美〕戴维·霍尔：《大转折时代：生活与思维方式的大转折》，熊祥译，中信出版社2013年版，"中文版序"第2页。

行就难以形成自身的纠错机制。因为单一的依据权力进行的管理有很多局限性,其中最主要的就是权力的刚性运转使得自身缺乏纠错机制。运用法治方式形成的纠错机制,能够最大化地发挥法律方法的理性作用,在法律规则和程序的基础上反思行为决策,矫正思维决策的非理性因素。历史上,由于对法律或法治的作用重视不够,一味地依赖权力压服,结果使社会矛盾越积越多。这样,就很容易引起以非理性的暴力方法解决问题,而以暴力遏制强权会使国家和社会经常处于危险之中。像权力的刚性运转一样,具有暴力情结的举动缺少自我反思,把所有矛盾的症结都归于统治者,这是有问题的。极端的革命情绪往往不计成本和后果,革命者以为自己掌权以后,一切问题都可以解决。但是,历代农民战争和近代革命始终没有解决制度本身的纠错机制问题,历史总是在"打倒皇帝做皇帝"的怪圈中重复。近百年来的历史表明,中国的发展必须矫正"不断革命论"或"不停改革论",在对制度体制的重大积弊进行改革的同时,必须把理性法治观念引入对国家和社会的治理。法治方式的运用添加的是治理过程的理性因素和纠错机制,能够完善国家治理体系,并可以避免暴力或革命情绪的衍生。

我们发现,虽然近代革命使中国社会的组织化程度有了很大的提高,但是治理体制和行为方式的法治化程度仍然不够。这不是说法律制度或法律体系没有建立起来,而是说在多数中国人的心目中,法治思维以及与之相匹配的法治方式不是根深蒂固的。"将'一盘散沙'式的低度组织化社会成功带入现代社会,光靠强有力的国家政权很难实现这一历史使命。"[1]要解决长期存在的矛盾,不能用一蹴而就的革命方式,而应该重视法治,重视建立在法律方法基础上的法治思维和法治方式,并在此基础上教化人们的思维方式和行为方式以使其达到法治化。法治中国建设是一条引领中国长期稳定发展的根本出路。我们发现,

---

〔1〕 唐皇凤:《新中国60年国家治理体系的变迁及理性审视》,载《经济社会体制比较》2009年第5期。

随着近些年来的法治启蒙以及社会主义法律体系的形成，公民的权利意识大幅度提高，一些人对法治方式的掌握之娴熟程度甚至超越了部分管理者，在是否实施法治的问题上已经形成一种倒逼机制。讲政治、讲大局更多是对管理者的要求，对利益的捍卫者来说，他们更愿意讲法治，或者以不同的方式倒逼管理者讲法治。同时，对管理者来说，只有讲法治才会产生公信力。在这种形势下，管理者必须改变其思维方式和行为方式。十八届三中全会以来，中央重视政府能力建设，并将其作为完善国家治理模式的切入点。法治方式可以在权利与权力之间建立平衡关系，有利于社会的长期稳定和经济的可持续发展。

三、从法治视角观察国家治理体系

经过一百多年的对西方科学技术的学习，中国人对科学技术的掌握已经有了很大的进步，对经济的管理也有了现代化色彩。然而，我们对国家和社会的管理方式还留有很多革命战争时期的痕迹，以权力压服为核心的管理方法还大量存在。近些年来，由于市场经济的推动以及党对民主法治建设的推进，中国人的民主精神、自由意识、平等观念等都有所增强，对法治方式的运用也大量增多，以至于出现了“老办法不管用，硬办法不敢用，新办法不会用”的情况。在今天的中国，权力的任意行使会遭到权利人前所未有的阻遏，革命战争时期传下来的“老办法”已经失灵；在法治已经深入人心的情况下，管理者只要用硬办法就可能当被告，甚至可能出现败诉的情况；对于法治方式这种新办法，很多管理者还不怎么会用。这就需要国家、社会治理体制和能力的法治化。人们在反思中发现，四个现代化建设更多地注重物质文明，解决了科学技术等物的方面的问题。但是，片面的“唯物”主义解决不了文化与制度的软实力问题，制度文明的建设具有物质文明取代不了的作用。各个国家之间不仅有硬实力的竞争，还有软实力的较量。法治是制度文明最重要的组成部分。能不能让中华民族屹立于世界文明体系之中，还要看我们的文化制度以及在制度文明之下法治能否及时跟进。

因此，我们还需要治理制度与治理能力的现代化。

治理最初的意义是官方的操纵或控制，但自20世纪治理理论出现以后，人们开始强调官方与非官方多方面因素的交融。进入21世纪以后，我们感觉到党对治理理论的接受已经超过了法治理论。具体表现为，对于治理理论的质疑声音较小，而对于法治有些人则经常抱有相当程度的警惕心理。其实，治理理论与现代法治理论在很多方面是重合的。尽管治理与法治所要解决的问题并不完全相同，但在理念和实施方式方面基本上是一致的。国家治理能力的现代化就是管理者提升法治思维水平，掌握运用法治方式化解社会矛盾的能力。全能主义国家的宏伟治理目标和复杂治理技术塑造了中国新的法律传统——政法思维，由此形成了司法的非中立化与法律的惩罚化。虽然近些年有了"现代法治"的理念，但并没有从根本上摆脱政法一体化思维。因此，治理理论要想在中国发挥作用，还有很长的路要走。很多人并不接受法治思维，也不会运用法治方式。例如，以苏力教授为代表的一些法社会学学者还在批判法治思维的可能性。在中国，要实现国家管理的法治化，必须重视法教义学设置的一些思维规则。同时，法治应该成为人们日常生活中意识形态的组成部分，以便在今后的治理活动中充分发挥法治思维和法治方式的作用。

法治方式与政府能力、国家能力关系密切。政府能力、国家能力通常也被称为"政府的制度能力""国家的制度能力"。多年来，党对政府能力的提升一直比较重视。但是，近些年来，政府一直把经济发展当成最大的政治，比较重视改善民生并将其作为执政合法性的基础，比较重视经济能力的提升，而对国家治理能力的提升重视不够。从1978年至今，中国逐步探索出一条稳健而有效的渐进式转型道路。在近几十年的转型进程中，中国不仅实现了经济高速持续发展，制度也发生了深刻的变革：经济领域从传统计划经济向现代市场经济转变；社会领域从传统农业社会和结构单一的"总体性社会"向工业社会、城市社会、多元开放社会转型；政治领域从高度集权的政治体制向社会主义民主法治体制转变。“法治化的公共服务型政府”“有效的市场经济体制”以及“具备利益整合功能的公民社会”应当成为中国现代国家治理模式构建的目标,而这一国家治理模式的建立将与经济转型的深化和完善相互结合、协同演进。〔1〕 但是,现代法律制度的建立并没有把中国社会引上法治之路。人们对法治方式的不同理解,使得制度没有很好地发挥作用。〔2〕 因此,我们需要在“什么是法治方式”这一问题上达成基本的共识,〔3〕并通过法治方式提升国家治理能力。

应当看到,法治实际上为政府提供了更宽泛的合法性,如果我们尊重法治并按照法治方式进行治理,中国社会将会更加稳定繁荣、更具有创造力。“良好的国家治理是促进社会经济发展的关键要素。国家治理模式是由政府、市场与公民社会相互耦合所形成的一种整体性的制度结构模式。它们是由不同的制度安排、组织形态和治理机制构成的制度系统,共同维系着一个国家整体的秩序治理,并在此基础上协调资源配置,推动社会经济的持续发展。”〔4〕然而,经济学家一般并不考虑制度是如何发挥作用的这一问题。这实际上也是政治学家常常忽略的问题。他们基本上都认为有了制度就会发生作用,很少考虑到制度在解释和运用过程中自然而然发生的变异。于是,他们呼吁法治观念、法治理念,唯独不积极呼吁正确理解、解释和运用法律的方法。他们相信解释法律只有文义解释一种,所以遇到问题就会要求重新立法。另外,法学家还需要考虑建立在制度基础上的国家权力能力的局限性。因为制度是重要的,但并不是万能的,以权力为核心的公共资源也是有限

〔1〕 参见刘婷婷、张慧君:《转型深化进程中的国家治理模式重构》,载《俄罗斯研究》2008 年第 3 期。

〔2〕 关于法治方式的不同理解,参见陈金钊:《“法治方式”对中国的冲撞及其反思》,载《东方法学》2014 年第 2 期。

〔3〕 参见陈金钊:《法治共识形成的难题——对当代中国“法治思潮”的观察》,载《法学论坛》2014 年第 3 期。

〔4〕 张慧君、景维民:《国家治理模式构建及应注意的若干问题》,载《社会科学》2009 年第 10 期。

的。离开人们对法律的认同以及对法律的准确理解，国家治理的效果就会大受影响。因此，不仅应该调动更多的社会组织等资源参与国家管理，而且要大幅度提升整个社会对法律的理解和运用能力。

法治方式的基础是法治思维。从法社会学的角度观察，法治思维不仅是根据法律进行的思考，实际上还是法律对人们思维的控制——这种控制不是单方面的强制约束，还有对人们行为积极性的调动。从掌握法律方法就可以避免法律适用的机械性角度来说，掌握法律方法，提升法治思维水平，对法治中国建设是关键性的。“由于国家控制机制方面的机械性，国家与社会之间的有机互动难以形成，国家不能顺应社会的脉络来实现弹性化的控制，社会综合治理的基层网络很难有效运转起来，直接损害了国家治理的质量。”[1]这种现象的出现是因为缺乏法治思维，不能以恰当的法治方式处理问题。很多治理者的思维还停留在庸俗辩证法的虚幻之中。在这种思维中，法治的意义会不停地“摇摆”，为权力的任意使用和权利的泛滥留下了太大的空间。人们发现，“无论多么严密的政治控制和组织网络渗透都无法完全填补中国这样超大规模社会的所有空隙。社会控制的实施遵循‘控制的辩证法’，无论多么严密的社会控制体系都将不同程度地产生反体系的力量，以控制为导向的组织化调控面临着无法逾越的内在困境。而社会的转型进程在很大程度上会进一步加剧社会调控体系的缝隙，旧的社会调控体系功能日益衰微，而新的调控体系的完全确立将是一个长期的历史过程，转型中国将长期处于新旧调控体系的转换进程之中”[2]。制度是维护国家公共秩序并协调资源配置、促进经济发展的重要治理手段，而良好的法律制度需要一大批能够理解法律与法治意义的人去执行。所以，我们应该重视法治思维对权力的软化作用，在完善国家治理过程中

〔1〕 唐皇凤：《新中国60年国家治理体系的变迁及理性审视》，载《经济社会体制比较》2009年第5期。

〔2〕 同上。

重视法律方法作用的发挥。

总之,法治方式是法治中国建设最需要的行为方式。“任何现代国家建设都包含相辅相成的两个方面:一是以治理为诉求的政权建设;二是以发展为诉求的现代化。”〔1〕政权和发展都需要法治。在国家治理法治化的过程中,虽然官民的法治思维水平都需要提高,但执政者的主导才是国家治理法治化的关键。在经济持续发展和人民生活水平不断提高的情况下,重点需要提升执政者运用法治方式参与治理的水平。执政者和其他国家治理的参与者娴熟地运用法治方式处理各种纠纷是提升国家治理能力的最主要方面。能不能建成法治中国,关键要看党对法治方式能否熟练地运用以及对法治的接受程度。法治兴盛在一定意义上可能意味着权力绝对化的失落。权力与法治共享绝对的权威是不可能的。然而,两者中的任何一个没有权威都可能会使社会失去秩序。习近平总书记强调,坚持改革开放,不走老路,不走邪路。十八届三中全会指出,要走改革之路、法治之路。法律方法本来是处理司法问题的技艺、经验与能力,但由于我们先要全面推进法治,因此法治就成了政权稳定和社会发展的标杆,“推进治理体系和治理能力的现代化”就成了党和政府的重要任务。治理体制和能力的现代化就是法治化,法治化是国家治理体系现代化的核心。〔2〕

第二节 运用法治方式推进国家治理体系的现代化

用法治方式推进国家治理体系改革,首先遇到的问题可能就是什么是法治方式。思想家们对法治的认识比较混乱,一些受人尊敬的评

〔1〕 唐皇凤:《新中国60年国家治理体系的变迁及理性审视》,载《经济社会体制比较》2009年第5期。

〔2〕 参见王韶华:《国家治理体系现代化的核心是法治化》,http://www.chinareform.org.cn/gov/system/Report/201311/t20131128_181622.htm,2013年12月27日访问。

论家也不确定法治究竟是指什么。一些人认为，法治太不确定，在意识形态领域已经有被滥用的迹象，变成了自夸式的修饰性比喻和公共演说领域的漂亮修辞。[1] 在中国，思想家们对于法治基本是在理论上追随西方，而在现实生活中则各自理解，缺乏基本的共识。我们认为，人们只是在依法治国、依法办事的意义上接受了法治，而对以法治方式塑造国家治理体系现代化的深层意义则研究得不够。即在需要用法治方式凝聚共识的时候，却发现在"法治方式"问题上还缺乏共识。有人认为，市场经济就是法治经济，因而法治就是绝对尊重市场规律。实际上，市场规律有自身的弱点，其本身也是需要法治约束的。还有人认为，法治主要是指政治统治的一种方式，因而何谓法治方式应该由执政者根据情势来确定。然而，片面地偏重于经济或政治都可能是有问题的。法治方式的根基在于现行的法律与已经存在的秩序。在我们看来，运用法治方式所达成的共识，起码不能违背法治，应该符合法治精神的基本要求。就现行法律来说，法治方式强调在行为决策过程中不能违背法律程序，决策内容不能违背现行法律；在对重大问题的决策中，应当实行民主方式，排斥决断的任意性。法治方式不应该在大的方面颠覆现有的秩序。法律是经验的总结，法治方式本来就是在经验范围内解决问题，必须尊重现有的秩序。当然，尊重现有的秩序不是反对改革，而是反对用激进的方式解决矛盾与冲突。

一、以法治精神塑造国家治理体系

以法治方式凝聚改革共识，化解社会矛盾，是党的十八大确定的治国理政的基本方式。党之所以选择以法治方式凝聚改革共识，进而用法治全面推进改革，可能基于两个方面的原因：一是对外与西方反华政治势力争夺意识形态的话语权。西方很多政治学者认为，中国的政治

---

〔1〕 参见〔英〕汤姆·宾汉姆：《法治》，毛国权译，中国政法大学出版社 2012 年版，第 7 页。

决策带有专制主义或国家主义色彩，只有西方国家才有资格搞法治，中国和其他发展中国家都应该接受西方国家以法治的名义所作的批评。法治中国建设展示的逻辑则是：法治不是西方国家的专利，法治建设有不同的路径；中国共产党提出"以法治方式凝聚改革共识"，不是心血来潮的任意与专断，而是在对法治与改革的关系深思熟虑的基础上作出的判断。在由党国体系向民主共和体制转变的过程中，中国人应该在法治问题上有自己的话语权。可以预期，在推进法治中国建设的过程中，中国人将掌握法治话语权。二是对内要以法治方式协调各阶层之间的利益，因为在法治框架内各方可以充分争论，然后再以传统的民主集中制的办法在一些改革内容上达成共识。或者像上海自贸区那样，以法治方式先行先试，然后再以法治方式在全国推广。社会的进步已经使我们意识到，改革必须在法治框架内开展，改革过程也必须法治化；在法治框架内开展改革，既是社会转型的需要，也是稳定社会秩序所必需的。法治需要与改革同步实施，而改革需要使用法治方式，国家治理体系更离不开法治的推进。

自工业革命开始，人类便进入现代化进程。现代化有多个方面的含义，我们必须综合把握，而不能仅注意其中一个或几个方面。近些年，人们在发现"四个现代化"的结构性缺陷之后，开始认识到制度现代化的重要性，进而提出了制度文明建设的要求。国家治理体系的法治化就是其中的组成部分，大体上包括三个方面的内容：(1) 国家治理体系结构设置的合法性。这种合法性包括两个方面：一是治理体系应该能够适应社会发展的需求；二是在经验范围内被法律确认的治理体系应该是制度化的，治理体系应该用宪法和法律加以明确，治理主体的权力边界应该由法律划定，权力的行使应该具有合法性，体系结构的内部关系应该接受法律的约束，从而实现由管理（管制）向治理的转变。(2) 国家治理行为的法治化。法治的重心不是对行为的压制和约束，而是通过对合法性的追问使我们的行动更加趋于理性，因此治理主体的思维和行为方式的法治化非常重要。国家治理体系现代化的关键是，治理主体具有较高的法治思维水平和运用法治方式化解社会矛盾的能力，法律所设置的规则、程序能够支配治理体系的正常运行。(3)追求普世法治价值。国家治理体系现代化的重要标志是法治话语权占领意识形态的高地。参与治理的成员反对专制、倡导民主，反对专横、追求自由，反对暴力、主张和平，保障权利、维护人权，以实现公平正义的社会秩序。其中，用法治精神塑造国家治理体系有重要意义。

法治精神的含义非常宽泛，包括限制权力，官民相互妥协，共同追求民主、自由、平等等法律价值。法治精神支配法治思维，而法治思维决定人们行为的法治方式。法治方式是国家治理的基本行为方式。在现代国家治理体系中，树立法治精神需要正确地理解法治的工具性。对于法治及其方式，不能再像专制时代那样，将之理解为纯粹的强制与暴力。因为法治不是管理者的“刀把子”，而是社会治理现代化的工具，是社会各阶层合作的平台。在保障基本社会秩序的情况下，法治平台可以容纳各阶层的利益要求，只是各阶层都不能把自己的利益要求绝对化，在争取自身利益最大化的时候，应该具有起码的妥协精神。法律规则不是专门保护某一个阶层专有利益的工具，它应该平等地对待每一个阶层的利益要求，法律设置的程序也不能任由某一个阶层随意破坏。当发生大的利益冲突的时候，可以借助民主的方式予以化解。当然，这需要法治文化与民主文化的平行发展。我们认为，亚洲各国应该像新加坡那样先进行法治建设，以民主方式凝聚改革共识则要缓行。在现阶段的中国，以法治方式凝聚改革共识是可行的，而改革决策由执政党来选择还要持续一段时间。我们要清醒地认识到，法治中国建设是一个漫长的过程。

国家治理体系的现代化需要用法治思维塑造，而法治思维要求打破传统管理模式中对管理者与被管理者的人群划分。现代国家治理体系是指在一定的领土范围之内，政府、市场与公民社会相互耦合所形成的一种整体性的制度结构模式。[1] 在政府、市场与公民社会之间建立起法治关系是市场经济的要求。在传统社会中,只有管理者与被管理者。在市场经济机制出现以后,管理与被管理的关系出现了复杂局面,政府直接管理市场就会出现权力的过度扩张,很可能把很多不该管的事情也纳入权力范围,而市场经济主体和公民社会的很多问题也不是政府管得了的。新型的政府、市场与公民社会之间的关系不完全是管理与被管理的关系,各方更需要合作,并在合作基础上共同完成对国家与社会的治理。有学者指出:“正在出现的公民社会可以被视为国家与社会之间合作的必要前提,因为各种公民组织与政府分享着相似的目标,并且已经成为政府潜在的合作者。这要求政府采取相应的管理方法来应对与社会合作者之间进行的不同类型的服务安排与分配。”[2] 在某种程度上,国家或政府应被嵌入网络状的政策环境中,并必须通过与其他社会团体进行合作才能达到治理的目标。学者们将这些现象定义为“新型治理”或“现代治理”。

与此同时,我们必须注意到,以市场和网络状的社会所确定的治理模式也存在着很多问题。第一,这种观点基于社会政治学立场,认为单纯的法治方式无法识别国家在公共服务萎缩背后深层次的制度变迁,认定这种变化是公民社会兴起的表现,并且将关于自由市场和公民社会的抽象表述作为政治发展的进步性力量。但是,这种观点主要接受了法律必须适应社会变迁的论断,使得法治改造社会的功能被抑制。在这种立场支配之下,真正的法治社会很难建成。第二,在社会学立场上理解法治,忽略了现行国家制度中的支配性特征,是一套管理主义的、以政治为主的话语系统。在此观点之下,法律不仅失去了安全性,而且没有了预测功能,法律体系成了空中楼阁。第三,在综合治理模式

〔1〕 参见张慧君、景维民:《国家治理模式构建及应注意的若干问题》,载《社会科学》2009 年第 10 期。

〔2〕 李泉:《治理理论的谱系与转型中国》,载《复旦学报(社会科学版)》2012 年第 6 期。

中,对国家与社会合作的模糊界定无法避免多样化的解释。相应地,法律的意义也会具有更大的不确定性。因此,现代社会的治理者既不能忽视市场规律的内在要求,也不能让市场规律统摄国家和社会的治理,而应该由法治来确定和协调政府、市场与公民社会的关系。有学者指出:"治理的着力点是法治方式。法治是国家治理的基本方式。把社会矛盾预防化解纳入法治轨道,是实现社会安定有序、和谐活力的长效机制。各级领导和公职人员须牢固确立宪法至上、法律权威的意识,不断提高依法找法、用法靠法的能力,切实把发展这个第一要务、稳定这个第一责任和依法办事这个第一要求有机统一起来,绝不能因'维稳'而突破法律的底线,绝不能因害怕上访而迁就个人的非法要求,绝不能因个别正义而牺牲规则之治的普遍正义。"〔1〕也就是说,倡导国家治理体系的现代化离不开法治方式。国家治理体系的现代化需要用法治方式来统摄,需要以法治方式推进国家与社会治理体制的现代化。

二、以法治方式提升国家治理能力

国家治理体系与能力的现代化是改革的重要目标。"处在转型社会的中国,目前国家对社会的治理有诸多问题,如危机频发与制度滞后,权威治理与分权自治的央地博弈,民主化与市场化的共振危机,运动治理与法理治理的抉择。"〔2〕我们已经实施运动式的治理方式多年,虽然说有很多成效,但总的来说没有从根本上化解社会矛盾,反而使社会矛盾越积越多。长期以来,我们信奉阶级斗争学说,这对激发革命热情起到了很好的动员作用。但是,由于中国与早期西方那种明显的阶级分化的格局不完全相同,而且我们的文化在骨子里面推崇和谐、仁义礼智信等,使得人们对阶级斗争的理论没有高度的文化认同。西方很

〔1〕 江必新:《推进国家治理体系和治理能力现代化》,载《光明日报》2013年11月15日第1版。

〔2〕 陈毅:《中国转型社会的国家治理有效性——基于国家自主性的视角》,载《社会科学》2013年第1期。

多预言家对中国的预测之所以屡屡失算，就是因为他们没有看到中国与西方的文化确实有很多的不同。“西方国家旨在统治一个分裂的阶级社会，起初就具有暴力统治的特征。国家的形成是借助于一元化的官僚结构集中并垄断暴力的过程。中国的国家性质不在于统治一个分裂的阶级社会，而在于降低国家对小农经济的攫取度，保持小农社会的内部平衡，同时为基层小农社会提供更加具体的便利与服务。中国国家治理的传统不在于国家与社会的高度分离，以及通过国家正规化的结构建设集中并垄断社会权力，而在于通过广泛的放权与社会进行协作。因此，与西方传统相比，中国国家治理形式更加具有多元丰富的内涵，国家治理的性质更加具有中性、温和的色彩。”[1]中华民族不是一个崇尚暴力的民族，这为实施法治化的治理提供了较好的文化基础。当然，这并不意味着中国文化具有实施法治的良好基因，而是说我们有实施法治的可能。现在所要解决的问题就是，如何运用法治把各种细小的矛盾消融在法律允许的范围之内。总之，我们的文化在整体上支持法治这种非暴力的手段，这为以妥协的法治精神寻找各方都能接受的行为决策提供了前提。

全面推进法治中国建设意味着，不仅要改革现有的治理体制，还要改变行为和决策方式，对重大社会矛盾设法运用法治方式予以化解，从而避免官民的直接对立。但是，在有些人片面理解的“群众路线”的旗帜下，权力的张扬可能会又一次来到我们的身边，解决问题靠行政命令的思路有所抬头。治理能力的现代化需要法治思维，而不是简单的令行禁止。然而，随着法律体系的建成以及法治方式的引入，传统的低成本管理已经很难持续下去了。在经济社会活动中，必须将法治成本计算在内，小农经济基础上的低成本管理正在逐步消失。治理主体多层

---

〔1〕 樊鹏：《社会结构与社会意识对国家治理的影响——以中国国家强制职能的发展为视角》，载《北京大学海峡两岸第二届公共管理论坛——传统文化与公共管理学术研讨会论文集》2009 年。

化、治理结构网络化、治理制度理性化、治理方式民主化与法治化等必定会增加国家治理的成本，治理手段文明化与治理技术现代化也需要消耗更多的资源来完成。过去，政府与社会间形成了推动经济增长的共识。现在，政府与社会间又形成了推进法治的共识。其实，若不以法治凝聚改革共识，也没有其他更好的办法。“在国家治理的价值选择方面，我们面临平等与效率、集权与分权、政府与市场、传统与现代、中国性与全球性之间的两难抉择，既要突出重点，又要顾及相互对立的价值之间的均衡。在一个价值日益多元与诸神之争的时代，确定无疑的价值排序不存在了，价值选择简单化为纯粹的个体偏好。因此，价值冲突往往成为社会冲突的导火索，处理价值冲突的能力对大国治理与政治建设不能不说是一个严峻的挑战。”[1]处理价值冲突需要法治这一理性的方法，需要以法治方式凝聚改革共识，而用法治精神塑造国家治理体系需要我们深刻地洞察和正确地理解法治的意义。

法治方式与民主方式联系密切。与民主方式相比，很难说法治方式就是最好的治理方式，但这是我们目前最好的选择。尽管一些人对法治的功能会不会危及党的权威存有疑虑，但在目前的形势下，似乎除了法治很难有更好的选择。有人说民主是个好东西，因此应该发挥民主在国家治理体系中的免疫与除弊作用。但是，我们认为，在中国特有的历史条件下，必须先把法治观念和法治体系建构起来。民主方式在很多功能上与法治相似，并且法治与民主密不可分。然而，在缺乏良好法治的环境下，偏重于民主方式的决策机制似乎难以发挥应有的功能。我们看到，亚洲各国在近百年的民主化进程中选择的民主体制已经产生异化。从泰国等国家的治理实践中，我们感觉到民主方式的纠错机制在中国需要缓行。即使在西方，人们也开始反思过度民主衍生的问题。比如，发展与民主旨在促进社会福利，催生福利国家体制的建立。

---

〔1〕 唐皇凤：《大国治理：中国国家治理的现实基础与主要困境》，载《中共浙江省委党校学报》2005 年第 6 期。

然而，发展与民主释放的无限空间使福利国家难堪重负，削减福利又有悖民主的价值，导致丧失民主的基础。这是“发展与民主的悖论”。“民主所倡导的自主、自由、平等价值观，极大地提升了人作为主体而存在的价值。然而，由于民主在传播过程中的‘歪曲和煽动’以及人们对民主的认识误区，自主与自私、自由与放任、平等与平均等概念总是出现很大的混淆，把自主当作一切、以自我为中心，放任无节制地任意侵犯别人的自由，抹杀人是差异性存在的本质而去追求绝对的平等，这些对民主价值的面目全非的曲解，使民主沦为追求个人自私自利欲望满足的工具和幌子。如果这样，民主释放出来的自主的社会空间，不仅难以培养出自主的公民和自发的秩序，反而刺激欲望膨胀、加剧社会矛盾、激化社会冲突，这是对民主价值的曲解带来的自然的社会分化。”[1]因此，我们需要探寻适合中国现实与历史的治理模式。

民主缓行并不意味着现行的治理模式不需要改革。中国的法治虽然不可能像西方社会那样自然生长，但也不可能一蹴而就，在改革中稳健推进才是必须坚持的恒久策略。我们必须看到，全能主义的国家治理模式已经开始失效。这种失效有三种基本形式：结构性失效、制度性失效和政策性失效。失效的原因有二：一是与人们对政策法律的认同有关，二是与人们对法律政策的理解、解释能力有关。法治原本是用来治理治理者的，治理者却用它进行治理，那么应由谁来治理法治呢？尽管我们对民主在东亚是否能产生在欧美的效果存有疑虑，但不能否认民主对法治的实施有重要的意义，甚至可以说没有民主就不可能有彻底的法治。中国应该先有法治，而后开展民主对法治的治理；我们不能放弃民主，但需要先建好法治。“民主既是一种价值理想，也是一种现实的社会治理安排。从发展的角度看，社会应该是越来越民主，人民应该越来越能够决定社会的进程。一个不断进步的社会，应该是越来越

---

〔1〕 陈毅：《中国转型社会的国家治理有效性——基于国家自主性的视角》，载《社会科学》2013 年第 1 期。

民主的社会。建立人民当家作主、公平正义、自由和谐的社会主义社会是中国人民的奋斗目标，因此，民主，确切说社会主义民主，一直是中国共产党人倡导的价值观。人民民主是我们党始终高扬的光辉旗帜，中国特色社会主义也把人民民主作为自己的核心价值观。”[1]民主与法治要错位发展。如果民主与法治是一回事，那么民主与法治同步发展还能说得过去。但是，如果民主与法治有重要区别，那么社会治理创新需要处理的首先是法治问题，其次才是民主问题。在民主与法治的关系上，我们只有把法治搞好，才有可能为民主的进步提供条件。我们最终需要的是法治基础上的民主纠错机制。当前，我们需要反对那种只喊民主口号而不在参与深度上推进民主的做法。

三、在全面推进法治建设中实现国家治理的现代化

目前，好改的已经改过了，而难改的也必须推进。“我国改革已进入攻坚期和深水区，面临的各种问题和深层矛盾千头万绪、错综复杂，国家治理的难度加大，传统的国家治理手段、方法难以适应新的国家治理要求，如果国家治理能力不能随着经济社会的发展而提升，国家治理就会出现危机，甚至导致国家动荡。解决当前面临的矛盾和问题，维护社会公平正义，实现发展成果更多更公平惠及全体人民，需要成熟的国家治理体系和高超的国家治理能力。”[2]十八届三中全会审议通过了《中共中央关于全面深化改革若干重大问题的决定》(以下简称《决定》)。《决定》第九部分专门谈了“推进法治中国建设”。我们认为，全面深化改革的决定所体现的是十八大确定的全面推进法治建设的战略思想。可以说，《决定》在很多方面都体现了以法治凝聚改革共识的思路。近年来，关于法治中国建设的战略部署和具体措施引起了法学界

---

〔1〕 韩震:《民主——我们所倡导的社会主义价值观》,载《光明日报》2013年3月23日第11版。

〔2〕 陈金龙:《推进国家治理体系和治理能力现代化》,载《南方日报》2013年11月30日第9版。

等社会科学界的共鸣与遐想。法学界围绕法治中国建设的蓝图与发展前景展开了多方面的论述。这些研究确实是必要的,是法学界应该认真对待的。但是,光有蓝图与发展前景而没有实施方案或具体路径的规划,这种研究肯定是不完整或者是存在缺陷的。法治中国"大厦"的建设不仅需要蓝图设计,还需要具体的"施工"方案。从目前法治中国建设遇到的困难来看,党选择的基本方案是"推进"。因此,加强对推进法治中国建设的路径以及实现方法的研究有重要意义,包括法学在内的社会科学都需要研究:如何理解法治中国建设的推进方式?为什么是推进,而不是自然生成?由谁来推进?用什么方法推进?从哪些方面推进?往什么方向推进?这些是理解推进法治中国建设的基础性问题。为解决这些问题,我们首先需要解决的是到哪里去寻求答案。

就《决定》是今后工作的指导方针来说,我们需要到《决定》中去探寻推进法治中国建设的指导思想并制定具体的行动方案。《决定》明确了改革发展的六个"紧紧围绕",即"紧紧围绕"经济体制、政治体制、文化体制、社会体制、生态文明体制和执政体制进行改革。"紧紧围绕"的是六个方面的改革,目标是建设法治中国。很明显,改革是推进法治中国建设的抓手,是推进法治中国建设的指导思想,而法治中国建设是长远的目标。实际上,这六个方面的体制改革都与法治中国建设有着密切的关系。在经济、政治、文化、社会、生态文明和执政体制改革中,法治具有双重意义,即法治中国建设不仅是长远的目标,还是促进改革的手段。虽然法治中国建设是未来的长远目标,但仍然需要运用法治来促进改革。改革与法治之间是一种相互促进的关系。《决定》不仅列举了需要改革的领域和问题,而且包含一些推进法治中国建设的具体措施,如维护宪法法律权威、改革审判委员会制度、深化行政执法体制改革、理顺城管执法体制、建立知识产权法院、废止劳动教养制度、强化权力运行制约和监督体制、健全社区矫正制度、健全国家司法救助制度等。这些都是法治中国建设的具体措施,也是治理体系法治化的具体内容。《决定》使用了"推进"一词,表明了党对法治中国建设的决心和马上采取行动的态度。这是一种顶层设计的宏观方法，要真正开启法治中国建设，还需更为具体的操作方案。

中国的法治建设虽然有西方的法治可以作为参照，但照搬绝对是行不通也是没有出路的。因此，在法治中国建设的具体行动中，用什么方法推进就成了需要认真研究的问题。可以说，《决定》仅仅明确了法治中国的蓝图，属于顶层设计，落实这些顶层设计需要结合中西法治建设的经验，制定具体的行动方案。虽然西方法治经验值得借鉴，学者们谈论的法治蓝图也多受到西方法治经验的启发，但是西方的法治原本也是在"摸着石头过河"基础上的经验积累。然而，在中国搞法治建设需要摸中国的"石头"，积累中国的经验，探索中国实现法治的路径与方法。比如，中国上海自贸区其实主要是一种重新确立政府与市场关系的法治试验。如果这种试验取得成功，那么就可以向全国推广，探索的是走上法治中国建设的经验之路。这就是在经验的基础上提炼出明确的价值追求和行动方案。十一届三中全会以来，我们开展社会主义民主与法治建设，已经积累了一些经验，六个"紧紧围绕"就是从执政角度进行的经验总结，但仅有此还不够。比如，多年的司法体制改革也有很多教训值得吸取，执政者驾驭法治方式的能力也亟待提升。同时，对于西方法治经验没有必要总是那么恐惧，我们需要增加对自身制度与经验的自信。中国不能盲从西方法治，也不能拒绝其有益的、成熟的经验，国家治理体系的现代化需要借鉴世界各国法治建设的基本原则、制度架构和思维方式。

国家治理体系的现代化之所以需要"推进"，根本原因在于：

在整个国家治理体系中，法治与改革的矛盾并没有从根本上消除。一方面，社会发展需要法律秩序，因而强化法律权威势在必行。另一方面，为化解社会矛盾，需要改革现行的法律规定，因而制度与体制的改革也需要继续。虽然法治与改革在思维方式或方向上存在矛盾与冲突，但当今中国社会的发展对这两个方面的需求都很旺盛。中国需要通过改革进入法治社会，而改革又需要以法治凝聚共识。法治与改革虽然在思维方向上存在差异,但在现阶段也存在着相互依存的特性。正是这种共生性在一定程度上缓解了两者的矛盾与冲突。在改革与法治的关系上,我们过去秉持的是改革与法治“两手都要抓,两手都要硬”的思路。在这一指导思想之下,中国的改革与法治都取得了长足的发展。同时,在“发展是硬道理”的战略思想之下,改革与法治思维之间的矛盾得到了协调。然而,我们过去所理解的发展更多是指经济的增长,常常用“经济增长”作为上位概念处理法治与改革的关系问题。但是,单纯的经济增长已经难以满足社会发展的要求,中国需要恢复“发展”的本义。特别是在官民关系紧张、环境污染严重、贫富差距拉大、腐败问题突出、司法公信力不高等问题难以解决的情况下,已经很难单纯用经济增长来修饰、掩盖发展中存在的问题。我们应该把法治放到一个更高的位阶上,作为发展的内容来认识;把经济增长的位置稍微往后排一些,把向法治转型作为最重要的目标。中国需要用发展的概念代替单纯的经济增长目标,并以此处理改革与法治的关系。法治中国的建成是社会发展的标志。我们不仅要把法治当成凝聚改革共识、促进改革、维护社会秩序的手段,而且要把法治当成社会转型的目标。法治建设不是不需要改革,而是在改革过程中运用法治思维和法治方式,以推进法治中国建设为目标,解决社会纠纷,化解社会矛盾,促进社会公平正义的实现。

“改革可以按照两个标准进行。一是最低标准,以提高国家的治理能力为目标,实现国家的民主、法治、透明、责任以及回应性,使国家的职能充分发挥出来,从而确保国家内部治理的有序化,减少国内社会不安全因素的出现。二是最高标准,要使目前的单一中心(以国家为中心)的治理结构转化成多中心的治理结构,发挥公民社会(国内的和全球的)、市场在各自领域的中心作用。”[1]在如何进行改革的问题上,除

〔1〕 杨雪冬:《全球化、治理失效与社会安全》,载《中国人民大学学报》2004年第2期。

《决定》已经提出的六个“紧紧围绕”以外，还应该紧紧围绕“推进法治中国建设”展开，并通过法治建设完善国家治理体系。国家治理体系现代化的“推进”在中国具有重要意义，与“提倡”有着重大区别；即使与“推行”相比，似乎力度也要更大一些。就“推进”的直观含义来讲，讲的是一种方法，实际上意味着执政者已经看到了治理之艰难，因而只有“推进”才显得有力度。这一点与西方法治的生成有着很大的区别。西方的法治和国家治理体系是在几百年的历史长河中，通过经验的累积、价值的沉淀自然生成的。当开放的中国遭遇世界的时候，西方的法治、民主、自由、人权、市场经济等已经成为它们的优势，不仅是其软实力的组成部分，而且成了其话语霸权的修辞。20 世纪初，西方思想家认为中国没有资格实施民主法治；而在中国实行改革开放以后，他们又极力劝说中国按照西方的价值观念实施西方的法治。以美国为代表的西方各国向我们展示的不仅是它们的软实力，更主要的是它们的硬实力。在充满竞争、发展机会稍纵即逝的情况下，没有时间让中国的法治自然生成，因而在硬实力有所增长的情况下，需要推进法治等软实力的增长。

由谁来推进法治中国建设和国家治理体系的现代化？我们认为，法治中国建设人人有责，推进的主体不能只是某一类，因此，党、政府和全体人民都是推进国家治理体系完善的主体，缺少哪一类主体，法治中国建设都有可能搁浅。“国家在整个治理结构中的中心地位，使得绝大多数治理失效的根本原因不是公民社会和市场，而是国家本身。在这个多元复杂性日益增强的时代，国家自身的变革往往滞后于时代的要求，从而直接或间接地导致治理的失效。”[1]在这一问题上，三类主体需要对法治形成最低意义上的共识，各类主体都不能只强调自身的利益。对党来说，它没有自己特殊的利益，应该是人民利益的忠实代表。

---

〔1〕 杨雪冬：《全球化、治理失效与社会安全》，载《中国人民大学学报》2004 年第 2 期。

因此，它对法治及其目标的理解不能偏执于当下执政，而应该把长期执政与人民的根本利益、长远利益结合起来。同时，也只有重视人民的利益，党才能够运用法治达到长期执政的目的。对人民来说，法治是对其权利的保障与救济，但不宜把权利绝对化。对政府来说，法治具有强化管理的功能，但政府不能仅仅推进强化管理意义上的法治，而需要重视发挥社会组织的作用，简政放权，进行社会治理创新。目前，中国已经形成法治思潮。但是，人们理解的法治并不完全一致，甚至缺乏最低意义上的共识，法学研究者需要统合执政者、政府和人民对法治的认识。作为人民利益的代表，党需要考虑国家、民族和社会的根本利益、长远利益以及长远发展；政府需要尊重社会组织的权利，限制自身的权力，发挥社会组织在法治中国建设中的作用；人民除了为权利而斗争外，还需要履行对社会、他人、国家的责任。未来的法治中国应该是党、政府、社会组织和人民在法律之下和谐共处、共谋发展的公平正义的国家。

总之，国家治理体系的现代化或法治化是一个有丰富内涵的概念，包含经济、政治、文化、社会、生态文明、执政体制等各个方面的改革目标，最终目标是建设美丽中国和法治中国。法治中国建设需要有确定的指标体系。对法治指标体系的建构主要应考虑三个方面的内容：一是政治体制改革，要围绕着民主进行，简政放权，把权力关在笼子里。二是社会体制改革，要缩小行政权力的范围，还社会权利于社会，发挥社会组织的自治、自律作用。三是关注民生，运用法律平衡、缓解公民权利、社会权利和公共权力之间的冲突，防止权利和权力的绝对化。当然，这些目标的设置需要进行更加充分的论证。我们相信，有了法治中国的蓝图和各方的不懈努力，国家治理体系的现代化、法治化一定会实现。

第三节　法律方法论在国家治理体系法治化中的功能

迄今为止，“创造力在物质文明上的成果大大超过了制度文明上的进步，也就是说，人类的制度创新远远落后于科技创新”[1]。在表述法治在国家治理体系中的作用时，我们甚至不得不借用生命科学的术语。我们认为，治理体系就像人体架构中的骨架，法治在其中的角色就是具有造血功能的“骨髓”。“骨髓”不仅具有造血功能，还具有免疫作用。“骨髓”在人体中所发挥的功能，可以比较恰当地类比法治在国家、社会治理中的作用。只有法治思维和法治方式的“血液”流淌于国家与社会治理的各个环节，治理的功能才能正常发挥。然而，法治的“造血”功能是通过法律方法的使用完成的。法律方法的使用是一个选择的过程，保证了法律沿着法治思维的轨道前行，使国家治理体系具有自我修复的纠错功能。国家与社会治理体系发挥作用是一个非常复杂的过程，因为社会本身具有复杂的运转机制，引进法治方式只是以简约的方式应对复杂的过程。除此之外，在国家治理活动中，还采取其他方法和措施。在国家治理问题上，中国过去曾强调“抓纲治国”。但是，这种“抓大放小”的治国方略，会留下很多治理的死角，使治理范围具有局限性。这就需要我们运用法律和道德等规范网络，以便大小都抓，争取不留死角。但是，即使如此，就像人体中有很多地方血液流不到一样，法治及其法律方法也有很多难以触及的地方。因此，对很多领域的调整都留有一定的空间给道德等法律外规范。然而，我们也必须看到，在国家和社会治理的微观领域，法治精神和法律方法可能会对规则的治理起到补充作用。现代化的国家与社会治理模式无不把法治当成最重要的手段，法治方式或法律方法在国家治理和社会治理过程中发挥着“造血”

---

〔1〕 蒋好华：《论人类治理模式的演变》，载《唯实》2004年第8—9期。

和“免疫”功能。因此，我们要恰当地处理好法治与国家治理体系的关系，以便使法治(包括法律方法)的功能正常地发挥。

一、法律方法的“造血”功能离不开良好的法治环境

有学者研究指出：“推进国家治理体系和治理能力现代化，就要增强按制度办事、依法办事意识，善于运用制度和法律治理国家，提高党的领导水平和执政水平。要深入开展法制宣传教育，弘扬社会主义法治精神，树立社会主义法治理念，培育社会主义法治文化，在全社会形成办事依法、遇事找法、解决问题用法、化解矛盾靠法的良好法治环境，在法治轨道上推动各项工作。”[1]这意味着，只有把法治方式渗透到国家治理体系的各个环节，国家治理体系才称得上完善。其中，主要的环节有两个：一是国家治理体系的法治化。只有当法治贯穿于国家和社会治理的主要领域时，才会成就国家和社会治理的现代化或法治化。二是发挥法律方法在治理体系中的“造血”功能。国家治理体系的法治化主要是指完善制度建构，而建立在法律方法基础上的法治思维主要是指人们对制度的驾驭能力。由完善的法律制度和强劲的制度能力所构成的法治在推进国家治理体系现代化的过程中起着灵魂作用。在制度建构方面，“如何改革传统的高度集中的治理结构，在维持国家治理能力的同时，培育和发展更多的治理主体，协调相互之间的关系，从而构建互补性的互增强治理网络，以应对全球化进程中不断出现的各种问题，提高社会安全水平，就成为中国目前面临的关键问题”[2]。法律制度的这种关键作用，对法律方法“造血”功能的发挥来说，是营造良好的环境。这是法律方法论发挥“骨髓”作用的前提。一般来说，治理体系的健康是防止治理过程中出现“癌变”的最重要因素。没有良好的法

---

〔1〕 林振义：《如何认识推进国家治理体系和治理能力现代化？——三谈深入学习贯彻十八届三中全会精神》，载《光明日报》2013年11月28日第1版。

〔2〕 杨雪冬：《全球化、治理失效与社会安全》，载《中国人民大学学报》2004年第2期。

律体制保障，单靠法律方法很难发挥法治的“免疫”功能。一般来说，在制度完善以后，制度能力就成了问题的关键。总之，能否在制度运行中避免法律意义的丢失，使制度和法律的“正能量”都发挥出来，对法治中国建设来说意义重大。

由于大多数人比较重视制度的完善与健全，因此这些年体现中国法治进步的主要是制度的不断改革与完善。但是，在制度的落实能力方面，中国又表现出很多的欠缺。虽然现在人们已经意识到法治思维和法治方式在法治化进程中的重要意义，但是从总体上看，运用法治思维和法治方式的制度能力水平仍然不高，以至于法律方法作为“骨髓”的“造血”功能没能很好地发挥。实际上，法律方法的“造血”功能源自司法过程中的“造法”方法。在司法过程中，“造法”功能不能超越法治的框架。本来，法官“造法”是用来表述法治的危机或法律失灵的概念，即法治不能得到有效运转而必须“造法”。但是，这一词汇经过哲学解释学的论证，已变成法治实施过程中的常用术语。法官在适用法律的过程中必须“造法”，否则便无法正常适用法律。按照哲学解释学的观点，任何理解都是创造性的理解。这种创造性就是理解活动的视域融合，在法律规范、其他社会规范中，“法官造法”“法在事中”等观点都反映了这种创造性。同时，法律方法的“造血”功能还源自思维过程中的“活法”观念。这一观念已在法社会学、法律解释学等学术观点的普及中得到了学界的普遍认同。即真正有效的法律不是文本中的法律，法律的适用需要解释者进行二次建构。法官判案所依据的法律，是法律人根据一般的法律和具体的语境建构的法律。这种具体执行的、处于动态中的法律被称为“活法”，意味着人们已经不再把法律视为本本上或条款中的法律，而是要在动态的司法和执法过程中理解、识别法律；或者说，人们是在权力分工的前提下，在思维运行过程中整合法律。从哲学解释学的角度看，这种整合就是对文本性法律的创造。但是，这里的“造法”主要不是对法律规范和程序的创新，而是在具体的语境中对法律的恰当运用，是对已有规则通过发现、理解、解释、论证、衡量等方法，在尊重法律但不拘泥于法律的基础上的创造性运用。按照哲学解释学的观点，立法者所创设的文本性法律只是“死去”的文本。恰如在完成作品以后，作者就“死了”。只有在理解、解释作品的过程中，人们才再一次赋予作品以生命。同样，正是在使用各种各样的法律方法时，人们才赋予法律以生命。没有对法律的理解、解释和运用，法律就不可能发挥作用。因此，法律的生命是人赋予的。

人们在理解、解释和运用法律的时候，必须遵循法律思维规则这一法律方法论的核心。法治主要通过法律思维规则作用的发挥来规制行为。一般来说，离开了法律思维规则，人们对法律的理解、解释和运用就会是混乱的。在国家治理体系中，对法律思维规则的运用使得人们的思维在法治轨道上行走。法律思维规则或法律方法就像人体中的血液，对身体可能发生的病症发挥着免疫功能。特别是与实质法治相适应的法律方法，如果不过度使用，不仅发挥着法律的约束作用，而且还能规制人们的思维，校正人们对法律的错误理解。正是法律方法把人们的思维“绑架”在逻辑的理性之中，实现广义的法律控制。“活法”是带有实质主义倾向的法律方法，不是把法律规范当成机械遵守的对象，而是在一般法律的具体化过程中把价值的因素融入具体的判断，在具体语境中对法律进行重新塑造，以完成立法者未竟之事业。可以说，法律方法研究在一定意义上拓展了法律的范围，使法律在具体语境中更加丰满。这种创造在很大程度上铸成了法律的生命之源，即在总体上根据法律思考，并遵循各种法律思维规则，在吸纳法律价值和情势的基础上完成对法治规则体系的完善。富勒认为，“法治是规则治理的事业”，实现法治的规则包括两部分：一是对法律规则的尊重，二是对法律思维规则的运用。只有社会主体广泛、积极、有效地参与法治这一事业，才有可能使法治这一理想变为现实。所谓对法律的创造性运用，就是法律方法的“造血”功能。只是我们应该意识到，通过运用法律方法所产生的是人造之“血”，离开人的法治思维，法律方法不仅没有存在的必要，也难以发挥“免疫”功能。法律方法具有“造血”功能，就是要发挥人在法律适用中的理性作用，向社会、对案件“输入”正确的法律。法律正是因为和人的思维活动相连，才会具有“生物”的功能。

与此同时，对于法律思维及其规则的作用，很多人至今还存有疑虑，甚至怀疑它的存在。近些年，关于有没有法律思维和法律方法的问题还时有争论。[1] 例如，苏力教授否定法律思维或者说法律人思维的存在，认为法律思维也是人在思维，与日常思维并无质的区别。他其实是在强调“离开了人，并不存在法律思维”“所有的思维都是人在思维”这些常识性的问题。“徒善不足以为政，徒法不能以自行”的观点早已为人所熟知，但苏力教授在强调这一观点的同时，故意忽视了不同职业的人确实有不同的思维特点这一事实。在现实生活中，究竟是什么规则指引着人们对事物的判断和决策，是法治、道德还是宗教规范占据思维的主导地位，决定了社会治理是法治、德治还是宗教治理。对社会实践的参与者来说，言明这一本来就不存在争论的问题并没有太大的学术价值，只能表明学术的浮夸。诸如此类的问题还有很多，不予研究好像是学术风格的不严肃，但是真的去研究以后，就会让人感到社会科学没有什么学术价值。实际上，社会科学需要对当下具有现实意义的问题进行研究。当我们慎思“法治是规则治理的事业”这一判断的时候就会发现，这句话无非是强调规则在法治建设过程中的重要性。但是，光有规则而没有人的运用，根本无法实现规则的治理！若真要在逻辑上进行追问，这句话还真是难以成立。但是，这并不影响人们对它的理解和运用。在逻辑上难以成立的还有法律思维和法律方法。你可以追问，离开了法律人，单纯的“法律”如何思维？法律本身就是方法，哪来的法律方法？但是，这并不影响法律专业和职业的存在，也不影响法律人运用法治思维进行思考，因为法律思维和法律方法无非是强调法律

---

〔1〕 参见苏力：《法律人思维？》，载《北大法律评论》2013年第2辑。对此，孙笑侠撰文《法律人思维的二元论——兼与苏力商榷》（载《中外法学》2013年第6期）进行了反驳。

对人们思维的支配作用和法律在解决纠纷中的关键作用。一定要在逻辑上证成社会完全是由规则治理的，既不可能，也没有必要。因为法律思维和法律方法的独立性、自在性可能只在学科体系的建构上有意义，而所有的国家与社会治理的活动都与人有关系，所有的思维都是人在思维，证明这种判断只是在说“正确的废话”。只有那些没有细致研究过法律方法论的人，才会像天真的孩子一样追问诸如此类的“正确”问题。我们认为，在基本明确法律方法和法律思维的含义之后，法社会学等需要研究法律方法的功能这样有实际价值的问题，而不是对一些似是而非的问题进行法哲学式的纯理论思辨。

二、法律方法的“造血”与“免疫”功能

“当前，中央政府维护稳定的原则和目标在科层制度下经过层层加压，会以令人难以想象的速度和方式覆盖社会生活的全部领域。从组织行为学的视角分析，这一能力是任何政府和社会组织都期待拥有的。但是也要看到，若非制度完善和组织健全，这种快速传导的将稳定视为根本目标的维稳体系，会直接锲入传统管理框架，形成以行政手段为主导的政府强制过程。因此，需要在廓清社会稳定的基本内涵和表征的基础上，形成考核稳定发展的综合指标，而非维护稳定的压力指标。”[1]国家与社会的治理目标之一就是维稳，但是以长远的眼光看，不能忽视对其他价值目标的追求，更不能以牺牲其他法律价值换取暂时的稳定。在某一特定历史阶段，我们可以把维稳的目标抬得高一些。但是，如果把这一目标单一化，就会掩盖很多矛盾，从而达不到长期稳定的目的。我们认为，维稳是重要的，是政治、经济、文化发展的前提，但是并非法治的唯一价值。法治价值的多元性决定了只有协调推进公平、正义、自由、人权等价值，才能换取社会的长期稳定。如果在维稳的

〔1〕 蔡志强：《社会强制与社会治理创新》，载《学习时报》2013 年 11 月 27 日第 4 版。

旗帜下牺牲其他方面的价值追求，只会积累更多的社会矛盾。“近些年来，由于制度运行中潜在的问题以及管理的不力，出现了两种滥用暴力的倾向：(1) 代表国家的个人滥用暴力。(2) 暴力机器被某些职能部门用来完成工作或任务，表现为通常说的‘暴力行政’。暴力的滥用直接威胁到公民个人的生命权利，损害了合法暴力的神圣性，并造成社会与国家的紧张关系。此外，黑社会的发展也在通过有组织的犯罪分散着国家对暴力的垄断。黑社会除了有一套对抗国家的机制外，还通过各种手段向政治权力渗透，甚至跨国活动。这是黑社会最大的危害所在，甚至影响了政权的稳定。”[1]能力是生命体的一种功能结构或属性。这种功能结构有助于或决定了生命体与周围环境相互作用的广度和深度，具有发展性、组合性、实践性和目的性等特性。公平正义等价值的实现、权力的保障与社会的稳定之间有必然的联系，单单推进任何一个方面都可能会使它们之间的关系失去协调。要想使法律方法论在治理过程中发挥“免疫”功能，离不开良好的法治环境以及对多元价值的承认。

法治提供的是各种价值平等竞争的平台，人们在这个平台上可以使用理性的方法协调各种价值追求之间的冲突，其中运用的主要是法治思维，而法治思维的基础思想是法律方法。法律方法是正确理解、解释和运用法律的方法。目前，在世界范围内，法学家们创设了多种法律方法，这些法律方法在逻辑上存在交叉关系，很多学者对其各自的独立性也存在一些质疑。但是，我们发现，法律人是否掌握法律方法，在执法、司法过程中的思维方向以及解决问题方案的理性化程度是不一样的。法律发现、法律推理、文义解释、体系解释、内部证成等方法以保护法律意义的安全性为特点，是要捍卫形式法治。价值衡量、目的解释、外部证成、社会学解释、法律修辞等方法则旨在协调规则与社会、规则

〔1〕 杨雪冬：《全球化、治理失效与社会安全》，载《中国人民大学学报》2004年第2期。

与价值、规则与语境之间的关系，是要实现实质法治。对国家治理来说，形式法治与实质法治这两套方法论体系相辅相成，缺一不可。然而，对中国来说，以法律方法为导向的法治思维和法治方式还是新的国家治理方法。因此，我们不仅要重视实质法治的方法，更主要的是要在尊重并穷尽形式法治方法的基础上，才能使用实质主义的法律方法。在国家治理体系转型以后，法治能否发挥作用，关键要看参与治理者对法律的重视程度以及对法律方法的把握和运用能力。然而，现在“新的制度和理念还没有全面建立起来，即使建立起来，也无法在短时期内改变个体和组织的行为和思维惯性。沮丧、无助、渴望安全成为那些在制度转型中失去原有地位和利益的个体的普遍心态”〔1〕。因此，认真演习法律方法，形成思维决策的法治方式，就成了国家治理者的重要任务。在未来的法治中国建设中，不仅要完善国家治理体系，而且要把法治思维转变为人们的行为方式。这样，对国家与社会的治理才能是有效的。法律方法的基础是逻辑，因此我们应该改变长期以来形成的不重视形式逻辑的思维方式。我们要在重视形式法治方法的基础上，认真对待实质主义的法律方法。实质推理、法律论证、价值衡量、社会学解释等方法可以矫正机械司法、执法可能引发的法治弊端，可以在制定法不涉及的领域填补法律的空缺，可以满足人们在特定语境下对个别正义的追求，这些正是法律方法“造血”功能的体现。

要想很好地发挥法律方法的“造血”和“免疫”功能，就需要提升参与治理者的能力。其一，管理者要在各种法律关系中对自己有准确的定位。过去，我们常常称管理者为“仆人”。这只是政治上修辞，虽然能够在一定程度上抑制管理者权力的过度张扬，但不可能影响到所有的管理者。由“仆人”实施管理，这是不可能的，最多对建立服务型政府有观念上的影响。虽然服务型政府作为一种管理理念有重要的作用。但

〔1〕 杨雪冬：《全球化、治理失效与社会安全》，载《中国人民大学学报》2004年第2期。

是，过度地贬抑管理者，很容易挫伤其管理积极性。因此，管理者应该在法律上对自己有一个准确的定位。在现代化的治理体系中，不存在“主人”与“仆人”的划分。在政治角色上，所有人都是国家与社会治理的参与者，都是平等的主体。其中，管理者是对治理起引导作用的最主要主体。同时，我们还要注意到，管理者随时存在角色转换的问题，因此要处理好上下级、管理者与被管理者、权利与权力、政府与市场、政府与企事业单位之间的关系。所以，管理者参与国家治理应该具有高超的角色定位能力，能够认清其在国家治理过程中的自我价值，要有清晰的职业定位。在此基础上，确定切实可行的目标管理能力。按照法治要求，参与治理者要严于律已，最基本的是要履行好自己的职责，并将此作为基本的处世原则。其二，管理者还应具有高效沟通能力，特别是运用法律语词的能力，熟练地掌握沟通技巧，学会运用法律语词进行说服。法律的运用不是机械、僵硬的，在具体语境中也需要“左右逢源”。管理者既要讲法律、讲原则，也应该注意运用法律语词的场景。法律的规定是“死”的，但是法律的运用要有一定的灵活性。只有在和谐的人际关系中，我们才能获取更多的人脉，更好地履行自己的职责。这就需要管理者不断学习创新，保持治理能力的不断进步。

三、如何发挥法律方法在治理体系中的“免疫”功能

欲发挥法律方法的“免疫”功能，起码需要做到如下三点：

首先，提升参与治理者的法治思维水平。欲发挥法律方法论的作用，需要改变传统的管理思路，把与治理模式相适应的法治思维和法治方式当成解决问题的日常方式。但是，将法治思维变成日常的行为方式是一个漫长的过程。权力全能主义思维方式的改变需要很长的时间。统治与治理最大的区别就在于：统治强调单方面自上而下的人对人的统治，而治理则是自上而下的管理与自下而上的自治的结合。“法理治理需要逐渐健全法制，尊崇制度权威的心路历程也需要长期培养，

而决策者在‘摆平就是水平’的评价体系激励下，一次次回落到运动治理的老套路中去，期望‘快刀斩乱麻’。”[1]虽然统治模式的实施也需要一些法律方法，但治理模式的贯彻需要的是法治，要求每个法律关系的主体都可以根据法律的规定自主行为并对自己的行为负责。社会组织是社会成员的自治组织，负有帮助社会成员的义务。社会成员的困难以及相互之间的矛盾、纠纷，应先由社会组织帮助解决，解决不了才求助政府。法治要求公民、社会、基层政权必须承担各自的责任，与党、政府一同参与国家治理，形成新的国家治理体系，从而形成全面深化改革与社会主义民主法治建设的新局面。[2] 法律方法的训练可以提升法治思维的水平，能够准确地使用法律修辞，遇事不惊，有章法，处理问题的程序得体，防止思维决策的任意或专断。

其次，要有对待法律的正确态度，有正确理解、解释法律的能力；在尊重法律权威的基础上，充分运用法律，反对单纯消费法律的实用主义法治观。有学者提出：“创新社会治理要靠推进全民守法，深入开展法制宣传教育，增强全社会学法、尊法、守法、用法意识。创新社会治理的基础在全民守法。”[3]第一句话说得很有道理，但是把推进全民守法当成创新社会管理的基础可能有些问题。这是因为，守法的概念对于法治建设来说是片面的，若单纯地靠守法而不是调动公民用法的积极性，则人们很难用法治思维和法治方式来化解矛盾。学法是为了用法，而用法就需要有对待法律的正确态度，能够正确地理解、解释和运用法律方法。建立在守法基础上的秩序是一种静态的法律秩序，很难适应社会发展，也很难与现代化的国家治理模式相匹配。国家治理不是管理，

---

〔1〕 陈毅：《中国转型社会的国家治理有效性——基于国家自主性的视角》，载《社会科学》2013 年第 1 期。

〔2〕 参见葛洪义：《准确理解全面深化改革总目标》，载《南方日报》2013 年 12 月 22 日第 7 版。

〔3〕 曹建民：《坚持法治思维 创新社会治理体制》，载《甘肃日报》2013 年 11 月 25 日第 11 版。

不是要求大家在恪守法律的基础上建构秩序，而是在各种主体都参与治理的活动中，在权力受到限制、权利得到保护的情况下，实现社会的进步与发展。实际上，如果只有守法，没有社会、政治、经济、文化的发展以及良好的生态文明，也不可能出现有活力的秩序。从规范法学的角度看，守法只是对义务的遵守，法律中还包含权力、权利和责任。在法治社会中，守法是公民的基本义务，而推动社会治理现代化恰恰是对权利的追求。正是在对权利的追求中，人们依法行为的积极性才能被调动起来，才愿意守法。所以，我们不能片面地强调推动全民守法，而应该在恰当处理权利义务关系的基础上，树立正确的法治思维，在捍卫权利的同时遵守法律。与其推动全民守法，不如推动全民尊重法律、运用法律的热情。如果没有对法治思维和法治方式的把握，没有对权利的保护和救济，全民守法就是一个空洞的要求。社会治理创新的目的在于激活社会组织的活力，使社会组织能够运用法治思维和法治方式参与社会治理。虽然全民守法是法治的基本要求，政党、政府、社会组织和公民都必须守法，但社会管理创新肯定不能以全民守法作为推进的手段。守法是对公民的最基本要求，但是制定法律绝对不是为了守法，而是要在守法的基础上恰当地运用法律，把人们参与社会治理的积极性调动起来，促使全民积极投身到法治中国建设之中。从思维倾向上看，守法带有被动性，而当前中国社会的发展与进步需要活力。因此，我们需要把法律作为修辞，重新建构法治思维方式，用法治思维方式支配我们的决策和行动。

最后，改变传统的以强力推行为主的刚性工作风格。现在中国管理体制存在的问题是：纵向的权力集中有余，而对横向、扁平的权利不够尊重。“对于长期习惯于集中管理和垂直管理的治理结构来说，难以适应社会流动性和交往的增强。”[1]人们发现，集中管理和垂直管理不

---

〔1〕 杨雪冬：《全球化、治理失效与社会安全》，载《中国人民大学学报》2004年第2期。

仅会使管理出现一些真空地带，而且在管理过程中还会出现与权利的矛盾，加剧官民对立，甚至激化社会矛盾。当然，对于权力过度集中以及权利得不到有效救济，可以运用多种方法加以解决。但是，从长远来看，法治方式是最好的。法律方法的"免疫"功能在于，它能够使人理性地思考。但是，对于法治与法律方法，学者们也存在不同的认识。二战以后，德国的一些学者反思，法律方法没有成功阻止希特勒上台，结果使得德国法西斯暴政与专横盛行，保护权利的法律形同虚设，人权遭到践踏。所以，很多人认为法治及其法律方法论的作用是有限的。对这一问题的反思传到中国，成了一些人否定法律方法具有"免疫"功能的口实。然而，我们必须弄清楚，法律方法功能的发挥是与法治这一治理机制联系在一起的。没有良好的法治环境，想让法律方法发挥功能是不可能的。因为在权力绝对运行的管理方式中，专横与任意的统治不需要法律方法，法律方法发挥功能的前提条件就是存在良好的法治环境。当然，良好的法治环境也需要对法律方法的普遍掌握。只有在法律方法普及的情况下，才会有法治思维水平的提升和法治行为方式的增多。因为制度的"空隙"可以运用法律方法予以填充，在没有法律规定的情况下，法律精神、法律价值、法治思维都可以发挥法源的作用。这意味着过去那种简单命令式、完全行政化的管理必须让位于现代化、法治化的治理方式，而治理主体多元、方式法治化意味着民主政治更加完善。政府职能要随人民需求的转变而转变，中国需要建立一个公平、法治、高效、透明的行政服务体系。这就是要把法治当成完善治理体制的灵魂的原因之所在。

江必新认为，推进国家治理体系和治理能力现代化，关键在于创新。可以积极尝试的新治理方法有：第一，非对抗性和"软法"。具体要求是：变整治为疏导，变刚性为柔性。第二，契约化和合作规制。具体要求是：变命令为协商，变指挥为指导。第三，提供服务或社会福利。具体要求是：变监管为服务，变强制为利导。第四，市场化和竞争机制。

具体要求是:变官办为民营,变垄断为竞争。[1] 这一切的实现都离不开法治思维与法律方法。有方法才有能力,没有方法的举动只能是蛮干。在国家治理体系中,法治充当的是工具。法治对社会治理的"免疫"功能主要通过法律方法的运用实现。法律方法发挥"免疫"功能则主要通过运用法律发现和法律推理的方法,维护法律意义的安全性,固化法律已有的意义,从而避免专制和任意;通过价值衡量缓解刚性的法律与法律价值倾向之间的冲突,从而协调法律已经存在的价值与其他价值之间的冲突,达到人们在价值追求方面的和谐;通过社会学解释方法化解文本性法律与社会之间的紧张关系,避免机械司法,从而使法律规范与社会现实之间达到融洽;通过法律论证等方法使人们的决策更加具有合理性,从而增加思维决断的理性成分;通过法律修辞论辩的方法在当事人之间进行沟通交流,寻求可以接受的方案,从而缓和纷争主体之间的对立,化解社会矛盾。总的来看,法律方法崇尚以理性的方式处理问题,用讲法、说理来协调各种纷争,尽量避免暴力的使用;即使面对大的社会危机,也首先用法治方式来化解。在法治社会,管理者能够容忍"刁民",但不能容忍"暴民"的存在。法治方式的最重要功能是,不把社会的中间力量变为"暴民",尽力减少"暴民"的数量。

有意思的是,十八届三中全会通过的《决定》中多次使用"推进",表达了党对改革的决心,也使很多人感到倍受鼓舞。有学者指出:"'严格绩效管理,突出责任落实',我觉得有必要将改革纳入政府绩效管理体系,把是不是改革创新作为政绩的重要考核内容纳入进去,促使各级领导干部和公务员自觉行动起来,同时还要建立不改革、在改革问题上'不作为'的问责机制。有了这样的机制,改革才会更有来头、更有劲头,才能让更多的人尝到改革的甜头。"[2]但是,我们必须注意,以"推

---

〔1〕 参见江必新:《推进国家治理体系和治理能力现代化》,载《光明日报》2013 年 11 月 15 日第 1 版。

〔2〕 参见周晓菲:《治理体系和治理能力如何实现现代化——专家解读"全面深化改革的总目标"》,载《光明日报》2013 年 12 月 4 日第 4 版。

进”方式进行改革可能只是权宜之计，待国家与社会治理体完善以后，“推进”法治中国建设就应该告一段落。因为“推进”方式与今后要建立的现代国家治理体系之间存在某些方面的悖论。“推进”含有权力全能的话语优势，而我们现在所要“推进”的法治中国建设和国家治理体系现代化，实际上是在减少公共权力的绝对性，是在进行国家治理、政府治理和社会治理体系的创新，增强各种主体参与改革的自主性，减少国家全能主义的成分。用各种基于国家权力的行政手段来“推进”新的国家和社会治理方式，可能会在新的国家和社会治理体系中留下国家全能主义的阴影。然而，“推进”方式对目前的现实中国来说，可能是最现实、最有效的路径。只是我们需要在历史发展的某一个阶段告别“推进”方式，真正用法治思维和法治方式来化解社会矛盾，建立起现代化的国家治理体系，加快法治中国建设的步伐。

第二章 法律方法论的研究对象、重心及其形式逻辑基础

法律方法论在国家治理体系中之所以具有前文所述的各种功能，是由其特殊的研究对象、重心和形式逻辑决定的。法治思维是法律方法论的主要研究对象，法律方法论研究的问题指向即在于揭示法治思维过程，而法治思维与法治方式在本质上具有同质性。法治思维对中国当下的法律方法论研究提出了多种内在要求。从法律方法论的研究对象以及法治思维对法律方法论的内在要求出发，法律方法论研究必须及时从复杂的理论争议和理论梳理式研究中解脱出来，将研究重心放在各种法律思维规则的建构和体系化上。法律思维规则可以分为法律发现规则、法律解释规则、法律修辞规则、法律论证规则和法律推理规则等。这些法律思维规则的具体建构和展开在根本上离不开形式逻辑的支撑和制约。尽管法律修辞、法律论证中的外部证成以及非单调的逻辑推理已经超越了形式逻辑的作用范围，但是它们自身所蕴含的可争辩性程度及其与内部证成、三段论推理的界限在消极意义上取决于形式逻辑的基本规定。因此，在建构和研究各种具体的法律思维规

则之前,我们需要事先交代各种法律思维规则的形式逻辑基础。

第一节 法律方法论的研究对象:法治思维过程

法治是一种思维方式,是指法律思维方式的运用。中国共产党提出要用法治思维和法治方式化解社会矛盾,在一定程度上是意识到了法律思维对治理国家的重要性。形塑法治思维和法治方式的前提条件就是法律思维规则。法律思维和法治思维在本质上是一回事。法治中国建设需要"法治思维和法治方式"。法治思维水平的提高和法治方式的形成,需要我们认真研究法律思维规则。说法治是治国理政的最优方案,主要是从制度设计和运行的角度考虑的。但是,法治的运行不完全是由制度决定的,如果没有与法治相匹配的法律思维,法律制度断难落实。法律制度的改革非常重要,确立以法律制度为基础的法治会对中国的未来产生深远的影响。但是,在法律体系建成以后,没有法治思维和法治方式,就不可能实现法治。法律方法论就是在法律制度已经建成的语境下研究如何根据法律进行思考,如何运用法律解决人们之间的冲突。虽然从总体特征上可以将法律思维概括为"根据法律进行的思考",但是法律思维是一个复杂的过程,包含大量复杂的、多种多样的思维规则的运用。同时,各种法律思维规则又分别与不同的法律方法相连。因此,对法律思维规则的运用需要结合法律方法和具体的法律语境。法律思维规则虽然比较简单,但是由于个案的复杂性,使得关于法律方法论的研究内容十分丰富。在法律方法论研究中,"法治思维和法治方式"概念只是一种顶层设计的规范性理念,仅表明了法律方法论研究的立场选择以及法律规范的内在指向和价值指引。

一、法律方法论的问题指向——揭示法律思维过程

我们认为,从宏观研究内容上看,法律方法论是研究法治如何实现的方法论理论。研究法治的实现有多重方法,政治学、社会学等在这方

面已经做了很多的工作。但是，从法学的角度研究法治的实现才是法律方法论的主要任务。法律方法多种多样，其核心内容是法律思维。只要法律思维所支配的法治方式能够占据主导地位，整个社会就能实现法治。因此，从法律方法论的角度看，法治实质上是一种思维方式。我们由此可以窥见法治思维或法律思维对法治的意义。法律方法论是围绕法治的实现展开的思维方式理论，其研究的问题指向是实现法治，而法治的实现就是法治思维或法律思维转变成法治方式的过程。因此，揭示法治思维的过程就是揭示法治实现过程的方法论。要明确法治思维或法律思维的重要性，我们需要首先回答什么是法治思维，什么是法治。然而，这是一件困难的事情。从不同的角度，在不同的历史文化背景下，法治、法治思维甚至法治方式的概念都有不同的意蕴。"目前，关于法治的学术话语、政治话语、宣传话语多半是在名词层面取得一致，而远未达概念层面的共识，许多关于法治的争论实际上是概念的理解和定义不同造成的。"〔1〕就世界范围内法学研究的现状看，尽管思想家们已有深入的研究，但是人们所揭示的法治仍然只是属于一个"家族"的相似概念，并没有形成完全一致的看法。实际上，不只是法治，只要是经常使用的概念，都含有不同的意义。在对概念的认识上，人们能形成的只是最低意义上的共识，能接受的只是基本的核心意义。

一般来说，人们在法治与人治、专制对立这层含义上不会发生大的争议。法治要保护自由、人权，要维护公平、正义；法治是规则与程序治理的事业；法治的核心意义是限制权力等。以上内容构成法治的基本含义。正是在这些对法治的基本认同中，人们形成了带有显著法治特色的思维方式。法治思维是法治原则、法律概念、法学原理、法律方法以及一些法律技术性规定在思维中有约束力的表现。袁曙宏认为："所谓法治思维，在本质上区别于人治思维和权力思维，其实质是各级领导干部想问题、作决策、办事情，必须时刻牢记人民授权和职权法定，必须

〔1〕 刘杨：《法治的概念策略》，载《法学研究》2012 年第 6 期。

严格遵循法律规则和法定程序，必须切实保护人民和尊重保障人权，必须始终坚持法律面前人人平等，必须自觉接受监督和承担法律责任。”[1]法治思维主要表现为在法律的实施过程中，法律及其基本原则对人们思想的影响。但是，我们必须看到，由于主体自身的价值倾向、知识结构和文化背景等的差异，再加上社会情境、价值等语境因素之间的竞争，即使是受法律约束的法治思维，在个体身上也会出现差异或意义的多样性。特别是在我们区分形式法治和实质法治概念之后，同样被称为“法治思维”的术语可能会朝着实质和形式两种思维方向展开：一种是形式法治论者的思维方向。由于相信法律文本意义的相对固定性，因而主张法律意义的自足性、独断性，人的思维能够接受确定法律规范的约束，只不过需要运用较为复杂的法律方法。另一种是实质法治的思维方向，主张法律的开放性，认为法律应该满足政治、经济、文化、社会的要求，对法律的解释不能死板、教条，而应该灵活运用。

对法律思维或法治思维的定义也许并不重要，甚至是否存在独立的法律思维也不是大的问题，重要的是要认识到法律思维或法治思维对法治的意义。因为理论上的争论更多是围绕学科体系架构的争论，对法治实践来说，观念的作用大于概念的界定。就目前的认识水平来说，对法律思维进行高度抽象的定义还比较困难，但是对其进行特征和意义的描述还是可能的。法律方法论有三个层次：一是居基础地位的法治思维方式，对各种各样法律方法的把握构成人们的法治思维方式。二是法治思维规则，即在正确或错误运用法律基础上的概括总结、分类研究。三是在法律实践基础上的各种法律技术、应用法律的技巧以及一些错误运用法律的经验教训。概括法治思维的规则、描述法律思维的过程是法律方法论研究的重点。法治思维最能彰显法律方法论的实用性，因为学习法律的目的就在于应用。在法学教育中，法律方法论的

---

〔1〕 袁曙宏：《全面推进依法治国》，载本书编写组编著：《十八大报告辅导读本》，人民出版社2012年版，第221页。

训练就是为了提升法律人的法律思维水平，帮助他们理解、解释和运用法律，提高逻辑推理、理解解释、修辞论辩等方面的能力。对法律方法论的掌握是职业法律人的基本专业素质。法律方法论是研究法律适用的一般学问，在法律方法论的法学教育和相关培训中，通过描述、总结和理论化法律推理、法律解释、利益衡量、法律修辞、法律论证等法律适用中的思维规则和论辩程序，形塑法官等的"前理解"（Vorverstaendnis）、"法感"（Rechtsgefühl）和"判决感"（Entscheidungsgefühl），从而在思维上引导法官等作出正确的判断，并提供相应的批判性工具和理性重构程序。因此，法律方法论虽然并不针对现实案件提供具体方法，但它上可论述和建构法律方法的一般问题和学问，下可指导解决具体案件的方案制定。一般认为，法官在司法实践中如何适用法律具有典型的法治意义，因此司法方法构成了法律方法论的主要或者典型的研究对象。

我们应该充分认识到法治思维在法律方法论研究中的基础地位。法律方法论研究要揭示法治思维过程、法律思维规则及其运用，从而达到对法律的准确理解。因而，法律思维的核心是法治思维。法治思维既是法律人的思维过程，也是衡量思维过程的标准。思维过程好像难以作为标准，因为每个人的思考过程是不一样的。但是，实际上，由于法律的存在，一个人的思维是否根据法律进行还是有基本标准的。在法治思维过程中，法律既是思考的开始，也是思考的终点。根据法律进行的思考是法治思维的出发点，而终点则是所要探寻的事物与行为的法律意义。几乎所有的法学都在研究这一问题，只不过法律方法是从理论角度，在一般意义上探寻法律如何根据法治的原则实施。因此，说法治思维是法律方法论的核心概念并不夸张。如今，法治思维的重要性已经上升到治国理政的高度，社会治理者对法治方式的积极意义已经给予充分的肯定。在法律方法论学科的建构中，法治思维的地位是重要的，法律方法论中的其他概念都难以成为核心概念。所谓核心概念，是指所有的法律方法论的构建都要以法治思维为指导，任何具体的法律方法论研究基本上都是建立在法治思维基础上的，围绕法治思维具体展开。可以说,法治思维是法律方法论研究的灵魂。法治思维贯穿于法律方法的每一个步骤。法律发现、法律解释、法律论证甚至价值衡量都离不开法治思维的约束,法律方法论训练的目标是提升法治思维水平,法治思维是围绕法治如何实现的方法而展开的体系论证。尽管并非所有的法治思维都是根据法律进行的思考,但是法治思维的这一特点仍是验证某一方法是不是法律方法的标准。

二、法治思维的含义

法律方法论在传统法学中是法理学或者说法哲学的重要组成部分,但现在已经有成为独立学科的趋势。与法哲学相比,法律方法论不对法律进行本体论的研究,而是侧重于对法律思维规则进行研究。与法社会学相比,法律方法论不对法律系统外部的社会事实进行“外部视角”的实证研究,而是只在法教义学提供的法律体系语境内将一般事实提升为案件事实,再将其与法律规范依次进行等置、调适和涵摄。与刑法学、民法学等部门法学相比,法律方法论不对具体的法律文本进行教义学解释,或者将法律文本按照法律原则、目的和类型所构成的“内部体系”进行体系化,而仅为法官等的“目光往返于事实和规范之间”提供达致实践理性的思维规则和方法。作为适用法律的一般方法,法律方法论不仅着眼于发现和适用处在“核心语义”之内的法律规则,当法律规则出现语义性漏洞和价值性漏洞时,还为法律系统内部和外部的社会事实寻求适格的法源,并在程序性法律论证的框架内为其合理性、合法性、客观性和确定性分别进行修辞论证、教义学论证、语义学论证和融贯性论证。法治思维之所以是法律方法论的基本研究对象,是由法治思维的下列内涵和特征决定的:

(一)法治思维是一种立基于法律规范和法律程序的思维

从学理上看,法治思维的概念是对法治命题的修复。后现代法学运用解释学的解构理论,指出了法律的不确定性、意义的流动性,最终得出了法治的不可能性这一命题。然而，几乎所有的法学理论研究者对此都没有予以正面回应。可以这样说，关于法治的理论远没有后现代法学的解构理论细致。到目前为止，法治在理论上并没有被认真地论证，人们对法治的“爱戴”更多还是一种建立在经验基础上的信任。法治论者一直对此心怀不满，经常抱怨法治理论研究者的无能。因此，我们在过去研究法律方法论起点的时候就抱有一个夙愿，即在理论上进一步证成法治在理论上的可能性。但是，我们后来研究发现，无论是法治思维、法律思维还是法律方法都不可能证成法治的可能性。因为法治是法治思维或法律思维的前提，没有法治就无所谓法律方法论。所谓法律方法，只是在法治前提下研究法治如何实现的思维方式，法治只是法律方法论能否成立的前提。用法律方法论证成法治属于一种反推模式的证成，在理论上的证明效力不会太强。我们还发现，对法治的实现来说，法律方法论对于法治只能起到修复作用。即法律方法只能从方法论的角度证明法治在一定程度上是能够实现的，不可能完成在理论上彻底证成法治的任务，对法治命题能否成立只能起到辅助证明的作用。然而，法治思维的概念强化了法治的意义，是法治能在一定意义上实现的思想基础。因此，研究法治思维对法治有积极的意义。我们不能因法治思维的证明效力弱就弃之不用，也许这种证成比正面论述更具有说服力。

我们认为，法治思维在基本思路上与法律思维一致，都是根据法律思考，因而法治思维是一种规范性思维，带有强烈的规范性和程序性。这是来自法律本身的特点。与其他社会规范相比较，法律属于明确的行为规范；法律程序的严密性也是其他行为规范难以企及的。“根据法律思考”的法律思维在有些人看来好像很简单，认真分析起来却是很复杂的。因为在形形色色的法学理论流派中，即使对于“什么是法律”也争论不休，基于不同的角度与方法对法律的认识分歧很大。这就会造成确认“法治之法”的困难，如一种简单的分类就可以使“法治之法”分裂为立法之法、司法之法和执法之法等。法治论者强调所有法律都应得到遵守，但是由于权力分工的存在，造成同一部法律在不同的领域中具有不同的意义。例如，刑法是法院的判案标准，是检察院工作的规范，虽然与公安业务有着紧密的联系，但其多数条文与公安业务并没有太多的直接关联。民法与公安业务的关联度似乎更低一些，然而这并不意味着民法对公安业务没有法律上的效力。这说明，法治所要求的依法办事仅仅是宏观的原则性要求，在具体的决策过程中"根据什么样的法律进行思考"，还需要根据语境详细斟酌法律内容与工作性质的关联性。立法者创立的是法律体系，司法者将其视为权威的法源，司法者所司之法是法源体系。司法者的法源体系与立法者的法律体系并不一致。例如，尽管法律体系中有合同法，具体的合同是法源体系的重要组成部分，但是在法律体系中并不包含具体的合同。这说明，无论是法律体系还是法源体系，都是复杂的，以至于法律检索成了法律人必须学习和掌握的一门技术。人们可以从法律体系或法源体系中发现所要运用的法律，这在一定程度上增大了法律的可选择性，也增大了法律意义的不确定性，甚至会使得政治学家所设想的依法办事落空。但是，法律发现规则还是为法治的实现提供了大体可考的发现场所和范围。如果司法者搞不清楚法律所调整的范围，机械、死板地根据法律进行思考，不仅不会带来法治秩序，反而可能会给社会带来更大的混乱。

法治思维的规范性主要表现为在思维过程中需要遵守一系列的法律思维规则，而这些法律思维规则蕴含在各种法律方法之中，如法律发现方法中的规则、法律解释方法中的规则等，正是这些规则使法律方法得以发挥规范功能。但是，这里所说的法律方法功能的发挥，不是指哪一种单独的方法，而是指各种法律方法及其所蕴含规则的综合运用。在中国，法律人基本上都是在整体意义上理解法律的，因而很容易接受融贯论、包容性的法治之法的观念，认同制定法体系的权威，认为它只是法治之法的重要部分，而不是法律的全部。融贯论思维好像只是综合各种方法，似乎没有思维规则可以遵循，其实并非如此。一般来说，法律渊源理论为法律的运用提供了法治思维的基本范围，法律发现规则保障了法律意义的相对稳定。法律解释就要复杂一些，会产生多种可能的意义。这种多重的法律意义增大了可供法律人选择的范围，也能缓解法律规定的过分严格，从而使法律具有更强的针对性。法律修辞与论证则是把法律放到宽广的视野中，使人们对法律有了更加灵活的理解。因此，应该将法律放在社会元素的相互关系中加以全面理解。比如，在法治问题上存在一系列具有"家族相似性"的专业术语，人们可以在众多的法律含义之中识别出其核心意义和边缘意义。在建构法治思维的过程中，不能以概念的边缘意义冲淡法律的核心意义，这是基本的法治思维规则。这一规则强调，在理解、解释和运用法律的时候，虽然不能忘记法律的边缘意义，但不能仅在这上面做文章，还需要警惕在必须适用核心意义的时候，勿以边缘意义代替核心意义，否则法治就会落空。"法治之法"主要是指文本性的法律规范，法律的边缘意义只是在特定的语境中才会被认同，不能代替法律的普通含义。因此，我们需要运用法律原则、规范、概念等建构法治思维，认真研究"把法律作为修辞"的运用条件、场景、策略、方法及限度，增大法治言辞的可接受性，同时把政治言辞、道德修辞与理性论证兼容起来，在具体的语境中得出融贯性结论。当然，我们也要看到，法律修辞、论证和论辩方法等对法治理论的完善，只不过是从实质法治的角度来谈的，对这些方法的使用必须谨慎。即使是把法律视为一般性规范，其内部构成也不是那么简单，尤其是当法律适用于具体案件之时，不同的解释立场、方式也会衍生出不同的意义。所以，法律思维只有在运用各种法律方法（包括遵守解释规则、论证规则等）以后，才能转换成法治思维和法治方式。

我们认为，实施法治首先要贯彻法律的清晰性原则，强调在有明确法律规范的场合反对解释，应该通过直接的法律推理在个案中确定其意义。〔1〕法律解释方法在中国有着悠久的历史，但我们对法律解释学的专门研究并不系统，基本上是随着西方法学的输入才开始介绍性研

〔1〕　参见陈金钊：《法治反对解释的原则》，载《法律科学》2007年第3期。

究。法律解释学在理论上属于传统法学的核心部分，法治实现需要法律解释规则和方法的支持；在实践中，通过相应的法学教育和职业培训，法律解释方法可被形塑成法官的“前理解”和“判决感”，从而在思维上引导法官作出正确的判决。法律解释的规则在总体上是限制解释权的。然而，在很多情况下，文义解释与法律价值也可能产生冲突，这就需要以目的解释、社会学解释等对文义解释进行修补。我们需要看到，实质法治的方法对形式法治有一定的矫正功能。同时，在法治理论中引进法律方法论，就是要在思维方式上找到能够接近法治的路径。因此，我们不能在引进法律论证、法律修辞和价值衡量以后就忘记维护形式法治的基本方法。诚然，法律方法论不可能在理论上全面“拯救”法治的不可能性，最多是对法治可能性的理论修复。这意味着，法治思维和法治方式并不能解决所有的问题，但我们要相信法治能解决很多问题，只有在穷尽法律方法以后才去寻求用其他方法来解决纠纷。当然，不要指望有了法律方法就能解决法治遇到的所有难题。因为法治这种以简约应对复杂的解决问题的方式，本身存在着很多天然的不足。法治只是众多的解决问题的方式之一。但是，我们相信，很多难题只有运用法治方式解决才会产生长远的社会效果。法治思维是一个复杂的过程，只有通过认真的演习和训练，才能够为人们所熟悉和把握。只要社会治理者把握了法治思维，法治的实现就有了思想基础。就中国现阶段的情况而言，在一定意义上，不是经济发展水平、政治体制限制了法治（虽然这也是重要原因），而是我们在法治思维问题上尚存在着很多的缺陷。我们现有的法治思维水平还难以支撑法治方式的治理结构，推进法治中国建设首先需要提升人们的法治思维水平。

（二）法治思维是一种限制权力任意行使的思维

法治目标很清楚，不在于取消权力，而在于限制权力的任意行使。限制权力的方式有很多，如相互制约的权力分配、以权利制约权力、舆论监督、政党监督、群众监督等，根本上还取决于人们所具有的法治思维方式。没有法治思维方式，再好的监督机制也难以起到应有的作用。法治的根本目标是实现一种法律对思维的控制。因而法治要求人们的思维根据法律展开。法治思维主要是约束权力的任意行使，这一判断来自对社会现实矛盾的观察。目前，权力的傲慢表现在诸多方面，[1]如权力与资本的结合所产生的权力寻租、司法专横与腐败、行政权力滥用等，都导致人们对政党、政府、法院等的不信任，官民关系紧张，“仇官”“仇富”的情绪加剧。要恢复人们对政府的信心，就需要约束权力的张扬，抑制权力绝对化的趋势。权力的过度张扬不是今天才出现的事情，而是一种历史的延续。在推进法治中国建设的进程中，还出现了另外一种趋势，就是权利的绝对化苗头。即有一部分人只想着享受权利，而不愿意承担相应的法律义务。在法律的适用中，只强调对自己有利的一方面，而对自己必须承担的义务退避三舍。在思维方式上，只讲权利，而有意忽视与其相对的义务或责任。尽管权利的绝对化还没有形成气候，但如果任其蔓延下去，也可能会出现大问题。尤其是在权力的绝对化和权利的绝对化产生碰撞以后，矛盾的激化就不可避免，对社会稳定的负面效应恐怕难以估量。所以，法治思维在限制权力的同时，也必须警惕权利的绝对化。一方面，我们应该看到，法治思维是建立在各种行为主体都遵守法律的基础上的，权利和权力都必须接受法律的约束。另一方面，在法治思维中，权利与权力之间存在着一种平衡与制约关系。法治思维和法治方式都要认真研究这一平衡关系，以便更好地利用权利对权力的制约。尽管在法治之法问题上有很多分歧，但是法治之法是有其核心意义的。“法治就其本质而言，是要树立法律在社会中的最高权威，实现对权力的有效驯服，切实保障公民的自由和权利。”[2]法治要建立的是一种权利与权力之间的平衡关系，是一种和谐

〔1〕 参见陈金钊：《用法治思维抑制权力的傲慢》，载《河南财经政法大学学报》2013年第2期。

〔2〕 梁迎修：《理解法治的中国之道》，载《法学研究》2012年第6期。

的社会秩序。

实际上，很多人至今还没有意识到这一问题的重要性。我们在以法治思维和法治方式约束权力的同时，还必须注意用权力与权利之间的平衡来构建和谐社会。现代化的管理体系是一种建立在法治基础上的治理模式，在这种治理模式中，权利与权力之间的平衡需要法治思维和法治方式，否则扁平化的治理模式难以在中国展开。现在，建立在西方权利本位基础上的各种立法使得人们在法律上拥有很多权利，甚至一些专门搞法律研究的人也未必清楚每个人究竟有多少权利。然而，由于中国国家治理的社会化程度还不高，没有形成多样化权利保护的社会组织，因此由管理到治理的社会管理创新还有很长的路要走；权利对权力的制约不仅缺乏相应的社会组织的有力保障，而且现有的司法机制、理念等也没有表现出这方面的自觉意识，用权利制约权力的法治思维还没有形成。同时，在中国，权力在法律解释过程中还占据主导地位。人们发现，“法律解释权垄断于法律人内部，处于主导和支配地位是法官、检察官和律师这些法律人，而法律人和普通人之间的外部关系只是派生性和依附性的，只能取决于法律人内部之间的关系”〔1〕。其实，不仅是司法过程中的法律解释，包括行政执法过程中所解释的法律在内，权力的拥有者对权力与权利之间的关系关心不够，难以出现以人为本、以民为本、以权利本位的法律解释。由此，甚至导致出现“机械引进的法制，缺乏法律制度与民众生活的联结，民众无法感受到法治之幸福，权利意识就无从激发。在虚化的民主天空之下，法治注定无法根植中国土壤”〔2〕。不过，这种观点多少有些悲观，我们要树立信心，相信最终可以通过普及法治思维和法律思维规则实现法治。通过这些年推行法治所产生的效果来看，权力的拥有者已经意识到法治对权力的遏

〔1〕 凌斌：《从法民关系思考中国法治》，载《法学研究》2012年第6期。

〔2〕 付子堂、邓伟云：《民生法治论纲》，载李林、王家福主编：《依法治国十年回顾与展望》，中国法制出版社2007年版，第364页。

制，权力的绝对性受到一定的冲击。我们应该意识到，无论是推行法治还是任法治自然生长，都需要一个漫长的过程。只要人们的法治思维水平得到提高，限权意义上的法治就会逐步实现。

（三）法治思维是一种追求实质价值的思维

法治是所有法律的核心追求，同时法治也有自己的价值追求。在一定意义上，法治思维不纯粹是技术性的。法治思维不仅追求法治的实现，还追求法律价值能够来到人间。公平正义、自由秩序、和谐秩序等都不是法治思维所排斥的。因此，我们不能把依法办事和追求法律的基本价值对立起来，认为依法办事就会排斥法律价值是机械司法或机械执法。可以这样说，只要人们追求法治，法律价值就不会丢失。只是，我们不能轻易用法律外的道德、价值来排斥法律已经肯定的价值。关于这一点，我们不必像西方人那样，由于担心某一学派的思想占据上风，就偏执于法律形式或正义的思维格局。因为中国人的思维方向与西方人有很大差别，西方人由于重视形式逻辑而可能在某些问题上偏执一端，而在我们的法学思想中或者说多数法律人心目中，各种法学流派的观点是共存的。综合法学的情结一直影响着许多法律人，中国法学的特色就是综合法学。从法律方法论的研究来看，虽然各个学派的观点甚至是对立的，但都可以融合。在学术研究上，经常有人指责别人理解错误，其实并不是理解错误，而是由于我们对很多问题都采取中国式的整合。所以，即使是一些奉行教义学立场的规范法学的法律方法论者，一般也不会反对道德、正义、公平、自由对法治思维的影响。中国的法律人虽然看到法治思维就是规范思维，规则与程序是其显著特点，但当规范遭遇正义等法律价值的时候，很少有人会固守规范的机械性。在更多的时候，我们反而需要呼吁认真对待规则，多少应该有些教条主义的精神，不至于在思维过程中丢失法律的基本意义。中国人一般会认同下述观点："规则主要体现了对某些绝对禁止的行为的约束，更多地表现出非语境化的强制性。由于规则是普遍的、非人格化的，因此，面对具体的语境时,人们难以恰当地把握规则的要求,难以把规则应用于处理现实问题。故而,个体要提升对规则之要求的把握能力,往往要强化自身的美德素养。"[1]与西方学者反复强调美德相比,我们更需要强调规则的基础地位,将规则作为引导行为的基本方式,只是在复杂的案件中才把美德作为更深层的思维根据。在我们的思维中,不仅要强调法律规则的重要性,更要强调法律思维规则对法治实现的特殊意义。

我们必须强调,虽然法治思维是根据法律进行的思考,但必然要涉及法律价值。这不仅是因为每个人都有不同的价值倾向,而且法律文本中也存在多种价值,甚至是相互矛盾的价值并存。因此,在进行价值衡量之前,更主要的是主体进行价值选择。价值选择的结果不是由制度和法律来安排的,而是一种主观评价的结论,不同价值理论的支持者会得出不同的结论。所以,以价值衡量、外部证成等为主要方法的实质法治虽然表面上深化了法治,但给法治的实施带来更大的困难。全面透彻的实质法治实际上在形式法治出现以前就已经存在,形式法治不过是在实质法治走投无路情况下的最好选择。从实施法治或全面推进法治的角度看,法治与实质法治的争论,只不过是重新掀起被立法掩盖的争论或者说已经存在的纷争,尽管这可能会增加一些新的语境因素,但基本的理路没有发生根本变化。"不同价值理论的支持者会就选择形式主义解释方法达成一致意见,因为形式主义类似于一种在不同阵营之间形成的重叠共识。"[2]我们认为,在法治社会初期,依法办事之法律是一元的——制定法或判例法,最多是二元的——制定法加判例法,不能轻易加入太多的法外因素。但是,随着实质法治思路的泛起,法治建设中的法源一元论观点被打破,导致人们在法治之法问题上陷入更大的恐慌。原本人们的设想是:当一元的法律出现问题的时候,不

---

〔1〕 谢惠媛:《美德与规则——从道德训诫方式的转变看现代道德中心问题的转换》,载《甘肃社会科学》2012 年第 6 期。

〔2〕 〔美〕阿德里安·沃缪勒:《不确定状态下的裁判——法律解释的制度理论》,梁迎修、孟庆友译,北京大学出版社 2011 年版,第 78 页。

妨在多元的法律上做文章，以便人们在多种可能性中进行选择；当一种方法存在问题的时候，不妨找出更多的方法，不能在一棵树上吊死，可以尝试着在多棵树上寻找活路。然而，正义、公平等价值的多变性迫使人们只能将其当成辅助手段，在多数情况下需要依法办事。虽然法律人不能不讲正义等价值，但在一般情况下不能用价值直接代替法律。这是法治思维和法治方式的基本要求。因此，在法治建设的方法论中，实质法治的思维方式不能占据主流地位。

可以这样说，尊重法律规则和法律思维规则是法律人的内在道德。对规则重要性的强调实际上是对法律普遍性的重视；而对各种法律价值的呼唤则是重视情境中的正义，强调法治思维过程中的语境因素。对公平正义的追求、对权利自由的保护，是法治的终极目标。但是，在这一目标实现的过程中，在思维路径上始终存在着放弃法治的风险。因为人们看到，法律文本中本来已经包含正义等诉求，即那些普遍的、能够在法律文本中表达的正义等价值因素成了形式性法律的组成部分，成为可据以判断的标准。然而，学者们谈论的正义的价值，不是强调法律文本内涵中的道德价值，更多是在探讨语境中的道德正义与法律中的正义之间的冲突。在许多理论争论中，人们把法律中的正义和法律外的正义对立起来。法律成了形式的代名词，人们已经忘了它本身也包含着许多的正义；而法律外的正义成了具体情境中的因素，好像具有更多的强势正义。许多法社会学学者认为，如果法律的解释和适用不顾及情境因素，就可能背上“不讲正义”的名声。人们可能忘记了，正义存在着谁之正义、什么样的正义的问题。因此，虽然法治思维是根据法律进行的思维，但还必须顾及案件情景中的正义，同时我们必须对正义进行论证。法律人在法律与事实之间进行的思考，不仅要考虑一般规则，还必须进行正义等衡量。与这种思维相适应的法律方法包括价值衡量、利益衡量、外部证成、社会学解释、实质推理等，这些都是法治思维过程中的矫正因素。

（四）法治思维是一种注重法律解释、法律论辩的思维

从法律方法论的角度看，法治思维就是把法律作为修辞讲法说理，运用法律逻辑规则、法律论证规则和法律解释规则等进行思维与决策，探寻用法治的方式解决现实社会中的纠纷与问题。这些规则运用的前提是尊重法律的独立性与自主性，使法律能够在思维与决策中起到支配作用。从思维特征上看，法治思维是一种独断性思维，奉行的是法律决断论。这当然不是说法律是唯一的决定因素，而是说其他因素对思维与决策的影响需要经过法律方法论的"过滤"，以排除思维与决策的武断和任意，防止法律的意义被过度稀释，从而使权力被关在笼子里面。强权也罢，威权也好，市场边界、产权边界也好，如果没有独立的法律，一切都是空谈。当强权者或者强权群体的权力大到足以突破一切禁止，最后的边界就是独立的法律。突破法律的边界，必然引发不可思议的混乱。一切都可暂时不独立，但法律必须独立。因为权利和权力都有自我扩张的愿望与能力，都可能因对利益的过度追求而丧失理性。由于法治思维有法律原则、规范和程序作为根据，能够在一定范围内限制权力和权利的过度扩张，因而备受人们重视。法治成了政治正确、思维理性的标杆，对抑制各种非理性的冲动有重要意义。

尽管在近百年来的法学史上，逻辑的作用受到了以霍姆斯为代表的现实主义法学等学派的诟病，但是逻辑是人的思维必须遵守的基本规则，法治思维亦不能例外，并且法治思维的逻辑性远远超过其他的思维形式。虽然法律不等于逻辑，要在社会中发挥作用离不开经验，而且从根本上说是社会中的法律，脱离社会的法律就会失去生命之源，但是我们要在思维中搭建法律与社会、法律与其他行为规范之间的联系，就不可能不运用和遵守逻辑规则。不过，在法治思维中不能把逻辑的作用绝对化。现实主义法学和后现代法学等学派对法律逻辑的批判，主要是因为美国等一些法治国家的法律人把逻辑绝对化了，把逻辑等同于法律。这就使得法律与活生生的社会之间脱离了联系，而在法治思

维中逻辑规则只是法律思维的重要组成部分。人们发现“现代法学对逻辑的蔑视反而造就了谦逊的魅力，因为人们打一开始就不会主张绝对的正确性。然而，这种谦逊是一种装饰，它让人感觉到舒适。它让理论家对于那些（在其他部门都会有很大效果的）逻辑指责得以免疫，并且法学界与逻辑的互动，就如我们将会看到的，是件困难和艰辛的工作”〔1〕。这种困难在于，很多法律逻辑研究者一直想把法律逻辑学化，这是有问题的。因为法律要调整的是日常的社会关系，需要的只是一些简单的逻辑规则，以避免思维的常识性错误。逻辑与法治思维的“联姻”有着极其重要的价值，可以使法律与案件、法律与社会之间的关系更加清晰，可以使人们的思维过程简洁且少犯错误。

然而，我们也必须看到，逻辑语言是贫乏的。运用逻辑推理得出结论虽然可以少犯错误，但在很多时候，由于我们所要说服的对象并不都是像法律人、经济人等那样的理性人，为达到说服的目的，法治思维过程中的修辞论辩不可缺少。这一点完全不同于政治上“空谈误国”的行为说服论。运用法律处理案件，不仅要合法有理，还应该把理说清楚。要说清楚的不仅是道理，更主要的是法理。所以，法治思维实际上是运用法律之理进行思维，用法律语词把判断说清楚，而不是倾向于道德和政治说教。从思维形式上看，法治思维的特质是一种倾向于形式主义的思维，只是在近些年随着对法治认识的深入，人们才逐步接受实质思维的优点。当前存在的问题是，在思维过程中不尊重逻辑规则，不重视法律的话语权，思维方法看似辩证，实际上是片面的统一论〔2〕占据主导地位，形式法治的思维一直受到一些学者诟病。我们认为，统一论不能解决法律纷争的问题，因为在其中形式法治的优点被抹杀，主要基于

〔1〕〔德〕英格博格·普珀：《法学思维小学堂：法律人的6堂思维训练课》，蔡圣伟译，北京大学出版社2011年版，第115页。

〔2〕统一论有多种表现，包括实质法治与形式法治的统一、法律效果与社会效果的统一等五个方面。参见陈金钊：《法治遭遇“中国”的变异及其修复》，载《扬州大学学报》（人文社会科学版）2013年第1期。

形式逻辑的法治思维的基调消失了。我们主张一种形式法治与实质法治的结合论,也称"融贯论"。因为在各种各样的统一论中,政治、道德话语太过强势,而融贯论可以吸纳形式法治与实质法治的共同优点。如果我们在法治思维方式上过度关注本质、真相,法治就会失去其核心意义。

在法治思维中,建立在教义学基础上的法律解释方法占据重要地位。我们发现,刑法学、民法学的基本原理在社会转型或这些年的改革发展中都没有发生质的变化,这在一定意义上促成了相关领域法律意义的相对稳定。因为基本的法学原理是在法教义学和逻辑规则的基础上形成的,〔1〕根据这些原理进行思考,必须讲究逻辑,讲究法律的规范作用,尊重法律的解释规则。因此,要想在民法、刑法、诉讼法等领域全面实施能动司法,就会遇到一些困难。在这些领域,法律的基本原理比较完善,相关人员的逻辑推理、修辞论证和解释能力较强。部门法学也有对实质法治的诉求,但比讲政治修辞、道德话语的法理学更接近法治。在部门法学中,学者们一般不会离开法律规范的约束去空谈法律的意义,在解决法律问题的时候也总是伴随着法律条文。只有那些对法律规范进行选择、修正适用的政治人物,才会过分执着追求实质法治与形式法治的统一,要求把能动司法作为司法理念。其实,能动是人的本质,即使不去倡导,它也有发挥作用的渠道。相反,要求人们克己守法,追求法律的客观性有一定难度。只有坚持法治思维和法治方式,人们的决断、行为才能逐渐接近法治。在法治建设的思维方向上,让法律的刚性能动地、不符条件地屈从于法律外因素,就会从根本上失去法治的目标,长期稳定的社会就不可能出现。

---

〔1〕 法教义学的主要运用领域即为部门法学,部门法学中的各种知识,如法律行为、法律关系、犯罪构成要件等法学原理都是按照法教义学的方式形成的。在建构法律体系时,法教义学必须遵守一般的逻辑规则,这是法律体系存在的最起码的基础。参见黄茂荣:《法学方法与现代民法》(第五版),法律出版社 2007 年版,第512—516 页。

三、法治方式的含义及其与法治思维的同质性

法治方式不仅牵涉法律方法论，实际上还涉及政治、文化等各个方面。可以说，法治方式与现实政治的关系尤为密切。虽然法治方式是对全民行为方式的要求，但主要指向权力运作的方式，涉及政治、经济、文化等各方面的行为方式。法治是一种区别于人治、德治的行为方式，涵盖面很广。依法治理只是法治的一个方面，而“法治方式”这一概念主要涉及的是管理方式，与现实政治权力运行的关系尤为密切。“现实政治是政治的方法论，不能说不牵涉到主义，但与主义不是一件事情。任何主义都有它的现实政治。社会主义必有它的实现方法，否则将为幻想主义者。民主主义必有它的现实方法，否则必为无能的乱民所主。诸如此类，这些现实的方法是对一切政治共同的。若只有现实主义，必称所谓机会主义，但若只谈主义而绝不把握着现实，必不能走上胜利之路。”[1]法治方式对现在的中国政治人来说，近乎一种全新的权力运行方式，欲使其不成为“装饰”，需要各界的共同努力。现在的问题是：政治人说不清楚法治方式的法律方法论特质，而法律人说不清楚它的政治意义。这很可能影响人们法治思维的形成以及对法治方式的把握和运用。过去，我们习惯于以政策为引导的权力运作，虽然取得了巨大的成就，但由于政策的多变性、模糊性等问题，也产生了一些负面作用。特别是很多改变政策的对策大行其道，使得政策的主导难以应对不断激化的社会矛盾，政策以及相应的对策显得力不从心。从世界各国的治理经验中，人们发现法治方式对社会管理创新具有很强的魅力，可能会产生意想不到的效果，因而必须认真研究。

（一）法治方式的含义

1. 法治方式是处理法律纠纷的理性化和程式化方式

虽然法律是靠国家强制力来保障实施的行为规范，但是法治方式

---

〔1〕 傅斯年:《现实政治》,陕西人民出版社 2012 年版,第 211 页。

与暴力方式不同，主张平和、理性地按照法律规则和程序进行管理处理纠纷。没有意识到这一点，还是用暴力强权的方式进行管理和处理纠纷，就与专政的思维没有质的区别。当然，平和、理性的法治方式需要良好的法治环境，要有与之相匹配的法律制度和法治文化。在“激情燃烧的革命情绪”下，法治方式恐难实行。法治意识形态和法治观念是法治方式的思想基础。“在英国宪法学者看来，‘法治’这一术语的意思似乎主要是基本原则和价值的集合，它们一起赋予了法律秩序以某种稳定性和一致性，表达了对于被视为法律之基础的思想体系的信奉。……法治是标准、期望和渴望的混合物：它包含个体自由、自然正义的传统思想以及更加普遍意义上的关于统治者和被统治者关系的正义、公平之要求的思想。”〔1〕这意味着，对法治的忠诚并非都是技术性的，法治方式以及在此基础上的正义、公平和个人自由在某种程度上离不开思想观念的引领。从思想的角度看，法治方式只是一种理性的追求，要想做到理性、平和地处理问题，就必须对法律、法治充满信心和信任，就必须导入法律以限制权力。

从权力有多重运作方式的角度看，法律、法治话语仍然是权力话语，是用法律语词追求控制权的产物，是支配的工具和表现。〔2〕但是，人们对法律、法治话语还没有完全认同。尤其是权力的掌握者，还会以多种方式进行抵制。很多人还是愿意或者习惯于道德话语、政治话语之下的思维方式，整个社会缺乏实施法治的外在环境与内在动力。官方习惯于讲它的政治，民间存在着强烈的革命情结和以“闹”的方式解决问题的思维倾向。人们还不习惯运用法律已经给出的概念、规范进行思考，言语之中也没有把法律当成最重要的思维语言。就目前中国法律人的整体素质来看，也很难一下子就用法治思维和法治方式来推

---

〔1〕〔英〕T. R. S. 艾伦：《法律、自由与正义——英国宪政的法律基础》，成协中、江菁译，法律出版社 2006 年版，第 29 页。

〔2〕参见〔美〕彼得·古德里奇：《法律话语》，赵洪芳、毛凤凡译，法律出版社 2007 年版，序言第 2 页。

进改革、化解社会矛盾以及进行社会管理的创新。因为即使是社会精英，也还不具备法治思维方式，更遑论用法治行为方式来推进改革。说句也许是过头的话，法学界甚至也没有搞清楚法治思维和法治方式的确切含义。因此，对多数人来说，法治思维和法治方式还是一种停留在法治论者心中的理想。这当然不是说这种理想是空想，没有现实意义。

现实确实需要我们用法治思维和法治方式来管理国家、缓解社会社矛盾，起码不制造更多的社会矛盾。如果把“法治思维和法治方式”当作一种“产品”，我们就会发现，它的供应和需求都是不足的，法治的“市场”机制是不完善的。对法治建设来说，我们现在还只是有了法律体系，有了相应的法律语言系统的基础，有了实施法治的基础性前提条件。即使是精英阶层，从整体上看，也还不能很好地使用法律语词、构建法治思维方式。实际上，法治思维和法治方式命题的提出意味着一般性的、抽象的法律体系建构，法律不可能在具体问题上都有十分明确的规定。从法律方法论的角度看，法律及其体系本来就不是操作性的，它是要在语言、思维中运用的；法律体系是一种逻辑框架，治国理政的法治思维和法治方式是要把法律体系作为思考指南，同时把法律语词作为修辞以构建思维方式和行为方式。法治方式是运用法律进行思维的结果，是把一般性法律具体化的思维过程。理性、平和地进行管理和处理问题的方式根源于法治方式的特征和风格。法治方式就是运用法律，哪怕是用残缺不全的法律来解决当下的案件、处理眼前的问题。

2. 法治方式是由法治思维衍生的行为方式

对什么是法治方式，需要进行法治思维进行甄别。由于对法治可以进行多角度的观察，因此不同的法学流派赋予法治不同的含义。另外，“法治”与不同的词语结合，又衍生出更多的意义。特别是在中国，文化具有很强的整合功能，这更加有利于对法治展开更全面的解读。从张文显教授对法治的定义中可以看出，中西方法学流派具有不同的思路。西方法学对法治的界定是站在某一个角度解释法治的特质。比如，法教义学的形式法治、自然法学的实质法治、法社会学的社会关系中的法治都是从一个方面或一个角度看待法治。张文显教授则从四个方面揭示了法治的整体性含义:(1) 法治表征治国方略或社会调整方式。法治与人治对立,与德治并行。(2) 法治表征一种行为方式,尊重规则与程序,依法办事。(3) 法治表征一种秩序状态,那种通过规则的实施而达到的平等、自由等人权得以实现秩序。(4) 法治是融合多重含义的综合观念,是现代社会特有的意识形态,是一切制度化行为和制度安排应当与之相适应的"主义"。[1] 在这种综合性、整体性的法治含义中,有两个方面与治理相连,即法治是社会调整方式和行为方式。尽管这种综合的法治观念可以形成法治方式,但是由于吸取了多个角度的法治思想,因此这种法治方式很容易让人产生对法治的模糊认识。然而,这就是中国文化最能够接受的法治概念,因为它不像西方有些法学流派的法治观念那样固守一端。在整体性法治概念之下,法治思维与法治方式都可能会比西方的更加宽泛。比如,按照实证主义法学的观点,大调解这种做法不能被视为法治方式。然而,从法社会学的角度看,在宽泛的法治概念中,由于法官的参与,尽管没有按照法律进行思考,大调解也被列为法治方式之一。同时,法律与法治范围的开放性,可能会使法治方式变得含混,从而失去合法性。如果对法治方式界定过窄,则可能会出现法治方式难以适应社会、机械司法和执法的问题。以法治方式管理社会、限制权力、解决冲突等对法治社会是重要的,而如何拿捏法治方式、恰当地确定法治方式的范围在新的历史时期具有重要的意义。

要搞清治国理政的法治方式,就要区分与法治方式相对应的治国方式。部分学者在讲法治方式的时候,认为人治或专制方式是法治方式的对立面。这在理论上也许是能够成立的,但只要关注一下中国社会的现状,就会发现这是一种简单化的概括。比如,对中国现有的政治体制,能不能简单地概括为人治或专制,尚需政治学、社会学学者认真

---

〔1〕 参见张文显:《法治与法治国家》,法律出版社 2011 年版,第 1—5 页。

甄别。当然，我们承认，在中国现有体制和管理方式中，存在很多人治与专制的因素。因此，要探明法治方式的内涵以及问题指向，就应观察中国过去的社会治理方式，以明确法治方式所针对的人治或专制的因素，进而揭示法治方式的特定意义。前些年，法学界和政治学界对法治与人治的特征进行了多角度的深入研究，法治优于人治已经成为共识。尽管还有些人将人治或专制的优点换个说法重新提起，如威权政治会稳定社会秩序、提升效率等观点，但时代思想的主流已经是倡导法治理念的思维，法治在一定意义上已经成了政治正确的标签。即使是被称为"威权国家典范"的中国，也已经开启了法治中国建设的新征程。只是我们在倡导法治的同时，法治与德治、党治等并行，法治的特点还不是那么鲜明，最明显的就是人们还没有搞清楚法治方式与其他方式的界限。人们对法治欲迎还拒的态度、"政治挂帅"的政法思维还很有市场，都在一定程度上妨碍了法治思维的形成以及法治方式的运用。人们不是分不清政治与法治的分野，而是在很多时候对法治采取了选择性"遗忘"，或者故意混淆法治与政治的界限，法治在一定意义上被过度政治化了。虽然人治、专制的代表性符号已经被唾弃，但强势的政治言辞对法治的冲击仍不可小视。我们发现，与法治思维相对应的是政法思维，而与法治方式相对应的是政治方式。本节主要是从法治意识形态和法律方法的角度对法治方式进行描述、修辞性研究，以揭示法治思维和法治方式的法律属性和方法论特质。

在对治国理政方式的探寻中，法治方式得到了中国共产党的认同。虽然法治方式是一种政治决定，但法治方式的概念及其意义不能从偏离法治的政治需求中得出。因为从现实政治需要的角度所推出的"法治方式"难以显示法律的特点和属性，法治的本意就是限制政治权力的任意行使。因此，对法治方式的观察需要从法律和法治的角度展开，由法律和法治的特质决定法治方式的内容。原初社会并没有法律，因而也就没有法律思维。自从法律出现以后，要求人们依照法律办事的法治原则也随之出现，这样就衍生出根据法律进行思考的思维方式。这一思维方式的根本之处——法律是人们思考问题的出发点和归宿。思维决策者奉行的是法律决断论，但是法律决断并不是机械司法或执法，而是必须根据法律进行思考。在思考过程中，虽然法律是思维的根据，但并不是法律单方面发挥作用，法律的运用者要考虑法律与事实、法律与社会、法律与其他社会规范的关系，包括道德、正义等的介入。法治方式是根据法律，在充分思考的基础上形成的决断，是一种行为方式，其目的是根据法律进行更能体现公平、效率的管理以及理性地解决纠纷。十八大报告把法治思维和法治方式联系在一起，在特定的文本中表达了两者之间的关系。法治思维是法治所引发的思维方式，法治方式由法治思维而来，两者都与什么是法治密切相关。从这个角度看，法治方式是根据法治的要求而衍生的，建立在法律、法治立场上，是运用法律方法的决策、行为方式。

法治方式也像其他的法学概念一样，有广义与狭义的区分。狭义的法治方式主要是指法官和行政官员等根据法律明示的规则和程序解决和处理问题，即所谓"形式法治方式"。广义的法治方式也可称为"实质法治方式"，包括价值衡量、法律论证和非正式法律渊源的运用。诸如调解、压服性劝导、不违背法律的行政手段、合乎情理的问题处理方式都可被称为"法治方式"。从中国当前的实际情况来看，我们可能会采用广义的法治方式。因为整体性文化构成了我们接受广义的法治方式的思想基础。[1] 实际上，学界关于实质法治的呼声已经表达了这一思路。对广义的法治方式的作用和意义，既不能看得过高，也不能完全无视。这使得中国的法治论者在确定法治方式的时候会面临一个艰难的选择，因为"我国目前制定的'依法治国，建设社会主义法治国家'的

---

〔1〕 在研究法治方式的含义时，我们发现，张文显教授在《法治：社会稳定与发展的机制》一文中所用的"法治机制"的概念很有意思。在他的一些判断中，"法治机制"和"法治方式"在很多陈述中是可以互换的。如此看来，法治机制和法治方式之间有很多联系，没有法治机制很难形成法治方式，法治方式是优良法治环境的产物；没有良好的法治环境，法治方式也起不到应有的作用。

基本方略，也同样是配合政府的经济和政治体制改革的一项战略性步骤"[1]。法治方式在很大程度上还是依法管理。如果这样界定法治方式，与法治国家可能比较接近，而与法治社会则还有很大距离。在以管理为中心的法治方式中，选择性执法和司法现象仍然难以避免。因此，我们需要提高法治方式的定位，将它定位在社会转型的目标上，即把建立法治社会作为法治方式的目标。定位决定地位，一个人要将自己定好位，一个研究者一定要将研究对象定好位。否则，就会因为法治方式不清晰而影响其作用的发挥。将研究对象定位高一些，可能就会取得意想不到的效果。因为研究对象到底能起什么作用，人们只能预测，不能盲目确定。

奉行广义的法治方式，需要将其框定在有限的范围内，并用相应的法律方法来限制，加大运用者的论证责任。从法理学的角度看，法治方式应该具有一种批判现实管理措施的功能，这意味着对社会管理的各种措施都应该有一个是不是法治方式的追问。法治方式是达致法治目标的理性原则。法治方式对政府、政党行为提出了很多新的、更高的要求，意味着社会、国家应该经由法律来治理，对社会的调整主要通过法律的实施来实现。这里的法律主要应该是指制定法，其他法源的介入需要条件和论证。法治方式意味着，应该重视法律规则、程序和价值，法律在思维决策中具有极大的权威，以防止权力的非理性行使。当然，法治方式不仅是对权力来讲的，权利的维护也需要法治方式。在这个意义上讲，法治是与暴力对立的，如运用起诉、仲裁、复议等法律手段讨薪是法治方式，而采取恐吓、绑架老板等手段讨薪则是犯罪。在这里，法治方式与"闹"的暴力方式是对立的。法治方式的意义就在于，它对权力和权利都是一种理性的限制。法治方式是建立在法治思维基础上的行为方式，与法治思维具有同质性。

---

〔1〕 张文显：《法治与法治国家》，法律出版社 2011 年版，第 11 页。

（二）法治思维和法治方式的同质性

在法治方式中，法律不能沉默，应该发挥对思维决策的决定性影响。没有法律规则和程序的介入，就没有法治方式。因此，法治方式重视法律的程序性和遵守既定规则的重要性。这是法治方式的最基本特征。除此以外，对法治方式应该从整体角度进行宏观把握。“天下事总不能从一面看，从一面看是主观，是疏略，以至是错误。综合各面的观察，方可得到一个轮廓。我们固不当被头绪的繁多压倒在地，也不当因头绪的繁多而只取其一线，以为天下之奥妙尽在乎是，总是把头绪理出来方好。若固执一元，以为天下事都是如此如此，最好的说法，也只是一个先天推断的固执论者。”[1]可见，对法治方式的特征至少可以从两个角度观察：一是将法治方式与政治方式、道德方式、行政方式等相比较得出的特征，这是一种区别意义或分类意义上的特征。二是法治方式在方法论意义上的特征。本书主要是从方法论的角度分析法治方式的特征。法治思维和法治方式的同质性表现在以下四个方面：

1. 法治思维和法治方式具有相同的教义学属性

人们之所以愿意选择法治方式进行治理，不仅是因为法治里面含有更多的理性，更重要的是法治是一种向后看的、用于解决眼前问题的思维方式。法治就是要用已有的成功经验来治理未来的事情，根据法律进行思考构成法律思维的基本特质，由此引申出的基本思维方式是把法律作为推理的前提，推理出新的判断。这种判断尽管有所创新，但已经是被涵盖在作为前提的法律之中的意义；判断所根据的法律，无论是判例法还是制定法，都是经验的总结，因而根据法律进行思考是对以往经验和智慧的尊重。可以说，与创新思维相比较，法治思维包含着对未来不确定的方案的“恐惧”，它不要求创造出新的方法，而更愿意用经验的方法。因为人们难以拿捏在未知领域的问题究竟用什么方法处理

---

〔1〕 傅斯年：《现实政治》，陕西人民出版社 2012 年版，第 212 页。

好，所以从逻辑的角度看，虽然法治不一定是最好的，但是最牢靠的方法。与法治相比较，专断或专制不仅理性成分更少，而且可能有更多的创新成分。通过冒险方式取得的成功，一方面能挑战法治的保守性，另一方面也会鼓励人们去不断创新。与此同时，人们对法治的保守性批评较多，以至于诸如“守成有余，权变不足”[1]、“以不变应万变”等似乎构成法治方式的风格。据此，人们常以“世事无常”“法无定法”为由要求对法律进行灵活变通处理。这些虽然是禅宗常讲的话语，但也常被用来批评法治的保守与机械。“语言和文字是相对意识的产物，而真理则是永恒的实体。所以，禅宗不主张立文字，以免参学者胶着于文字。但是，禅宗也不主张尽废文字。不立文字，可以传法；但立了文字，有利于更广泛地传法。所以，历代高僧大德仍然为后世留下了汗牛充栋的语言和文献。生活中，我们一方面不能尽废文字，也不能过分迷信文字，一定要做一个有思考、辨别能力的读者。我们不仅要读懂文字，还要读懂生活，读懂自己周围每一个人。”[2]禅宗教义多少带有神秘主义的色彩，但对我们准确理解法治方式具有积极的参考意义，能避免我们对法治方式产生误解。

需要提醒的是，法治方式并不会因为其制定法法源而失去灵活性，利益衡量、价值衡量等方法的精髓就是法律的变通适用。所谓法治方式的保守性只是从整体上观察得出的结论，并不会影响对法律变通适用的法律方法。价值衡量、利益衡量、外部证成、目的解释、社会学解释、非正式法源等，都在以法律的变通适用的方式改变着司法与执法的机械化，只是这些不是法治方式的主流，而只起着辅助作用。然而，这种变通对缓解法治的严格与机械，使法律能更好地适应社会发挥着重要作用。可以说，法律方法对全面理解法律和法治方式具有积极的意义。法律问题乃至日常生活中的问题都有不同的答案，法律的保守性

---

〔1〕 王利明：《法学方法论》，中国人民大学出版社 2012 年版，第 739 页。

〔2〕 章岩：《顿悟》，上海文化出版社 2012 年版，第 131 页。

只是相对于客观事物的发展性来说的。实际上，法治的保守性在一定意义上遏制了判断的不确定性和意义盲目的流动性。由于法治要维护我们已经认识到的价值，因此法治论者对未来的探索总是趋向于一种保守的姿态。所谓保守，也就是把握住事物发展的度。

2. 法治思维和法治方式具有共同的逻辑基础

运用逻辑规则在法律与事实之间进行思考，要解决的问题是形式合法性。逻辑规则是法治思维的基础，没有逻辑规则的运用，根据法律进行的思考就无法展开。郑成良认为："所谓法律思维方式，也就是按照法律的逻辑(包括法律的规范、原则和精神)来观察、分析和解决社会问题的思维方式。"[1]虽然法律思维离不开逻辑，但是近百年来，逻辑规则已经失去对法律的绝对性支配地位，退到了应有的基础地位。同时，逻辑已经不完全是指形式逻辑，与法律价值等相连的实质推理也成了逻辑的组成部分。王泽鉴认为："依循法律逻辑，以价值取向的思考、合理的论证，解释适用法律。"[2]法科学生必须接受基础性的法律逻辑训练，逻辑规则锻造的是法治方式的严谨风格。有学者断言："法律思维固有特性还在于严谨性，这是法律思维的最重要特征。"[3]法律思维的直接目的是形成符合法治精神、目标的行为方式。在传统法学研究中，法治思维一般被称为"法律思维"，两者在实质上和思维路径上具有一致性。法治思维与法律思维一样属于思考过程。但是，法治思维与法治方式的勾连需要我们提升思维境界并运用技术手段。所谓"提升思维境界"，是说我们不仅要研究思维过程，还必须考虑行为方式；不仅要考虑判断是否准确，还必须考虑把有道理的判断说清楚。法治方式是法治思维的成熟结论，我们可以将其理解成符合法治理想与原则的

---

〔1〕 郑成良：《论法治理念与法律思维》，载《吉林大学社会科学学报》2000年第4期。

〔2〕 王泽鉴：《民法思维：请求权基础理论体系》，北京大学出版社2009年版，第2页。

〔3〕 王利明：《法学方法论》，中国人民大学出版社2012年版，第742页。

行为方式。所谓“运用技术手段”，意味着法治方式不仅有逻辑规则的运用，还有解释规则和修辞规则的技术性要求。人们过去对法律思维的研究不够全面，更喜欢谈论在法律思维中逻辑的作用，而对解释规则和修辞规则却注意不够。强调法治方式的逻辑性（尤其是其中的形式逻辑）在中国有特别重要的意义，因为我们的思维方式中有太多的辩证因素，严格的法律思维很容易被辩证思维替代，法律意义的固定性很可能在辩证思维运行过程中被稀释。另外，权力行使的专断与武断容易造成权力的傲慢，不讲逻辑是中国传统思维方式的特点之一，而这些都是消解法治思维和法治方式的因素。对法治方式来说，逻辑是基础性的，但不是唯一的。

3. 法治思维和法治方式都离不开法律修辞

“修辞学不可避免地与论证理论、论证功能理论这些更为概括的考察割裂开。”[1]这种割裂使我们更容易分析法治思维结构的缺陷。司法和其他管理方式在修辞运用方面的欠缺，使得一些法官即使是合法、有理也讲不清楚。这不完全是因为他们没有将语言修饰功能发挥出来，更主要是因为其思维方式中的话语系统存在问题。我们发现，虽然法治主要是由规则和程序来表征的，但法治方式并不是法律文本中所设立的固定的、格式化的行为方式，修辞论辩、法律论证本身也是法治方式的组成部分。在思维决策过程中，若没有对判断的论证与论辩，则很难称之为“法治方式”。专制、专断的人治方式不需要论证，其中仅存的那些论证、论辩与逻辑的修辞几乎都是帮助专断的说教。随着法律方法论的普及，法治思维逐渐变得细腻，而越来越多的论辩和法理学说可能会令一些法官恼怒，以至于有法官在其司法手记中表达对论证言辞的厌恶。这是因为，在法律论证方法面前，法官不能像往常那样自如地行使专权；很多法律人的论辩好像是空洞无物的修辞，在一些人看来

---

〔1〕〔美〕彼得·古德里奇：《法律话语》，赵洪芳、毛凤凡译，法律出版社 2007 年版，第 98 页。

会造成“空谈误国”。然而,充分论证、论辩,有法有理地讲清楚,本身就是法治方式的话语风格。在西方,“修辞学后来的历史在很大程度上是一个从‘市场撤退到研究,从研究撤退到语文学,从社会实践撤退到符号学’的历史,且它最糟糕的时刻,从社会话语撤退到了诗歌语言假定的本体论的独特性”〔1〕。在传统中国,修辞的运用并不少,但多是维护权力的话语。现在,人们更愿意揭示的是权力话语的“隐喻”,而不进行充分的论证。在中国,修辞不少,但修辞学并不发达,法律修辞学更是只有极少数人在研究。

我们发现,在政治领域,由于言论自由受到传统文化的抑制,即使是宪法中有了言论自由的权利,一些人仍感到这一权利难以充分行使;在权力面前,论证、论辩还比较少见。因此,在今天倡导“法治方式”,我们必须强调它的修辞特性。法治方式是理性的论证,而非情感或情绪的表达。有时为了达到说服的目的,一些人在运用修辞时也会煽情、规劝。然而,法治方式是以法治思维为基础的,不仅包括对逻辑规则的运用,还包括对修辞论辩规则的运用。对政治学家来说,法治方式本身就是治国理政整体思维方式中的修辞,强调的是法律思维决策中法律对决策、行为的影响甚至决定作用。治国理政中的法治方式,实际上就是把法律作为修辞的法治思维方式。

“最善之法律,为法官自由裁量余地最少之法律;最善之法官,为自己意见最少之法官。”〔2〕法官是说话的法律,那么说什么话、如何说呢?无非是把法律语言变成法律语词。“具有高深修养之法官,长于与法律凝为一体,犹如一部活的法典。例如资浅之法官,其裁判流程常为:事实→法律→判决。而资深之法官,其裁判流程为:事实→判决→法律。”〔3〕法官是法律的宣告者,而不是法律的制定者。把法律作为修辞

〔1〕 同上书,第 93 页。

〔2〕 转引自郑玉波:《法谚》(一),法律出版社 2007 年版,第 299 页。

〔3〕 同上书,第 308 页。

的表面目的是减弱权力对思维决策的影响，是用法律话语或者说合法性转换权力的运作方式。这样做比赤裸裸的权力更有利于统治阶级的长期统治。可见，尽管法治方式的本质依然是维护权力，但它的旗号是对权力的遏制和对权利的保护。我们发现，司法实践中存在“你辩你的，我判我的”现象，这不能说法律职业共同体没有共同的法律思维，更主要的问题是不重视法治方式，以至于审判变成了赤裸裸的权力运作。我们在前文论述了法律思维中逻辑规则运用的重要性，在这里又强调修辞的意义，好像有些矛盾。其实不然，这主要是由于逻辑的语言是贫乏的，逻辑规则的使用也是个性化的，缺乏沟通、论辩，缺少思维过程中的碰撞，所以很难形成共识，有的只是根据法律进行的思考，而没有根据法律进行的论辩。在法治方式的形成中，不仅有逻辑规则的使用，而且有修辞论辩的参与。

4. 法治思维和法治方式都具有整体性和融贯性

在这里，融贯性主要是指在根据法律思考的时候，要注意思考的全面性或整体性，注意法律以外的其他因素对法治方式的影响。这意味着，法治方式不仅包括形式合法性，还应包括实质合法性；要在坚持以法为本的基础上，融贯吸收道德、正义、习惯、文化以及具体案件里的情境因素，在昨天、今天与未来的时空中把握处理问题的法治方式。法治方式的整体性和融贯性在于解决实质合法性问题。这意味着，根据法律进行思考的重要内容是思考，而不是完全根据法律进行的推理。不思考的人往往会机械司法或执法，这种行为方式给人的印象是有过思考，但从融贯论的角度看是思考不足。当然，这种思考唯书、唯法，把法律规定绝对化，会使法治方式出现难以融入社会的问题。可以说，对法律了解最多的人不一定就是最善于进行法律思考的人，就像一些读书人，由于死读书、读死书，不能很好地运用知识，结果就会变得迂腐，书上说什么就是什么，缺乏独立的体悟就会出现理解的困难。“形式只是约束我们道德规范的一种框架而已，我们有时候不必为了这样的框架放弃自己的想法。一个人想有一番大的作为，就必须冲破这种约束，做自己想做的事情。”[1]娴熟的法治方式必定要求对法律很熟悉，丰富的社会经验以及人情练达更是恰当运用法治方式的社会基础。法律是社会中的法律，运用到社会中的时候需要建立在逻辑基础上的深思熟虑。“伟大的力量来自生活。一理通，百理通。一招鲜，吃遍天。练出自己的心得，你就是专家，你就是大师。”[2]可惜的是，一些人对权力与人情的把握远远超出其对法治方式的掌握，未来的法治社会急需一批熟练掌握法治思维的法治人才。从这个角度看，对法治思维和法治方式来说，也许关键的不是对它进行定义式研究。法治方式原本就是实践的产物，再好的定义，如果没有进行深入的思考，没有形成一种思维的习惯，也不会发挥作用。法治方式是管理社会的“鲜招”，在良好的法治环境下也许能够“吃遍天”，但我们目前的法治环境尚需改善。但是，我们的目标是建成法治国家，法治思维应该成为日常思维的组成部分，法治方式应该成为解决问题的主要方式。

四、法治思维对法律方法论的内在要求

无论是法治政府、法治国家还是法治社会的实现，都离不开法律方法。可以说，法律方法为实现法治开辟了思维路径。法治思维和法治方式属于法律方法的上位概念，法律方法是法治思维和法治方式的具体化，其意义在于指明治国理政的手段和路径，提供更为具体的操作规则和技能。法治思维和法治方式作为治国理政的路径，需要通过法律方法予以具体化，需要在具体的语境中以规则、技术的方式作用于社会。法律人不仅需要法治思维和法治方式，还需要运用法律方法提升解决实际问题的能力。法律方法重视规则、程序作用的发挥，强调规则、程序对思维和行为的制约，尊重自由、平等、民主和秩序。从方法论

〔1〕 章岩：《顿悟》，上海文化出版社 2012 年版，第 135 页。

〔2〕 同上书，第 13 页。

的角度看，并不是掌握了法律知识就具备法治思维，法治方式讲究语境以及法律技术的运用。我们承认法治方式治理的单一性，也承认法治方式运用的复杂性。在现实生活中，不存在纯粹的法治思维和法治方式，运用法治思维和法治方式解决问题是一种意识形态。因此，谈论法治思维和法治方式的方法论意义，必须结合具体的问题，否则就是一种纯逻辑的言辞表达。

（一）以法律修辞重塑权势思维

无论是官员气场中的权力话语，还是网络媒体中的“暴力”语言，都不符合法治思维和法治方式的要求。我们需要认真研究法律修辞学，把法律作为修辞重构思维方式，摆脱权势文化的习气。官员不能因为有了权势就自以为是、胡言乱语，法治思维和法治方式提醒人们要牢记法律、冷静思考。官员发表言论不仅应重视逻辑推敲，还应注意遣词造句，更主要的是注重谋篇布局，注意语境因素，不能信口开河。虽然现在强调讲真话、讲实话，但如果从法治的角度审视一些官员和网络媒体的话语，就会感觉到问题不少。很多言辞可能只是言者自己认定的真话和实话，有些表达甚至带有权力场中的傲慢与偏见。不假思索就表达出来，自有其真诚的一面；只要不违反法律和道德，什么话都可以讲，这是言论自由。然而，把说自己想说的话、敢说难听的话等同于说真话，自我认定所谓真话就是真理，实际上是专制思想在作祟。这样的人如果掌握了权力，会给社会带来更多更大的灾难。法治思维是一种建立在遵守法律和逻辑规则基础上的论证思维，要求讲话者以理服人，不要以权势压人，更不要没有底线地胡言乱语。要想说服人，让别人接受你的观点，就需要在法律修辞方面下些功夫。法治思维和法治方式就包括法律修辞论证方法的恰当使用。

在网络媒体发达的当下，一些官员很谨慎，不敢说话，怕被人逮住借题发挥。其实，很多言论不是想法错了，而是言辞表达不符合特定语境中的法治要求。过去，官场中的权力气场很重要，话语权总是掌握在官员手中;即使在气场之外,人们也不敢说什么。然而,时代在进步,虽然权力气场还在,但是官员话语权已经受到挑战。2013 年 3 月,在北京参加十二届全国人大一次会议的吉林省长春市人大常委会主任李树国接受中新网专访时,在谈及轰动全国的长春"304"案时说:"这只是个普通的刑事案件。"〔1〕这句话引起很多网民的愤怒。也许李树国是在讲该案不是政治案件,只是普通的刑事案件。然而,他没有思索过,这句话可能被解读出"言外之意"——对生命的轻视。一些网友质疑,在公众普遍谴责犯罪分子的时候,"普通"这两个字显得有些刺耳。也许李树国是从刑事案件分类的角度来说的,似乎没有什么问题,但是法律思维不仅仅是根据法律进行的思考,还讲究在逻辑基础上的法律修辞。李树国的这句话,很明显没有虑及具体语境中公众所关心的价值。在方法论上,法治思维讲究语境中的法律修辞,要考虑言论的可接受性。李树国只注意到"言内之意",没有想到可能引发争议的其他意义。这说明,很多官员缺少对法治思维的真切理解。

这种情况似乎并不限于官员的只言片语,还表现在很多理论研究中。比如,"一味强调特色,坚持和而不同,助长了'中国例外论''中国威胁论''中国责任论'等流行于世,疏远了中国和世界的关系"〔2〕。大国发展需要承担更多的责任与痛苦,是一种经济腾飞、民族复兴和文明转型的包容性发展。国家尚且如此,在社会转型中,官员理应承担更多的责任或者痛苦。

官员的法治思维水平和运用法治方式的能力题需要得到整体提升。因为在奔向法治的社会转型中,公众的民主意识、权利意识和监督意识都在增强,官员的法治思维水平应该比公众提升得更快一些。当然,这不是说现在的媒体没有问题。从整体上看,虽然媒体对法治的追

〔1〕 "304"案是 2013 年 3 月 4 日发生在长春市的一桩盗窃案,嫌犯周喜军将所盗车内出生仅两个月的男婴掐死,埋到路边的雪中。

〔2〕 王义桅:《中国梦也应是世界梦》,载《环球时报》2013 年 3 月 6 日第 14 版。

求气势正旺，但个体的法治思维水平参差不齐。尤其是网络媒体，需要以法治进行规范。由网络负面情绪发酵形成的仇富仇官式舆论，表达的是一种对社会治理者的反抗；"指向性的愤怒"代替了民主、法治的启蒙；权利抑制下的"思想市场"激起了大众的愤怒情绪。"'敢于说'胜过了'说得好'，大嗓门压过了温婉而有深度的声音，娱乐化替代了深邃的思想，娱乐明星成为旗帜。……本该千姿百态、观点纷呈的政治讨论，被情绪简单化为两个极端：权威和与之对应的批评，政治讨论被简单化，舆论被迫站队，很难进行深刻的争论。"[1]克服这种现象，需要法治思维和法治方式，只有法治思维和法治方式才能确定政治权利和社会权利的边界。没有这种边界的确定，自由不可能得到充分保障，民主也难以发挥作用。对自由的追求是民主的思想基础，而法治则是自由、民主的保障。自由不是一种不受控制的状态，绕过自由谈民主会陷入无政府主义的泥沼。"没有自由的人的观点，民主就变成强迫。"[2]法治方式意味着向社会放权，还意味着还权于民，克服过度行政化的思维倾向和行为方式。

（二）根据法教义学进行法律解释

掌握法律方法是展开法治思维和实施法治方法的思想基础。法治思维和法治方式的根本目标是在法律范围内找回公正。法律解释是实现法治的基本方法。任何法律的运用都需要进行解释。法律解释主要是根据法律进行的解释，但不能离开具体语境阐释法律的意义。"法治思维的重心则是合法与非法的预判，即把合法当作思考问题的前提，其特点是重规则、重程序，其核心是对公平正义的追求和认同。"[3]根据法律进行解释排除了根据道德等其他规范进行解释。我们可以道德为

---

〔1〕 刘远举：《中国会出现"劣质民主陷阱"吗？》，载《领导文萃》2013年第2期。

〔2〕 同上。

〔3〕 黄洪旺：《法治：从意识到思维》，载《领导文萃》2013年第6期。

例展开分析。尽管道德在社会规范中占据意识形态的制高点,但也不能离开法律去强制推行。法律与道德尽管有很多重合之处,但法治方式处理不了所有的道德问题,道德问题如果不能转化为法律问题,就只能用道德方式处理。道德思维与法治思维基于不同的理性。在法治社会中,道德思维不能代替法治思维。然而,整个社会的道德缺失可能会使法治的运转失灵。在缺少道德约束的情况下,任何法律都无法约束权力和资本。例如,源于美国的2008年全球金融危机实际上就是一些银行家没有国家概念、道德底线和社会责任所致。2007年美国次贷危机爆发之前,很多人想制定法律约束过度的金融投机,但是金融资本操纵政府和议员,法律和政策很难出台。这说明法治思维和法治方式也是存在缺陷的,因为法律自身不仅存在漏洞,而且还可能存在不公。因此,法治思维和法治方式要求法律必须清晰易懂,是可预测的;必须在技术上尽可能地排除自由裁量的行为。这就需要社会精英阶层掌握规则和程序以及理解、解释和运用规则的方法。

其实,政治与法治的区分也需要人们掌握法律解释,并需要对法律解释方法进行准确定位。法律解释的实质不是创造法律,而是限制创造法律的方法。现阶段,政治权力在社会中仍有明显的优势,"政治挂帅"依然是很多人的信条。在法治国家,能够转变为法律问题的政治问题都需要用法治方式解决。但是,很多法律问题的处理依然要讲政治。法治思维和法治方式不是不讲政治,而是要通过法治手段讲政治。法治建设是我们目前最大的政治。社会治理可以德治、政治并行,但都必须遵守法律规则和程序,德治和政治进入法治的渠道是法律解释方法。但是,我们必须明确,不能把法律解释变成泛化道德和政治的过程。从解释技术上看,法律解释难以避免地要创造法律规范,但不能离法律太远,不能进行违反法律的过度解释;法律解释方法主要是为了限制创造法律规范而设置的方法;法律解释主要是阐释法律中已有的意义。因此,我们要在完善法律体系上做足文章。法治思维和法治方式不仅是对法律的尊重,还包括对法律解释方法的娴熟把握。在法治社会,法治方式具有优先性和排他性。“一旦人们决定，可以使用全部手段对抗恶魔，那么，他们的善就与他们本想摧毁的恶融为一体了。”[1]尽管有人说这是一种危险的误判，但是如果为了解决纠纷、铲除恶就可以使用所有手段，那就意味随时可以放弃法治方式，这才是真正的危险。法治思维和法治方式体现了机构与个人、个人与社会等之间的相互关联。但是，任何人都不得凌驾于法律之上；同时，必须保护个人权利。国家权力应该有一个清晰的界限。法治方法排斥专断方式，法治思维排斥任意思维，应恰当地司法、执法，要有品质优良、技术高超的法律人解释法律的意义。

（三）通过利益衡量和法律论证回应社会转型的需要

严格执法、公正司法是法治方式的基本要求。但是，严格不等于机械，公正需要衡量。在社会转型期，我们需要认真对待价值衡量和法律论证方法，否则法治思维和法治方式可能会因为机械而陷入僵化。这一观点在中国比较容易被接受，在国外则需要充分论证。因为中国文化强调辩证法因素，人们很容易接受具体问题具体分析的观念，认同能动司法的法治意识形态。但是，能动司法在西方法治国家只是一种处理案件的特殊方法。比如，受移民文化的影响，德国联邦宪法法院受理过好几起“头巾案”，判决结果差别很大，但法院都进行了细腻的论证。这种差异化的判决似乎不用强力论证，多数人就能接受。其中一起是这样的：一名原籍为土耳其的女售货员出于宗教原因，坚持戴头巾上班。雇主担心这会引起顾客的反感，影响销售业绩，便要解雇这名女子。官司打到联邦宪法法院，法官作出判决，认为该女子的宗教自由和就业权利属于公民的基本权利，比百货公司的经营业绩更重要，百货公司无权解雇该女子。在另一起“头巾案”中，德国联邦宪法法院采取了

---

〔1〕〔英〕汤姆·宾汉姆：《法治》，毛国选译，中国政法大学出版社2012年版，第222页。

不同的处理方式。某公立学校的一名穆斯林女教师因坚持上课时戴头巾而被停职,她上诉到联邦宪法法院,认为其宗教自由受到侵犯。联邦宪法法院作出判决,要求各州对此进行立法,以便在是否禁止戴头巾上有法可依,这实际上是驳回了该女教师的诉求。该判决中透露的态度是,学校的教育活动应该与宗教分离,尤其是公立学校,不可以在宗教上对学生施加影响或者进行倾向性教育。[1] 通过打官司解决纠纷是法治方式,但是法治方式需要法治思维。法治思维的核心在于确定案件中具体适用的法律。在总体要求上,法治思维就是根据法律进行的思维。在这两起"头巾案"中,各方都是根据法律思考,法官也是根据法律判断,但两起案件得出的结论不一样。这是因为,法律之间存在的价值冲突、调整的范围不同,许多权利是重叠或冲突的,因而需要进行价值衡量和法律论证。

这意味着,即使是根据法律进行的思考,也存在价值选择和论证的问题。处在社会转型期的中国,许多价值观还没有定型,一些与社会主义市场经济和法治观念不相适应的价值观还没有完全退出制度或人们的意识形态。因此,为了能够与时俱进,同时保障法治的基本理念不至于丢失,就需要在实施法治思维和运用法治方式的时候,多一些权变的因素。不过,需要注意,权衡、权变是对法律的灵活运用,这在学理上叫作"法律能动主义",与之对应的是法律谦抑主义或克制主义,其中克制主义是法治的本质要求。法律能动主义只是实施法治的辅助手段,并且对这一辅助手段的运用必须谨慎,要进行充分的论证。社会转型需要法律能动主义,需要在具体情境下灵活地运用法律,但过于灵活就是在毁灭法治。价值衡量担负的是把法律和社会融通的任务,法律论证担负的是维护法治实现的任务,这两种方法在社会转型期必定能够发挥比严格依法办事更有效的作用:一方面使法治适应社会的发展变迁,另一方面还能够协调国家、政府和社会完成向法治的转型。

---

〔1〕 参见张慎思:《同样头巾两样判》,载《特别关注》2013 年第 3 期。

总之，很多人对法治抱有期望，但在这种期望中情绪大于理性，没有看到目前政治人、法律人能力的不足。我们还是擅长用行政命令应对各种社会危机，而用法治思维和法治方式化解社会矛盾则更多处在理想状态之中。用法治化解社会矛盾不仅与制度有关，还与人们是否具有掌控法治方式的能力有关。如果没有驾驭法治的能力，就试图用法治方式约束权力，很可能会出现糟糕的情况。特别是在政府机关和社会组织的分工还不是很清楚的时候，贸然全面实施法治可能导致混乱，甚至可能出现打着法治旗帜的合法性危机。就目前来说，我们"缺少一个消费社会所需要的一整套社会制度，包括社会保障、医疗、教育和住房制度等"[1]。用法治思维和法治方式进行治理是管理者必须掌握和运用的基本方法，舍此，社会转型不可能实现。

第二节　法律方法论的研究重心：法律思维规则

认真对待规则始终是法学研究的基本立场。对法治的实现来说，法律规则特别重要。然而，现在很多法律方法论的研究者并不把它当成重点来研究，好像法律方法论主要是用于研究疑难案件的。这在一定程度上会影响对法律方法研究的定位。法学各学科研究的分工不同，其中多数学科研究创新法律规则的知识构成、原理演变。法律方法论则研究法律规则的运用。发现、揭示、概括、解释、论证法律思维规则是法律方法论研究的重点。法律思维规则不仅对解决典型案件有重要作用，而且对解决疑难案件有重要意义。法律规则和法律思维规则是法治实现的基础性前提。有学者在分析改革为什么艰难这一问题的时候，引用了西方学者曾经做过的一个实验——在繁华的大街上随机寻找路人，询问他们是否愿意参加投硬币的游戏。游戏规则是：如果硬币

---

[1] 郑永年：《危机或重生？全球化时代的中国命运》，浙江人民出版社 2013 年版，第 22 页。

正面朝上，那么他们将获得10美元；如果硬币正面朝下，他们将失去10美元。实验的结果是：多数人不愿意参加这个游戏。经济学家分析认为，这种结果不符合经济学理论，因为在现实生活中应该有约50%的人愿意去试试运气，可是绝大多数人害怕因为失去10美元而放弃参加游戏。经济学家把这种现象称为“损失厌恶”。对此，乔新生认为，多数人之所以不愿意参加游戏，主要是因为不了解游戏规则以及执行规则的人。“或者换句话说，他们没有办法和陌生人建立一种信任关系，他们不知道这样的规则出于什么样的目的，也不知道实施这项规则的硬币是否存在问题，在一个陌生的环境和一群陌生的人达成这笔交易，对他们来说几乎是不可能的选择。也就是说，这不是一个利益得失的问题，而是彼此信任的问题。”[1]我们认为，乔新生讲得非常有道理，这种实验如果在中国进行，情况也大致会如此。有一个类似的现象值得我们反思，那就是一些人愿意参加打麻将这种赌博活动，因为大家了解并愿意遵守相关规则。在现实生活中，对于那些不愿意遵守规则的人，很多“赌徒”不愿意和他们一起活动。这实际上从侧面说明了在现实生活中规则的重要性。在法治建设中，法律规则是重要的，要想实现法治，就必须研究法律规则和法律思维规则。必须强调的是，作为法治事业的规则不仅包括法律规则，还包括法律思维规则。立法者创设法律规则，法律方法论研究者揭示法律思维规则。

一、为何把法律方法论研究的重心转向法律思维规则

法律方法论就是研究法治如何实现的学问。这里的实现法治，是指如何从方法的路径上把法律及其思维规则贯彻落实到政治、经济、文化、社会生活中去的思维活动。当然，贯彻落实的过程主要是指人们接受法律的约束，在法律框架内选择或抉择，使法律不是死板地被遵守，

〔1〕 乔新生：《让公众参与改革规则的设计》，载《法制日报》2014年3月11日第3版。

而是恰当地被运用的思维过程。这意味着“法治并不只是法官、检察官、警察还有廉政公署，也并不只是填写好选票然后轻手轻脚地将其投入票箱，法治是一种生活方式和思维方式，法治像是人们每天呼吸的空气、像是常人举手投足的教养，像是无处不在的空间，常常无形地溶解在生活点滴里”[1]。法治国家或法治社会在本质上是法律思维方式的存在和体现，这是我们把法律思维及其思维规则当成法律方法论研究重心的最主要理由。在当代中国，不仅需要以法治方式凝聚改革共识，而且需要以法治方式规范人的行为，从而保障社会秩序的实现和社会关系的协调发展。法治离不开制度建构，离不开对权力的限制、对自由平等的保护以及对权利的救济，而这些法治价值的实现都离不开法律思维与法律方法。然而，很多人对法律思维或法治思维仍存在模糊性认识。之所以会出现这种情况，是因为我们传统的思维方式就是整体性的、辩证的和模糊的。因此，把法律思维规则的发现当成研究的重心在中国法律方法论研究中是有问题意识的。因为中国传统的法律思维方式不重视对法律思维规则的发现，重视的是具体语境中的辩证法，总喜欢从总体上分析解决问题。这与西方法律方法论的研究形成鲜明的对比。西方法律方法论非常注重开发法律思维规则，并将其用于指导司法实践。中国学者对法律思维的研究和关注则只停留在表征描述上，对法律思维规则却研究不足。然而，时代在变化，管理方式也在改变。“现代管理主要是法治管理，而法治管理更需要法律思维。”[2]我们认为，法律方法论研究的重心是法律思维规则。这既是对国外法律方法论研究的一种观察，也是对中国法律方法论研究的感悟。认真研究这一命题，可以提升法律方法的规范功能，避免所谓的法治思维和法治方式等思维过程过于混乱，在法治方式上形成最低意义上的共识；同

---

〔1〕 周大伟：《中国人的法治基因》，http://buyuju.fyfz.cn/b/796384，2014年3月12日访问。

〔2〕 胡建淼：《法律思维与现代政府管理》，载《国家行政学院学报》2011年第3期。

时，可以提高法律方法的实用性、可操作性，使法律方法论的实用性凸显出来。

（一）法律人的法律思维需要法律思维规则

“规则的概念被用来展示我的行动的自主选择或决定的产物，不完全是外部强制的产物的理念。”[1]规则是标榜、阐明行事理由的规定性命题。尽管法律思维规则是主观性的，只是作为理念而存在，可以被任何人利用，但是规则与理念相连在法治建设中具有重要的意义。哈特说过：“没有规则的理念，就连阐明最基本的法律形态我们也不抱希望。”[2]由于法律在高度抽象化的表述中戴着公平正义的“面具”，因而其政治性和道德性都需要在实现过程中运用法律方法去解释。但是，法律方法论对司法实践的影响是缓慢的。多年的法律方法论研究中涌现出大量的成果，但从我们调研得到的反馈信息来看，实际效果并不明显。法律方法论研究所取得的只是学术上的“影响力”，即文章数量的增加以及相应的引用率的提升，法律方法论的影响力或者规范作用并没有表现出来，法律方法本身的实用性也没有随着研究的深入而在实践中展现出来。人们还没有切身体会到法律方法论的实用性，它所影响的只是少数学者型法律人，而且对这些人的影响也只是在观念层面的，即少数人开始知道有法律方法论这样一个工具。从整体上看，法律人的法治思维水平还有待提高，特别是对法律思维规则的尊重和运用还存在问题。其中，最主要的表现便是对法律方法论的把握还不是很熟练，甚至有一部分人根本不知道有法律思维规则的存在。即使知道要依法办事，要想正确地“依法办事”也不是那么简单的事情。当然，这种局面的出现，最主要的原因不是法律人出了问题，而是法律方法论研

---

〔1〕〔美〕杰拉德·波斯特玛：《边沁与普通法传统》，徐同远译，法律出版社2014年版，第248页。

〔2〕同上书，第254页。

究者没有把法律思维规则研究好。可以说,中国法学界对法律方法论的理论研究的内容已经很丰富,对国外法律方法理论的介绍也很庞杂,但从整体来看,对法律思维规则的研究还没有达到能够被法律人直接运用的程度。别说让实践者践行法律思维规则,就是法律方法论研究者在很多时候对法律思维规则的了解也如在云雾之中。总之,我们的法律方法论研究还处在初级阶段。

我们之所以把法治思维规则及其如何运用的方法论作为研究的主题、特色和重点,原因在于法律方法如果不能被简化为思维规则,就难以形成实践能力。在过去二十多年的法律方法论研究中,我们时刻提醒自己应该面向司法实践,为实务法律人出谋划策,并且已经发表和出版了大量的研究成果。但是,我们在法院调研的时候发现,各种法律方法论的研究成果对司法实践的影响力仍微不足道。于是,我们开始反思,认为其中的原因在于:一是实务法律人面对大量的积案,根本无暇顾及法律方法的理论研究成果。二是很多研究成果基本上是“长篇大论”,没有把法律方法简化为法律思维规则,实务法律人即使想阅读,更多的时候恐怕也是看不懂的。可以说,中国的法律方法论研究做到了“深入”,但没有从深奥的理论中拔出来而做到“浅出”。本来法治的理想是以简约的规则应对复杂的实务,然而很多研习法律方法论的人感到我们现在的法律方法论实际上是以复杂的理论应对复杂的案件。这就使得法律方法论为实践服务的基本目标难以实现。不过,我们在此想说明的是:呈献给读者简约的法律思维规则是一回事,对这些规则的研究是另一回事。没有充分的论证,我们不可能知道在法治中国建设过程中需要哪些简约的法律思维规则。或者说,关于法律思维规则的研究与法律思维规则的训练是两回事。真正简约的法律思维规则需要在法律方法训练教材中展示,而这种研究还没有开始。

一般来说,法律方法论研究可以分为三个阶段:第一个阶段是从复杂的司法经验中抽象、概括出法律方法理论,描述法律思维的特征、过程和意义,最主要的成果是对法律思维过程的揭示。第二个阶段是在抽象理论的基础上，概括出能够直接加以运用的简约的法律思维规则，从而对实务法律人准确运用法律发挥积极的作用。法律方法论对法律思维规则的研究是一种关于法律思维的抽象化努力，即发现、揭示、解释和论证法律思维规则并准确地表述这些规则，以方便实务法律人运用。当然，法律思维规则的运用和法律规则的运用一样，在与个案对接的具体化过程中，会出现规则与规则、规则与事实、规则与原则、法律规则与法律思维规则之间的矛盾与冲突。这就需要进入法律方法论研究的第三个阶段，即对法律思维规则进行大致的位序排列，以便协调解决各种思维规则之间的矛盾与冲突。西方的法律方法论研究已经进入第三个阶段，对法律思维规则的研究已趋于成熟。中国的法律方法论研究还处于第一个阶段，第二个阶段的法律思维规则研究才刚刚开始。中国现阶段法律方法论的研究成果之所以不能够被实务法律人接受和运用，关键原因就在于理论过于抽象，一直停留在对复杂过程进行研究的"实验室"阶段，研究者还没有找到这些理论深入"车间"的操作规程；对法律思维规则的研究意识不强、成果很少，更缺乏有意识的思维规则训练。近些年来，我们还对法律思维做过一些研究，发现法律方法研究者对法律思维的本质、定义的研究方式比较少见，一般都认为法律思维就是像律师那样思考，或者像法官那样思考，更多是描述法律思维的特征，对法律思维规则的发现与建构性研究也不多见。总之，也许是由于本质、定义式的研究意义有限，又或者是由于人们的认识水平还没有达到高屋建瓴的程度，我们的法律方法论研究不是很接地气，很少能引起法律实践者的共鸣。

为了使法律方法论能够深入司法实践，我们需要把抽象、复杂的法律方法理论转化为法律人的法律思维规则。这是司法实践所要求的，也是法律方法论研究进入第二个阶段必须做的工作。法律方法论研究不能仅仅停留在对法律思维特征的描述和对法律思维过程的研究上。虽然这类研究是进入第二个阶段所必需的，但是这一阶段法律方法理论的复杂性足以使法律方法与司法实践产生严重的隔阂。法律只有被抽象为规则才能被较为普遍地使用，法律方法理论也只有被简化为法律思维规则才更容易把握。虽然我们对法律思维规则的概括性研究才刚刚开始，对法律思维规则的简化还需要一个阶段，但是中国的法治建设需要简约的思维规则。法治原本就是以简约应对复杂的思维过程。同时，法治需要法律思维规则。法律思维规则是对法律人长期思维经验的总结，它的特点是简约而容易把握，对使用者有重要的指导与规范意义。西方法学家之所以热衷于总结法谚，就是因为每一句法谚实际上就是一个法律思维规则。尽管这种思维规则并不是放之四海而皆准的，但是如果法律人熟悉这些规则，他们的思维就能够更加顺畅。虽然法律方法论以揭示法律思维或法治思维的过程为内容，但是在对法律方法的研究中，研究者的主要任务是发现、论证、解释各种法律思维规则。

我们必须充分认识法律思维规则对法律人思维过程的重要性。正是法律人在实现法治的过程中对法律思维规则的需求，促成了人们把法律思维规则当成法律方法论研究的核心内容。法学是一门实用性学科，学以致用是法学的品性。法律方法论或者说法律思维规则的作用主要表现在两个方面：一是作为一种知识，以“前见”的方式嵌入人们的头脑，帮助人们理解、解释和运用法律；二是作为一种劝导性的思维规则，影响人们判断、推理、解释、发现、论证的思维过程，并以此为基础，构建针对个案的法律思维。尽管关于法律方法论的知识、原理等很重要，但是引导人们展开法律思维的规则才是法律方法论的核心。从总体上看，法律方法论是复杂的理论，但就其运用来说，在实践中发挥作用的更多是那些简约的法律思维规则。可以说，在根据法律进行的思考中，是具体的法律思维规则在指导、约束着人们的行动。在构建针对个案的法律思维过程中，法律思维规则的身影处处显见。我们发现，尽管法律方法论也包含解决疑难案件的技术、技巧和行动方案，但是这些技术、技巧和行动方案不过是为揭示法律思维规则而进行的举例说明，最多只是法律人职业生涯经验的组成部分，很难被上升到思维规则的高度。法律方法论作为一种理论，虽然是面向司法实践的，但并不是司法实践本身。从总体上看，法律方法论是一种带有规范作用的劝导性理论，研究得出的直接结论是简约的法律思维规则，而不是对案件经验的表述；对法律人思维规则的概括、总结以及必要的阐释是法律方法论的基本任务。

（二）法治中国的司法实践需要法律思维规则

虽然我们一般都承认法治是规则治理的事业，但往往把这里的“规则”仅仅界定为法律规则。实际上，成就法治事业的“规则”包括制定法规则和法律思维规则两个方面，缺少其中任何一个方面都可能会影响法律的正确运用。立法者向社会输入法律规则，法律方法论研究者的任务是为法律人提供法律思维规则。从整体上看，法律方法论是站在维护法治的立场上寻找实现法治的思维路径，是在对法律发现、法律推理、法律解释、利益衡量、法律修辞、法律论证等方法、过程的研究中揭示法律思维规则的学科。在法律人的思维过程中，规范和事实对应，两者之间存在永远无法消弭的张力。然而，要将法律方法论转换为法律思维，或者熟练地运用法律思维规则，必须借助相应的法学教育和职业培训，才能形塑法律人的法感，从而在思维上引导法律人作出合法、合理、客观的判断。法律方法论在国外已发展成为一个相对独立的学科，对法学研究、法学教育、职业法律人法律思维的养成等都具有非常重要的意义。但是，在中国法律方法论的研究过程中，更多是对法律方法的理论建构进行梳理（法理学界），或者急于超越理论研究而直接把各种法律方法论应用于实践（部门法学），对法律方法论的核心问题——法律思维规则的研究却不够重视，以至于在有些人心目中，法律方法论是可有可无的。

不重视法律思维规则的研究与应用，更加助长了实质主义的思维倾向。对法律思维规则的重视，可以在很大程度上克服不重视形式逻辑的思维倾向。当然，并不能一味反对思维过程的实质主义。法治思维规则更多是在维护形式法治，多数是基于形式法治提出的要求。但是，也有一部分法治思维规则是对实质法治思维的路径要求。因此，我们不能随便乱用“实质法治”概念，必须接受法律论证规则的指引，只有在充分论证的基础上才能用实质法治替代形式法治的思维规则。我们接受形式法治和实质法治结合的综合法治观，但反对两者的“统一论”；[1]必须坚持以形式法治的思维方式为主、以实质法治的思维方式为辅，建构“法治思维和法治方式”。从法治思维的特征是根据法律进行的思考来看，实质法治主张的开放法律的思维走向的观点，在思维理路上不属于法治思维或法治方式。但是，由于形式法治的思维方式在许多方面存在着缺陷，如滞后性、机械性、难以与时俱进、有时很难考虑到个别正义等，因而在坚持以形式法治的思维方式为主的前提下，必须辅之以实质法治的方法和思维规则。不然，形式法治的刚性就可能导致其与社会之间的关系过度紧张。我们之所以把实质法治的思维界定为辅助的方法，原因在于实质法治本身带有消解法治的倾向，因而需要对其保持适度的警惕；同时，对实质法治方法的运用必须辅之以充分的论证，以防止出现以实质法治的名义把法治过程转变为任意与专断的局面。

法治中国建设需要法律思维规则。这是因为，我们长期以来不仅轻视法律思维规则，对法律规则也不那么重视。在整体上缺乏规则意识，已经成了阻碍法治中国建设的瓶颈。在“抓大放小”的思维方式支配之下，我们往往只重视刑法和行政法中的惩罚性规定，没有养成各种

---

〔1〕 受辩证法思想的影响，很多法律人主张实质法治与形式法治统一。但是，这种观点是站不住脚的，因为两者的对立统一根本就解决不了“谁统一谁”的问题。坚持这种观点，只会使法治理论更加混乱。详细的论述参见陈金钊：《被社会效果所异化的法律效果及其克服——对两个效果统一论的反思》，载《东方法学》2012 年第 6 期；陈金钊：《为什么法律的魅力挡不住社会效果的诱惑？——对法律效果与社会效果统一论的反思》，载《杭州师范大学学报》（社会科学版）2012 年第 2 期。

规则都必须遵守的习惯。同样是国家制定的法律,人们往往厚此薄彼。我们也时常强调“无规矩,不成方圆”,没有法律规则就没有法律秩序。但是,在思维习惯中,人们对于规则的理解往往表现为寻找规则之内的漏洞和规则之外的“例外”。虽然法治思维规则对法治中国建设有着特殊的意义,但中国传统文化中的思维习惯既不尊重法律规则,也不尊重法律思维规则,而是喜欢寻找规则背后的例外。实际上,我们的很多规则背后总是有许多的例外,这是由于我们长期奉行的辩证思维所造成的思维定式。理解、解释法律规则也需要法律思维规则——法律规则之上更深层的规则。对法律规则的理解、解释和运用需要人们遵循法律思维规则,这是法治思维的规范性要求。否则,即使有了法律规则,依然不会有法治方式,也难以形成法律秩序。具体而言,法律思维规则包括法律发现规则、法律解释规则、法律论证规则、法律论辩规则、法律修辞规则、价值衡量或利益衡量规则、法律推理规则等。这里面既有正确理解法律的规则,也有根据价值、社会等因素形成的除弊规则;既有克制的守法规则,也有能动的建构规则。正是这些规则保障着人们对法律的正确理解和运用;只有避免错误的理解,防止故意歪曲,才能有法治和社会公平正义的实现。

(三)个案正义的实现需要法律思维规则

从实现社会公平正义的角度界定法律思维规则,可以避免对法律方法论的研究受到不讲正义价值的指责。在中国特有的思维模式中,不用特别强调法律方法论以及建立在此基础上的思维规则与正义价值的密切联系。不过,仍然有些法学流派把规则和正义对立起来,好像讲规则就可能不讲正义,这显然存在认识上的偏差。从法治实现的途径与方法来看,规则也是一切正义之本;没有规则,则既没有实质正义,也没有程序正义。对一个社会来说,要真的想收获正义,就需要使用建立在法律方法基础上的法律思维规则;没有法律思维规则,对法律的理解、解释和运用就会出现问题。特别是在中国,由于长期存在思维决策的神秘主义倾向，因而明示法律思维规则具有更加重要的意义。在中国古代先贤的思想中，甚至连公布法律都存在障碍。例如，孔子反对铸刑鼎的思想，影响了很多统治者。直到 20 世纪 80 年代初期，我们的法学还属于保密专业。这实际上就是神秘主义思想在作怪。权贵们相信，一旦老百姓知道法律以及如何进行法律决策以后，就会一心向法，贵族的权威就会受到影响，即所谓"民在鼎矣，何以尊贵"。所以，虽然今天中国的法律规则是公开的，内部规定少了，但是仍有一些领导者不愿意公布自己决策的心路历程，也不愿意细说其制定的政策、法律遵循的是什么思维规则。

这一思想与西方的先哲形成了鲜明的对照。例如，源自古希腊的思想判断是：秘密是正义的敌人。柏拉图在《共和国》里谈到正义时，说了一个经典的比喻故事。在小亚细亚古国吕底亚，有个牧羊人叫盖吉士，在一次大地震中掉进了裂洞里，捡到了一枚戒指。如果把戒指戒面朝内，他就可以隐身。于是，他隐身进入皇宫，诱骗了皇后，杀了皇帝，自立为王。由于他有戒指，可以做尽坏事而不被看到，因此他可以为所欲为。据此，柏拉图说，秘密乃是违反正义的最大原因。受此思想的影响，西方法治国家特别强调权力的公开行使，以防止腐败。由此可见，中国整体思维方式中存在的神秘主义倾向是对法治建设的危害。我们发现，虽然在讲大道理的时候也强调真理越辩越明，但是在实用主义支配之下，人们往往不讲思维规则，而是认为对结论的感悟甚至顿悟过程更重要；对于如何得出某一结论，遵循的则是辩证法这种神秘的思维路径。虽然近些年来西方法学著述对中国法律人的影响很大，但并没有从根本上改变他们传统的思维方式。人们虽然接受法律规则的存在，但并不看中法律思维规则的重要性，更多还是陶醉在混沌思维的神秘主义之中理解和运用法律。克服思维中的神秘主义是我们明示法治思维规则的原因之一。我们需要在法律论辩中运用共同的思维规则，只有这样，论辩才有可能进行下去。法律思维规则可以避免思维过程的神秘主义，有利于推进公开透明、公平正义的法治建设。

在中国,不能说人们没有正义感和是非判断,一般人起码的良知还是有的。但是,由于在思维方式上不尊重规则造成的过度灵活性和实用性,当人们所主张的正义与自己的"饭碗"发生冲突的时候,往往就会丢弃正义,对利害关系的判断就会压过对是非的判断。特别是在独自主持正义成本太高而力不从心的时候,一些人就会变成围观者,就会选择沉默。一些人感到自身维护正义的能力有限,幻想着有英雄出现来拯救正义。"其实,只要大多数人不再沉默,我们本来无须英雄。我们可以自己拯救自己。"[1]当然,这些都需要法律制度与思维方式的支持。法治建设由于主张法律的一般性和普遍的正义,因而忌讳"头痛医头"的思维方式,也反对辩证地对待法律的意义,要用一般的理性来解决个别的纠纷。但是,中国人思维方式的长处在于具体问题具体分析,对于坚守法律规则以实现法治理想,既没有自信也缺乏耐心。在政治话语、道德修辞和社会化的支配之下,法治好像被搞活了,接近了实质法治,法律规则却失灵了,法律失去了对思维的调控能力,进而失去了最根本的保障自由和限制权力的功能。失去法治,政治也会走向无序,程序正义更难实现。中国法治建设主要面临的问题是,快速建立起来的已经成为体系的法律制度与守法意识淡薄之间的矛盾。因此,我们不能把匡扶正义的期望留给英雄人物,要求他们在实施法治的时候能动司法,以政治、道德话语代替形式法律,而是要树立对法律的信任,重新塑造与法治相适应的思维方式,实现修辞方式、决策方式的转换。法律决定论在中国应成为主导的思维方式。

二、法律思维规则的特征

法治中国建设需要更多确定性知识。法治所要求的思维方式是根据法律进行思考,即根据法律赋予事实以法律意义,实现对社会关系的调整。但是,根据法律进行思考面临着一些理论难题。例如,人们对法

---

〔1〕 鲍鹏山:《主持正义的成本核算》,载《雨花》2013 年第 12 期。

治之法究竟是指什么以及具有什么属性存在不同的认识，以至于搞不清楚究竟该依据什么法律进行思考。根据法律进行思考不仅面临着各个法学流派对法律的不同界定，而且人们所熟知的法律都是一般性的法律，在具体的语境中，一般性的法律转化为具体的法律需要法律人运用方法进行塑造。可见，根据法律进行思考只是一个原则性的规定，在具体情境中是一个复杂的思维过程，只有经过认真的甄别，才能使根据法律进行思考变成现实。同时，我们需要注意，所谓法律体系是从法律规范创立的角度来说的，关注的是法律规范是否已经涵盖主要的社会关系。法律是否已经成为体系，更多的是在说规范涉及的社会关系是否全面，规范之间是否有内在逻辑关系。实际上，规范与具体案件的关联性离不开主体的思考。法律体系的建构，注重的是对一般事实的调整，不可能事事处处关照与具体事实的对接关系。所以，尽管法律已经成为体系，但是它能否作为根据法律进行思考以及如何思考的前提还需要进一步思考。这就需要法律思维规则为人们的思维提供路径或方向。在法律思维规则建构问题上，有两种不同的观点：一种观点认为，法律思维就是一种建立在逻辑基础上根据法律思考的模式，也就是建立在法律方法论基础上的推论思维模式。这种思维模式中包括涵摄思维、类比思维和反省性思维等规范主义法学的观点，出现了与形式法治相对应的法律思维规则。另一种观点认为，法律思维是一个宽泛的概念，包含法律知识、法律信仰、法律方法、法律哲学等许多方面，在学科上是涉及政治学、法学、社会学、管理学、经济学的综合体，出现了与实质法治相对应的法律思维规则。以下关于法律思维规则特征的描述是对上述两种观点的综合。在后文中，我们将对两者进行划界处理，以解决具体运用过程中可能出现的思维悖论。

（一）法律思维规则不能超越形式法治的要求

近些年来，西方法学尤其是后现代法学对形式法治的批评不绝于耳，法治的不可能性、法律思维的不可能性几乎成了正确的话语。在

"抓住一点,不顾其余"的思维支配之下,现行制度成了被批判的对象。然而,"把生活中除了个人原因外的其他许许多多的不幸、苦难、烦恼,都归结于现存制度的缺陷,也是对人与制度之间复杂关系的简单化。制度文明的程度,又相当大地取决于人自身的文明程度"[1]。后现代法学以及法社会学貌似深刻,对形式法治的否定铿锵有力,但是它们并没有看到制度在社会中真正的重要性,只看到形式法治的局限性以及存在的众多缺陷。这种解蔽式的发现尽管有一定的道理,但是将其放大到否定法治和摒弃法律思维的存在是不客观的。当然,后现代法学本来就否定法律的客观性。然而,"抓住一点,不顾其余"本身就是一种强盗逻辑。"如果一个制度不能扼杀(也许扼杀不可能)强盗逻辑,强盗逻辑就会令人恐惧地在社会中滋生、蔓延,甚至从某个方面看最为弱小的人也会受到感染,而在某个时间、地点让你意想不到地显露出狰狞面目,因为他/她自己也曾经深受其害,有一种报复的潜意识。"[2]尽管后现代法学对其观点进行了哲学式的深刻辩证,所揭示的真相在有些情况下也难以否定,但却是一种对人与制度之间复杂关系的简单化表达。法治理想在逻辑上能不能成立,不是社会问题,而是理论问题。

实际上,人们对法治有很多误解是一种社会现象,是由腐败引发的违法乱纪导致的法治危机。即使在法治之中,腐败也难以避免,后现代法学所揭示的法治真相只是问题的一个方面。制度的落实需要逻辑规则的运用,这是一个复杂的思维过程,包括阶级本质的贯彻、司法腐败的产生所衍生的法律客观性缺失、合法性危机以及司法决断主体性的过度张扬。但是,这恰恰说明法治理想和法律规则的重要性,法治的要求是一回事,法治的现实则是另一回事。把理想当成现实来批判,难免会丢失理想,对理想失望。法治要求我们把逻辑规则当成法律思维必

---

〔1〕 沈岿:《人与制度的对话》,载萧瀚:《法槌十七声:西方名案沉思录》,法律出版社 2007 年版,序言第 4 页。

〔2〕 同上。

须遵循的规则,逻辑可以思维方式固化法律的意义,确保法律意义的安全性,使明确的法律得到贯彻实施;在法律实施过程中,通过法律思维的逻辑推理方法对法治进行强有力的捍卫。同时,形式法治在给我们提供自由秩序、公平程序的时候也带来一些负面的影响。我们需要更全面地认识形式法治,以使其为国家治理做出更大的贡献。在中国,要想推进法治建设,就有必要认清现实。与西方不同,我们还没有越过形式法治阶段,形式法治还是我们今天需要上的“课程”。我们应该看到,“在非西方世界,人们今天的权利意识已经远远领先于文化、制度、经济和社会条件,权利意识已经成为现实。这个现实必须成为思考问题的起点,人们不能忽视或低估这种超前权利意识的重要性”〔1〕。在疯涨的权利意识面前,不强化法律思维和法治方式,理想的社会秩序就难以形成。法律思维尊重规则与程序,反对任意与专制,具有规范性。在权利张扬、权力跋扈的时候,我们需要形式法治的严格,需要用法律约束思维方向。在这种时候,我们不仅要强化法律的权威,也要发挥法律思维规则的规范作用。所谓法律思维的规范性,是指人们要尊重法律规则,有规则必须按照规则来办事。根据法律进行思考构成了法律思维规则的基本特征。

法律思维的规范性有三个方面的意义:第一,法律思维是一种区别于日常思维的职业思维。这种职业思维的特点在于,它是根据法律精神、规则和方法进行的类型思维。它既没有数学般的严谨,也不像文学那样可以给读者留下许多任意想象的空间。它具有规范性、程序性、形式性等特点。法律思维虽然具有包容性,但并非所有的思维形式都属于法律思维,其范围是由法律范围限定的。法律思维本身是有规则的,除了必须遵守法律的规定以外,还必须遵守法律思维规则的要求。第二,法律思维包括促进法治实现而非规避法律的各种技巧。法律技巧

---

〔1〕 郑永年:《民主政治有没有非西方的选择?》,载《中国社会科学报》2014年3月10日第5版。

是法律人集多年法律实践与经验,面对复杂的事实,结合具体案件而找到的方法。这种方法一般不具有普遍性,是法律人根据普遍性法律和案件个性总结出来的。可以说,疑难案件的解决都离不开法律技巧。法律思维意味着,只有行为符合法律规则和法律思维规则的要求,才能获得有效的法律救济。如果一个人的行为不规范,则意味着他难以获得法律的有效救济。虽然我们不能把法律思维界定为合法性思维,进而认为法律思维都是正确的思维,但是法律思维的规范性,包括法律思维规则本身,是法律思维最根本的特征。第三,法律思维的规范性包含很强的程序性。法律思维的程序性意味着程序优先,主张通过正当程序解决实体问题,相信只有程序公正才能获得实体正义。比如,竞争法保护的是竞争而不是竞争者,竞争规则与程序的公平比任何参与竞争的主体的实体利益都重要。法律思维的程序性是追求正义的一种方式,在执行程序的过程中,可以有效地防止塞进个人私利。比如,法律思维始终强调个人不能做自己的法官,不能既是运动员又是裁判员。人们的头脑中始终应该有程序观念。法律思维规则包含法律发现、法律解释、法律论证、法律推定、法律推理、漏洞补充、价值衡量等规则,这些规则虽然没有严格地运用程序,但是也不能随便使用:那些维护形式法治的规则应该被优先使用,而那些与实质法治相关的规则则必须经过严格论证以后才能够为法律添加新的意义。

法律方法论是为了解决和研究问题的方便而提炼的理论,这一理论的核心是法律思维规则。对这些规则的把握能提升我们理解法律的能力,但不能代替对问题本身的研究。法律方法论所能提炼的也只是规则。虽然法律方法论是重要的,但并不能"包医百病",它还需要"医生"的临床诊断经验。

(二)法律思维规则是形式逻辑的拓展

从法律思维遵循逻辑思维规则的角度看,逻辑规则实际上是法律的组成部分。一个社会的文明程度肯定不完全取决于逻辑,但不讲逻辑的社会很难说是文明的。由逻辑推理出来的结论已经包含在前提中,而且在前提中具有可辨识性。法律思维的本质不在于创新,而是要维护已有的秩序和价值。这就需要把逻辑当成法律思维方式的核心、法律方法的基础。后现代法学等学派放弃法律问题上的标准答案,认为在法律问题上只有不同答案,没有正确答案。这源自两个哲学式的思考:一是从一般哲学的角度看,正确理解需要一个标准,而对这个标准的无穷追问会陷入恶性的循环论证。二是从哲学解释学的角度看,所有理解都是自我理解,而每一个人理解的前见是不一样的,因而只要有理解,理解便会不同。这虽然符合哲学解释学的绝对化结论,但并不符合形式逻辑的思维规则。从逻辑学的角度看,错误的理解是存在的。例如,违反逻辑思维规则的判断就是错误的理解。"逻辑上的正确,也就是无矛盾性,不仅是所有学科的基本前提,同时也是每一个理性对话的前提。因此,就算是法学放弃宣称自己是一种科学,也不能避开合乎逻辑的这个基本要求。"〔1〕在法学上,遵循逻辑规则的理由包括:第一,法律思维的根本特质是根据法律进行的思维,离开逻辑,法律思维根本无法展开。一些学者可能反对逻辑的绝对性,但不可能不使用逻辑进行思维。第二,法治的平等原则,没有使用逻辑进行比较,无法获取平等的认知。正确地运用逻辑是获取正确答案的前提,违背逻辑思维规则得出结论是对法律的错误理解,因而也就不是法律思维。从这个角度来说,逻辑规则的运用是法律实际有效的构成因素。尽管逻辑语言是贫瘠的,由逻辑学所构建的语言符号也是普通人难以理解的,但是法律思维像其他的思维形式一样离不开逻辑。在法律实施过程中,没有逻辑规则的运用,就没有法治。

法律思维尊重逻辑思维规则,反对非理性的思维方式。从这一角度看,法律思维在思维方法上带有"契约"的属性。权利义务作为法律

〔1〕〔美〕劳伦斯·索伦:《法理词汇:法学院学生的工具箱》,王凌皞译,中国政法大学出版社2010年版,第124页。

的主要内容,其相互关系具有契约的性质。建构法律思维规则,需要摆正权利义务关系,防止权利的绝对化倾向。制定法律的目的就是要人们遵守规范。这里的"规范",作为名词是指标准和依据,作为动词则是指约束人们可能发散的思维。也就是说,法律思维的起点和终点是作为名词的规范:在起点上,法律规范是人们思考的根据;在终点上,法律规范是要把规范作为标准,以探寻事实和行为的法律意义。法律思维过程中的规范是动词,即人们的思维要接受规范的约束,法律思维是人们遵循法律所设置的规范而进行的有序的意识流动过程。事实上,很多法律思维规则都存在着虚构的成分。法律虚构有时候也被称为"法律规范构成的假定",这种虚构的假定就是逻辑在法律规则和法律思维规则中的作用,它是法律规范与事实之间的桥梁。[1] 逻辑既是法律思维的组成部分,也是法律思维的必要维度。从法律规范是行为模式的角度看,法律的存在本身就是假定,自然法就是一种虚构。有了这个假定,法律思维中的逻辑推理才能展开。虚构是对隐匿于法律规范之中的文字未变,但其实际运用已经有变化这一事实的假定。假定不仅在创设法律规则和法律思维规则中有重要作用,而且在法律实践中也有一定的积极意义。虚构的假定不仅表现了法律的病症,有时候也有积极的作用,只是虚构不能是谎言。在某些情况下,虚构可以避免法律过度严格,从而以意义生成方式实现个案正义。举例来说,正在转动的机器本来是禁止靠近的,但小孩子不懂事凑上去并且受了伤,我们能不能把机器的转动说成"引诱"?对于这种情况,以一假定的理由说理也许更容易被接受。法律虚构是人类思维不可缺少的手段,但是在一般情况下,进行虚构有助于法律意义的生成。

根据法律进行的思考建立在形式逻辑思维规则的基础上,这是西方法治思维的特点,而我们的文化更多强调辩证法。在治国之术上强

---

〔1〕 参见王家国:《虚构:法律思维的必要之维——朗·富勒〈法律的虚构〉译后》,载《法律科学》2006 年第 2 期。

调大道无术，多少带有威权司法的特点。中国特定的文化所塑造的权力绝对性，使得司法不需要太多的方法就能产生效果。然而，这也可能会导致权力的滥用，使人们的思维失去理性。因此，权力的行使应该和法律方法结合起来。法治的工具性决定了必须运用一定的方法和技术。方法和技术在思维过程中对权力的任意行使是一种限制，权力加上技术理性使得思维决策过程既讲道理又行使权力。从思维过程来看，没有理解、解释法律的方法和技术，就无法实施法治。但是，中国的整体性思维方式往往忽视方法和技术，更喜欢借助权力之势阐释法律的意义，认为最高的技术是无技术，最好的方法是无方法。法治需要方法，需要有形的规则与程序以及运用规则与程序的方法。法律方法的运用比法律的运用具有更大的选择空间。法律方法有多种功能，其中基本功能是在思维中构建、论证法律推理的大前提，在重塑法治之法的过程中，把模糊的、不确定的法律变得确定与明确，使漏洞得到填充。中国需要在形式逻辑思维规则基础上建构法律思维规则，法律思维规则是在逻辑思维规则基础上的延展。

（三）法律思维规则需为某些实质法律价值服务

在中国，来自西方的法治理念多少显得力不从心。坊间有一些对司法、执法僵化或机械的指责，认为形式法治难以解决复杂的社会问题。我们认为，在西方分析文化基础上建构的法律方法，对中国法治的实现非常重要。在中国历史上，秦代的法治给人们留下了深刻的印象。有人认为，刚性的法治单方面鼓励耕战，虽然统一了中国，但铸成了中国历史上最短命的朝代。从此，“法治”在汉语中成了历史的教训，成了到今天为止一些管理者都要提防的概念。同时，人们在对道德的颂扬中主张德主刑辅，用自身体悟的正义时刻准备修改刚性的法律。这种修改也许是必要的。因为中外历史上用正义修改法律几乎是常态。自然法、公平正义、善良风俗、法律价值在理论上都是高于实在法规则的。法治不可缺少，但法治不能占据绝对的统治地位；法律必须与时俱进，法律必须适应法律价值的要求等成了中国法律思维形式中的基本要义。在法学研究中，有人对中国没有自然法耿耿于怀。但是，他们不知道，在中国即使没有自然法也很自然。因为我们的文化在骨子里面就没有严格的"国家法"概念，法律因势而变是中国文化的特点。所以，谁要是说法律思维规则中不包括正义，肯定是要受到批评的。正如上文所述，自然法、公平正义、善良风俗等确实是法律的重要组成部分，但问题是我们不能随意拿出这些东西来否定法律。最重要的是，我们不能滥用那些比法律更加不确定的概念。

我们研究发现，在已有的法律思维规则中，维护法治的因素占据主导地位；对法律价值的捍卫也占一部分，是作为辅助的因素在起作用。我们认为，除了已经确定能法律化的基本道德和价值，没有必要让所有的道德和价值始终处于法律规范的上风。因为那样的话，法治将始终在"德主刑辅"之下，今日之中国与历史上之中国将没有差别。我们必须注意到，今天的中国已经与世界接轨，自然经济已经趋于瓦解。因此，运用法治的治理应该代替自然经济基础之上的管理。同时，移植于西方的法律已经在中国形成新的法律体系。所以，我们既要善待传统，也要善待法律。在引进西方法律的同时，也要引进他们的法律思维规则。面对中国整体性文化对法治意义的改变，对形式法治的捍卫是必要的。其实，形式法治并不是反对法律价值，而是认为应在程序中、在细腻的实证思维中把正义"量"化，因为我们首先需要落实的是法律中的正义。法律价值不是混沌思维中想当然的认定，而是需要经过论证才能去实现的价值追求。这种姿态至少是接近法治实现的思维方向的，而中国文化对西方法治文明的接受会在一定程度上增大法治实现的可能性。

各种各样的法律方法对法治可能性的修复是明显的，对正义的维护也是能够看得见的。在思维方式中重视逻辑实证方法，会使人们的思路更加清晰；在思维中强化规范，会使客观意义的法律权威得到尊重；把法律作为修辞，会使人们的思维更加融贯。实证主义的思路看上去是形而上学的，或是基于单线条路径分析的，但比抽象的整体性思维对解决中国法治问题更具有针对性。任何被称为法治的思维判断都应该建立在根据法律思考的基础上，而逻辑推理是解决合法性的根本出路。虽然法律思维的主要特征是根据法律进行思维，但是法律思维也是有价值追求的。比如，法律思维倡导平等，反对特权；倡导并保护自由，反对压制。但是，我们不能笼统地看待平等，而必须对平等进行分析。平等有四种：起点平等、结果平等、机会平等和规则平等。每一种平等都有自己的特定语境，我们不能光说平等而不进行特定语境下的具体分析。来自西方的法律思维规则与中国传统文化的不同之处在于它的细腻，这是中国法律人应该学习的地方。

三、法律思维规则的具体类别

只有公开，才能实现正义。其中，问题的关键在于公开什么。判决书公开的是审判结果，对法学研究有积极意义。公开审判程序也是必需的，可便利检察机关和人民群众监督，也会产生良好的效果。但是，就司法公开来说，也许公开判决理由才是最重要的。其困难在于，我们现在的判决书中大多缺少判决理由。判决理由的公开实际是裁判者思维过程的公开，牵涉到对法律思维规则的运用。法律思维规则是与具体的法律方法紧密联系在一起的，有多少种法律方法，就有多少种法律思维规则。目前，法律方法一般分为相互之间具有交叉关系的法律发现与检索、法律理解与解释、法律推理与论证、法律修辞与论辩、价值与利益衡量等方法。与此相对应，法律思维规则可以分为法律发现规则、法律解释规则、法律论证规则、法律修辞规则、法律推理规则、价值衡量规则等。法律方法论无非是要探明具体的、针对个案的法律是什么，这些规则都是为准确地理解、解释和运用法律提供思维导向的。在法治实现的过程中，一方面，公开的法律体系非常重要，它是法律发现的主要场所、法律解释主要说明的对象、法律推理的主要根据、法律论证的主要理由、价值衡量需要改变的主要对象。另一方面，法律思维规则也很重要。只有两个方面的规则方能打造法治的思维过程。在本书中，我们只是对这些规则的一部分进行简单的介绍。

（一）法律发现规则

在大陆法系国家，最典型的法律发现规则是“应该优先到制定法中去寻找针对个案的法律”。在此之下，还有一系列法律发现规则，如法律发现过程中“特别法优先于一般法”的规则等。之所以要给法律发现确立规则，原因就在于法律发现作为一种法律方法是存在一定风险的，其危险性在于：如果没有规则的限制，法律发现的范围就过于宽泛。因此，必须为法律发现确定一个大致的范围。一般认为，法律渊源理论所确定的各种法律形式为法律发现指明了大致的范围，各个级别的法律形式之间的关系则包含着法律的级别关系，这些级别是人们进行法律发现的基本思维路径。然而，即使如此，法律渊源的范围依然很宽泛，不仅有正式渊源，还有非正式渊源。同时，各种渊源的分类都很庞杂，这使得针对个案的法律发现并不是件容易的事情。法律人经常会在过多的、复杂的渊源形式中踌躇，经常犯的错误就是搞错部门法的属性。所以，演习法律方法不仅要熟知法律渊源，还要运用法律发现方法的思维规则去确定如何发现具体的法律。法律思维规则很多，我们在其他著述中有过专门的论述，在此只是想说明法律发现规则的基础性。法律发现，或称为“法律检索”，是法律人必须掌握的基本技术，也是捍卫法治最基本的方法。因为运用法律发现规则能解决 80％左右的典型案件，其他的非典型案件则需要各种法律方法的综合运用。同时，法律发现是在司法过程中必须首先使用的方法。例如，如果没有用法律发现探寻出针对案件的法律，法律解释便没有明确的对象。法律论证所要解决的问题也是基于不同的法律发现展开的论证，没有法律发现，就没有确切的可以论证的命题。价值衡量规则的运用就更明显，所谓衡量，就是用价值重新确定法律发现的具体含义。

（二）法律解释规则

法律解释的基本规则是文义解释优先。文义解释虽然是法律解释的基本方法，但是单独依据文义不能获得法律效力。这意味着，文义解释不等于字面解释。日本法学家矶谷幸次郎总结了法律解释的十四个规则："一是法律不必解释者，不可强解释之。盖法文无一毫疑义，强解释之，反失其法之真义，不可不注意也。二是法文之用语，当根据制定法律时之意义解释之。凡言语之意，长于世世变迁，故解释法文者，不可不依其制定法之意义也。三是法文之言辞，当参考法律全体之通例及他法令，而后解释之。假如单就一条解释其文字，颇易至误，必依前后之法文，相似之法令，参酌其文字之用法，通观全体，乃可许施解释也。四是法文中之字句，当以普通平易之意义解释之。若法律上之意义，与通俗之意义异者，当从法律意义。盖用艰涩意义，固非解释所宜。然法律之文字意义，异于普通意义不少。例如，义务、利益、自由等字，法律用之，均与普通意义有别，于此等处，亦不可不从特别之意义也。五是解释法文之言辞，须使于法律有效。有甲、乙两种意义，若从甲而法律之本意全失者，不可不从乙也。以上皆解释法文用言辞时适用之原则，文理解释之重要规矩也。六是解释法律，当先依文理解释。如法文特就本书解释，而疑义已明，必欲转据法律之意义，与其外之事情，强欲以论理解释变更者，非合法之解释者也。唯依文理解释，而尚有疑义不能者，始可用论理解释。不然，解释与立法界限混矣。七是法律解释之意义，当参照相类之法令。故法文有不明不备者，须参考类似之法律，以探究其真意也。八是法律解释，须参照判例。此为解释法律最有益之方法。判例虽无法律之效力，然果关其一事件，不但有不可动之效力，亦解释法律时最不可缺少之材料也。九是解释子法之法律，当参照母法。十是例外法，当严谨解释之。不可援用他律。若援用他律以比附，则仍为原则倒其位置矣。十一是惩罚之规则，或负义务之法律，必须谨慎解释之，不可扩张范围。文致其罪，是为保护人民权利之重要规则。若法文有未规定者，而以解释扩张范围，虽不免损人民之权利，甚非正理公道也。然亦非可狭隘其解释者，不过文字有疑义时，宁偏于有利益，所谓罪疑唯轻耳。十二是凡法律上既许其效果，必并许其方法。故许信教之自由如耶稣者，即不可不许其设置教会，而行其礼拜之方法。不然，其法为空文而已。十三是有大权利者，并有小权利者，不可仅与以为其权利之一部赁贷权也。十四是文理解释、论理解释相抵牾时，当从论理解释。文理解释者，用于法文不明时，论理解释则用于法文欠缺不完备之时。此二者，实际上互相矛盾之处虽少，然因制度不完，往往有抵牾之处，此时当从何解释乎？"[1]在国外，法律解释规则相对成熟，因此我们需要认真吸收，并使之中国化。此外，中国古代律学传统中也有很多法律解释规则值得我们进一步挖掘和研究。

（三）法律论证规则

所有的判断都应该给出理由，这是法律论证方法要完成的基本任务。然而，法律论证方法是融贯形式法治和实质法治的综合方法。法律论证既有基于形式逻辑的论证，也有超越法律和形式逻辑的其他理由说明。因此，法律论证规则可以分为内部证成规则和外部证成规则。内部证成以演绎推理为说理的基本框架，主要围绕法律的概念体系展开论证。外部证成以法律外的道德、价值、社会、文化因素以及非经典逻辑的方法证成法律的意义。内部证成与传统的根据法律进行思考并无二致，强调法律与形式逻辑的权威，其思维方式的显著特点是一般优于个别的涵摄思维。外部证成则强调语境、社会、价值和道德等法律外因素的重要性，其思维特点是一般与个别具有同等重要性。相应地，关于法律论证的规则大体上也可分为两类：一类是根据法律直接推理得出法律理由，即内部证成的思维规则。该思维规则与法律推理所遵循

---

〔1〕〔日〕矶谷幸次郎：《法学通论》，王国维译，何佳馨点校，中国政法大学出版社 2006 年版，第 110—112 页。

的规则是一样的。另一类是外部证成的思维规则。外部证成由于在很多地方可能突破法律的规定性，因此法治对其有较严格的要求。所谓严格，就是在一般情况下，外部证成只能作为内部证成的辅助理由，用于巩固或者进一步证成根据法律作出的判断，以增大根据法律作出判断的可接受性。但是，在特殊情况下，外部证成也可以突破法律的文义。此时，外部证成大体上相当于用价值衡量方法增加、限缩或改变法律的意义。在这种情况下，作出法律判断时的理由高于法律，个别的情境因素和个别正义的诉求可能会超越一般的法律。因此，外部证成的思维规则要求全面、细致和多层次。法律人应该综合运用各种方法，穷尽列举各种理由，而不能只根据单一的理由就改变法律。在法治原则之下，外部证成的基本思维规则是慎用这一方法改变法律的意义。

（四）法律修辞规则

法律修辞方法不仅是指在法律适用问题上的“遣词造句”，更主要是指一种法律思维方式。在这种思维方式中，法律修辞方法实际上是把法治当成一种意识形态的话语系统，把法律作为一种修辞方法进行说服。在运用法律修辞方法的过程中，也有一系列需要遵守的思维规则，主要有两大类：一类是作为法治意识形态的规则。比如，法律至上，政治在法律之下；权利至上，权力服务于权利；法律思维与法治方式优于道德说教；执政党必须在宪法和法律范围内活动；维护法律意义的安全性是法律方法运用的基本要义；等等。另一类是在具体运用法律语词进行说服中必须遵循的规则。比如，修辞修其诚，不能把法律作为欺骗手段；能够直接运用法律规定就不必解释的“法律的清晰性原则”；等等。法律修辞方法就是在不改变已有法律意义的前提下，重新塑造其在具体语境中的具体法律意义。法律修辞规则的运用也是一项复杂的思维过程，在理论上也面临着很多挑战。美国学者罗蒂认为，不能给法学理论的一个关键问题——法官应该如何断案——提供答案；追问真理的本质是一个毫无意义的问题，因而要摧毁读者对知识的信任；决定我们大部分哲学信念的不是命题，是隐喻而非陈述。在司法领域，不可能存在一种事先就告诉法官如何断案的特定方法，判决实际上是一个审判的事实，是一种看法和新视角的开启，也是一种从事社会工程的意志。[1]

法律修辞方法或者把法律作为修辞意味着，在法治意识形态中，需要用法律话语代替政治修辞，用法律思维代替政治思维。政治人更多是在管理意义上诉求法治，重点关注的是管理秩序的实现。这一点与作为权利诉求的法治不一样，公民关心更多的是自由、平等、权利等法律价值的实现。与管理意义上的法治相适应，如果我们不能把法律作为修辞，就会出现诸如下文的抱怨。“当代社会的法治建设充斥太多的成文法律规范，而它根本上则与个人主义的自由理念相互矛盾。”[2]其实，自古就有对法律太多的抱怨，“法物滋彰 盗贼多有”就是典型的观点。然而，社会究竟需要多少法律，绝不取决于人们是否抱怨以及抱怨的多少，关键要看现行的法律能否满足运用法律修辞方法对人们进行说服的需要。当然，人们能不能够被法律说服也很重要。在法治社会，最需要的是运用法律进行说服。改革开放以来，个人自由、权利本位等都得到了张扬，但塑造社会的法治一直在加强国家主导下的权力秩序。由于不能运用法律进行说服，法治的最根本属性——讲法说理在很大程度上被扭曲了。法治难以实现可能有多个方面的原因，而不掌握法律修辞方法，不能很好地运用法律进行说服，是人们对法律产生厌恶、抱怨情绪的主要原因。

（五）法律推理规则

法律推理规则是在法律推理活动中必须遵守的思维规则，包括形

---

〔1〕 参见陈根发：《宽容的法理》，知识产权出版社 2008 年版，第 182—187 页。

〔2〕 冯辉：《莱奥尼带给我们什么？》，载〔意〕布鲁诺·莱奥尼：《自由与法律》（第三版），冯辉译，湖南教育出版社 2008 年版，序言第 2 页。

式推理和实质推理两个方面的规则。其中,形式推理主要是指根据法律进行的演绎推理的思维规则。在法律推理活动中,已有的法律都是一种假定。因此,在具体案件的推理中,这种假定是构建具体法律的重要因素。但是,如果这种假定和事实相结合,就能够排除假定的条件而演变成真切的规范。作为一般的法律,则永远不能改变其假定的角色。"已有的真理可以具有实践上或道德上的确切性,但在逻辑上它们从没有丧失一种假设的性质。它们是真正的假如。"[1]然而,当假定和具体案件结合时,它就需要变成真正的规范以约束行为和事实。演绎推理是最基本的法律推理模式,但是这种以简单应对复杂的法治思维模式在中国的实现并不那么容易。"要求中国立法者和法学学者完全采纳并真正适应由演绎逻辑主导的法律思想,真是谈何容易,因为中国知识分子一般都特别难以运用西方的演绎逻辑。法律专家如此,更毋庸说普通人了。"[2]我们不愿意作出非此即彼的抉择,而更愿意走中庸之道。

在中西方思维方式的对比中,黄宗智发现,"在中国完全没有必要像西方对抗性的形式理性制度那样,把没有过错的纠纷推向必分对错的非此即彼的形式理性对抗性法律程序,完全可以在无过错纠纷情况下,侧重调解"[3]。在西方法治国家的法律思维中,法律推理是法律方法的核心,一切法律方法都源自法律推理或者是对法律推理方法的展开。这就是说,法律推理规则是建构法律思维规则的基础。然而,在中国推行这类法律思维规则还有一定的阻力。"规则是指引行动或指导

---

〔1〕 孔祥俊:《法律方法论:裁判模式、自由裁量与漏洞填补》(第三卷),人民法院出版社2006年版,第1378页。

〔2〕 黄宗智:《挖掘中国法律传统与思维方式的现代价值》,杨逸淇整理,载《文汇报》2014年3月24日第9版。

〔3〕 同上。

智力的命题。规则自称阐明了行为人以某种方式行事的理由。”[1]我们常常运用综合多种方法的法律判断,似乎不需要特别明晰的法律思维规则。在一部分法律学人的思维中,演绎推理的涵摄思维是形式逻辑的基本规则,并且反省思维以形式逻辑的思维规则作为判断思维是否错误的标准。但是,人们很难接受诸如“只要违背形式逻辑的思维规则的判断就是错误判断”的观念。在西方法治思维中,法律规则既是一项命题,也是一项行为的法律理由或行动的根据。拉伦茨认为,法学方法论就是以诠释学的眼光对法学作自我反省。[2] 但是,反省也需要形式逻辑作为工具。从这一意义上说,法律思维规则就是一种简单但有效的反思工具。这与法律思维类型中把形式逻辑作为反省思维的标准是一样的。法律推理规则现已比较成熟,有专门的法律逻辑学者进行专业化的研究。现在存在的问题是,这种研究过于逻辑学化,而法治建设需要我们把专业化的逻辑思维规则法律学化。

四、法律思维规则遭遇的各种难题

传统法学研究试图用对各种方法的排序技术来解决各种法律方法之间的冲突,但由于一般法律和具体案件的情景之间的关系过于复杂,因而任何排序的努力基本上都陷入难以对号入座、恰当使用的困境。我们不想作这种无谓的努力,而是想通过对形式法治的捍卫,以形式和实质法治为大致的标准,为法律方法分类确定各种方法的优位规则。形式法治中包含自主性的法律方法,这种方法以特殊的法律推理尤其是司法推理为基础,有别于科学解释、伦理、政治、经济论证的方法或风

---

〔1〕〔美〕杰拉德·波斯特玛:《边沁与普通法传统》,徐同远译,法律出版社2014年版,第247页。

〔2〕参见〔德〕拉伦茨:《法学方法论》,陈爱娥译,商务印书馆2003年版,第134—135页。

格。[1] 与形式法治相适应的方法包括文义解释、体系解释、形式推理、法律发现等，与实质法治相对应的方法包括目的解释、实质推理、法律论证、价值衡量、社会学解释等。界定这两个类别法律方法的地位对法治思维和决策具有十分重要的意义。在法治建设中，为了维护法律的权威，应该首先使用形式法治的方法。只有当穷尽形式法治的方法仍不能解决问题，或者实施实质法治的理由十分充分的时候，才能使用实质法治的方法。因为实质法治从思维理路上看，带有消解法治的基因。[2] 实质法治相信法律不是逻辑而是经验，塑造法律的是权威而不是真理。形式法治论者则认为，判决的形成所依据的应该是法律，而不应该是出于社会、政治、道德或宗教的考虑。司法活动是根据法律作出判断的，是非政治化的。去政治化的觉醒使形式法治在方法论上有了自己的独立性，使法律规范成了法律人思维的权威性根据。现代法治国家毫无疑问是建立在法教义学基础上的。[3] 保持法律方法独立性的意义在于实现法治自身的目的，如使限权、保障权利和自由等目标得以实现。法官的任务就是把法律所确定的意义运用于待调整的事实。这基本上是一种逻辑规则在司法中的运用，法治的理念可以在此基础上牢固地树立起来。[4] 然而，现实的情况是，即使我们对法律思维规则进行了实质与形式的划分，仍然不能克服法律思维规则在理论上和实践中遇到的具体难题。

---

〔1〕 参见〔美〕昂格尔：《现代社会中的法律》，吴玉章、周汉华译，中国政法大学出版社 1994 年版，第 47 页。

〔2〕 关于实质法治的论述，参见陈金钊：《实质法治思维路径的风险及其矫正》，载《清华法学》2012 年第 4 期。

〔3〕 参见王书成：《合宪性推定论：一种宪法方法》，清华大学出版社 2011 年版，第 5 页。

〔4〕 参见秦策、张镭：《司法方法与法学流派》，人民出版社 2011 年版，第 186—187 页。

（一）实践难题

在中国推进法治建设可能遇到实践难题，固有的思维方式难以正确对待法律思维规则，人们很难形成自觉运用法律思维规则的习惯。这不仅是因为中国传统文化思维中缺少法律思维规则，而且其整体性混沌思维形式与法治要求的运用形式逻辑思维规则之间有很大的差距。因此，即使学者研究出法律思维规则，也会遇到具体行动上的障碍。“一切从实际出发，实事求是，具体问题具体分析”的思维路经，与根据法律进行思考是两种不同的思维路径。例如，“具体问题具体分析”更适用于调解结案，而不适合用作法治所希望的判决方式。黄宗智研究发现，“中国法律思维不是缺乏抽象概念，而是一贯认为事实情况千变万化，不是任何抽象原则所能完全涵盖，因此就要赋予抽象原则实质性的意义，必须通过实际具体例子来阐明，而法律所未曾考虑到的事实情况可以通过比附类推方法来处理。相对韦伯提倡的从抽象到事实到抽象的思维方法来说，中国法律一贯使用的可以说是从事实到概念到事实的认识论”[1]。中国哲学传统和日常思维方式一直轻视方法论，在思维决策或对法律判断说明理由的时候，基本上是用认识论代替方法论。尽管近些年来随着自然科学的进步，中国人对待形式逻辑的思维规则已经有了很大的变化，但是在思考日常事务或法律问题的时候，传统的思维方式仍占有重要的地位。实际上，中国现代法律思维是三大历史传统的混合物，“即古代法律、革命法律和舶来的法律，缺一便不符合历史实际和社会现实。在实践层面上，现当代中国为了适应社会实际，已经对引进的西方法律故事作出了一系列的重新阐释和改造，其中既有古代传统的延续和创新，也有革命传统的发明和演变”[2]。

---

〔1〕 黄宗智：《挖掘中国法律传统与思维方式的现代价值》，杨逸淇整理，载《文汇报》2014年3月24日第9版。

〔2〕 同上。

这就使得人们的思维显得混乱，法治思维和人治思维、形式逻辑和辩证逻辑经常“打架”。研究法律方法论的学者不得不经常参与对实质思维的批判。

近些年来，中国学者非常容易接受来自西方的语境论观点，因为我们原来的思维方式就带有这些特点。但是，我们常常忘记，西方人反对逻辑的绝对性是有道理的，这是对他们过度依赖逻辑思维的矫正，而我们则过于不注意发挥逻辑的作用。特别需要指出的是，我们在语境分析中不会运用实证主义的方法，很多所谓的语境因素都来自自己的主观判断。这就使得语境的虚假随处可见，不仅经不起实证主义思维方式的追问，而且在逻辑上稍微受到质疑，就会使关于语境的判断捉襟见肘。比如，国情、社会、特色等常常构成我们所说的语境。但是，这里的“特色”的具体含义是什么？所谓的“特色”是如何形成的？我们所认定的“社会”，是社会的一个方面，还是社会的全部？诸如此类的问题都经不起追问。由于在思维方式和话语系统上出了问题，因此不仅是官员，很多老百姓的话语也很空洞。这与中国的政治文化有着紧密的关系。在很多情况下，人们的表达很真诚，但只是笼统的言辞，仅具有装饰意义。只要在逻辑上推敲一下，便能发现其中隐含的漏洞。因此，“在法治发展的初期，中国法律发展过程中应该追求更多的共同问题，而不是更多的特殊问题，尤其是不能人为地设计和编造特殊问题”[1]。我们的思维方式存在一些问题，难以适应推进法治中国建设的需要，因而需要改进。这种改进需要我们更多地了解法律思维以及法律思维规则的特征。

高度概括的政治话语、抽象的道德言辞、空洞的主体等都可能使法律关系分析出现逻辑上主体的中断，使法律思维难以在权利、责任等问题上推论下去。在法律思维中，责任、权利的推论必须有主体才能有逻

---

〔1〕 李晓辉：《理性认识“中国问题”：从比较法出发的考察》，载《比较法研究》2012年第2期。

辑上的连贯性。因为在逻辑上，个人是真实的，社会是“虚构”的。“法律之所以强调社会权利，是因为社会权利是平衡协调个人权利与公共利益的媒介，社会权利的目的还是为了个人，与个人权利对立的公共利益、与个人权利无关的公共利益不仅是不存在的，即使存在也是不人道的、不合理的。社会权利的本质是个人可以据此向社会上其他成员、整个社会和作为其代表的国家以及它们所掌管的公共利益提出权利请求。它意味着，人是社会中的人，是一种‘类存在物’。一个人与其同类存在着不可分割的社会联系，人们仅凭都是‘人类的一员’，当其仅凭自己的能力和努力不能有人格尊严地生存发展时，他（她）基于社会权利可以向同类请求协助，国家也有权力敦促、强制其他社会成员予以协助，目的就是为了使其能够过上有人格尊严的生活，最终目的是为了保障社会上的所有人都能有人格尊严地生存发展。”〔1〕对社会，我们只能在概念上叙述，但难以将其作为法律推论的主体。在法律方法论上，对空洞的社会进行法律方法论的分析没有意义。如果用法律方法论处理社会问题，就必须将社会还原为主体，将其作为社会组织等，或将其虚拟为法人。在社会被“个体化”以后，方可要求人们善待个体权利。

从这个角度看，法律方法可以分为公法方法与私法方法。与个人本位相关的是私法方法，而与社会本位相关的是公法方法。这两种方法各有其弊端。公法方法片面强调社会利益和国家利益，个人利益往往被舍弃；而私法方法则把个人置于绝对地位，强调个体权利的绝对性，往往导致极端的个人主义。法律思维规则有一个很重要的任务，就是协调极端个人主义与极权主义的关系。“公法虽然旨在保护公共利益，但由于公法方法整齐划一、上下隶属、令行禁止、法律刚性，缺乏应有的针对性、自治性、灵活性和伸缩性，实践中存在的国家干预、行政国家的弊端和危害充分地说明了整体主义方法和公法方法的不足。尽管公法以社会为本位，旨在保护公共利益，但其实并没有独立的社会本

〔1〕 邱本:《论经济法对法律方法的创新》，载《当代法学》2010 年第 5 期。

位,真正的社会本位是人人本位;也没有抽象的公共利益,真正的公共利益是人人共享的利益。因此,公共利益必须与人人有关、为每个人共享,公共利益必须与社会化结合起来,成为社会公共利益。法律仅仅强调公共利益是不够的,还必须强调公共利益的社会性,强调人们对公共利益所享有的社会权利。"[1]新时代法盲不仅对社会知识或法律知识无知,而且不了解法律的贯彻实施必须有能够进行法律推理的主体,不能空谈社会,还必须找到法律如何实施的思维方法。或者说,新时代法盲不是对法律知识无知,而是不了解或者否定法律方法的作用。

法治思维是建立在个体主义基础之上的,要求所有的个体都必须遵守法律规则和法律思维规则。然而,由于法律思维规则并不具有法定性,因此对法律思维规则的遵守主要靠长期形成的习惯。要想实现法律思维方式常态化,就需要改变重整体、轻个体的思维惯性。因为制度的稳定性需要人们遵循已经发现的法律思维规则,否则,在理解、解释和实施中,由于没有共同的思维规则,法律的意义依然会出现变异。在现在的情况下,中国人对法律思维规则的把握,需要进行长期的思维方式训练。"法学教育应该以法律思维为中心展开。一方面,法律思维作为一种思维方式,它通过解释、推理和论证等法律方法使理论和法律制度更加理性和公正,成为法律人最重要的职业能力;另一方面,法律知识和理论也正是在法律思维训练过程之中得到巩固和创新的。"[2]联合国前南国际刑事法庭刘大群法官提出法律思维的形成起码需要"三个五",即通过五种思维方式(逻辑思维、辩证思维、批判思维、换位思维和逆向思维)、五种能力(语言能力、认知能力、研究能力、表达能力和社会实践能力)以及五个事件(精读一本书、研究一个案例、钻研一个法律原则、写一篇文章和参加一次社会实践)来提升思维与技能。对于

---

〔1〕 邱本:《论经济法对法律方法的创新》,载《当代法学》2010 年第 5 期。

〔2〕 梁开银:《法律思维:法学教育与司法考试的契合——论法学教育与司法考试的互动与改良》,载《法学评论》2011 年第 4 期。

法律人而言，还需要培养独立思考的能力。[1] 刘大群法官对法治精神的理解就是讲道理，或者说是推理。这里的所谓“推理”，就是法律思维的基本方式。法官作出的判决要充分阐述理由，让人心服口服，只有这样才能体现正义。

（二）理论难题

养成运用法律思维规则的困难还在于，当代的法学理论已经使法律思维的前提——法治之法“瓦解”。对理论上的诘难不予回应，就难以在实践中形成习惯。运用法律思维规则是个人思维法律化的过程，而法律意义的客观性、确定性、稳定性等是法治思维成为可能的前提。以法律作为思考的标准，作出合法性判断，进而达到依法办事的效果，是法治思维的特点。然而，这种简单的概括没有叙说清楚法律方法在思维过程中的复杂性。这一点被后现代法学抓住，该学派通过细密的论证，全面否定了法律意义的客观性、确定性、稳定性。后现代法学对法治进行了“揭蔽式作业”，认为根据法律思维的前提——法律存在着不确定性、意义的流动性等缺陷，可推导出法治在思维路径上的不可能性。抽象的法律表达形式不能涵盖繁杂的案件事实，因此法律适用过程中存在着很多漏洞和矛盾；法律文本所使用概念语词都具有一般性，这就使得法律意义出现模糊性和多样性；在理解、解释过程中，法律存在着意义的流动性，因而是不确定的。这样，作为思考前提的法律就无法发挥规范作用。法律存在着漏洞、不确定性、意义的模糊性等，意味着法律思维的前提——法律是靠不住的，根据法律进行思考也就无法展开。同时，根据法律思考是实现法治的方法论基础，没有法律思维，根本不可能有法治，至少在思维路径上是不通畅的。此外，对法治实质、司法真相等的揭示，好像从理论和实践双重角度颠覆了法治，致使

[1] 参见汪闽燕：《法治的精神就是“讲道理”——访联合国前南国际刑事法庭刘大群法官》，载《法制日报》2014年3月11日第10版。

法律的意义常常在政治、道德和社会之间来回摇摆。为使根据法律思考变得可能，必须借助法律方法和法律思维规则，在法律运行过程中修复一般法律的“缺陷”。具体来讲，通过法律发现，使一般的法律成为针对具体个案的法律；通过法律解释，把模糊的、不确定的法律变成清晰的、具体的法律；通过法律论证、价值衡量等方法，融贯各种价值、情景、社会因素等，实现法律的个别化；通过各种法律方法和法律思维规则的运用，塑造作为决策理由的具体法律，使所有的决断最终都是根据法律进行的思考，从而实现法治的理想。通过法律方法或法律思维规则对法治思维的前提进行修复，可以避免使法治有非法之嫌，[1]证成法治思维和法治方式这一基本的治国理政的命题。

“法律方法不是一般的技术，而是一种具有规范意义的技术。”[2]法律方法的规范意义主要体现为，法律方法中蕴含着思维必须遵守的规则。这种规则虽然不是法律规范，不具有法律意义，但对法律人的思维具有约束作用。“任何方法论问题都不是独立的、自足的。……理解一种哲学方法，也就是理解一种哲学理论。”[3]尽管法律思维规则在使用过程中也必须予以解释，但是它在含义上具有稳定性，在内容上具有确定性，在操作上具有反复适用性。因此，“比起法律知识，‘法律思维方法’的作用更大”[4]。这种“更大”就在于，法律思维规则能够简化法律方法的复杂过程，从而方便法律人对法律的运用。无论多么繁杂的

〔1〕 参见〔美〕马克·C. 莫达克·特鲁安：《自然法的过程理论与中国的法治》，杨富斌译，载周赟主编：《厦门大学法律评论》(2012 年卷 总二十辑)，厦门大学出版社 2012 年版，第 19 页。该文作者提出了自然法的过程论，以解决法律的不确定性问题。本书则试图综合法律方法的功能，以解决同一问题，从方法论上证成法治。

〔2〕 王新生：《法律方法的技术意义和规范意义》，载《甘肃政法学院学报》2007 年第 2 期。

〔3〕 俞吾金：《问题域外的问题——现代西方哲学方法论探要》，上海人民出版社 1988 年版，序言第 1 页。

〔4〕 〔日〕西原春夫：《刑法的思维构造与效用》，载《刑法·儒学与亚洲和平——西原春夫教授在华演讲集》，山东大学出版社 2008 年版。

法律方法理论，为了运用的方便，其论证最后都要落脚到法律思维规则的概括上。否则，高深的法律方法论只能是空中楼阁。多年的法律方法论研究没有产生实际效用的原因，就是我们只做到了对法律方法的“深入”研究，而没有以法律思维规则的形式“浅出”成果。因此，在我们对法律方法的自觉研究中，需要格外注重对法律思维规则的研究，将其当成重点，完成法律方法论第二个阶段的任务。美国法学家庞德认为，发展和适用法律的技术是有权威性的。他以大陆法系在法律适用中允许类推而英美法系则不允许为例说明法律适用技术的区别，实际上是把技术作为一种权威性的方法规则对待。[1]

实际上，对法律思维规则的概括在现阶段也有一些困难。因为中国现在处在社会转型期，社会关系和法律的变化虽然不是革命性的，但变化是一种常态，直到社会转型的任务完成，社会关系和法律才能大致趋于稳定。要实现社会转型的目标，就需要在一定程度上牺牲法律的稳定性。但是，只有在法律稳定的情况下，我们对法律思维规则的概括才是自然而然的。法治实现的前提是法律具有相对的稳定性。韩非子早就看到了“法莫如一而固”，认为只有稳定的法律才能被人们知晓、理解和遵守，才会有法治的可靠前提。然而，法律的稳定性要求适逢社会转型，后者需要在一定程度上脱离法律的控制，要求法律适应社会发展变化的步伐，否则就会被社会淘汰。虽然法律的稳定性要求与社会发展变化之间必然产生矛盾，但这并不意味着在社会转型期不能搞法治建设。法律的细微变化不会导致法律制度的稳定性全部丧失，只有朝令夕改才会破坏法治，只要法律的变化是不过分的，就是符合法治的。[2] 当然，这意味着社会转型期的法治建设会面临更多的困难。

---

〔1〕 参见〔美〕罗·庞德：《通过法律的社会控制：法律的任务》，沈宗灵等译，商务印书馆1984年版，第22—23页。

〔2〕 参见〔英〕T. A. O. 恩迪科特：《论法治的不可能性》，陈林林、傅蔚冈译，载《比较法研究》2004年第3期。

(三) 逻辑难题

虽然法律规则和法律思维规则都必须得到遵守,但是在运用法律的时候,偏偏会遇到可选择性、可废止性和可辩驳性等逻辑难题。三段论为什么会面临危机?因为其大前提存在可选择性、可修正性和可废止性,正是这三性使得法律推理的大前提存在不确定性。蒯因认为:"没有任何陈述是免受修改的。"[1]在他看来,甚至逻辑思维的规则或规律也是可以被修正的。这对法学来说意味着什么?法律条文的陈述是不是也可被修正或废止?答案是肯定的。我们认为,可修正意味着法律解释和价值衡量的必要性,可废止意味着法律论证的必要性,而可辩驳意味着法律修辞和法律论辩的必要性。法律是经验的总结。从立法的角度看,法律只要没有被废除,都是有效力的。但是,从司法的角度看,任何一种法律陈述与个案都会有些出入,都会程度不同地出现矛盾等,从而可能遭到站在不同立场的人质疑。就是刑法中那些经久不衰的经典陈述,也不是可免于修改或辩驳的。但是,如果作为法律推理的大前提是可修改、可废除的,从直观推论的角度看,那就更意味着法治或者说根据法律进行思考具有不可能性。要解决这一问题,就需对法治之法有司法角度的认识。

法治之法不是立法者所创设的文本性法律。文本性法律只是法源,执法、司法过程中的法治之法则是在具体的语境中根据法律规则和法律思维规则重新塑造的。法律的可废止性、可修正性、可选择性、可辩驳性是法律方法论存在的理由。在法律陈述与个案遭遇后,演绎推理模式总会受到"嘲弄",法律所追求的形式正义经常被要求与实质正义进行平衡。但是,在法治论者看来,论辩、修改和废止是想把法律推理进行到底,想方设法使判决更加形式化,法律人总是想使自己的判断

---

〔1〕〔美〕威拉德·蒯因:《从逻辑的观点看》,江天骥等译,上海译文出版社1987年版,第41页。

更加具有合法性特征。归纳证成要求劝说性的论证,而演绎证成只要求解释性的论证。哈克认为,我们不能对演绎进行归纳证成,因为这样做最多是去证明,当一个演绎论证前提为真时,结论也为真——这太脆弱了;我们也不能对演绎进行演绎证成,因为这样的证成将是循环的。法律推理前提的可废止性和可修改性的存在还因为,在现实社会中法律规范总是和其他社会规范处于一种竞争关系之中。法律规范、政治规范、宗教规范、道德规范一旦进入人们的思维中,它们的分量轻重、位置高低就会不断缠绕着人们的心绪。尽管我们可以说有逻辑规则规范着人们的思维,但实际上经典逻辑和非经典逻辑、形式逻辑和非形式逻辑的思维规则在思维中也存在竞争关系。

法律方法论研究和训练的核心问题是提升能力,即理解解释能力、修辞论辩能力和逻辑推理能力。法律的可废止性等是法律方法论研究的逻辑起点。我们不能把形式化的法律不恰当地加以神秘化、绝对化,甚至使之恶性膨胀,否则就会陷入荒谬之中。为了达到形式系统与现实原型恰当地符合,就必然要不断地修正逻辑理论,修正形式化的法律规则和公理。因为现实原型比形式化的法律更加丰富和复杂,"恰当地符合"追求的是一个动态的、没有止境的变化和发展过程。恰当地运用法律是法律方法论研究者追求的最高境界。方法论视野的司法就是为了在社会不断变化的过程中既保留形式法治的要义,又向现实原型开放,在不断地试错中达到所谓的恰当与可接受。法律什么时候可以被废止?为什么法律是可以被废止的?价值衡量也可以称为"权衡""权变",法律什么时候可以被权变?比利益衡量更宽泛的法律论证为什么能够废止法律?这些都是法律方法论研究的元问题。在法律可以被废止的情况下,为什么必须把法律作为修辞?就是为了维护法治、实现正义。把法律作为修辞,人们就会结束对法律的麻木态度,就能体会到法律文本对人的思维的支配和影响力。法律语词在很大程度上能够左右人的思维走向。

当然,也有人认为,法律的可废止性、可修正性等应该由法律修改来完成。实际上，这是不可能的，只是一厢情愿的想法而已。因为法律文本或者说法律规范中出现一些不符合实际、难以涵盖或调整社会关系的情景是一种常态。为了使法律更实用，更具有可操作性，只能在司法过程中让法官等通过改变法律文本的方式适应社会。法律修改是有限度的，无论如何修改都解决不了法律的可辩驳性或可修改性问题。这些问题应该由法律方法论来解决。同时，法律修改作为一种立法形式，也应该像立法活动一样审慎使用。因此，一般情况下，我们应该用法律方法来解决法律与社会、法律与使用者之间的不协调。在具体的语境中，由于可辩驳性、可修正性的存在，一般规则的规范作用会变得更弱或消失。规则的可辩驳性或可修正性的存在，是因为不存在一个在各个方面都考虑很周全的规则。法律规则在运用过程中，无论在理论上还是在实践中，都存在着效力消失、变弱等方面的问题。法律的可辩驳性、可修正性命题的提出，在理论上与哲学的语言学转向有关系。“语用哲学改变了人们对民主、法治、法律解释等问题的传统看法，它为协商民主、多元政治及法律论证理论等领域的研究提供了理论支撑。”〔1〕如果能够从司法方法论的角度解决问题，那么为保持法律的稳定性，我们就不能着急用立法方法进行修改。

法律思维规则研究是关于法治实现的基础性辩思。我们认为，法律人的思维不等于法律思维。尽管法律方法论研究者不希望在这一概念上纠缠，但是在中国人长期以来的意识形态中，法治一直不占据主导地位，人们关注正义，却不关注正义实现的方法或法律思维方式对正义实现的意义，不重视意识形态中的方法论，也不重视意识形态语言的逻辑一致性。意识形态有三个层面：一是信仰层面，关于生存意义和终极价值关怀；二是认识层面，属于世界观和方法论；三是策略层面，包括如何生产（制造概念、提出思想、引领话题）、如何营销（论证、解释、灌输）、

〔1〕 邱昭继：《法律中的可辩驳推理》，载《法律科学》2005年第4期。

如何管理(调控舆论、意见、民意)以及如何评估等方面。[1] 讲意识形态是必要的,而且必须全面地讲。在政治领域,“推进法治中国建设”已经成为当下最主要的政治形式。但是,我们不能光讲政治实质而不讲法律方法。“从内在结构看,意识形态包括三个基本层面或要素:认知——解释层面、价值——信仰层面、目标——策略方面。这三个要素相互联系、互为支撑。”[2]当前,意识形态与文化软实力相结合,成为国家安全和国家利益的重要组成部分。美国人类学家格尔兹说:“没有意识形态,我们几乎没有善恶观,没有法律和秩序,没有停靠的锚地和港湾。意识形态造就了我们行为的动力、态度和生活于其中的政治制度,意识形态成了我们生活的价值观念。”[3]我们需要具有法治建设所需要的法治意识形态,不仅是为了推进法治中国建设,也是为了提升整个中国的软实力,抗衡西方妄图对我们实施的“和平演变”。用法律方法建构法律思维规则的研究,散发着法律方法论的规范意义。然而,法律思维规则的这种规范意义可能由于法律人的“娴熟把握”或者不恰当运用而走向反面。比如,在法律解释中存在过度解释;在法律论证中可能把法律规范抛到一边,以致出现思维过程中的规范隐退;在法律修辞方法中也存在对法律术语的滥用。这些都是我们在研究法律方法论的过程中应该注意解决的问题。

第三节 法律逻辑对法治命题的意义

法理学应该研究法治的一些原则性命题如何实现,这些原则性命题包括法律解释的合法性、客观性、合理性、正确性和正当性等。逻辑

---

〔1〕 参见陈明明:《主流意识形态的危机与调适性变革》,载《社会科学报》2011 年 1 月 13 日第 3 版。

〔2〕 李辽宁:《意识形态安全:挑战与应对》,载《中国社会科学报》2014 年 1 月 10 日第 B01 版。

〔3〕 同上。

规则是法律方法的支撑点，在法律方法中居于基础地位，认真对待逻辑（包括形式逻辑和非形式逻辑）方法，可以使法律解释结果逐渐接近法治。在法律影响人们思维的因素中，逻辑规则起着保证法律的固有意义不丢失的作用，即所谓逻辑固法。法治所需要的合法性形式、客观性追求、合理性反思、正确性答案和正当性程序等命题的实现，都离不开逻辑规则的运用。灵活运用法律的能动司法试图脱离逻辑推理而自如、自由地解释法律，而这可能会毁坏法律意义的安全性，故只有严格遵循逻辑规则，才是通向法治的正确思维方式。当然，逻辑虽很重要，但并不能代替社会生活本身，它只是指导人们思维的工具。我们重视法律逻辑的作用，但是决不能把逻辑在法律中的作用绝对化。不过，对法科学生来说，对法律逻辑学（尤其是法律推理的）的把握也许比科研能力的提高更为重要。当然，对案件的分析、对法律纠纷的解决在思维里路上并没有本质的区别，对疑难案件的探讨与法学研究在思维里路上也几乎不存在差别。在经过多年司法实践以后，很多法律人才认识到掌握逻辑与修辞能力对法律职业的重要性。实际上，对一般的法律职业人来说，不需要对深奥的逻辑学有深刻的洞悉，只需要能够运用逻辑的基本规则，对逻辑学的基本思维规则准确地运用，即可达到法律思维所设定的目标。比如，“所有的法律人都必须了解基本的演绎推理概念，特别是定言三段论和假言三段论法。他们也必须了解归纳一般化与类比这两个面向。与此同时，他们还得识别出形式与非形式的谬误。这是法律专业人士所必须掌握的逻辑基础知识”〔1〕。通过法律逻辑学的学习，“了解逻辑规则而非仅仅记住某个执行的步骤，有助于使我们成为更好的律师或法学院学生。法官也得以更好地审理案件，并发表更具说服力的判决意见”〔2〕。

---

〔1〕〔美〕鲁格罗·亚狄瑟：《法律的逻辑——法官写给法律人的逻辑指引》，唐欣伟译，法律出版社2007年版，第3版序言第3页。

〔2〕同上书，序言第5页。

一、形式逻辑与合法性命题的实现

法治是人类筹划走出混沌状态的一种治国理政的方法。法律、道德与宗教等规范一起促成了社会的秩序状态。从国家治理的框架结构上看，所谓法律方法，主要是指在人们的思维中加上一系列的规范、原则、理念等，由规范引导思维、影响决策，从而实现通过法律进行治理。法治在本质上是一种思维方式，主要通过规则对人们的思维进行控制，进而实现对社会秩序的调整。法治所需要的合法性形式、客观性追求、合理性反思、正确性答案和正当性程序等命题的实现，都是建立在思维方式上的合法性追问。不论是对合法性的追问，还是对合理性的追求，都离不开形式逻辑规则的运用。

（一）遵循逻辑规则的法治思维是接近法治的基本方法

我们之所以要重视形式逻辑，是因为形式逻辑与合法性有着密切的关系。合法性是法治的最基本命题，没有合法性就没有法治的实现。合法性的含义很多，从其形式意义上看，是指解释和运用法律合乎法律的规定和基本精神。具体包括：解释法律应该遵守法定的权限和程序；对低位阶法律的解释不得超越高位阶法律，对宪法以外的其他法律的解释不得超越宪法；对法律规范和概念的解释与法律的原则必须保持一致。〔1〕实现合法性的基本方法是法律推理，以演绎推理和类比推理为代表的法律推理是法律逻辑的核心内容。合法性原则要求：(1) 在作出判决时，法官须受法律规范的约束；(2) 国家的制定法是司法的最主要法源；(3) 要形成法律秩序，必须坚持法制统一原则，法律应具有体系性或同一性，不能相互矛盾。

形式逻辑规则的使用是保证法制统一的基本方法。几乎所有的法

〔1〕 参见葛洪义：《法律方法讲义》，中国人民大学出版社 2009 年版，第 186—187 页。

律解释者都想使自己的解释结果具有合法性。为了获得判断的合法性，形式主义法学学者认为，只能通过逻辑演绎来获得判决结论。从法社会学的角度看，这可能有些绝对，但是如果法律判断不是以法律为前提的，合法性就不能获得，法治就会成为泡影。依据严格法治主义的观点，我们不能任意扩大法律的范围，应该视制定法为司法的最主要法源。在这个前提下，我们可以坚持多元的法源理论。法源多元论强调，法律推理大前提不是现成的，而是法律人根据法律和案情，运用法律方法构建而成的。法治模式就是以法律作为大前提的推论来获得合法性的，只不过推理的大前提是一个需要解释、论证和衡量的命题。在法律推理大前提的构建过程中，逻辑是发现、解释、论证、论辩的工具。[1]然而，很多学者研究发现，"一切法律案件的判决或解释方法在事实过程上都不是先从法律的前提循着逻辑演绎的方法去获得，而是通常都先有判决，再利用逻辑去发现何种法律前提最适合此一判决结果"[2]。即使是一般意义上的合法性，我们也不能完全靠逻辑进行推论，因为在司法过程中有时会出现法律含义较多的情况。按照法治的要求，法律解释必须在文义的可能范围内进行，不能超出文义的可能去解释法律。法学界的普遍看法是，只要不超出复数解释的可能性而选择其中之一的，原则上都属于合法。在这种情况下，我们很难靠三段论得出恰当性的判断，这也是法学家在合法性之外还要追寻合理性、正当性等的原因之所在。很多法律实践者，如美国大法官霍姆斯，甚至认为法律不在于逻辑。但是，我们必须看到，霍姆斯这么讲是有针对性的，主要是对一些机械司法或把法律思维完全等同于逻辑思维所进行的批评。同时，我们也应看到，"在欧陆法律理论和法律实践中大行其道达两个世纪之久的笛卡尔式的逻辑——演绎思维方式已经愈来愈招致多方面的抨

---

〔1〕 详细的论述可参见陈金钊主编：《法律方法论》，中国政法大学出版社2007年版；陈金钊等：《法律方法论研究》，山东人民出版社2010年版。兹不赘述。

〔2〕 杨日然：《法理学》，台湾三民书局2005年版，第188页。

击，作为一种替代，论证和商谈理论在法律理论中发展起来”[1]。但是，非形式逻辑思维在欧美被重视是有其历史原因的，这不能成为我们不重视形式逻辑思维规则的原因。我们相信，法律解释不是为了满足逻辑的需要，而是要最大限度地实现法律的规范目的。[2] 同时，我们也相信逻辑在法治建设中的地位和作用。因为逻辑是法律思维必须借助的主要思维规则，形式逻辑的基本思维规则是反思判断是否正确的基本手段。无论是大陆法系还是英美法系，都必须借助三段论的推理方式搭建法律思维的基本模式。提升法律思维水平是接近法治的基本途径，法律逻辑学的主要任务就是培养学生根据法律进行思维的习惯。

（二）在解释法律中运用逻辑规则可以释放法律的意义，固化合法性思维

对法律来说，逻辑有两个方面的重要作用：一是立法方面的作用，即用逻辑方法构建法律规范体系，这种规范化、条理化、体系化的法律使人们能够在较短的时间内把握法律的基本内容。法律的文本世界是以逻辑为支点的，是文字的逻辑表达。法律通过逻辑表达变得清晰、明确，从而产生对人们行为的可预测性和思维的约束力。二是司法方面的作用，即在法律解释中运用逻辑规则（主要是演绎推理），使法律文本的固有意义得以释放。[3] 也就是说，用逻辑思维在法律解释过程中连接文本与现实社会。本节的论述重点不在于对建构法律文本的立法活动进行研究，而是在第二个方面作用的意义上研究用逻辑方法把法律规范与现实社会结合起来。现实的法律运作是把法治理想融于现实社会的工作。实际上是如何通过法律，逻辑地或者说形式主义地实现法

---

〔1〕〔比〕马克·范·胡克：《法律的沟通之维》，孙国东译，刘坤轮校，法律出版社2008年版，第14页。

〔2〕参见王利明：《法律解释学导论：以民法为视角》，法律出版社2009年版，第276页。

〔3〕陈金钊：《逻辑固法：对法律逻辑作用的感悟》，载《重庆工学院学报（社会科学版）》，2007年第7期。

治，即把规范的法律存在通过逻辑思维变为实现法治的实践活动。“法律（强烈地）限制我们的机会，进而限制着我们的自由；但是法律也创造机会，它提供了人之行为的一个框架，进而保障了一些自由——否则这些自由就不会存在。法律（在一定程度上）是一种逻辑规则体系，但是也可以被看作一种心理学问题，即社会中的接受程度问题”[1]。因此，在法律实现的过程中，法律应用中法律推理的成分越少，人们的思维决策就离法治的目标越远。按照法治原则，法律人在一定程度上应该是法律逻辑的“囚徒”，他们受制于法律而非控制着法律。

在司法中，我们随处都可以看到逻辑在维护法律意义的固定性方面的功能。但是，逻辑固法仅仅是法律思维的一个方面，司法过程中还普遍存在着法律意义流变现象。因此，法治论者必须考虑如何使法律的固有意义流逝最小化。在法律解释中，经常会遇到多解的现象，即出现所谓，“只要有理解，理解便会不同”情形，这种对法律理解的争论会发生在每一个疑难案件中。基于不同的立场，人们对法律的理解很容易超越合法性的范围。这不仅是因为法律与社会关系存在着是否与时俱进的问题，法律规范之外的价值观和蕴含于法律语言之中的某种世界观也影响着我们看待、理解法律的方式。在权力分离的结构中，立法机关创制、发布法律，司法、行政机关和个人具体落实法律。如果我们用法社会学的方法观察，就会发现法律在实际效力方面有一个逐级递减的效果。几乎所有的法律都是由立法者确定其效力的。从法律自身的规定性来看，它的效力是 100 %。然而，在实施过程中，绝大部分法律都存在着被逐级弱化或不断弱化的问题，甚至有些法律到了个体层面已经没有了任何规范作用。这就是说，法律的效力与实效之间存在着很大的差距。

从司法的实现途径来看，法治是“通过逻辑的法条主义来配合等级

---

〔1〕〔比〕马克·范·胡克：《法律的沟通之维》，孙国东译，刘坤轮校，法律出版社 2008 年版，第 5 页。

的职业官员排序而实现的”[1]。近些年来，实现法治的逻辑涵摄论受到很多人的批评，法律不完全是逻辑的观点已被广为接受。“法律文本的意义既不是单纯的‘发出者意义’，也不是纯粹的‘接受者意义’，而是二者的沟通之物；在很多情形下，甚至更是法律人、政客、大众传媒和普罗大众等之间持续的沟通而达成的一种具有某种限度的共识。”[2]这种说法看似全面，实际上也存在着一些问题。其中，最主要的问题是，在强调立法者(作者)、司法者(读者)以及二者视域融合达成共识的时候，忘记了文本的约束作用。这种遗忘对法治来说恰恰是十分可怕的。法律文本主要是规则，而法治在一定意义上就是规则之治。法律规则对思维的规制是我们接近法治的主要途径，而方法就是在运用法律的时候遵循形式逻辑的基本规则。法治所需要的姿态是认真地对待法律规则。这要求我们在解释法律的时候，应该坚持司法克制主义，对明确的法律规则直接运用三段论推理来阐释或者释放法律的意义。当然，我们在很多情况下直接运用形式逻辑的思维规则，在有些情况下对形式逻辑的思维规则的遵守则主要通过法律思维规则予以实现。

(三) 合法性原则的实现需要运用建立在逻辑基础上的法律方法论

法律规范体系、权利位阶系统都是依靠逻辑来建构的。但是，法律规范作用的发挥、具体权利的实现还需要运用法律方法论，而法律方法论的建构是以形式逻辑的思维规则为基础的。从法学理论的角度看，合法性命题的实现主要是靠逻辑勾连法律与事实，在二者之间建立起推理关系。从这个角度看，各种各样的法律方法论为人们理解法律提

---

[1] 吴英姿：《法官角色与司法行为》，中国大百科全书出版社 2008 年版，第 245 页。

[2] 邓正来：《后形而上时代的“沟通主义法律观”——〈法律的沟通之维〉代译序》，载〔比〕马克·范·胡克：《法律的沟通之维》，孙国东译，刘坤轮校，法律出版社 2008 年版，第 1—2 页。

供了思维上的帮助，逻辑的规则便是思维关联的纽带。法律方法论现在已经成了体系，而逻辑的方法仅仅是众多法律方法中的一种。在各种法律方法中，与逻辑直接有关的是法律推理、法律论证等。有一些方法从表面上看是反逻辑的，如社会学解释方法、利益衡量方法等。还有一些方法似乎是中性的，如法律解释、法律发现等。需要注意的是，文义解释强调演绎推理的重要性，但目的解释在一定程度上消解了逻辑的重要性。在法律文本之中发现法律需要依靠逻辑，而在社会之中发现法律则要靠逻辑和其他方法。同时，尽管各种法律方法有很大的差别，法律方法的建构离逻辑规则有远有近，但是各种方法都必须讲究逻辑，逻辑是法律方法的基础。即使是一些反逻辑的法律方法，也必须讲究和使用逻辑的基本规则，否则人们的思维就无法持续下去。虽然人们的思维不能拘泥于逻辑规则，但各种法律方法论的创新都无法撼动逻辑的基础地位。形式逻辑外的其他思维规则是重要的，但并不能代替形式逻辑思维规则的重要性，只是我们不能把逻辑思维规则的作用绝对化，应该审慎地对待非形式逻辑思维规则的重要性。

可以说，逻辑规则在符合法律思维的决策过程中处于基础地位。法律源于社会，为调整社会关系服务。法律对社会关系的调整是通过控制思维进而影响人们的行为来完成的。法律对思维的控制主要是要求人们尊重法律，按照法律规范的指向进行思维。即在思维过程中遵循逻辑的基本规则，在决策时贯彻一般优于个别的法治原则。法治要求我们在思维决策时进行合法性追问，即按照“个别事实要屈从于一般性规定”的原则展开思维——以事实为根据，以法律为准绳。这就是守法的思维或者说法治的逻辑，其概念化的表达方式就是法律思维方式。只要人们在思维和决策行为中遵循法治的逻辑，法治就能在一定程度上实现。法律思维方式要求我们在解释法律的时候，进行客观性、合理性、正确性、正当性追问，以保障良性法治的实现。法治的全面实现与逻辑有很密切的关系，不同的逻辑方法对法治命题的实现有不同的作用，而法治所需要的基本方法是三段论推理。因此，遵循形式逻辑的基本思维规则对法治的实现至关重要。当然,非形式逻辑也起着重要的辅助作用。全面论述法律逻辑对法治的意义甚是困难,本节只是以有关法治的原则性命题作为分析对象,以明确形式逻辑在法治实现过程中的意义。

二、逻辑思维规则与法治对法律客观性的追求

法学上的客观性是在认识论意义上讲的,主要是指法律解释的客观性,大体上包括三个方面的内容:一是认识主体之客观性,即要求认识主体具有不能为谬误所蒙蔽之姿态。二是认识对象之客观性,即法律与规律关系之客观性,能反映规律的法律才是客观的法律。三是认识结果与物质世界关系之客观性,要求认识结果真实地反映客观事实。将此运用到法律解释学上,我们可以看到,客观性大体上也有三个方面的含义:一是法律含义的固定性,即法律文义存在之客观性。二是法律解释的结论具有社会学意义上的客观基础,理解法律不能带有个人偏见,应该寻求解释共同体在最低意义上的共识,这种共识就是主体间性意义上之客观性。三是解释者对解释结果尽量不带有主观偏见,保持中立立场的客观姿态。哲学解释学主张消解主观性与客观性之间的对立,进而谈论解释问题。我们必须清楚,在理解、解释和运用法律过程中不可能有绝对的客观性。但是,只要我们心中有客观性追求,我们的思维就能够接近法治,这是法治建设所必须具有的一种姿态。没有对法律意义客观性的追求,就没有法律意义的安全性,所谓的法治就只能是幻影。所以,"法律的这种客观性不仅仅存在于信仰或者理论推导之中,法律事件本身也能提供法律客观性的证据"[1]。当然,有了这种姿态,我们还要思考:有了合法性的追求,为什么还要坚持法律解释的客观性原则?

---

〔1〕 方孔:《实在法原理——第一法哲学沉思录》,商务印书馆 2007 年版,第 41 页。

这不仅是一个法理学问题，也是一个法律实践问题。从法理学的角度看，客观性与合法性有很多重合的地方，但是也有很大的区别。客观性是一种对待法律解释的姿态，要求解释者在理解法律的时候尽量排除个人的偏见，站在客观立场上理解、解释和运用法律。实际上，法律意义纯粹的"客观性"是不可企及的，人无论如何也排斥不了价值倾向性，这就决定了法律解释结果无论如何"客观"都会带有一定的"主观"成分。离开人的主观思考，就不可能有法律解释，所存在的差异只是主观成分多还是客观成分多的问题。当然，更符合法治要求的是尽可能进行客观的解释。这一结论也正是我们必须坚持客观性立场的原因，即通过客观地解释法律，逐步接近法治理想；通过坚守客观性的解释立场，使法律文义的安全性有一定程度的保障。尽管客观性的姿态对于保障法律意义的客观性之作用是有限的，但却使法治论者看到法治的希望之所在。同时，所谓"有限"并不是不起作用。实际上，在司法实践过程中，是否坚守客观性的解释立场对解释结果会有很大的影响。此外，法律解释的客观性原则还强调解释结果的客观，即法律判断应最大限度地接近法律文本的固有意义。虽然在法律解释问题上少不了意义的创新，但是我们应该最大限度地尊重法律的固有意义，尽量避免以"创新"的名义实施法律。

客观性与合法性不一样，一系列的规范性法律为合法性提供了标准，而合法性判断的获得是一个复杂的过程。解释的客观性原则是对主体的要求，且客观性原则最终是要满足合法性目标。客观性要求解释者准确地释放法律的固有意义，是对解释者的要求和解释结果的原则性标准。合法性注重的则是法律规范与法律判断(推理的命题)之间的逻辑关系，这种逻辑关系的建立对思维过程来说是有所创新的。合法性就是要保证法律在思维和行动中得到贯彻。例如，早期出现的法律的法典化趋势就是为了避免或者减少人们对法律进行解释，要让明确的法律直接约束人们的思维。然而，法律的法典化进程并没有消减法律解释的机会。相反地，由于法律的高度抽象表述，法律解释的功能得到了强化，并且导致了法律解释方法的多样化。这主要是因为，法典虽然固化了法律的一般性意义，但是由于法典表达方式的高度概括性以及法律必须具有稳定性才能产生效力等特征，使得法律解释不仅有了广泛的空间，而且有了权威的文本。[1] 但是，我们应该看到，有法律文本的法律解释与没有任何根据的解释还是存在很大的差异。法律文本中已经明确的成分不需要解释，直接运用就行了。就社会秩序建构来说，立法者的作用远远大于法律解释者，只不过由立法直接确立的秩序不是法律方法论的研究对象。政治学和社会学学者更关心立法迅速产生的效果，而法律方法论研究者更多地关注法律文本需要解释的场域——那种纠纷长存、意见不一的纷争领域。政治智慧是在立法领域发挥，而法律智慧是在司法领域展示。

如何提升法律解释的客观性一直是学者们探讨的重要问题。在这个问题上，法哲学家们一直在追问能不能为法律解释活动建构一个客观的标准：只要解释过程和结果符合标准，就是客观的法律解释。有学者认为，这个标准应该包括社会事实、历史潮流以及自然法原理等方面的要求，只要符合这几个方面的要求，就属于客观的法律解释。但是，我们认为这样做是徒劳的。因为法律规范体系本身所建构的标准比这些宏观的抽象表述要细致得多，而有了系统化的法律规范，法律的运用仍然需要解释，这就足以证明试图用更高的标准来解决这个问题是毫无意义的，任何试图在客观性问题上一劳永逸地解决问题的理论探索注定都是要失败的。所以，客观性只是一种实用主义的维护法治的姿态而已，我们只能在常识和法律专业基础意义上追寻法律解释的客观性。法律解释的客观性直接涉及法律的稳定性、公平性问题，不完全是一个哲学化的理论问题，更主要的是一个实践问题。虽然哲学上的争论需要进行下去，但我们不能等哲学家澄清了这个问题才在法治中贯

[1] 参见王利明：《法律解释学导论：以民法为视角》，法律出版社 2009 年版，第 174—175 页。

彻客观性原则。有学者认为，提升法律解释客观性的方法有两种：逻辑分析的方法和经验实证的方法。逻辑分析的方法主要是指："只要由同样依据推论的前提为出发点，使用相同的推论规则，则任何人都可以得到相同的结论。例如，数学、几何学、形而上学皆属此类问题。"[1]逻辑分析的方法具有重要意义，但需要建构法律思维规则，一系列的法律思维规则可以使人们的思维接近客观。经验科学多用量的观察方法来提高认识的客观性。社会科学不像自然科学那样追寻明确的客观性，但绝不意味着放弃了对客观性的追求。"法律解释客观性的追求，不仅是基于实践上的理由，更因其作为一门学问，本身即应追求客观性使然。"[2]虽然对法律解释客观性的追求不能达到绝对客观解释的结果，但对排除任意解释、维护法治或者接近法治仍具有重要意义。同时，对经验性的客观追求也有重要意义。但是，它需要法律人有更多的司法经验，这些经验一是凭借自己丰富的阅历，二是要认真学习总结他人的经验。不过，我们需要注意，经验不能代替对法律思维规则的"演习"与把握。

我们认为，可以从以下三个方面提升法律解释的客观性：

一是强化法律解释过程的形式逻辑运用，充分运用演绎推理和类比推理的方法，以确保法律意义的安全性和法律系统的权威性。法学具有教义学属性，确保法律意义的安全性，从而使法律得到全面贯彻实施，对法治建设意义重大。虽然法社会学等学科强调法律经验对法律解释过程的意义，但是要达到准确、客观地理解、解释和运用法律，光靠经验是不行的。毕竟从法教义学的角度看，法律解释是以"法律或实定法为出发点，法学者为获得法学上的认识，并非是在批评实定法的错对，而是把法律当作一可为判决基础的、有权威的命题来接受，解决许

---

〔1〕 杨日然：《法理学》，台湾三民书局 2005 年版，第 164 页。

〔2〕 同上书，第 165 页。

多问题”[1]。在对法律文本出现多种解释时,通过逻辑分析方法进行选择,可以提高法律解释的客观性,维护法律意义的固定性。从实际的解释过程来看,重视逻辑规则的运用并不排斥法社会学方法,两方面的结合可以使人们更好地理解和运用法律。况且,现代法律解释学并不认为逻辑分析方法是解释法律的唯一方法。已有学者注意到,如果在解释过程中过分强调逻辑方法,就会重蹈概念法学的覆辙,出现对法律的机械运用。此外,我们应该注意到,在中国主张强化法律逻辑作用有其特殊意义。由于我们的传统文化对法律的重视不够,使得现实生活和司法实践中存在着大量的弱化法律规范作用的现象。为了防止法律意义的流逝,我们应当尊重法律的权威,运用推理的方式确定具体语境中的法律意义。

尽管法律规范体系为我们设置了一套理想的秩序,但对法律解释而言,使用不同的方法会使法律的意义以不同的方式展现。虽然由制定法确定的这套秩序是超越现实的,法律的规定性不等于现实的法律秩序,法律与现实之间存在着天然的裂缝,但是法律文本对解释者来说是具有“客观”意义的。因此,只要我们努力探寻法律的客观意义,法律的规范作用就会得到强化。演绎推理和类比推理方法的使用,对克服法律解释过程中的主观偏见有重要作用。虽然不能机械地适用法律,但在一般情况下,应该尊重法律意义的客观性,运用客观的方法寻找法律的意义。当然,在有些情况下,为了使法律规范适应社会的复杂情况,法官们不得不进行变通,以使法律适应社会发展与变迁。但是,变通并不是不遵循逻辑的规则,而是在尊重法律思维规则的前提下,根据现实社会发展与进步的需要,有限度地释放法律外意义。社会学者的研究表明,在中国,越是到基层法院,法律的变通越是厉害。其主要表现就是调解成了化解矛盾的主要渠道,以至于法律规范所设定的秩序与现实的秩序之间的距离越来越大。甚至很多研究法律逻辑的学者也

---

〔1〕 杨日然:《法理学》,台湾三民书局2005年版,第166页。

不得不向司法的现实状况“屈服”，积极探寻法律之外解决问题的方法。这说明，越到基层法院，法律思维越没有基础。这究竟是法治的悲哀，还是法律人的理性出了问题？我们认为，这种情况是不正常的，法律的变通应该往相反的方面发展，即基层法院遵循克制主义，更多地运用法律推理来办案，高层级法院方可针对疑难案件作出变通的解释，这才符合法治的要求。法院系统没有区分场景地发挥司法能动性是对法治原则的蔑视和毁坏。“法律逻辑的主要作用之一，就是解决如何在法律领域中进行合情推理和合理论证的问题，以及如何评估或评判其推论与论证的合理性或正当性的问题。它是公正司法的技术，也是公正的基本准则与尺度。”[1]实际上，法律文本所设定的规则能够解决很多问题，只是在一些疑难案件中才需要运用实质推理方法。

二是强化经验科学在法律中的运用。通过吸收法社会学、法制史、法心理学等经验学科的研究成果，提高解释的客观性，从而使解释结果与社会现实更加吻合。英、美两国的法制史表明，过分强调逻辑会忽视社会现实条件。“法律的生命不在于逻辑，而在于经验”的命题广为接受，证明片面地强调逻辑会使法律解释脱离社会现实。在我们看来，逻辑与经验是不矛盾的，应该把重视逻辑与重视经验结合起来，把经验融入对法律的解释中，以克服解释的纯逻辑化倾向。同时，可以用经验修正那些与社会现实严重背离的所谓“正确的推理结论”。在法学教育中，对经验的重视非常重要，所以除了研习法律的规定以外，还需大量阅读经典判例，包括一些错误的判例。经验科学的面向还意味着，我们需要用科学的眼光观察法律问题，注意运用科学的世界观和科学的方法理解法律。这里的“科学”，不仅包括自然科学，还包括社会科学。同时，一个人的政治素质——对政治与法律关系的体悟，也会对正确理解法律产生影响。在法律解释中，如果从理解的前见因素来看，经验实际上就是理解者对社会的体悟，是在法律规范、价值倾向之外对法律解释

〔1〕 王洪：《法律逻辑：回顾与展望》，载《政法论丛》2009 年第 6 期。

产生重大影响的因素。离开对社会的真切体悟，光靠逻辑推理来理解法律，有时会闹出笑话。由于来自经验世界，其客观性有时候会远离法律的本意，但与任意的裁判相比，经验仍有其优点。在中国语境下，我们对经验的重视应该与对逻辑规则的重视结合起来，不能单纯强调逻辑规则或经验的重要性。对刚毕业的法科学生来说，他们必须重视经验的积累与学习。

三是强化法律语言学研究，在法律解释过程中不能过度运用修辞。不管哲学上给客观性赋予多少含义，法律的客观性的基本含义都是法律语词所固有的意义。不过，立法、司法角度的客观性不完全相同。其中，从立法角度看，法律的客观性指的是法律规范对客观事物的反应程度，法律越能反映事物的规律性，其客观性程度就越高。所以，很多法学著作中把立法者的意志称为法律的"主观性"，而把法律规范与客观事物的一致性称为法律的"客观性"。从司法角度看，法律的客观性是指法律作为一种"物化"的文本存在，所以立法者的意志——如果能够探知——对解释者来说也属于"客观"的范畴，是一种对待法律文本的态度。因此，客观性主要是指法律语词所承载的立法者的意志和文本规范的意旨。在这里，"语言是法律的表达工具"。虽然法律语言像其他语言一样，在不同的语境中存在意义的流变问题，但是法律语言是各种语言系统中最规范的语言，法律文本用语不仅含有价值成分，还有"客观"固定的意义。法律语言有两种能力：对立法者而言，是语言表达能力；对受众而言，是传达能力。[1] 立法者用语言表达其意志，司法者应该忠实地或者说客观地理解法律。这样，法治才能得到有效运用。为使人们能够更客观地理解法律，立法者应该做到法律规范行文流畅简练、逻辑关系明确和一致。法律语言越是明确和固定，就越能约束法律人的思维，其作出的法律解释的客观性就越高。然而，这只是一种理

---

〔1〕 参见方孔：《实在法原理——第一法哲学沉思录》，商务印书馆 2007 年版，第 135 页。

想。语言文字意义的不确定是一种常态，这就需要我们在法律解释过程中认真地研究法律语言，在明确法律规范的约束指导下，在个案中把不确定、不明确的法律意义搞清楚。这是法律解释者的任务之一。

坚持法律解释与应用的客观性立场，就是要尊重法律文本的约束力，尽量排除解释者个人的主观见解。但是，过于拘泥于法律文本字里行间的客观性，可能导致对法律规范目的的忽视，也可能使法律规范中所包含的价值丧失。因此，在强调规范与逻辑方法对思维的约束力时，必须注意法律的价值与目的。“法律解释的目的在于固定解释客观化的法律意旨，但是法律意旨的探求仍应斟酌立法者具体的规范意思、价值判断及利益衡量，不能完全置立法者的意思于不顾。在此意义上，法律解释实乃属结合客观意旨与主观意思，致力于实践正义的一种过程。”〔1〕为达到客观性的法律解释效果，即我们平常所说的法律效果，在进行法律解释时，应该首先从法律文本出发解释法律，把根据法律思考当成建构法律方法的重点。离开对法律文本客观性的解释，就会使法律回到无限制的意义流动之中；即使通过解释方法，法律的不确定性问题也难以解决，自由裁量甚至任意解释法律的现象也就会增多。所以，即使是备受推崇的目的解释方法，也不能过度使用。解释者只能在合理的范围内发现法律的目的，即文本性法律的目的。立法目的对解释者来说虽然是客观的，但是由于立法者意志的复杂性和难以确定等原因，我们必须依靠法律文本的记载来发现、推断法律目的。法律发现、法律推理、文义解释、体系解释、内部证成等是实现法治的最基本的法治思维方法。

三、非经典逻辑与正确性、正当性、合理性判断

在法学著述中，有一些概念与逻辑有程度不同的关联，如正确性、

---

〔1〕 王泽鉴：《法律思维与民法实例：请求权基础理论体系》，中国政法大学出版社2001年版，第25页。

正当性和合理性，这些都是法治所需要的原则。法律问题的正确答案，一般是指法律事实与法律规范之间的吻合关系，其前提是法律规范是正确的，这样在法律规范的涵盖范围内运用法律推理的方法得出结论就是正确答案。但是，问题在于，什么标准能证明作为法律推理的大前提是正确的，这就需要一个更高的标准。然而，要证明更高的标准是正确的，又需要更高级别的标准。这样，就会陷入无穷无尽的恶性循环。从法哲学的角度看，此问题没有正确答案，因为找不出能够作为终极理由的元标准。实际上，这是一个哲学上的纯理论问题，与司法实践的关联度不是很大。法哲学可以没完没了地研究下去，但是法律方法论没有必要把这个问题当成研究的障碍。我们也许只需要运用逻辑思维的规则对标准答案进行方法论的描述，而完全没有必要把法律问题当成哲学问题进行探讨。人们常把法官和医生进行比较，认为医生诊断是一个不断试错的过程，而法官判案则是一个寻找正确判决的过程。实际上，这一区分也可能是不恰当的，法官判案和医生诊断其实是一样的，都是一个不断试错的过程。判断是否正确，基本上是看思维过程是否符合逻辑规则，是不是具有社会学意义上的合理性，而不是哲学上那个不确定的标准。因此，法律方法论研究需要从哲学的束缚中解脱出来。当然，法官判案和医生诊断确实有不同之处，法官判案讲究的是法律逻辑规则的运用，而医生诊断讲究的是医学经验的积累。所以，近些年来，关于法律是否有正确答案的命题受到越来越多的质疑。作为法治论者，我们必须表明对该问题的看法。尽管终极意义上的标准答案或正确答案是不可能获得的，但是我们应该为正确答案的探寻找到努力的方向和方法。

（一）非经典逻辑与正确性判断

在司法过程中，没有正确理解，只有不同理解；只有不同答案，没有正确答案。这是后现代法学、现实主义法学揭示的司法真相。这一真相的得出是因为，一些学者看到法律适用的复杂性，意在指出以简约应对复杂的法治方法是难以实现的。确实，法律适用是一个解释的过程，是各种综合方法的运用过程，其中既有法律规范的决定作用，也有为价值所支配的主观性选择。关于这一点，有学者认为："法官既要权衡、使用语法方法、系统方法、立法资料的利用、历史方法和目的性方法等不同的解释方法，也不得不面临着解释的选择。这种选择既包括一般性的解释选择，即法官每次进行解释时，在一定程度上都必须作出选择，也包括具体的解释选择，即只是间或会发生（比如说，当使用某种特定的解释方法时）的选择。就前者而言，包括要在法官的消极作用与积极作用、立法者的意志与案件的充分解决、法律的确定性与法律的公平性、一般正义与个体正义等之间作出选择。就后者而言，包括要在立法者的主观与客观意志、保守性解释与进取性解释、立法的公平合理性与技术和理性、法律的多元主义与法律系统的统一、技术性的漏洞与评价性漏洞、例外的限制解释与'特别法优于普通法'、类比推理与反面推理等之间作出选择。"[1]面对具体的案件，不是没有正确的标准，而是在对这些所谓正确的标准进行选择的过程中，作为标准的场域发生了变化，造成在具体的语境下正确的标准还是不是正确难以确定。在司法实践中，法律人必须进行的规范选择、价值定位、方法选择等，都使得对什么是正确的判断产生分歧，正确答案难以有一致的标准。所以，现代法理学几乎放弃了对正确答案的追求。但是，这是一种法治悲观主义者的看法，不是人们不愿意追求正确答案，而是确实难以确定什么是正确的标准。然而，法律方法论研究不应该放弃这种寻求特定语境下什么是正确的努力。无论结果是否正确，法律方法论都应该提供通向正确的路径。设法寻找正确的判断，是法律方法论的任务和使命。

我们也许只能找到可以接近法治的判断。虽然这一点不能回应法

---

〔1〕　孙国东：《自治性与合法性之间——〈法律的沟通之维〉译者导言》，载〔比〕马克·范·胡克：《法律的沟通之维》，孙国东译，刘坤轮校，法律出版社2008年版，第12页。

哲学家们的追问,但却是现实可行的路径。在司法实践中,法律人并不像思想家们期待的那样总是在关心真理,而是倾注大量心血在如何高效地处理案件上。法律规范的制定是要以简约的规则应对复杂的案件,实际上也是在追求法律判断的效率。除了哲学家外,人们也许并不十分关心终极真理的问题。因为终极真理对一般公众来说是很遥远的事情,他们更关心特定语境内中常理和常识问题。和谐秩序、正当利益、公平效率等,也许是多数法律人不懈追求的目标,如能通过法律规范得以实现,在很大程度上就能满足人们在正确性问题上的诉求。可见,法律答案的正确性并没有法哲学家们说得那么神秘,其实就是在法律解释过程中正确地运用逻辑思维规则解释法律,确定其在具体语境中的法律意义。我们很难找出哲学家追求的那种最终意义上的正确答案,但至少可以确定什么是错误答案——凡是没有正确运用逻辑规则而得出的判断,都是错误答案。因此,法律解释不是寻求绝对正确的答案,法律解释的妥当性不是寻求一个绝对无误的判断,而是探索能够被普通民众接受或至少被法律职业共同体接受的结论。这个结论很难说是真理,但起码不应该是错误的。也就是说,在法律判断上,所谓的正确只是相对的正确,在司法过程中也许根本就不存在放之四海而皆准的正确答案。在具体的场景下,每一种解释实际上都是在进行艰难的选择,主观价值会影响每一个人的判断。所有的思维都是人在思考,但法律人的思考不能违背基本的逻辑规则,违背逻辑思维规则得出的就是错误答案。法律逻辑建立在对法律规则信赖的基础上,是要运用基本的逻辑规则思考法律问题。没有对法律规则的信赖,就没有法律逻辑。因此,相对正确的判断或者可以被接受的答案,是根据法律作出并合乎逻辑的判断。当然,这种正确与哲学家追求的绝对正确是两回事。

值得警醒的是,一些专家学者不是思考司法实践中的具体操作,而是离开现实的司法去追求哲学上的片面深刻,结果对法理学的研究造成致命的伤害,使法治——这种本来可以接近的理想成了遥不可及的梦想。法哲学家对终极问题的关怀,本来只是想提出问题,为进一步的研究明确方向,特别是在“怀疑一切”的探寻中获得真知,结果却成了很多人放弃法治理想的借口。我们深知,逻辑世界与现实世界之间存在着差距,规范秩序与现实秩序之间存在着很大的鸿沟,法律与社会之间的关系错综复杂,因此对于法律判断绝对正确的追求并不现实。但是,推进法治中国建设需要一种建设性的姿态与方法,以使我们通过努力逐步接近法治理想。这不仅是发挥人的主观能动性,而且饱含人类改造世界的鸿鹄之志。同时,逻辑规则本来就是人的思维规则,包含对思维规律的认识,运用它虽然不能探寻所有未知的世界,但却可以借助已有的经验获得平和的秩序。法治原本就是用已有的经验、企望的理想解决未来的事情,所以我们放弃创新而追求正确并不意味着堕落,而是饱含政治保守主义者对秩序的渴望。对法律判断正确性的追求是我们不能放弃的理想,正确性是我们进行法律判断和法律解释的目标之一,其最低要求是遵循逻辑规则。法治已经使很多国家进入繁荣与稳定,我们不能在规则还没有发挥作用的时候就陷入法律与逻辑虚无主义,在根本不知道法律与逻辑的时候就去倡导所谓的“司法能动”。没有对法律判断正确性的追求,就没有资格谈论法治,而只能充当专制和专横的“帮凶”。这当然不是说司法活动不需要与时俱进或能动地适应社会的变迁,而是说我们不能在能动司法的旗帜下放弃法治的理想。法律规范以及在逻辑规制下的理解,是践行法治的正确方法和途径。尽管它不是对每一起案件都十分灵验,但在典型案件中发挥着重要作用;即使在疑难案件中坚持对正确性的追求可能难以实现,但起码不至于迷失探寻恰当解决问题的思维方向。

(二)非形式逻辑与正当性裁判

正当性与法治相关联时,更多是在讲裁判程序的正当。然而,程序的正当只是进行司法活动的一个方面。法律是一个开放的系统,它必须对事实和理解者开放,必须向未来开放。只有这样,才能使法律调整社会关系的目的得以实现。法律在法典化以后成了体系,在法律体系内理解、解释和运用法律是法治的基本要求。这导致很多人误认为法律是一个逻辑自足的体系,认为只要忠于法律,正确运用形式逻辑的思维规则,根据法律解释法律与事实之间的关系,法治就能全面实现。但是,制定法的逻辑自足性最多是在法律法典化以后的体系里有所体现。法律一旦进入社会,其不周延性、矛盾与冲突就会接踵而至,绝对依据法律的推理就有可能与价值系统发生矛盾。对司法者来说,他们始终面临着忠于法律还是创造法律的矛盾,对法律的创造或服从成了法律人长期纠结的问题。这使得我们必须考虑法律解释的正确性或正当性问题。忠于法律基本上就是使用形式逻辑的方法获得解释或判断的合法性,而合法性与正当性在很多场合下是重合的。在开放的结构中,法律所要调整的是社会关系,社会的本质属性、价值系统都会与法律发生碰撞,法律判断的正当性问题就不再是一个纯粹的逻辑问题,而成了法律与社会、法律与人们的价值追求之间的关系问题。相应地,什么是正当的就不能完全由逻辑说了算,而必须考量法律价值和社会情势等需要融贯的因素。传统法律思维强调合法性逻辑的运用,认为法律人只是法律的消极适用者,只能奉行司法克制主义。但是,法律的生命不在于逻辑,而在于正当地使用。在坚守司法克制主义的前提下,法官不仅应该给出符合逻辑的答案,更应该给出一个正当的、可以被接受的答案。因此,能动司法应始终与克制司法并行。在坚守形式法治方法论的同时,还要有条件地运用实质法治的方法。

对正当性的探讨不是一个纯粹的形式逻辑问题,其中的很多规则是非形式逻辑的。法律论证是获得正当性的程序之一,其实质是在合法判决之外寻求一种替代机制,其核心要义是:对结论是否已进行论证。如果进行过论证,那么该结论起码获得了程序上的正当性。这当然不是说合法性与正当性存在矛盾,而是说合法性判决同时还必须是正当的。只不过我们在研究正当性的时候,更多关注的是法律规范之外的情势与价值。除依据正当的法律程序进行判决以外,法律解释正当性的获取方法还有两个:一是价值衡量,即在客观解释的基础上,运用法律价值对解释结果进行衡量，如果发生严重的不合理现象，则应运用法律价值修改法律判断；二是社会学解释，即把法律解释结果与社会的本质、现实的社会生活进行对照，把习惯、常理、社会规律等作为修正法律解释结果的标准。正当性非常重要，但是我们只能将其作为解释法律的辅助要求。实际上，在很多场合下，正当性比合法性更难以把握。另外，正当性与合理性也有很多重合的地方，有些时候甚至是可以相互替换的。为完成正当性判断的目标，我们必须引进法律论证方法。

（三）论证的合理性

“法官也要从文本出发，通过各种解释方法的运用以及论证说理，尽可能使其获得合理化的解释，选择最佳的解释结果。”〔1〕然而，“合理性不是给定之物，而是通过与他人的沟通而持续获致的。存在也必须存在一个不断寻求最佳答案的过程；原则上这一过程需经由与所有其他人的持续对话而实现”〔2〕。在法学中，合理性的含义很多，如合乎逻辑的解释、合乎某种高于法律的理性规则的判断、合乎某种通行的道理等。合理性原则也许只能解决一些严重不合理的法律推断。同时，所谓的“严重”并没有一个确定的标准，也很难超出感觉的范畴，其程度只能根据具体的案件情况进行衡量，离开具体的语境很难得出一般的结论。因为在立法民主的情况下，人们所能预知的“严重”程度如果能够界定清楚并用立法方式加解决，立法者早就把“严重不合理”的问题在立法时解决掉了。法律解释的严重不合理主要产生在司法过程中，由于案件情况各不相同，因此是否属于“严重不合理”只能具体问题具体分析，而难以将其规范化或形式化。解释者能够做的就是从方法论上使解释结果趋于合理。“为了避免公众对裁决产生合理的怀疑，法官对

---

〔1〕王利明：《法律解释学导论：以民法为视角》，法律出版社2009年版，第111页。

〔2〕〔比〕马克·范·胡克：《法律的沟通之维》，孙国东译，刘坤轮校，法律出版社2008年版，第15页。

法律的发现或获取——基于有目的的推导对法律进行的解读、重构、填补、创制——裁决大前提的建构更是应当予以证立的。"[1]比如,在现实生活中,"举重以明轻,举轻以明重"的当然推理与论证方法就是运用形式逻辑推理与论证以获取合理性的方法。当然,解释的方法是逻辑的运用,法律解释获取效力并不是来自法律的直接规定,而是论证与推理方法的运用使其具有合理性。同时,"当然解释并非仅仅是'轻'与'重'的衡量,在衡量背后还应当进行法律规范目的的考量。逻辑的考虑与法律规范目的相比较,逻辑是从属于目的的,任何解释都不能因为片面遵守逻辑而忽略法律的立法目的"[2]。当然,解释一方面是对法律规范目的的推定,另一方面是一种使结果更趋合理的解释。

合理性、合法性和客观性都是比较高层面的概念,在一定意义上也都是思维的原则。原则很重要,但对原则的适用充满困难。不管是否研习法律方法论,都可以追问法律判断的合理性、合法性和客观性。然而历经多年,思想家们并没有也不可能给出一个放之四海而皆准的统一回答。然而,这并不影响合理性、合法性和客观性作为原则影响人们的思维过程。其中,合理性与合法性有很多重合的地方,合法的一般来说都应该是合理的。但是,由于法律有一套规范系统,因此什么是合法性尤其是形式意义上的合法性,相对来说容易把握;而合理性之"理"的范围太宽泛,也没有文本确定其界限,再加上政治哲学家赋予其丰富的含义,因而很难拿捏。不过,这绝不是说合理性与逻辑没有关系。从方法论的角度看,合理性首先来自个体的感受,而对其证成则需要运用实质推理等论证方法。这些被称为非形式逻辑的论证修辞方法也是逻辑的重要内容。有了合法性、客观性,为什么还要合理性?这是一个理论问题。合法性是指法律思维形式与法律规范之间的关系,客观性是指

[1] 王洪:《法律逻辑:回顾与展望》,载《政法论丛》2009年第6期。

[2] 王利明:《法律解释学导论:以民法为视角》,法律出版社2009年版,第268页。

法律解释者对待法律的态度，合理性则是对建立在合法性、客观性基础上的判断进行理性的反思。坚持用合法性、客观性和合理性原则探讨问题，虽然在内容上多少会有些重合，但各自的侧重点是不一样的。同时，这是全面考量法律判断的正确、恰当与否不可缺少的反思方向。它要求法律解释的结果除了满足合法性、客观性要求外，还必须是合情合理的，这也是法治的合理性要求。此外，如果在解释法律的过程中发现法律规定确实不合理，可以根据合理性原则在个案中修正法律规定。

从法理学研究的角度看，合理性注重法律规范与法律价值的关系。但是，在实际思维过程中，合理性的范围远远超过法律价值的范围。“合理性”“推理”“理由”这几个概念中虽然都有“理”字，但在思维或者研究过程中却有很不相同的含义。“法官决定如何选择、解释和适用法律规定，这涉及他人未证成的价值判断，因为该决定是‘合理的’，以及公正、公平、健全的和明智的。”[1]但是，究竟哪一个判断是合理的，可能会有无穷无尽的意见。要决定什么是合理的，实际上与推理的过程紧密相连。只不过在这里，推理的前提不是现成的法律，而是法律之外的一些规则。推理是一种基于事实间的逻辑关系的思考过程。这就意味着，解决问题需要权衡一组既定的事实，以认识事实间的关系，获得合逻辑性的结论，即合理的结论。在这个过程中，合理的结论所依据的理由就是推理过程中各种各样的前提。演绎推理乃是司法三段论的核心，理由构成了司法三段论中的大小前提。理性通常是指探求推理的有效性、说服力以及推理事实成分的真实性。“合理性”和“理性”这两个词经常被重复使用。[2] 其实，合理性、合法性和客观性是构建法治思维方式的修辞，是修辞运用的手法。如果非要在给定标准含义的基础上使用合理性、合法性和客观性，这几个词汇便会失去自身的魅力。

---

〔1〕〔美〕鲁格罗·亚狄瑟：《法律的逻辑——法官写给法律人的逻辑指引》，唐欣伟译，法律出版社2007年版，第44页。

〔2〕同上。

在很多场景下，不使用这样的高层面概念，就难以恰当地表达。如果我们把法治思维当成言辞的表达方式，就会发现需要使用各种抽象的概念。现实中存在的问题是：要么偏重于抽象大词的表达方式（法理学者），要么偏重于具体层面法律语词的使用（部门法学者）。这说明，中国的法理学和部门法学之间存在很大隔阂，法律人的思维方式出了问题。

总之，我们倡导认真地对待逻辑，实际上是想强调，法学院不仅要向学生传授法律知识，还要训练他们的法律技能以及法律判断力；不仅要向学生讲解法律制度，还要向他们传递法治的理念。学生也应该养成勤于思考的习惯，培养道德价值观念。为了实现上述目标，就要注意到中国的历史与现状，注意到当今时代的主流价值和现实的法治需求。有人认为，现在是法律太多，而公正太少，以至于对司法的评价是：判决离正义太远，人们感到很少有机会接近正义。我们认为，法治的危机主要来自不讲道理的判决和稀里糊涂的调解。其中，不讲道理的判决一直是法治事业的大敌，是导致社会失去良知的"助力器"。法治是建立在法律规范体系一致性基础上的。法律为人类设计了一个理想的规范世界，以一般规范约束思维过程；法律规范的世界是一个由概念、原则、规则、程序、制度以及法学的原理等构成的世界；法律规范体系虽然是对现实经验的总结，但它同时负载着很多理想与价值，应然是其主要倾向；法律与现实之间存在着很大的差距——法律的存在是一回事，现实则是另一回事。这些是我们在学习法律逻辑之前必须注意到的。

第四节　法律方法论的逻辑基础

寻找法治实现的路径是法律方法论研究的任务之一。然而，作为实践哲学的法律方法论并不是司法人员办案的行动方案，而是一种理论形态，描述的仍然是法律思维方式。对法律思维的研究需要运用综合性方法，因为即使是通过法律治理，也要使用多种方法；法律是社会中的法律，不可能有脱离社会关系而独立存在的法律方法。各个学科的方法都可以作为建构法律思维的工具，但以法律形式为主的综合性方法的使用是法律思维的特点。从理论上看，哲学的、逻辑的、语言的、修辞的和解释的方法都对法律判断有着重要的影响，法律方法论体系的建构也需要这些学科的支持。从法律人研习法律方法论的过程来看，作为方法论的法律哲学、法治所需要的法律逻辑学、法律修辞学、法律语言学和指引司法活动的法律解释学等学科构成了法律方法论的基础理论体系。随着法律方法论的研究重心向法律思维规则转移，上述法律方法论学科体系变成了由法律发现规则、法律解释规则、法律修辞规则、法律论证规则和法律推理规则等构成的法律思维规则体系。尽管每个类别的法律思维规则都有其特殊的思维规则和实体指向，但是形式逻辑的规则是基础性的，这些规则的运用是建构法律思维规则体系的思维基础。因此，在描述和建构具体的法律思维规则之前，我们需要首先分析各种法律思维规则共同基于的形式逻辑基础。

一、形式逻辑是每种法律思维规则的逻辑前提

逻辑思维规则之所以是法律方法论的基础性工具，原因就在于任何思维形式都不可能违背逻辑思维规则，法律方法论作为一种研究法律人思维规则的学问，自然也不能不讲逻辑。法律方法论与法律逻辑学关系密切。具体来说，法律方法有三个逻辑前提：一是社会政治、经济、文化问题的法律化。这意味着，法律方法存在的第一个逻辑前提就是法律的存在，没有法律就无所谓法律方法；法律的作用越大，调整领域越宽广，法律方法的作用就越重要。二是法律问题的专业化、知识化。没有法律的专业化就不会有相对独立的法律方法和思维；反过来，法律的专业化可以推进法律方法和法律思维的发展。三是法律问题解决方式上的制度化、规范化和程序化。在法治建设中，人是重要的，制度是更重要的；没有制度，即使有法律方法也无法发挥作用。所以，要

想实现法治，就一定要为法律问题的专业化解决创造良好的制度条件。[1] 制度是良好法治环境的前提，在有法律制度的前提下，根据法律思考造就了独特的具有职业特点的法律方法。在中国，法律方法论研究是随着法治走向细化而产生的需求。近些年来，人们对法治理念的认识不断深化，因而需要法律专业人士认真研究法治各个方面的细节问题。细节问题的研究需要专业化的方法与技术，所有的法律方法都要运用法律逻辑思维的规则。然而，我们看到，现在大部分法学院还没有把法律方法或法律逻辑作为一门课程对学生进行法律思维的训练。[2] 我们的法律方法论还处在纯粹的理论研究阶段，别说进入司法实践，很多法学教育者都没有产生自觉的方法论意识。当前，法律方法论研究还不够深入，理论上还没有形成体系，实践中也没有产生较大影响。然而，这些正是法律方法论研究可能成为“显学”的先决条件。

（一）逻辑与法律思维

我们认为，要想使法律方法论成为较为独立的理论系统，就必须将其与逻辑学结合起来，研究法治实现的法律思维规则。“法律逻辑并不是像我们通常所设想的，将形式逻辑应用于法律。我们所指的法律逻辑是指供法学家，特别是供法官完成其任务之用的一些工具，方法论工具或智力手段。”[3]有人说法律逻辑学是法学与逻辑学的交叉，但我们认为，法律逻辑学研究的是法治建设所需要的逻辑，更主要的是逻辑与法律方法论的融合，即如何使逻辑为法治的实现提供思维方法。其中，逻辑对思维会有约束作用，法治对逻辑作用的发挥也会起到某种程度的限制作用。“传统的法律解释学和方法论都是以司法为中心展开的，

---

〔1〕 参见葛洪义：《法律方法讲义》，中国人民大学出版社 2009 年版，导言第Ⅲ—Ⅸ页。

〔2〕 同上书，导言第Ⅺ页。

〔3〕 沈宗灵：《佩雷尔曼的“新修辞学”法律思想》，载《法学研究》1983 年第 5 期。

而且围绕着司法三段论发展起来。"[1]新的法律方法论虽然对三段论有所批判,但它作为法律方法的基础地位并没有丧失。经过对三段论前提的修正,它又重新恢复了活力。从总的思维走向上看,三段论仍然是法律逻辑分析的基本工具,法律方法论研究的新进展也与逻辑学的进步有很大关系。近些年出现的非经典逻辑,其功效就是对三段论大前提进行修复,如实质推理、法律论证、修辞论辩理论等,无不围绕着对大前提的完善展开。目前,法学研究比较明显的进步表现为,对法律判断与分析并不唯逻辑是论,而是把逻辑与其他方法有机结合起来了。当然,法律方法论与法律逻辑学的关系是双向的。法律逻辑学如果不与法律方法论结合起来,就会出现"没有法律的法律逻辑学"这种现象,就成了纯粹的逻辑学。

逻辑在司法领域中的运用需要与法律方法相结合。法律方法的核心是法律思维,对概念规范的分析是法律思维活动的逻辑起点。[2] 法律逻辑的核心是法律推理,用法律思维建构法律推理的大前提是关键。推理需要借助逻辑知识,但它绝非一个单纯的逻辑问题,其中还涉及法律经验以及相关学科的知识。[3] 对经验重要性的强调,有时候使我们感到法律推理的过程是一个神秘莫测的复杂思维过程,从逻辑学的角度看甚至不像是在推理。但是,从思维走向的架构来看,一方面,所有的法律推理都离不开逻辑思维规则;另一方面,法律意义的确定也不能完全依赖逻辑。从法律思维是一种根据法律进行的思维来看,形式逻辑的演绎推理和类比推理是法律思维的根本方法;从法律思维是一种命题式的思维来看,它是一种情景思维。但是,在情景思维中,形式逻辑的判断规则以及非形式逻辑的论证规则对法律思维都起着重要作

---

〔1〕 王利明:《法律解释学导论:以民法为视角》,法律出版社 2009 年版,第 72 页。

〔2〕 参见葛洪义:《法律方法讲义》,中国人民大学出版社 2009 年版,第 139 页。

〔3〕 同上书,第 158 页。

用。在法律思维的反省性模式中，逻辑规则是判断思维是否正确的标准，一切违背逻辑思维规则的判断都是错误的。在法律思维的类型模式中，类比推理是主要的方法。逻辑是专门研究思维形式的学科，法律思维只是逻辑思维的一个运用领域。我们必须注意到，纯粹的形式逻辑似乎不涉及前提本身的问题，宣称"只管形式，不管内容，对前提本身是否正确不予理睬"〔1〕。这是法律思维中必须克服的倾向。法律思维虽然离不开逻辑，但并不等于纯粹的逻辑思维。法律思维除了根据法律进行思维以外，还要考虑正义、公平等因素。当然，对多种因素的考虑并不影响形式逻辑的基础地位。但是，把形式逻辑思维规则绝对化会出现机械司法和机械执法，不运用形式逻辑的基本思维规则会丢失法律意义的安全性。

在对司法三段论批判的回应声中，我们发现法律逻辑和法律思维的主要内容是法律推理大前提的建构问题。在法律推理过程中，有一部分前提，如典型案件的推理，就是法律规范本身。但是，在很多案件尤其是疑难案件中，一般的规范与个案的结合总会使现成的法律规范显得捉襟见肘，常常出现与事实不吻合的情景。据此，我们认为，作为法律推理的根据或理由的不是现成的法律规范，而是根据法律与事实、法律与社会等因素构建的具体法律。在大前提的建构过程中，法律人实际上是在发现、解释论证和衡量法律的具体意义，逻辑思维规则只是决定法律思维走向，而不能决定法律的具体内容。否则，法学就变成了逻辑学了。逻辑思维规则只是法律人思维的基础性规则，我们并不能把逻辑等同于法律。同时，法律思维不能离开逻辑，否则对合法性、合理性的判断就难以形成。在形式逻辑学的专业视野里，为了探讨具有普适性的规则或建构一般的思维规则，前提本身所包含因素的复杂性往往被忽略了。但是，在法律逻辑或法律方法论中，法律规定的意义被

---

〔1〕 参见雍琦等：《法律适用中的逻辑》，中国政法大学出版社 2002 年版，第 13 页。

放到了重要位置，几乎所有的法律方法都是在建构法律推理的大前提或者说判决理由，直接的推论占据重要地位。在法律实施过程中，确实需要司法三段论的推论，否则所谓法治就会落空。但是，这种直接的推论必须和案件的语境、社会的基本价值追求结合起来。在法律思维中，纯粹的逻辑只是发现、解释和论证法律的意义，是连接事实与法律关系的纽带。同时，不容忽视的是，法律思维是在逻辑思维和法律规范双重规则支配下的思维形式。逻辑学研究更加注重思维模型的构建，而法律思维则更加注重具体法律意义的建构。法律判断的形成在一定意义上是对逻辑思维模型的创造性运用，它不拘泥于逻辑模型，但必须把逻辑思维规则当成思维活动的基础。

（二）形式逻辑与法律发现规则

法律发现是指法律人针对个案寻找所要适用的法律规范，或者说是寻找判决案件的理由。当然，法律发现的方法不完全是逻辑的直接运用，法律渊源理论基本上为司法者准备了用于识别的各种原则、规则和发现顺序；在法律发现过程中，需要遵循和使用基本的逻辑工具。法学家们一直在探讨法律发现的逻辑与解释、论证的逻辑有什么不同。我们认为，法律发现是对已有法律规范在具体案件中的确认，它不像传统的法律推理那样是对已经确定的法律进行推论，得出法律人已经发现的法律意义，而是进行法律推理的前奏。传统观点认为，司法者只需要根据现成的法律运用演绎推理的方法就能得出结论。这实际上是忽略了法律发现方法的使用。之所以会出现这种情况，是因为我们对有些法律太熟悉了，法律发现这一环节反而被省略了。法律发现需要运用排中律、矛盾律，从而针对个案发现可以适用的法律。在法律发现过程中，各种各样的逻辑规则和方法，包括演绎、归纳与回溯（论证）等方法，共同发挥作用，然后才能确定可用于推理的具体法律。虽然在法律发现过程中也需要运用推理规则，但是法律推理是根据法律进行的推理，从理论上讲是运用法律发现方法以后的环节。

尽管就法治原则的实现来说，最好的方法就是直接发现个案所需要的明确的法律规范，但是法律发现在很多情况下是一个复杂的甄别过程。虽然有些人认为法律发现是机械司法的组成部分，但是从辩证法的角度看，承认法律发现方法实际上就是承认法律适用主体选择行为的存在。当然，这种选择不是任意之举，需要遵循法律发现的逻辑。人们从多年的法律实践中总结出许多独特的法律发现规则，如特别法优先于一般法等。这些规则是法律人为保证法治实现而总结的经验，也是法律人应该遵守的规则。法律发现规则是对任意发现的限制，但不属于机械司法。从理论上讲，法律应用的第一个步骤就是法律发现，并且“法律发现过程的合逻辑性是法律方法论的核心问题”〔1〕。但是，“法律规范是抽象的，个案是具体的，法条对应的不是个案中当事人的具体行为。在疑难案件中，不可能简单地从法律规则与案件事实得出结果，而往往会碰到道德决定的难题”〔2〕。其实，这不仅是道德决定的问题，更多还是由于对许多事实难以进行类型化处理，因而使得法律人难以准确地发现所要运用的法律。对于成文法来说，法律发现的结果大体上有四种：一是明确的法律，二是模糊的法律，三是矛盾的法律，四是法律空白。对这四种结果分别需要解决的问题，单靠三段论推理的逻辑并不能彻底解决。因此，在法律发现过程中，法律人应使用多种逻辑方法，包括形式逻辑和非形式逻辑的方法等。另外，法律发现过程的复杂性使得人们在思考的时候，除了运用逻辑指引方向外，还必须融入经验进行判断，逻辑与经验的融合在一定程度上能提升判断的可靠性。

在寻找法律的过程中，形式逻辑的考量只具有次要的作用，更多依靠的是因熟悉和掌握法律知识、原理和经验而具备的法律感。当然，这

---

〔1〕 姜福东、陶卫东：《论法律解释的逻辑要素》，载陈金钊、谢晖主编：《法律方法》（第八卷），山东人民出版社 2009 年版，第 390 页。

〔2〕 张静焕：《论题学法学的逻辑解读》，载陈金钊、谢晖主编：《法律方法》（第九卷），山东人民出版社 2009 年版，第 66 页。

种次要的作用并不能否定形式逻辑的基础性。德国法学家齐佩利乌斯认为:“一个法律体系中的全部法律规范并不构成一个逻辑系统,也不是由少数几项公理合乎逻辑地演绎而来;……在解决案件的最初阶段对规范的寻找是无法按照纯粹的逻辑公式进行的。在处理一起案件时,在确定了‘基本事实构成’之后,虽然应按照逻辑规则引入属于这一基本事实构成的补充性规范,但为了找到使案件处理得以开始的那些法律规范,却需要‘拉入视野’的技术。”〔1〕“拉入视野”虽然主要靠以经验为主的法律感,但由于法律渊源和法律一样是有逻辑层次的,因此对法源的选择也应该是有逻辑方法的。只是因为法源理论已经为法律人所熟知,所以人们往往意识不到逻辑的重要作用,而不是逻辑不起作用。法律发现的逻辑可以为法律渊源搭建一套清晰的层次,从而实现“找法”的程序化。

(三)形式逻辑与法律解释规则

所谓法律解释,最根本的就是根据法律进行的解释。法律解释必须运用逻辑规则与方法,在根据法律解释的过程中,主要运用的是形式逻辑所确定的演绎推理和类比推理。法律解释方法虽然也包含目的解释、社会学解释等,但建立在三段论推理基础上的文义解释、体系解释才是最基本的解释方法。尽管目的解释、社会学解释等很重要,但它们都只是辅助的解释方法。在萨维尼的法律解释学说中,逻辑被当成法律解释的四要素之一,其他三个要素是语法、历史和体系。但是,他同时认为,在法律解释中从来不存在单纯的逻辑解释方法的运用,所有的法律解释都是各种要素综合地发生作用。逻辑只是表明了法律各部分之间的关系,是从思想的关联中对法律进行解释。逻辑把握着一个规

〔1〕〔德〕齐佩利乌斯:《法学方法论》,金振豹译,法律出版社 2009 年版,第 126 页。

定在制定法中的地位及其与其他规定的关联。[1] 当然,不仅是法律解释,一切思维活动都必须遵循逻辑一致性原则,即我们在解释活动中要不断地追问:我们对法律的解释合乎逻辑吗?正是这种追问,一方面强化了逻辑的工具性,另一方面增加了法律解释的合法性成分。"一般来说,法律文本(典型的如法典)越是精确而完善、结构越是严谨,逻辑在法律解释中的作用就越大;相反,法律文本自身的漏洞越大、矛盾冲突越多,逻辑要素在法律解释中的作用就相应降低。"[2]其实,这只是问题的一个方面,即在根据法律推理进行的解释中,演绎推理方法的作用在降低。如果出现相互矛盾的法律规定,逻辑在解释过程中的作用会更大,只是使用的工具不是演绎推理,而是排中律和矛盾律等逻辑规则。现代社会关系越来越复杂,因而对法律的解释越来越困难,对逻辑也有了更多的需求。法学和逻辑学的研究者应该探寻更多的逻辑方法和法律解释方法,以适应社会变化和建设法治社会的需求。

法律解释学与逻辑学有很大关系,在一定意义上,前者是后者作为工具的一种延伸。逻辑方法的运用可以使很多不清楚的法律变得清楚,使相互矛盾的法律变得一致。与纯粹的形式逻辑学相比,法律解释学不仅关注思维的形式,而且关心法律的内容。法律解释学是形式与内容的结合,不像形式逻辑那样只关注思维形式。如果说逻辑是一种理性智慧,那么法律解释学就是一种实践智慧。如果说法律解释学是一种避免误解或者说达致理解的艺术,那么逻辑或者说法律逻辑就是避免误解或者达致理解的基本工具。哲学解释学认为,误解是不可避免且自然而然的,误解与理解之间有时甚至没有泾渭分明的界限。但是,法律解释这种关涉生命、财产等权利的解释,是不允许建立在误解的基础上的。因为法律解释与科学研究不同,它不是在追求真理和创

---

〔1〕 参见姜福东、陶卫东:《论法律解释的逻辑要素》,载陈金钊、谢晖主编:《法律方法》(第八卷),山东人民出版社 2009 年版,第 386—387 页。

〔2〕 同上书,第 388 页。

新，而是要在常识、常理、常情的基础上阐发法理。法律解释与人们的生活息息相关，虽然充满争议，但在很多法律问题上达致理解不仅是可能的，而且是能够做到的。一些疑难案件难以解决并不代表法律的无能，因为在法律之外还有法律人解决其他难题的实践智慧。

（四）形式逻辑与法律论证规则

论证原本属于逻辑学的范畴。近些年来，由于新修辞学的发展，论证似乎超越了这一范畴。法律论证有两种方法：一是建立在形式逻辑基础上的论证，很多人称之为"内部证成"，即用形式逻辑的方法证成一个人作出的法律判断（或命题）。内部证成依据的是现行法律的规定。二是建立在新修辞学的基础上，对命题或判断进行非形式逻辑的证成，有人称之为"外部证成"。[1] 外部证成依据的是道德、伦理、法理和事物的本质等。法律论证本身就是借助逻辑的方法证成判断或法律命题。基于形式逻辑的论证是我们反思自己的判断是否正确的标准。建立在命题学和新修辞学基础上的法律论证虽然不完全是逻辑论证，只是把实质推理引进到司法理论中，但是一些被称为非形式逻辑的方法仍是法律论证的主要工具。当然，逻辑与修辞的关系原本也没有那么清晰，只是传统逻辑中的概念、判断、推理以及命题证成与法律修辞中的对话、论辩以及结论的可接受性之间有些细微差别。此外，在修辞的使用中也离不开一般逻辑规则的使用，逻辑与修辞之间没有截然的界限。实际上，法律论证本身就是非经典逻辑的组成部分。

从实质合法性的角度看，法律论证实际上是一种超越形式逻辑和形式性法律的智慧。这种智慧只有具有良好判断力和社会责任感的法律人才能获得，且只在遇到疑难案件时才有充分使用这种方法的机会。

---

〔1〕 也有人以法律为标准，认为根据法律进行的论证是内部证成，而根据法律外的因素进行的论证是外部证成。

在疑难案件的处理过程中，是判断力而不是专门的知识在起决定作用。法律论证是通过论辩确定法律规范的恰当含义，是对传统法律解释方法的继续使用。按照德国法学家齐佩利乌斯的观点，论证阶段的解释具有商谈的特点，论证就是为不同的解释观点寻找更好的理由。这些理由主要基于如下几个方面的考虑：(1) 基于国家权力的分工而出现的因素，如立法者的规范意旨和整体目的。(2) 维护法律的统一性。对一项法律规范的解释，应使其在逻辑上与由相同位阶的法律规范组成的背景体系相吻合。此外，不同法律规范的宗旨及其相关正义的决定应当互相协调。(3) 提供公正的规整以及利益满足的最大化。〔1〕法律解释不仅要寻求法律用语背后的意义，而且要论证并得出正确的至少是最恰当的意义。上述论证旨在说明，各种各样的法律方法离不开逻辑，逻辑思维规则是法律方法论的工具性基础。

（五）形式逻辑与法律修辞规则

虽然法律从创立到实施都离不开逻辑，但法律并不是逻辑。把法律等同于逻辑实际上是在静态中观察法律，所发现的法律仅仅是法律的逻辑构成，难以看清法律背后的文化、价值、人情以及与社会的关系。法律其实是逻辑、语言和经验的统一。从法学是经世致用的学科来看，所有的法律方法无非是想在理解、解释和运用的基础上，对观察社会、解决纷争的行为作出一种合理的说明。因此，在法律方法的运用中，不能过度使用逻辑，不能把对法律文本的解释当成核心。同时，为保护法律意义的安全性，语义解释是必要的。但是，语义解释只是基础性方法，并不能被当成法律解释的全部。同时，对法律意义的诠释只是法律方法中的一种。在更多的时候，法律人应该在语用思维的支配下，把法律作为修辞，通过法律修辞方法恰当地运用法律。有两种思维倾向对

〔1〕 参见〔德〕齐佩利乌斯：《法学方法论》，金振豹译，法律出版社 2009 年版，第 69—70 页。

法律修辞方法极为不利：一是在有些情况下极度敬畏法律，认为对法律只能适用而不能解释，好像使用法律修辞方法就是对法律不尊重。法律方法论被越来越多的人接受，法律适用理论已经基本“破产”，尤其是法律的可辩驳性、可修正性命题使得法律适用理论现在几乎很少有人提及。但是，这一观点在很多非法律人心目中是根深蒂固的。二是在很多情况下，不重视法律，经常使用非法律语词如政治话语、道德修辞来说事，甚至取代法律。这样，法律就被丢到一边，难以实现对思维和行为的控制。因此，在中国，法学研究需要进行语言学转向，法律方法研究也需要重视法律修辞方法。逻辑与法律修辞方法密切相连，难以分割。法律修辞方法是把法律作为修辞，综合运用各种方法，其重点落在对法律的恰当适用上。法律修辞方法包括法律论辩，其中含有交流与对话，因而它不是纯粹的主体选择用词的问题，使用者必须考虑言辞使用可能产生的效果，注意听众的接受度。所以，由法律修辞方法建构的是法治思维的平台。在这个平台上，逻辑的、语言的、修辞的、社会学的、经济学的等方法都可以展示。

二、法律方法论需以逻辑思维规则为基础

方法是指通往目标的路径，是以理性的、可以检验的、可控的方法导向某一理论上或实践上的认识，或导向对已有认识之界限的认识。[1] 虽然方法的选择与使用是由主体决定的，但是其范围和功效是由对象决定的，逻辑在对象与主体之间发挥着重要作用。按照哲学解释学的观点，法律的生命在于人们对它的理解、解释和运用。从这个角度看，法律的生命确实不在于逻辑，法律与逻辑也不能画等号。实际上，法律的生命不在于其体系内的逻辑自洽性，而在于历史发展中的人类需求。人类需要法律，所以需要理解、解释和运用法律。法律解释必

---

〔1〕 参见〔德〕齐佩利乌斯：《法学方法论》，金振豹译，法律出版社2009年版，第1页。

须与其所处的伦理背景相符合。现实生活中的法律一直面临着逻辑与语境的困扰。从立法者创设规范的角度来说，法律是逻辑性的架构。但是，从司法的角度来看，法律的意义无不在语境之中。在法律体系的架构内，法律方法论者非常强调逻辑性，要求把文义解释、体系解释、法律发现、三段论推理当成主要的方法。人们试图用法律及其运用的逻辑性来保障法律意义的安全性。但是，在法律意义的安全性得到充分保障的同时，恰恰也会出现一个静止的世界，法律可能会与社会出现紧张关系。为了使法律能够与社会融洽，语境论者就要求法律屈从于现实社会。但是，如果过度强调法律必须适应社会，那么法律改造社会的功能就会消失。法学家不得不在逻辑与语境之间徘徊。解决的方法就是在法律修辞平台上，既尊重法律也考虑语境，使两者之间能够形成融洽关系。从法治的要求来说，逻辑应该占据上风，人类所有的思想和行为都是基于逻辑的，人的理性行为不可避免地都要涉及逻辑。直到今天，关于法律形式的体系化努力仍未结束，立法者仍在运用逻辑来完善法律规则，恰当地归纳成了立法者永恒的任务。立法使社会有了清晰可辨的形式骨架——法典或成文法规。可以说，在未来的社会发展中，对法律的抽象表述仍然是法学家的重要任务之一。立法需要逻辑的指引，司法的运用也需要法律。然而，我们不能把逻辑方法当成理解、运用法律的唯一路径，对逻辑的认识也不能仅限于三段论。现代逻辑早已超越亚里士多德的三段论推理阶段，出现了非经典的逻辑方法。一部分法学家和法律实务人士已经开始认真对待这些逻辑方法，并且试图将之运用于对现实法律问题的解决。[1] 例如，法律修辞方法、法律论证方法、法律解释方法、法律发现方法等。语境因素也是法学家和法律实务人士必须考虑的问题。

逻辑是分析、评价法律最为历史悠久的工具，也是最有价值的方

〔1〕 参见〔美〕苏珊·哈克：《逻辑与法律》，刘静坤译，载陈金钊、谢晖主编：《法律方法》（第八卷），山东人民出版社2009年版，第22页。

法。传统的法律逻辑倚重于形式逻辑的理论基础，侧重于对单个主体的法律推理的形式有效性进行研究，即法律三段论。现代法律逻辑则借助道义逻辑、谓词逻辑、非形式逻辑、修辞学，转向对多个主体之间的法律论辩进行理论描述和理性重构，试图为判决的可接受性和评估提供基本的程序框架和评价工具。法律与逻辑的关系是众多关注法律推理和论证的法学家与关注逻辑应用的逻辑学家共同关注的论题，因此形成了不同的法律逻辑观念和理论。逻辑不仅仅是一种法律判决的评价工具、重构方法，作为理性思维的基础甚至代名词，它对于理性法律思维的形成也具有基础性的方法论意义。逻辑不仅仅是一种独立的法律方法，而且会深入各种法律方法之中，是实现法律判决合法性、确定性、一致性和有效性的思维基础。尽管传统的形式逻辑不可避免地存在某些不足，但它毕竟是法治命题得以实现的工具性基础。逻辑规则在司法中的运用使我们的判断更加接近法治要求。中国法治建设中存在的问题之一就是，法律人不坚持以逻辑规则对思维进行约束。法治建设需要法治的逻辑，而法治所需要的逻辑是法学与逻辑学的有机结合。现代法治思维遵循经典逻辑的基本规则，同时将非经典逻辑与法律方法相结合，使逻辑与法律融为一体。但是，鉴于法律思维的某些特点，绝非简单地套用传统逻辑知识就能发挥其应用效力，甚至有些问题根本就不是经典逻辑理论能够加以准确、合理阐释的。我们认为，法律逻辑学不是对一般逻辑思维规则的深入研究，而是对一些符合法治要求的、已被证立的逻辑思维规则的具体运用。同时，这些逻辑规则的运用需要和具体语境结合起来。作为法律方法论的法律逻辑学，应该突出法律逻辑的工具性和实用性；要使具体的法律方法逻辑学化，对一般性逻辑知识的叙述力求简明、准确，而对这些知识在法律领域的应用则尽量详加解说。也就是说，法律逻辑学应该和法律修辞学结合起来，共同构建适合法治要求的法治思维方式。

虽然逻辑与法律之间关系密切，但是语境因素对理解法律的真切意义不可忽视。实际上，纯粹的逻辑推理在很多时候并不能触及要解决的法律问题的核心。逻辑思维规则仅仅与要解决的核心问题相关，但是相关并不等于触及要解决的法律问题的核心或实质。在解释法律或解决纠纷的时候，如果我们仅仅关注法律、事实和逻辑关联性，就可能忽视法律、事实外部的力量或因素，而这些力量或因素可能会关系到法律适用的社会效果。规范法学家们以逻辑推论方法建立起来的法律一致性，使法治得以在一定程度上实现。然而，法社会学家们强调不能离开社会因素、目的因素、价值因素、文化因素等来理解和运用法律，这使逻辑的力量多少有些减弱，使法律问题的解决不是朝着形式法治的要求而是本质主义的方向发展。本质主义的理解方式正在消解由经典逻辑思维所建立起来的法治秩序。但是，到目前为止的发展情况还在证明逻辑的力量。不过，逻辑、经验或者其他任何单一的因素都很难在决策性思维中占据绝对的地位。在对个案的判决中，逻辑和其他因素都被视为思维的要素。在法律思维的培养过程中，逻辑训练起着至关重要的作用。因为法律同任何事物一样，都具有逻辑特征，对任何事物的合理看法都必须符合逻辑。[1]

法律方法论的逻辑基础主要有两个方面的思维规则：一是形式推理的思维规则，二是实质推理逻辑的思维规则。在形式推理中，三段论的演绎推理是传统法律方法的逻辑基础。在法学研究中，形式化的法律只是作为论据之一而存在，是法律思维的前提性根据；演绎推理是司法获得形式合法性的主要方法，但是它只是规制了司法者的思维形式，法律的生命其实需要在具体的场景中融入价值、目的和现实等因素。因此，出现了实质推理。实质推理主要是指兴盛了半个多世纪的法律论证（论辩）理论，重点解决的是“对立意见的权衡”。此种理论不求助于元规则，而是一种开放式的论证方法，与价值衡量或利益衡量有些类似。逻辑思维规则在一定程度上约束着法官，要求其裁判不能是专断

---

〔1〕 参见〔美〕苏珊·哈克：《逻辑与法律》，刘静坤译，载陈金钊、谢晖主编：《法律方法》（第八卷），山东人民出版社2009年版，第23页。

任意或反复无常的。无论是立法还是司法，思维的形式都是应该符合逻辑的。但是，逻辑只是法律思维的一部分，而不是全部。“作为一种方法和工具，逻辑学研究的对象不断地扩展，从单纯的为数学研究奠定基础扩大到认知、伦理、法律、经济、人工智能等领域。自20世纪以来，先后出现了一些不同于传统演绎推理的新的逻辑理论，它们分别从不同的角度解决了传统逻辑的异常现象。这些逻辑理论的发展为法律逻辑的发展开辟了新的道路，一方面，它采用了现代逻辑强大的工具，使对逻辑思维的表达、判定更加精确和深刻；另一方面，它又摆脱了经典逻辑的一些限制，使现代逻辑不只是局限于作为数学的分析工具，使其研究范围更加广泛。”[1]非经典逻辑的发展以及在法律思维中的运用，使法律方法有了更为坚实的逻辑基础。有人说逻辑只是形式，但这只是一个含混的说法，能够被理解的逻辑实际上包含我们意识中的经验成分。我们不能像一些霍姆斯的追随者那样，认为逻辑一文不值。[2]

法治的形式性决定了司法过程的方法论基础必须是形式逻辑，但实质正义并非全是幻想，所以非形式逻辑的方法同样构成法律方法的逻辑基础。“法律方法是法律人的工作方法，但这并不意味着法律方法仅仅或主要是一种工作经验。”[3]法律方法包含着丰富的理性内容，通过逻辑表述的经验使我们的认识达到相对精确的程度，这不是含混的经验能够代替的。尽管法治所要求的逻辑是一种朴素的知识，但我们不能因此而否定其强大的解释力。法律思维的三段论推理涵摄公式并不是指司法的实际过程，而是一个原则性的要求。我们发现，非经典逻

[1] 张传新：《对形式逻辑作为法律分析评价工具的辩护》，载陈金钊、谢晖主编：《法律方法》（第八卷），山东人民出版社2009年版，第45页。

[2] 一些研究霍姆斯的学者发现，这位大法官虽然说过“法律的生命不在于逻辑，而在于经验”，但他实际上是非常重视逻辑作用的，只是其思想继承者中有些人对逻辑的批判带有极端的否定逻辑的思维倾向。

[3] 葛洪义：《法律方法讲义》，中国人民大学出版社2009年版，导言第XIII页。

辑没有像传统逻辑那样的基本思维规则,或者说思维的规律性还没有被较为完整地表述或普遍地接受。因此,法律方法论的逻辑基础在大的方面纯粹是形式逻辑。"形式逻辑的一个优点在于通过对问题的严格界定,确定自己的能与不能,它所能做的就是保证如何从承诺的前提中推出必然的结论,它所不能做的,如法律概念、规则的阐释、选择等自有法律解释、利益衡量等法律方法来完成……"〔1〕同时,非经典逻辑的方法与形式逻辑并不是对立的,在建构法律推理三段论大前提中也发挥着至关重要的作用。可见,三段论所使用的大前提不是现成的法律规定,而是法律人运用法律方法构建的,这种构建本身是建立在非经典逻辑所论证的法律的可废止性、可修正性基础上的。对法律推理大前提的构建主要是指在法律思维过程中,根据法律进行解释、推理和论证等,把逻辑的一些基本规则运用于其中,为建构法律推理大前提进行理由方面的准备。同时,大前提的建构实际上也是与小前提的确定联系在一起的。"任何一个法官在确认事实、解释法律、作出判决的过程中,都必须恪守逻辑的训诫。法官必须保证自己的判断具有内在融贯性或内在一致性,保证判决中的推断或推论具有内在连贯性或逻辑上的必然性。"〔2〕在西方,人们要求法官的裁判必须具有逻辑性,这已经成了一种心理上的爱好。所以,在审判中讲究逻辑蔚然成风,甚至出现过度依赖逻辑的现象。在中国,人们对法律逻辑总体上是一种漠视的态度,基本上还是在不自觉地运用逻辑分析方法。在法学研究中,逻辑发挥着重要的作用,常被用来对法律制度、原理、体系、原则、概念进行分析和分类,解释它们之间的逻辑相关系。在司法实践中,逻辑是与法律是否适合某一种问题、判断是否能够被人们接受以及合法性和合理性是否可靠等问题联系在一起的。可以说,法律世界里充满了逻辑的语言,

〔1〕 张传新:《对形式逻辑作为法律分析评价工具的辩护》,载陈金钊、谢晖主编:《法律方法》(第八卷),山东人民出版社2009年版,第46页。

〔2〕 王洪:《逻辑的训诫——立法与司法的准则》,北京大学出版社2008年版,第3页。

不懂得基本的逻辑，人们根本无法正确地进行法律分析。

逻辑与法律方法实际上并没有严格的界限。对具体案件运用逻辑进行说明，在一定程度上就是讲授裁判的方法。法治要求法律人的思维具有逻辑一致性，但是在解决个案纠纷的时候，逻辑本身并不能提供具体的方案，无法告诉人们如何把具体的案件个性与一般性的规范结合起来，也无法告诉人们哪一种价值更为重要。逻辑代表着法律思维的关节点，而不是纠纷的核心。逻辑是对法律判断进行论证的工具，其目的是证成个案中的法律命题或者判决理由，逻辑不可能代表法律与事实关系的全部内容。对运用者来说，对逻辑规则的运用不是固定不变的，具有相当的灵活性。如果不灵活地运用逻辑规则，就会出现愚蠢的逻辑一致性。〔1〕同时，我们必须看到，逻辑能够消除法律文本和合同文本中句法的歧义问题，“形式逻辑工具非常有助于消除此类结构性歧义，例如，在法律等领域，量词的范围、相容与不相容选言命题的区别，或者蕴含与相互蕴含之间的区别等。不过，此类句法歧义并非法律不确定的主要原因，法律的不确定主要源于开放集合的结构或者关键概念的模糊性（或语义模糊性），例如‘责任性’‘健全的’‘隐私’和‘因果关系’等。简而言之，应用逻辑方法解决句法歧义非常重要，但并非问题的全部。”〔2〕此外，与逻辑相比，法律具有更为具体的内容，尽管这些内容和社会生活比较起来还属于形式。有学者指出：“过于强调法律系统的逻辑结构，可能会忽视法律系统内在的社会历史特征以及法律变

〔1〕 令我们惊奇的是，在美国法律界反对逻辑的霍姆斯与坚持逻辑至上的兰德尔都不是逻辑学家，二人的逻辑知识与普通人相差无几。他们只是把演绎推理当成逻辑，都没有想到传统的逻辑三段论已经被更有效的逻辑方法取代。现代法学家已经拥有了全新的逻辑工具。参见〔美〕苏珊·哈克：《逻辑与法律》，刘静坤译，载陈金钊、谢晖主编：《法律方法》（第八卷），山东人民出版社2009年版，第26页。

〔2〕 〔美〕苏珊·哈克：《逻辑与法律》，刘静坤译，载陈金钊、谢晖主编：《法律方法》（第八卷），山东人民出版社2009年版，第31页。

革的动力。”[1]法律的生命不在于逻辑，也不在于现实生活，它只是对社会秩序的一种预期。然而，在司法中运用逻辑规则，有助于律师、法官更好地处理案件，并发表更有说服力的法律意见，对法治的建设具有积极的意义。

三、法律逻辑的方法论意义

对法律方法论的运用者来说，逻辑是思维的一般规则，恰当地运用规则是一种实践智慧。在思维过程中，“合乎逻辑”的要求凸显了逻辑的方法论意义。麦考密克认为，“合乎逻辑”至少有两层含义：一是从演绎逻辑推理这一意义上讲，是指一个命题符合逻辑本身的要求。换句话说，如果结论部分是通过前提严格推理出来的，那么该命题就合乎逻辑。二是我们平常所讲的“合乎逻辑”，具有更宽泛的含义，是指某一行为或某种陈述没有讲不通的地方。[2] 法律逻辑是逻辑规则在法律中的具体运用，以细节方法在思维中发挥贯联作用。边沁将细节方法简略地描述为：直到将整体分解为组成部分之前，从不对整体进行推理论证；直到抽象概念被转换为实体之前，从不对抽象概念进行推理论证。[3] 换种表述，就是“通过将整体分解为其组成部分来对待整体，通过将抽象概念分解为具体事物来对待抽象概念，通过辨别构成种类和普遍性的个体间差异来对待种类和普遍性；在试图解决任何问题之前将它们分割为更小的问题。这个过程被称为逻辑建构”[4]。对细节方法的引入构成边沁在哲学领域的独创。其实，如果法治没有细节的要

---

〔1〕〔美〕苏珊·哈克：《逻辑与法律》，刘静坤译，载陈金钊、谢晖主编：《法律方法》（第八卷），山东人民出版社 2009 年版，第 31 页。

〔2〕参见雍琦等：《法律适用中的逻辑》，中国政法大学出版社 2002 年版，第 14 页。

〔3〕参见〔英〕约翰·斯图亚特·密尔：《论边沁》，载〔英〕杰里米·边沁：《论一般法律》，毛国权译，上海三联书店 2008 年版，导言第 14 页。

〔4〕同上书，导言第 9 页。

求，就不需要方法论。正是从细节的角度，逻辑或者说法律逻辑强烈地影响着法律方法论；正是在逻辑方法的基础上，人们创建了法律方法论的基本框架。

（一）逻辑是获取法律意蕴的分析工具

只要法治是规则治理的事业，逻辑就会发挥工具或方法论的作用。"法学家的工作就是要让人们了解法律的内容；也就是从内部进行研究，或者说从最高的属到最低的种，逻辑地整理和分类，以满足实践的需要。"〔1〕从立法学的角度看，法学家们的努力主要是制定体系性的法律；而从司法者的角度看，法学家们则需要为个案寻找具体的法律。在这个过程中，逻辑就是思维的一般方法。不管人们是否自觉地掌握逻辑，都需要运用逻辑。法律逻辑学不是想把所有的逻辑规则都法律化，这是不可能的，也是没有必要的。〔2〕但是，法律方法论的建构与使用必须尊重逻辑规则。因此，一部分逻辑规则实际上还起着法律规则的作用。在具体案件中，尽管法律以及逻辑规则的使用还必须考虑具体情境，但逻辑规则始终是约束思维走向法治的法外之"法"。我们还必须注意到，法律解释学虽然注重逻辑分析，但更看重实践理性。例如，法律逻辑在当然解释、反面解释方法的运用中发挥着重要作用，没有逻辑上的充分必要条件，就不能使用反面解释。又如，法律解释方法中的当然解释本身就是在文义基础上的一种逻辑推论。再如，法律关系的分析主要借助逻辑手段，犯罪构成的分析也主要借助逻辑方法。

逻辑是法律方法论研究的基本工具之一。从认识论的角度看，逻辑是一种分析方法。但是，与一般分析方法不同，逻辑是一种统一格式的方法。我们不仅可以从逻辑方法中获取思维的一般规则，还可以使

〔1〕〔美〕托马斯·C.格雷：《霍姆斯论法律中的逻辑》，载〔美〕斯蒂文·J.伯顿主编：《法律的道路及其影响：小奥利弗·温德尔·霍姆斯的遗产》，张芝梅、陈绪刚译，北京大学出版社2005年版，第78页。

〔2〕参见王利明：《法律解释学导论：以民法为视角》，法律出版社2009年版，第13页。

纷繁复杂的事实呈现形式的精美，能够追溯事实的连续发展。从理论上看，“法律决定是逻辑地从前提中推导出来的”[1]。但是，“法律人在作出决定的过程中，不仅仅是在运用一种推论，而且同时运用两种以上的推论，……法官不仅运用了演绎推论，而且运用了归纳(包括类比)推论，或许还涉及回溯(设证)推论。即使法律人遵循了这些推论的规则，也不能保证他的法律决定一定是正当的，因为推论规则不能保证所依赖的前提是正当的。但是，法律人遵循了推论规则能够彰显他在作法律决定的过程中需要加以论证和说明的东西是什么”[2]。对法科学生而言，法律逻辑训练是一种最基本的训练，类比、归纳、演绎、论证、论辩以及区分事实问题与法律问题等，都是法律人必须熟悉的。法律人为社会服务的方法是多种多样的，其中建立在逻辑基础上的法律方法是最基本的方法。法律逻辑可以帮助法科学生提高法律判断、伦理分析等方面的才能。[3]

(二) 逻辑是理由与推理之间建构连接的纽带

理由若不合乎逻辑，就不可能被接受。“假如没有合乎逻辑的推理过程予以支持，法院的判决也只不过是一堆自己的命令而已。”[4]对于法律命题，可以用形式逻辑的方式予以表达。[5]“一个正确的论证必须遵守三个体系的规则：(1) 法律规则，(2) 逻辑规则，(3) 程序规则。当根据法律规则、逻辑规则无法确定最终结论时，论证必须按照程序规

---

〔1〕 王夏昊：《法律决定或判断的正当性标准——以法律论证为视角》，载陈金钊、谢晖主编：《法律方法》(第八卷)，山东人民出版社 2009 年版，第 57 页。

〔2〕 同上书，第 68 页。

〔3〕 有一个耐人寻味的经典杂耍剧，说的是这样一个故事：一个酒鬼徒劳地在街灯旁边寻找丢失的钱包，过路人问他是否确定这就是他丢钱包的地方。酒鬼答道：“不是，但这里有路灯啊！”我们经常说理论是一盏指路明灯，那么这条路是不是我们解决问题要走的路呢？

〔4〕 〔美〕鲁格罗·亚狄瑟：《法律的逻辑——法官写给法律人的逻辑指引》，唐欣伟译，法律出版社 2007 年版，第 10 页。

〔5〕 详见张传新：《对形式逻辑作为法律分析评价工具的辩护》，载陈金钊、谢晖主编：《法律方法》(第八卷)，山东人民出版社 2009 年版，第 46 页。

则进行,例如主张履行论证责任规则,论证终止规则等。”[1]法律逻辑学对于法律方法论来说并非无关痛痒的玄学,而是连接逻辑学与法学的基础学科。当然,对法律逻辑学不能仅进行过度抽象的符号式研究,还应该结合具体的法律规定以及法律事实进行探讨,这样才能赋予法律逻辑学生命的底蕴。毕竟,法律的运用主要是一种人工语言与自然语言的互译与交融。法律逻辑学虽然具有工具性,但是并不能代替法律方法论研究。法律逻辑学需要法律方法论提供的养分,而法律方法论需要以法律逻辑作为思维的工具。如果法律方法论研究不使用逻辑所提供的规则,则法律解释等方法就会被不规范的权威意识代替。如果法律逻辑学研究不与法律方法结合,则会失去进一步深化研究的法律理论基础。虽然单靠逻辑不能解释法律,但是我们仍然不能忘记法律解释中的逻辑因素的存在。

推理与理由是不同的。由于各种各样的法律中存在着大量相互冲突的权利以及不同的法律禁忌,因而司法过程实际上是在纷繁复杂的法律规定中找出正当的、针对个案的一致性理由的过程。在个案中,理由就是法律,而法律推理则是一种寻找理由和作出判断的工具。理由主要是法律所蕴含的意义,在特殊案件中还包括法律外的各种规则。在各种各样的规则系统中,逻辑规则在一定程度上能够帮助我们识别被错误运用的理由。逻辑规则可以帮助我们“如何辨识或创造定言三段论法里的大前提,[2]无论是正当的全称命题还是不当的特称命题;当前提犯了以偏概全或逆偶然性谬误而不当型构时,其合法性会变得多么脆弱;大前提或小前提在什么情况下会变得不当推论;在假言命题中没有正确地肯定前项,反而不当肯定后项时,结论会如何被扭曲;在什么情况下,目的虽正当,但其手段却非常不光彩”[3]。逻辑作为思维

[1] 详见张传新:《对形式逻辑作为法律分析评价工具的辩护》,载陈金钊、谢晖主编:《法律方法》(第八卷),山东人民出版社 2009 年版,第 46 页。

[2] “定言三段论”又被称为“直言三段论”。

[3] 〔美〕鲁格罗·亚狄瑟:《法律的逻辑——法官写给法律人的逻辑指引》,唐欣伟译,法律出版社 2007 年版,第 5 页。

的手段,在理由和结论之间搭建联系是其基本功能。至于这一纽带如何建构,则需要研习逻辑与法律的最基本知识与原理。

(三) 逻辑是法律思维规则体系的基础

关于法律方法论体系,前面已经作了简单的介绍,此处不再赘述。根据法律思维的逻辑排列,我们认为,法律发现、法律解释、利益衡量、漏洞补充、法律论证和法律推理等构成法律方法论体系。这一体系的建构,首先要明确的逻辑问题是,这几种方法是有区别的,即发现的逻辑与解释的逻辑是不同的,论证的逻辑与解释的逻辑是不一样的,等等。尽管这种区别在思维过程中没有太大的意义,但为了研究的深入,理论研究者就必须厘清它们之间的大体界限。这是一种纯理论的研究,各种法律方法的区别主要靠逻辑方法不同来识别。目前,我们对法律方法论只是作了初步的研究,更加深入的研究还需要学者们进一步努力。我们必须看清的是,法律方法多种多样,其运用有很大的主观选择性。这种选择虽然不是任意之举,但是作为一般理论的法律方法论不能告诉人们在个案中必须运用什么样的方法论。对方法论的选择,一部分来自法律思维的规范,另一部分来自实践经验。同时,"不同的解释方法可以导出不同的结论,也即选择不同的法律方法可以找到不同的法律答案,而究竟采取哪一种法律方法,具有很强的政策考量性"[1]。也就是说,方法作为工具是由使用者来选择的。但是,在我们看来,这种选择其实是受更宽泛意义上的逻辑规则支配的。这正如法律人掌握了法律就可以在法律世界里自由地驰骋,人们掌握了逻辑就可以在思维世界里游刃有余。不然,选择就成了任意。恰当地运用逻辑规则,我们可以更好地理解法律的意义,领悟法律的真谛和精神,在事实与法律之间建构符合逻辑或者说具有合理性的判断。

---

〔1〕 孔祥俊:《法律规范冲突的选择适用与漏洞填补》,人民法院出版社 2004 年版,第 11 页。

第三章
法学话语中的法律解释规则

不同于法律发现规则,法律解释规则是法律解释过程中应遵循的思维规则。法律解释方法的核心是法律解释规则,所有规范法学下的法律解释理论都旨在探索各种法律解释规则。纵观法律解释规则的学术史可以发现,不同的法治观念对应着不同的法律解释规则。因此,在转向具体的法律解释规则的建构及其适用研究之前,我们需要从法学话语的一般角度研究法律解释规则。为此,本章依次从法治意识形态、法律方法的进化及其与相近概念的辨析三个层面分析形式法治与实质法治对法律解释规则的不同影响,主张不宜用辩证法而只能根据法治形态的区隔解决法律解释规则间的矛盾,并提出法学话语中法律解释规则的规范性含义及其与相关概念的语义界限。

第一节　受意识形态影响的法律解释规则

法治思维也可以被称为“法律思维”,两种叫法虽有细微差别,但从总体上看是一回事。一般认为,法律思维规则是技术性的,不受意识形态的影响。但是，我们的研究将证明意识形态对法律思维规则影响很大。在不同的意识形态影响下，法官会选择不同的法律思维规则。法律思维规则包括法律发现规则、法律解释规则、法律论证规则、法律修辞规则、法律推理规则等。然而，这些指导法律思维的规则很难说是学了就能用的方法。从总体上看，法治思维是一种以简单应对复杂的思维方法，一些法律人总是将已经明确的法律规则适用于具体复杂的案件。然而，在真正进行法律思维的时候，简单的法律与复杂的案件、一般的法律与具体的情境会纠缠在一起，对那些在立法者看来简单的法律需要重新解释和论证。这意味着，法律发现、法律解释和法律论证规则的运用是一个复杂的思维过程。传统文化、个案情境、人情关系、价值取向等都影响着对法律的理解、解释和运用。同时，要想准确地理解法律，不仅需要对思维规则进行排列组合、重新解释，还需要一定的经验积累，以达到对思维规则的正确选用。尽管经验的积累并不等于法律思维水平的提高，但是个案教学可以为法律研习者提供更多的“经验”。法治思维的形成需要把经验上升为思维规则。学习现成的法律思维规则不是件难事，而要将其变成法律人思维的常态则需要进行长期的训练。思维规则的训练和经验的传授需要同时进行。法律经验不能代替思维规则，对思维规则的正确理解和恰当使用也离不开经验。在这种整体辩证的理论支配下，包含意识形态内容的经验始终影响着法律人的思维，以至于我们的法律方法论研究难以进入对思维规则的运用研究。法律思维规则没有成为法治思维的组成部分，就不能独立地发挥作用，与法治相匹配的思维规则难以主导法律的运用。我们深知，在任何情况下，对法律思维规则的选择都不可能离开意识形态。同时，我们也必须清楚法治对政治意识形态的约束作用。下方我们将重点分析法治意识形态和政治意识形态对法律解释规则的影响。

一、形式法治与实质法治的区分导致相互矛盾的思维规则

学界关于形式法治与实质法治的区分研究，一方面使人们更加清

楚法治的内涵，另一方面也使法治思维产生混乱。把法治划分为形式法治与实质法治是一种法治意识形态，这种划分左右着法律话语权的地位。在形式法治之下，法律话语权的地位较高；而在实质法治之下，法律话语权衰落，政治、道德、价值、言辞的地位上升。如果始终固守一端还好，怕的是人们对这两种法治意识形态不符条件地随意转换。一般认为，形式法治与自由资本主义阶段相适应，强调严格运用法律方法，主张在政治上实行宪政民主，倡导个人权利，保障公民自由，提倡用法治方法改造社会。形式法治确定了法治的基本原则，诸如罪刑法定、无罪推定、罪刑相适应、契约自由、法律面前人人平等、正当程序等，并把这些原则写进法典。法律的法典化（或者说判例法已经有足够的积累）以及在此基础上的依法办事是形式法治的显著特征。在思维方式或者所使用的方法和规则（主要是法律发现和法律推理）上，立法者对法律解释方法始终保持着适度的警惕，担心解释方法对法律意义安全性构成威胁。然而，在对形式法治的追求中，立法者过于相信自己的概括能力，相信法典已经概括了社会的各个方面，认为司法者面对个案时完全可以从法典（或判例）中找出判案的依据。不过，在思维方式中突出强调规则和程序的刚性，对实现法治的限权有着重要作用。形式法治在对法律意义的探寻中突出了法律文本的固有意义，这会导致司法和执法过程中主体能动性在一定程度上受到压抑。例如，法国曾经出现过法官因为法律没有明确规定而拒绝审判的现象。其中折射出的理论问题是，过度强调逻辑推理方法的运用和判断的法律属性，使法律与社会之间出现紧张关系。一般正义与个别正义、法律与社会、规范与价值等方面的冲突，影响了法律判断的可接受性。这种过度强调法律规范作用的做法被形象地概括为“削足适履”。随着资产阶级对政权的牢固把握，早期用于限制贵族权力的法治已经触及资产阶级的权力。因此，资产阶级要求改变过于严格的法律解释方法，目的解释成为超越文义解释的正当性理由。

法治在世界范围内已经历多年的进化，即使从资产阶级法治算起，也已有三百多年的历史。然而,世界上“超过一半的人们在法治领域之外生活。他们所在的地方,将法律视为障碍,而不是进步的工具,把法律看成威胁,而不是希望。在他们眼里,法律是一种需要绕行的东西,而不是需要接受的东西。他们不理解法律”[1]。好在这种现象的存在只是法治进程中的一个侧面,并不能由此认定多数人不愿意实施法治。法治原本就是精英选择的产物,并不是民主决策的结果。从总体上看,形式法治的出现标志着人类文明的进步与发展。然而,随着法律的法典化以及对法律权威的绝对化,人们的行为被关进了法律的“笼子”,进去以后才发现这种类似囚笼的法律存在很多弊端。于是,人们就开始了对法律的“突围”,在感觉不舒服的地方用力挣扎。理由就是:法律的“篱笆”太紧,难以适应千变万化的社会;过于机械的司法、执法,使法律显得过于僵硬,因而需要引进更多的实质因素,以缓和法律的刚性。这样,对实质法治的呼声不绝于耳,最近一百多年的法学主流学派,如现实主义法学、社会学法学、批判法学以及后现代法学的主调基本如此。实质法治本来是弱化法治严格性的一种方法,最后竟然“顺理成章”地成了法治的一种形态。从法治的发展阶段来看,经历了由形式法治向实质法治或者说由现代法治向后现代法治的发展。严格来说,现在的法治并不是后现代法治,而是一种形式法治与实质法治的混合模式。实际上,真正的实质法治很可能就是有些法学家描述的那种“无法司法”或“无法执法”的状态。形式法治与实质法治的划分,也不是真的有这样一种法治现实,而是表明某一阶段法治思想或者说意识形态的特征。

在中国,研究法律方法论必须注意一个问题,那就是以欧美国家为代表的法治思维在走向上与中国是错位的。欧美国家在经历了严格法

---

〔1〕〔美〕安东尼·肯尼迪、苏珊·斯温:《法律和自由如何才能永远延续下去?》,http://book.ifeng.com/shuzhai/detail_2013_04/03/23838754_0.shtml,2013年8月21日访问。

治时代以后，开始挣脱形式法治的约束，法律之神那双被蒙住的眼睛睁开了，要用看得见的实质正义去实施法治。欧美国家法治思维的发展，经历了从形式法治到实质法治、从克制司法到能动司法、从文义解释到社会学解释、从规则解释到原则解释、从文本解释到目的解释的转变。这大体上标志着西方法治思维的发展轨迹。但是，在中国，权力还没有被完全关进“笼子”，法治建设才刚刚起步，一些人也跟着西方呼吁实质法治。这是思维方式的错位意味着有些人的思维走向像中国经济的发展一样也是跨越式的。在没有经历过严格法治的情况下，就径直呼吁实质法治；在法律还没有足够权威的情况下，就开始把能动司法作为理念；在法律解释方法上，文义解释还没有搞清楚，政治上的目的解释已经占领司法意识形态高地；在法治思维上，还没有认真对待规则，泛义上的原则解释已经有代替规则解释的趋势。这种错位自然会导致规则的“逃逸”。在没有娴熟把握传统的法律方法的时候，修辞论辩、外部证成的方法已经成了学界热捧的法律方法。不是说这些法律方法不重要，而是说在中国目前的语境下对此要有恰当的定位。

出现这种情况有两个方面的原因：一是在法治建设上，中国是一个后起的国家，法律、法治、法学都紧跟西方，拥有发达国家的“优势”。在一百多年来向西方学习的进程中，很多学科都是直接把西方的“前卫”理论引进来。但是，我们常常忘记西方理论的问题意识以及要解决的问题面向。很多人不假思索就把西方的“药方”用于诊治中国的“病症”，出现的问题就是不能“对症下药”。马克思主义中国化、法学中国化等带有中国问题意识的理论研究就是对这一问题的整体性反思。遗憾的是，很多研究者的思想老是停留在是否能够正确地理解西方的思想上，没有虑及如何解决中国的现实问题，没有注意到中国法治需要什么样的理论。二是中国固有的文化传统能够自然地接受西方的现实主义法学以及后现代法治理论。换句话说，后现代法学等学派所批判的分析性文化的缺点，所对照的恰恰是整体性文化的优点。所以，我们很难接受分析性文化，却很容易接受融贯论的实质法治理论。这就造成中国法治在还没有走向分析或现代阶段的时候，就被动地接受了世界法学发展的后现代潮流。我们必须看到，西方法治思维的发展与中国法治建设的需要是错位的。在西方解构法治的时候，中国恰恰需要严格法治，需要用西方的分析性法治思维来弥补中国的整体性思维的缺陷。实际上，法治及法治思维的“弊端”或“好处”都是由文化背景来决定的。例如，分析性文化带动西方人的思维逐步接近法治，虽然不时出现机械司法等法治之恶，但也保持了法律的权威。这是中国整体性文化难以具备的。中国文化对法律意义的整体性稀释使得我们的法治建设似乎不像是法治，更像是对法治的解构。这是我们能够接受后现代法治的原因之一。我们所理解的是能够理解的，所接受的是愿意接受的。我们过早地看到了形式法治的缺陷，在整体性思路下更愿意接受实质法治。

随着法治观念的发展，法律解释方法也不断地变化。美国联邦最高法院大法官布雷耶认为：“一个好的法官与其说是一个斩钉截铁的英雄或义正词严的斗士，不如说是一个啰啰唆唆、犹犹豫豫、不断掂量‘一方面，另一方面’的学究——正是这种啰唆和犹豫显示出一个法官的审慎和平衡感。”[1]这种想法说明，人们已经不满足于那种建立在形式逻辑基础上的“一刀两断”的形式法治的思维方式。原本，形式法治为了限制政府的权力而设置了法律规则与程序，以保障市场的自由，保护资本的权力。然而，“市场经济从来就是有毒的，不仅我们的先人认识到了，西方市场经济的精神教父亚当·斯密也认识到了。他说，市场经济中的每个人都是自私自利的，但他们却通过看不见的手无形中促进了大众利益。人们为斯密发现的那只看不见的手所吸引，却忽略了他思想的重要前提：市场是以人性中的恶作为动力的，每个市场经济中的主体都是自私自利的。自私有意栽花，利他则是无心插柳。一个人牺牲

---

〔1〕 转引自刘瑜：《法治的“秘密”》，http://book.ifeng.com/yeneizixun/detail_2013_04/03/23846624_2.shtml，2013年8月21日访问。

他人来保全自己，并不违背市场的利己法则。正是由于对于人性恶以及市场毒性的清醒认识，西方人才努力给市场经济戴上两个笼头：信仰和法治。代表前者的是基督教，代表后者的是宪政与法治”[1]。市场经济的毒性很难用形式法治来解决，只有引入实质法治才有可能在一定程度上消除。但是，实质法治的引入又会导致西方式宪政民主的危机，主要表现为以选票和金钱“绑架”政治。选举原本是为了防止专断，吸纳民主的声音，但僵化的形式法治已经使民主游戏化了，“选民是上帝”的选举式民主导致国家决策的短视，对于选民来说，好像是增加了可选择性；而对于国家、社会的长远发展来说，通过选举谋划到的都是“地摊上”的“产品”，没有买到优质“产品”，致使理性的思考减少了。同时，选举本身需要的大量金钱一般来自富人的捐献，因而候选人获胜以后制定的公共政策多倾向于利益集团。同时，党争导致效率低下、政治多极化。多党制是为了避免一党之私，但党派之间不断地争吵，久议不决，互相掣肘，只有党派而没有是非，由此导致的结果是寡头政治横行，利益整合功能弱化。这主要是因为草根民主与精英民主对立，政党政治异化为寡头政治。[2]

二、中国法治观念的演变以及法律解释方法的发展

西方法治与法律解释方法的演变，特别是关于实质法治的思想，对中国法治思想影响很大。这种思想与我们固有的关于法治的看法有很多相通之处。20 世纪 80 年代，一些人奉行形式主义法治理念，设想首先制定完善的法律体系，然后严格依法办事就能实现法治。奉行这种法治观念的人对于法治建设多少带有浪漫主义情结，基本上不太熟悉法律的运用方法与技术；对西方法治的运作过程不太了解，但多坚持批

[1] 赵法生：《没有法治就没有真正的市场经济》，载《中国青年报》2013 年 3 月 28 日第 2 版。

[2] 参见柴尚金：《西方宪政民主陷入制度困境》，载《学习月刊》2013 年第 7 期。

判的态度;在边批边学中朦胧感觉到法治的真谛是要用简约的规则来治理复杂的社会。在这种观念指导下,中国提出了"有法可依、有法必依、执法必严、违法必究"的社会主义法制建设"十六字"方针。这一方针在大的思维路径上没有问题,但在实践中出现了很多问题,如关于罚款的法律被过度使用,关于权利保障的法律实施很不到位,对权力实际上没有形成有效的约束等。特别是在政法思维主导下,这一方针没有得到很好的贯彻。从当今法治建设的需要看,"十六字"方针的基本要求并没有过时,只要进行适当修改就能适应今天的法治建设。十八大报告对社会主义法治建设的更精确表述是"科学立法、严格执法、公正司法、全民守法"。但是,与社会主义法治"新十六字"方针相伴而生的不是形式法治,而是对这些要求的消解。正面的反对之声没有,但侧面的消解随处可见。

有些法律人从这种原则性的要求中得出结论:法治就是有了法律以后,有人去执行。这是把法治思维简单化了,简单到可以忽略法律的权威和法律方法存在的程度。[1] 近几十年来,司法、执法没有或者很少有法律方法的需求就是这种思想的折射。从我们的亲身经历来看,当代中国并未真实地存在过形式法治这样一个阶段。这不仅是因为法制建设"十六字"方针不等于法治现实,更主要是因为那时中国的法律体系还不完善,无法可依的问题尚未解决,更难言依法办事。现在的情况是,法律由于过度体系化而显得烦琐,已经多到连法律人都不可能全部把握的程度。然而,人们依然觉得法律不够用。实际情况是,现在的法律人根本就没有穷尽现有法律的功用,只是在简单的法律与事实的对比中发现法律的不足,如模糊、有漏洞或难以和个案吻合等问题。一些领导讲话和报告中指出现在的问题是"有法不依、执法不严";而一些法律人的抱怨则是法律的操作性不强,"有法难依"。这种相互矛盾的

---

〔1〕 陈金钊:《法治遭遇"中国"的变异及其修复》,载《扬州大学学报》(人文社会科学版)2013 年第 1 期。

看法根源于对法治思维过程的简单化认识。

我们认为，中国的社会主义法律体系形成以后，贯彻社会主义法治的契机已经到来。但是，此时政治家们对法律及其实施的复杂性已经有了较多认识，感觉到即使有了较为完善的法律，也很难满足形式法治的要求。在贯彻法治的过程中，很多人发现法治的本质是对权力的约束。于是，有人开始抱怨形式法治的弊端，主张形式法治与实质法治的统一，但这根本就没有方法实现，因而只好提出用实质法治取代形式法治。就在中央提出“依法治国，建设社会主义法治国家”方略后不久，很多难以容忍形式法治的官员开始倡导能动司法、社会效果与法律效果统一等实质法治的观点。中国法治建设中也随之出现了以下奇特现象：一方面大张旗鼓地宣传法治，要求全面推进社会主义法治建设，另一方面大讲法治建设中的政治、特色、国情；一方面要求以现代法治作为建构目标以实现法治的现代化，另一方面又要求现代法治迁就本土的政治、文化、心理以及惯常的思维决策模式。以上相互矛盾的认识常常相互牵制，使法治的作用范围逐步萎缩、功能减弱；法治建设还没有迈开步伐，法律文本的权威性就受到实质法治的挑战。实质法治论者并非有什么不良动机，而是没有从方法论的角度考虑问题，把本来属于方法论范畴的能动司法、法律预测当成司法理念。

人们所理解的法治就是在文化土壤中能够生长的。亚里士多德对法治的定义被翻译成中文，多是这样表述的：已经制定的法律得到普遍的遵守，而大家所遵守的是良好的法律。这句话被反复引用，很少有人表示怀疑。英国前大法官汤姆·宾汉姆所著的《法治》一书中这样表述亚里士多德对法治的定义：“有法律来统治胜于某人之治，因此，甚至是法律的护卫者也遵守法律而行事。”〔1〕中国学者心目中的法治之法与英国的法治之法不一样。在英国，法律具有一致性和绝对的权威。这

〔1〕〔英〕汤姆·宾汉姆：《法治》，毛国权译，中国政法大学出版社2012年版，第1—2页。

当然不是说英国不存在高于实在法的自然法，自然法是永恒法，是具有客观含义的普遍法，不能被随便使用。因为实在法必须与自然法一致，只要实在法不违背自然法，就不会出现自然法修正实在法的情形。在中国，由于亚里士多德的法治定义广泛传播，学者心目中的法治之法有两种：法律和良法。这种两分法导致法治之法的相对性，加上中国没有自然法的概念，挂在人们嘴边的便是良法了。然而，良法是一种主观评价的产物，可以根据政治、经济、道德、文化等方面的评价而得出。良法的内容在具体的语境中不具有普遍性，但在人们心目中又具有广泛性，人人都可以判断什么是良法。“良法”这个概念为某些人不遵守法律提供了理由。其实，在中国法律人的意识中，法律之上不仅有良法，还有其他很多高于法律的因素，如权大于法、政治需要高于法律、大局意识、社会效果等，可以引起法律的修改，也可以不顾法律的规定进行裁判。

有学者指出，“宪政社会主义是顺应历史大势应运而生的救世药方。”[1]宪政理念的核心是用法律规则和程序限权。宪政就是限政，是“在尊重个人自由权利的基础上，以公民社会为本位，以人民民主宪政为本质特征，以科学民主制为基本组织原则，以社会公正与平等为核心价值，以促进公民自由发展为己任，全面构建社会主义的物质文明、政治文明、精神文明、生态文明与社会文明”[2]。宪政原本就是在形式法治阶段提出的命题，意在强调宪法的权威以及法律对政治的约束作用，从其本质看，不过是法治的替代词。但是，在一些人看来，这里面包含资产阶级或西方敌对势力搞“和平演变”的祸心。他们把一些敌对势力的目的等同于宪政的功能。这种观念存在着逻辑思维的混乱。他们大概忘记了我们的宪法是党和人民共同制定的最高法律。宪政或形式法治无非是在强调：凡是法律规定的，就要照办。从方法论的角度看，其

---

〔1〕 转引自马立诚：《当代中国八种社会思潮》，社会科学文献出版社 2012 年版，第 109 页。

〔2〕 同上书，第 111 页。

他的政治目标都是添加的意义，而形式法治在方法论上的缺陷就是拿现成的规范去限制人的思维，“宰割”“剪裁”各式各样的行为。从“实践是检验真理的唯一标准”角度衡量，这是有问题的。因此，法治意识形态的建立既要清理过时的政治意识形态，也要反对把形式法治绝对化，要把法治思维和法治方式当成治国理政的基本手段，要注意法律规则和法律解释规则的语境因素。

现在坚持形式法治这种观点的人多是一些抱有法治理想主义的学者，他们相信并追寻法治，主要分布在经济学、法学和政治学领域中。2014 年，中央号召全面推进依法治国。这就要求我们必须找出与形式法治相适应的解释法律的方式，把法治思维和法治方式当成化解社会矛盾的基本方式。呼吁实质法治的学者忽视的问题是：在中国文化思想中，人们的规则意识很差，主要表现在对法律规则和法律思维规则的不尊重，对法律的理解、解释和运用过于灵活。长此以往，对于党的领导、社会秩序的形成以及国家的长治久安都非常不利。张宗厚认为：“目前中国改革陷入困境的主要原因，是由于政治体制改革滞后，导致我们缺乏能够抑制种种社会弊端的机制。中国主要是缺乏法治。因此当前要做的，是尽快实现由人治到法治的转变。”[1]在我们看来，后一种判断非常重要，他说的“法治”就是形式法治。即使要进行政治体制改革，也要加快甚至优先完善法治机制，像经济领域中的“补课”一样，也需要补上形式法治这一课。当然，这种“补课”不是照搬西方的模式，而是既要考虑到中国的国情，又不能用国情否定法治的普适性。

坚持实质法治的更多是一些实务工作者，包括很多政府官员、奉行现实主义的法律人、伦理学者、社会学家等。很多人认为，对于法律意义的理解需要更宽广的视野。在中国，法治建设最大的本土资源是党和政府的推动力。“经济体系的制度化和法律化是主权国家间的事情，

---

〔1〕 转引自马立诚：《当代中国八种社会思潮》，社会科学文献出版社 2012 年版，第 22 页。

没有政府的卷入，制度化和法律化就无从谈起。任何政府需要考虑的不仅仅是经济，还有政治和战略。”[1]在现阶段，强有力的政府是社会稳定、经济发展所需要的。完全由选民支配的政府，在法治尚不健全的时候是不合时宜的。因此，不仅需要暂时搁置选举式的民主，限权意义上的法治也不能彻底实行。然而，这种认识等于放弃了法治，难以解决由腐败衍生的一系列问题，更难以化解官民冲突。中国需要完善法治，把形式法治搞好，把权力关在笼子里，然后再加强民主建设。实践已经证明，在很多第三世界国家，由于没有对权力的有效制约，没有形式法治的保障，许多基于实质考虑的权力、权利、正义、自由、民主等都变成了虚幻。“民主政治所给予的权利大多是理论上和法律上的，而非实际上的。”[2]如果权利不是发自公民内心的追求，政府就不可能彻底推动。因此，我们要全面提升法治思维水平，提高运用法治方式的能力。只有这样，才能为民主的实现打下法治基础。

实际上，过度强调实质法治是向无法治时代的回归。人类社会早期并不存在法律，也没有法治，所有解决问题的方式都是实质主义的。人类社会早期不是没有纷争，而是除了靠实力外，似乎没有更好的解决办法。没有规则的世界，社会秩序处于混沌状态。形成秩序、解决纷争需要一般的标准和规范。法律是一种特殊的社会规则。标准意义上的法律是伴随着解决纷争的规则出现的。规则变成了法律，就成了制度性的。制度性的规则对人们的思维有约束作用，但是在此之外，还有其他的思维规则，这就是法律方法论。法律方法论讲的是作为制度性的法律的运用方法，主要研究的是法律思维规则，这种思维规则虽然在制度性法律之外，但对正确理解、解释和运用法律有积极的意义。在对法律进行定位或定性时，人们把概括性、抽象性、规范性的制度性的法律

〔1〕 郑永年：《危机或重生？全球化时代的中国命运》，浙江人民出版社 2013 年版，第 17 页。

〔2〕 同上书，第 53 页。

称为“形式法律”,把对形式法律的遵守称为“形式法治”。[1] 其实,形式法律是有内容的,这种内容就是对某种实质的形式化反映,表现为能够作为行为规范和判断标准,并且具有明确性、可预测性,即意义的固定性。对形式法律的遵守所形成的秩序就是形式法治,而寻求明确的形式法律以外的规范或标准的则是实质法治。通往实质法治的路径是一系列关于法律解释的开放性规则,如目的解释规则、论辩修辞规则、社会学解释规则、价值衡量规则等。这种解释规则和与形式法治相适应的解释规则构成了法律解释规则最基本的区隔,是我们选择使用法律解释规则的程序依据,即只有在优先适用或穷尽适用形式法治的解释规则以后才能适用开放性的解释规则。与形式法治相适应的解释规则包括:文义解释规则、体系解释规则、语法解释规则等。

三、法律规则和法律解释规则的彰显

忽视法律权威,把形式法治看成可以随时丢弃的工具,过度强调对法治理解的实质因素,可能会导致两个方面的风险:“其一是在追求法治共同标准和学习西方式‘好制度’的同时失去文化和理论的社会根基,其二是在追求自身文化和制度认同的过程中,通过‘特色化’和‘地方化’淡化甚至驱逐了法治目标本身,而重回政治权力、潜规则主导的非法治状态。”[2]对国情的强调自有它的道理,但是对国情的看法不能是片面的,不能用一己之见认定的国情否定其他国情,进而否定法治。胡星斗教授认为,根据中国的国情,建设法治国家应该优先于建设民主国家。中国法治建设应该不折不扣地贯彻宪法和法律至上,承继社会

---

〔1〕 哲学上的形式与实质是对某一事物的认识,而法学上的形式与实质则以是否遵守明确的法律规定为标准。接受明确的法律规定约束的就是形式法治,在形式法律以外寻求规范和标准的就是实质法治。形式法治与实质法治的划分不属于对事物的认识论范畴,而是关于法律如何运用的开放性方法论。

〔2〕 李晓辉:《理性认识“中国问题”:从比较法出发的考察》,载《比较法研究》2012 年第 2 期。

主义核心价值观，发展公平的市场经济，铲除特权垄断利益集团和腐败，建设人本、人道、公正、公开、共有、共富的现代中华文明，实现“四民”主义：民有（人民拥有主权）、民授（人民授权）、民治（基层人民自治）、民享（人民分享成果）。“四民”主义可以避免暴民政治，驯服权力，保障市场经济和谐平稳发展，避免民族主义和民粹主义。[1] 然而，现实情况是，在片面的特色论、本土资源论的支配之下，一些人的思维在不知不觉中走向了法治的反面，思维决断的合法性出现了危机。

有人认为，迷信法治会使人们的思维呆板，烦琐的程序和严格的规则缺少灵活性，不适合中国的国情。法治追求平等，很快就会打破传统的威权秩序，由此树立的效率观念很快也会消失。在古代中国，建设法治是一种理想主义，早在秦代就已经尝试过。在秦帝国灭亡过程中，曾出现中国历史上影响很大的事件，即抱有理想主义的项羽输给了怀揣现实主义的刘邦。“于是，往后的两千多年，中国人人都不想当项羽，只想当刘邦。”[2]这说明，对待法治的实用主义态度不是今天才产生的，而是有着深厚的文化土壤。但是，放弃形式法治的优先性是危险的，实质法治的思路蕴含着革命思想的种子。法治表面上是对权力的控制，实际上却是一个国家统治者调控能力和合法化能力的体现。没有这种能力，文明的管理方式难以建立起来。同时，要警惕掉入“国家主义”的陷阱。

我们对形式法治的呼吁，无非是要展开“法治是规则治理的事业”的命题。这里的“规则”不仅包括法律规则，还包括维护法治的思维规则。只有在改造人们的思维规则的基础上，才能够全面推进法治建设。法律思维规则是指根据法律规则展开的思考，是法律人思考的依据，包括法律解释规则、修辞规则、论证规则、论辩规则、发现规则、推理规则

---

〔1〕 参见马立诚：《当代中国八种社会思潮》，社会科学文献出版社 2012 年版，第 104 页。

〔2〕 蔡子强：《中国政治权力游戏》，载《领导文萃》2013 年第 10 期。

等。这些规则对于正确理解、解释和运用法律具有重要作用。尽管法律解释规则与法律规则联系密切，但是两者之间仍存在本质区别。从大的方面看，法律规则是行为规则，而法律解释规则是思维规则。法律对人的行为的约束，必须通过人的思想实施。法律所能控制的是有意志的人。人能否在思维领域接受法律规则是一个复杂的问题，不能约束人的思维就难以规制人的行为。所以，有人主张把所有的思维规则都上升为法律规则。但是，实践证明这是行不通的。毕竟法律是约束人的行为的规则，只有那些与行为有直接关联的思维规则才能被表述为法律规则。思想家们也许只能呼吁把逻辑规则视为法律规则。就像道德规则可以提出这样那样的要求，但由于它有很多的场景依赖因素，因此不宜被表述为法律规则。法律思维规则与法律规则相比，“具有灵活性，没有约束力，实际上只是对法规、契约和其他文件里的短语和措辞的真实意义提供指导。如果它的含义与相关的用语或措辞之最为合理之意义不一致，则不予适用”〔1〕。

法律解释规则可以分为广义的和狭义的两种。广义的法律解释规则包括法律规则，因为法律规则是法律解释活动必须遵守的。按此理解，法律解释规则的研究似乎就没有了意义。因为法律解释并不完全是法律规则的运用，除了必须遵守法律规则以外，人们还必须遵守法律解释特有的思维规则。所以，狭义的法律解释规则在制度上没有具体的规定，只是法律人在解释活动中选择使用的规则。如果在法律中有具体的规定，我们就直接将其称为“法律规则”。法律规则是法律解释的根据，是合法性思维得以成立的前提性条件。一般认为，司法过程就是法律解释的过程。依此推断，法律解释规则与司法规则具有同一性。对法律的理解与解释，其目的在于规范人们的行为，“所以应用首先要

〔1〕〔美〕戴维·M. 沃克：《牛津法律大辞典》，李双元等译，法律出版社 2003 年版，第 992 页。

先理解法条的文本，然后才适用于具体的个案”[1]。狭义的法律解释规则是在制度上没有完整地规定，但是对法律解释活动有指导意义的思维规则。它不像法律规则那样必须予以遵守，但是对法律人的思维活动有重要的指导意义。严格来说，法律解释规则是一种准法律规则。法律解释规则对形式法治严格的推理形式来说是一种“解毒剂”，可以缓解法律的严格以及法律与事实之间的紧张关系。法律解释规则“作为默认规则，这些准则通常是借助下述方式来证明自身合理性：或者(1) 这些规则能够反映立法者的偏好，因此可以作为现成条款，进而起到降低立法起草成本的作用；或者(2) 作为民主推动法则，法院可以运用这些规则得到立法响应”[2]。

同时，我们应该看到，法律解释是一种专业性很强的思维活动，如果完全依靠民意决定法律的意义，恐怕很难完成法治的任务。对中国来说，法治需要启蒙，法治思维需要训练和长时间法治实践的积淀。在法治思维水平较低的情况下就把法治的命运交给民主、民意，法治根本不可能实现，社会反而会陷入混乱之中。我们承认很多思想家观察问题的眼光敏锐，但他们抱怨式的深刻难以解决问题。抱怨是社会学提出问题的方式，体现了人类思维的惰性。但是，社会学提出的问题既不能用革命的方式来解决，也不宜采用实用主义的具体问题具体分析。离开法治的实用主义路径，即使能解决一时的问题，也难以解决社会发展中的根本问题。具体问题具体分析是在告诉我们，该怎么办就怎么办，没有明确、清晰的解决问题的思维路径，是一种法律必须适应社会的想法，放弃了法治理想。近些年来，中央提出用法治方式解决问题的思路，标志着法治的进步，是对各种抱怨的对策性回应。法治方式负有改造社会的重任，是在权力与权利之间寻求一种平衡。法治方式虽然

---

〔1〕 吴庚：《宪法的解释与适用》，台湾三民书局 2004 年版，第 501 页。

〔2〕〔美〕阿德里安·沃缪勒：《不确定状态下的裁判——法律解释的制度理论》，梁迎修、孟庆友译，北京大学出版社 2011 年版，第 216 页。

有时也强调就事论事,但运用法治方式解决问题总体上离不开法律规则和法律解释规则。

“法治原则要求法律规则必须明确清楚,公众无须猜测其含义。它应该具有广泛性,而不能仅限于某一特殊群体或个人。”〔1〕我们需要认真对待法律规则和法律解释规则,深入研究法律解释规则的分类、适用范围及冲突。这些都是改造辩证思维或者说混沌思维的基础性工作。

在很多人的思想中,西方国家的法治之所以“搞得好”,是因为它们有“完善”的政治体制和“发达”的法律文化。其实,真实的情况可能并不是他们想象的那样。所谓“完善”的体制都建立在简单规则的基础上。正是一些看似简单的规则,把人的思想和行为、思维方式和政治体制有机地结合起来。如果缺乏认真对待规则的意识,再完善的体制也会有相应的改变对策。中国传统文化的惯性与法治建设之间存在着张力,以至于会出现各种各样的消解法治的做法。这需要我们通过重视法律规则和尊重法治思维规则加以改变。

第二节 法律方法论研究中的法律解释规则

法律方法论研究有两个路径:一是对如何运用法律进行形式化的抽象努力,对法律思维的过程进行原则、规则和技巧的理论概括;二是对执法、司法进行经验性描述。然而,高度抽象的理论化表述常常被视为脱离实际,对司法经验的表述只具有启发意义而不能被当成法律方法。我们认为,法律方法论研究并不完全是为直接指导司法实践而进行的,更主要的是为提升人们对法律的理解能力而展开的关于法律思维规则的训练。法律方法与科学技术的差别很大,是一种关于理解、解释和运用法律的思维规则。这种思维规则是对社会的理解和解释,是

〔1〕〔美〕凯斯·R.孙斯坦:《法律推理与政治冲突》,金朝武等译,法律出版社2004年版,第124页。

运用法律的“规律”,与对自然、物理、化学世界的理解是不一样的。然而,在基本道理方面,两者又有很多的一致性。人们可以把自然规律用于改造自然、造福人类;也可以从社会关系中抽出一些规则,用于调控社会。但是,执法与司法面对的案件很多是有争议的,不是有了规则就能很好地处理,情境因素与法律规定不完全一样,绝对地依法办案是不可能的,而对法律过于灵活的解释又会使法治目标落空。因此,在法治思维中正确对待法律解释规则,对确定法治话语权具有重要的意义。

一、法律方法论需要转向对法律解释规则的研究

从法律解释方法具体研究内容演化的角度,大体上可以看到法律方法发展的三个阶段:第一个阶段是基本理论研究阶段,包括对法律方法的基本概念、原理、原则的研究,诸如法律发现的概念、法律解释的原则、价值或利益衡量的条件、法律推理的意义、法律解释的分类、法律论证、漏洞补充的概念、分类及具体操作方法、各种法律方法间的关系等。尽管这一阶段也有一些对具体方法的细致研究,但总体上是对宏观理论的概括。第二个阶段是法律适用规则研究阶段,主要研究各种法律思维规则,包括法律发现规则、法律解释规则、法律论辩和论证规则、法律修辞规则等。这是凸显法律方法论实用品格的一个阶段,属于对具体法律方法的细化研究,研究的是各种思维规则的含义及其运用条件。[1] 由于大量带有规制意义的规则都是在一般意义上的阐释,分类标准存在逻辑上的模糊,因而在使用过程中会出现规则间的相互冲突。这就需要对相互冲突的规则进行研究,消解规则间的冲突,从而构成法律解释方法研究的第三个阶段。法律解释规则在本质上属于理论阐述。当人们把各种解释规则运用于实践时,就会发现几乎每一个解释规则都有指向相反的规则,因而如何解决法律解释规则间的冲突不仅

---

〔1〕 参见陈金钊:《法律解释规则及其运用研究》(上、中、下),载《政法论丛》2013 年第 3、4、5 期。

是司法实践所需要的,也是法律方法研究应进行的攻坚。对这三个阶段的划分,不是对法律方法论发展历史的严格考察,而是试图说明中国的法律方法研究的主要内容是理解、解释和运用法律的规则。宏观理论是基础性的,各种法律方法运用规则冲突的研究实际上又回到了基础理论争论阶段。但是,此时的研究已经不是为了搞清楚概念,而是为了更好、更恰当地运用规则,突出的是法律方法的实用性。目前,西方的法律方法研究还没有走出这一阶段。值得注意的是,有些法学家没有直面法律解释规则的冲突,而是重新回到了原点——在基本概念和基本原理等宏观理论上重新开启了研究。近些年来,美国的一些法学家对于解释、法律解释投入了不少精力,[1]但成果不是十分明显。

自 20 世纪 90 年代开始,中国的法律方法研究用二十多年的时间走完了初级阶段,学者们对涉及学科发展的基本概念、原则、原理进行了较为清楚的梳理,基本厘清了学术思想进化的脉络,初步完成了基础理论的研究。然而,这种研究并没有满足法治建设以及实务法律人对法律方法论的需求,因而需要进入细化研究阶段——把复杂的解释理论转化为简约的解释规则,这是法律人对法律方法论的重要期待。简约的法律解释规则代表了那种"学了容易懂,懂了就能用"的方法。事实上,西方法学和中国律学的经验智慧中都有大量的法律解释规则,法律人需要对其进行甄别、梳理,以方便法律适用。虽然对法律方法的细化研究需要解决一些理念上的问题,但下一阶段的重点是转向对法律解释规则的研究。理念层面的研究的意义在于树立法治理想,使法治真正承担起改造社会的任务。这一点是中西方法治建设有所不同的地方:在西方,法治是保守的;在中国,实行法治需要有一定的改革精神。我们不仅要吸收西方法治的一般原则,还要研究在特殊背景下适合中国法治建设的思维规律,开展对法律推理、解释、论证和修辞规则的

[1] 参见〔美〕安德雷·马默主编:《法律与解释》,张卓明等译,法律出版社 2006 年版。

研究。

对法律解释规则的深入研究需要研究者转换立场。由于前些年法治建设的重点是解决“有法可依”的问题，因此立法中心主义一直主导着法学研究的走向。经过多年的立法建设，中国特色社会主义法律体系已经形成，相应地，法学研究也应该由立法中心主义转向司法中心主义，法学应该转向解释学，而解释学现在的研究重点是法律解释规则。法学研究进入法律解释学时代已经成为定局。法律解释规则是关于法治细腻实现方法的研究。法治与政治在方法论上的最大区别是强调细节决定成败。“在这个世界上，你不可以忽视任何一个微小的事物，往往，一个微小的东西，很可能是改变大局的触发点。”[1]法治的细节问题研究主要有两个方面：一是强化对法律推理、解释、论证、修辞规则的细化研究；二是在证据领域细化对事实问题认定方法的研究。虽然法治是以简单的规则和程序调整社会，但简单的规则和程序的运用是复杂的，对此我们还没有足够的心理准备。可见，现阶段法治建设需要细致、科学、理性的方法论系统。

为克服形式法治的弊端，同时发挥实质法治的优点，早期很多学者主张松动法律的严格性，尽力挖掘法律可能的意义，在捍卫法治的基础上对法律的意义进行扩容。或者换个说法，用松动法律的方式使法律适应社会，而不是把法律的意义绝对化。该主张最主要的做法就是强化法律解释的功能，尽力挖掘法律可能的意义。然而，在法律方法研究中引进解释、论辩、论证等修辞手段以后，近些年来，法律出现了更多的意义，法律的范围显得漫无边际。在法律问题上的过度解释以及在修辞论辩中的主体性张扬，造成了法治论者的集体焦虑。也就是说，在走向法治的路途中，解释方法的引入没有使法律与社会、法律与价值、规范与目的之间的关系更加融洽，反而出现了形式法治的危机。为了在

---

〔1〕 龙柒主编：《世界上最伟大的50种思维方法》，金城出版社2011年版，第39页。

理论和实现方法上进一步证成法治,20 世纪 60 年代,有学者提出在融贯思想支配下的论证、论辩、修辞等方法,以增大法律判断的说理成分,从而成为可接受的法律。这是与实质法治相适应的法律解释方法,实现了由传统的法律发现、法律解释、法律推理内部证成到外部证成、论辩、修辞的发展。其最显著的特征是,法律方法论适应了实质法治的要求,减少了机械司法,增多了对法律的灵活使用。上述法律方法论的基本发展进路可以概括为:早期的法律发现—法律推理;中期的法律发现—法律解释—价值衡量—法律推理;现在的法律发现—法律解释—法律论证、论辩、修辞—法律推理。[1] 因此,我们需要研究法律方法论的演化历史,以明确不同时期的法律解释规则。

二、不宜用辩证法解决法律解释规则间的矛盾

中西方对法律解释规则的研究有着很大的区别。在西方,比较尊重法律的权威,法治思维以形式逻辑为基础,注重演绎推理、类比推理等方法的运用,善于用法学原理分析案件。[2] 但是,在中国,轻视形式逻辑重视辩证法,强调在社会整体、规则体系中理解法律,对法律规则采取比较灵活的解释。例如,对案件不是根据逻辑规则进行分析,而是在语境中具体问题具体分析。由此带来的问题是,重视法律解释过程中的权衡,而忽视对法律解释规则的运用。这种现象的出现,既有历史文化的传承,也与近百年来我们所接受的西方思想有关。中国现在的司法政策制定者多数是在 20 世纪 80 年代上的大学,那时为树立正确的世界观和方法论,他们学习的就是唯物辩证法,其后尽管有很多培训,但接受的基本上还是辩证法的熏陶。辩证唯物主义和历史唯物主义是目前的主导性思维方式,这种思维方式与传统思维有许多契合,形

---

〔1〕 参见陈金钊等:《法律方法论研究》,山东人民出版社 2010 年版,第一章、第二章的相关论述。

〔2〕 关于这一问题,此处主要是指西方国家对待国内法的态度。在国际法上,西方国家的双重或多重标准给第三世界国家的人民留下了深刻的印象。

成了持续七十多年的新传统。

辩证法也属于一种对世界认识的简约思维方式。然而,这种思维方式不利于法治建设。因为辩证地看待法律,直接否定的就是法律推理前提的可靠性,认为在司法过程中法律效力是可废止、可修正、可选择的。在辩证的相对论思考中,法律意义的不确定性得到更进一步的强化。由于辩证法在人们的思维中具有至高无上的地位,因此根植于形式逻辑的法治思维和法治方式得不到人们的普遍认同。值得注意的是,西方法学近百年的发展也走上了反形式逻辑的道路,在辩证法基础上发展起来的哲学解释学成了后现代法学的基础理论。在向西方学习的过程中,后现代法学的诸多观点被部分人吸收。这样,西方法学界对形式逻辑的批判又强化了中国法学界对形式逻辑的轻视。然而,就像我们在前文中提到的,尽管后现代法学对法治之弊的揭示不无道理,但中国法治建设的需要却是错位的。西方法学界批判过度使用形式逻辑所导致的机械司法是有问题意识的,而中国还没有经历严格法治阶段,存在的问题是在思维过程中对逻辑规则的运用不足。

我们注意到,中国古代哲学进入认识论以后就停住了脚步。这导致了很多不良的后果,如科学技术裹足不前;在法治思维中不重视法律方法,使得形式法治难以实现。很多人打着实质法治思维的幌子试图超越法律,导致法律的权威难以树立。19世纪末,先觉的中国人发现,西方文明的优越在于科学技术的发达。所以,一百多年来,我们拼命地学习西方的科学技术,中国人的思维在自然科学领域有了很大的改观。这一点甚至还影响到了治国理念和方式,如党的十六届三中全会提出以科学发展观为指导推进各项事业。但是,从总体上看,科学所倡导的实证精神以及精细缜密的逻辑分析在人文社会科学领域并没有得到普遍的认同,传统的整体思维、辩证思想依然支配着人们的决策和行为。直到今天,以形式逻辑为基础的法治思维和法治方式仍没有成为主流,司法政策的确定依据还是辩证思维。对法治实现方法的思考,还是在片面地运用辩证法某一个方面的思想,本来是“对立统一”,却片面强调“统一”。这当然不是说法治研究不需要辩证思维,而是说辩证法在法律的实施问题上难以成为解决问题的具体方法。对立统一是一种认识论，辩证思维不支持和维系法治建设所需要的根据法律思考的思维方式。

在辩证思维的影响之下，关于法治思维和法治方式的要求常常引起人们对机械司法的联想。有些人没有意识到社会关系的复杂性以及人们对法律理解的多样性，直接把法律套用到案件的处理上。这种做法极易引发人们对简约的法律调整方式的质疑。“尽管这看似一目了然之事，但几乎每天的法庭辩论以及为数不少的判决都充分证明，人们有一种根深蒂固的不幸倾向，即一遇到具体问题，便往往将法律因素与非法律因素搅在一起、混为一谈。”〔1〕之所以出现这种情况，是因为法律与物质、精神世界联系密切。在思考解决具体法律问题的时候，人们很容易抛开形式逻辑规则的指引，从而导致思维转向与案件相关但已经脱离法律规制的其他方面。当然，“对这种将法律概念与非法律概念搅在一起、混为一谈的倾向而言，法律术语的模糊与随意也难辞其咎”〔2〕。尽管法律已经成为体系，但是它的模糊性、不周延性以及意义的流变性依然存在。这意味着，即使是我们倡导的形式法治，其实也不好实行。在世界范围内，法治已有几百年的历史，法律规定、判例汗牛充栋，法律解释规则数不胜数，但这些并没有在理论上或实践中彻底证成形式法治。相反地，在批判法学、后现代法学学者眼中，形式法治简直是漏洞百出。法律方法或法律解释规则并不能做到正确地理解、解释和运用法律，自由裁量甚至任意裁量一直存在，难以消除。用简约的法治思维规则来理解法律、解释和运用法律，只能处理多数案件，并不能解决所有案件。〔3〕然而，我们不能因此而放弃对形式法治及其思维

---

〔1〕〔美〕霍菲尔德：《基本法律概念》，张书友编译，中国法制出版社2009年版，第10—11页。

〔2〕同上书，第13页。

〔3〕这些规则包括法律发现规则、法律解释规则、法律论证规则、法律论辩规则等。目前，我们尚缺乏对这些规则的系统研究，这是法律方法论下一步重点研究的领域。

规律的追寻，因为这是能够接近法治实现的唯一途径。因此，我们需要树立一种形式法治的观念，即在穷尽形式法治的一切方法之后，才允许使用实质法治的方法。法治要求法律人的思维不能离开法律的规定性而径直进入实质思维。

三、根据法治形态区隔法律解释规则

从思维方式的角度看，建立在形式逻辑推论基础上的法治是形式法治，而建立在辩证法基础上的法治是实质法治。在现阶段，我们反对在庸俗辩证法指导之下带有实质思维倾向的法律解释，强调在解释过程中对形式逻辑思维规则的尊重。形式法治应该主导对法律解释规则和方法的选择，根据法律思考是法治思维的主要特征。同时，对法治既爱又恨的纠结心理被带进对法治思维的界定，并影响到法律人对法律解释规则的态度。我们研究发现，形式法治与实质法治在法律解释问题上有两种不同的思想倾向：一种是克制主义，另一种是能动主义。这两种法治又有两种不同的法律解释方法：一种是从法律文本中探寻法律的意义的严格解释方法，包括法律发现、文义解释、体系解释、语法解释、历史解释等；另一种是遵循法意在法外的思路，从与法律规定有联系的其他因素中探寻法律的意义，包括价值衡量、目的解释、社会学解释等。这两种思想倾向和方法迎合了形式法治和实质法治两种思路，而这两种思路在很多西方法学流派中都有“知音”。中国很多学者根据西方理论对现行法治需要什么样的解释规则进行论证，只不过是在带有西方法学理论的框架中塞进了中国的国情论或特色论的材料，其理论理路和论证方式都是西方式的。这说明，中国虽没有经历过严格法治阶段，但已经进入追梦实质法治阶段。很多人可能没有意识到实质法治带有消解法治的思想倾向，不利于法治建设。因此，我们应该奉行形式法治优先的法治意识形态，把实质法治的解释方法与规则当成辅助方法加以运用。

在特定的时间内，一个国家对法律采取什么样的思维方式，会影响一个社会政治思维的结构以及法律所能支配的范围。辩证地看待法律,对中国人有很大的可接受性或者说“欺骗性”。因为从辩证的角度而言,人们不会直接否定法治,但是在法治与其他社会关系的“统一”中,法治的绝对性或者说核心意义会被消解。实际上,即使对法治有消极的看法,甚或在内心反对法治,人们也很少公然反对法治,因为法治在当前已经成了“政治正确”的“标签”。当然,有些人对法治表示反感并不是由于认为法治在理论上存在问题,而是对枉法裁判难以消除所表达的愤懑,但这种情况并不普遍。主流社会对法治的否定主要是通过司法政策改变法治的意义;民间存在的常态则是在指责机械司法的时候,数落依法办事的效果。为什么有人会赞成在执法、司法中修改甚至废止法律的行为?因为我们处在一个世俗的世界中,法律对多数人来说还属于不甚清楚的“高雅”之物,在规则的迷宫中,人们不易把握和理解它。尽管法律实质上是规范世俗人的活动,但很多人在骨子里还没有接受体系性的法律,对法律有一种模糊的认识。在这种情况下,不要让标签式的概念性法律占据我们的头脑。从当前的法律多数移植于西方的现实来看,很多法律确实与传统有隔阂。在这种情况下,要求来自西方的法律符合中国实际的想法很容易在思维中占据上风。但是,越在这个时候,我们越不能放弃运用法律改造世界的目标。另外,有些人为什么主张灵活对待法律?这是因为,他们已经看清楚“规范论无法支援政治支配之法理需求”[1],规范和程序性的法律对权力是一个有效的限制,若不灵活对待法律,权力范围就会缩小。

区隔的目的实际上是对法律解释规则进行排序。解释方法的位序很重要,“如果能够通过位序在先的解释方法得出结论,原则上不必考虑位序在后的法律解释方法的运用”[2]。人们之所以想给法律解释方

〔1〕〔德〕卡尔·施密特:《论法学思维的三种模式》,苏慧婕译,中国法制出版社 2012 年版,导读第 10 页。

〔2〕 王利明:《法律解释学导论:以民法为视角》,法律出版社 2009 年版,第 619 页。

法排序，是因为法律解释方法很多，如果没有先后位序，就会出现对解释方法的任意选择使用。实际上，虽然能够确立法律解释规则的抽象顺序，但是此举不可能在具体的案件中起到决定性作用。别说是法理学研究出来的解释位序，就是立法者确立的法律，在面对个案的时候，人们在如何使用问题上依然会感到茫然。为了维护法治，只能确定一些解释方法应被优先使用，但这些优先规则也可能会因为人们对法治有不同的理解而出现不同的优位。例如，形式法治要求文义解释优先，而实质法治则主张除弊规则优先。

法律解释方法很多，但不能随便使用。根据法治的原则要求以及法律人长期的司法经验，学者们对法律解释方法进行了位序排列，其核心的意义在于确定哪种解释方法或者解释规则优先适用。法律解释的位序本身就是法律解释规则之一。“狭义的解释方法的优位顺序并不是一个倡导性的规则，而是一个寻求妥当的法律解释结论的必然要求，也是法官必须遵守的一个解释性规则。”〔1〕一般来说，位序的确定需要职业法律人达成共识；对在共识基础上确定的位序，解释者应该遵守。比如，文义解释优先既是一种位序的安排，又是一种解释规则。超越文义解释而直接进入目的解释或社会学解释就会背离法治的原则要求。所以，“解释者对解释规则的运用，并不是毫无约束的，通常应遵守文理、逻辑—体系、意义关联、目的论等顺序，这些解释规则本质上是属于客观意义的范畴，其余历史、个别问题解决法、合宪性解释就要归于主观主义了”〔2〕。当然，对这一法律解释的位序规则不能机械地执行，否则难免出现削足适履之弊。法律解释的位序可以从确定文义可能包括的范围、探求立法目的、社会效果三个方面考量。法律解释方法大体按文义解释、体系解释、当然解释、反对解释、限缩解释和扩张解释、目的

---

〔1〕 王利明：《法律解释学导论：以民法为视角》，法律出版社 2009 年版，第 612 页。

〔2〕 吴庚：《宪法的解释与适用》，台湾三民书局 2004 年版，第 547 页。

解释、历史解释、合宪解释等的顺序依次展开。[1]

不同的法律方法论对法律规则和法律解释规则位序的认识存在差异,原因在于:第一,各种解释方法对立法者本意的尊重程度有差异。第二,各种解释方法在解释者中获得共识的程度是不一样的。第三,各种解释方法发现文本的可能文义的功能是不一样的。第四,各种解释方法在具体适用的功能方面是不同的。[2] 此外,虽然法律解释方法有位序排列,但只能做到优位选择的定位,并没有为每一种法律规则和方法排出精准的位序。由于具体案件的复杂性以及思维进路的多样性,法学家们不可能排出十分精准的位序。对此,已有很多法学家作出论断:在法律解释或法律方法上排出位序,是一个和“永动机”一样的假命题。然而,完全数字化的位序难以排列并不意味着各种法律解释规则和方法都处于同等重要的位置。因为法律解释规则和方法的功能各异,且有各自的服务目标,其重要性只能在具体语境中权衡,文义解释优先只是法治的一个原则性要求,故对具体案件不可能得出那种对所有案件都适用的抽象位序。

关于优位的确定,有不同的标准。国外有学者建议,可以根据法律解释方法的难易程度确定法律解释方法的位序。这就是法律解释的经济原则。如果法官采用简单的解释方法就可以得出结论,那么就没有必要使用比较复杂的解释方法。换言之,只有当简单的解释方法不能解决问题时,才使用复杂的解释方法。“注重适用简单的法律解释方法对于法的安定性和统一性有重要意义,解释方法越简单,越易于为解释者所接受和掌握。基于此方法的结论越可靠,越一致,从而越能保证法律适用的可预见性。”[3]然而,法学家们更多是按照法治的要求确定法律解释规则和方法的位序。法治的要求也分为两类,通常所说的位序

---

〔1〕 参见王利明:《法律解释学导论:以民法为视角》,法律出版社2009年版,第613页。

〔2〕 同上书,第610—613页。

〔3〕 同上书,第612页。

标准是形式法治的要求。近些年来，实质法治的呼声有所上涨，主张者认为，决定位序的是法律的价值和本质，正义才是法治的根本目标。这种呼声在西方自有其道理，因为西方已经度过了严格法治的时代，司法和执法中因为机械地适用法律衍生出很多问题。但是，西方的实质法治并不符合当今中国法治建设的需要，因为它很可能会在理论上配合法律虚无主义。中国法治建设需要形式法治理论，这决定了我们在确定位序的时候应该奉行以形式法治为先的思路，把与形式法治相适应的规则和方法放到最重要的位置，而使与实质法治相适应的规则和方法处于辅助地位。

第三节　法律解释规则的诠释

在法治思维和法治方式成为治国理政的手段以后，加强对法律解释规则和适用方法的研究成了当务之急。从技术论的角度看，法律解释规则及其适用方法构成了法治思维和法治方式的核心内容。特别是在中国特色社会主义法律体系形成以后，如何落实法律规定、依法办事是法治建设的重点。有些人相信，只要有了法律，严格依法办事，法治就能实现。这是对法治思维和法治方式的简单化认识，是对法治实现过程的复杂性和专业性认识不足的表现。近些年来，中国法学界对法治思维和法治方法的研究有三个方面的特点：一是大量翻译、介绍西方法学家的观点，很多中国法学家的研究成果就是对西方法律方法理论的直接引进，明显缺乏中国问题意识，学者之间经常在是否真正理解来自西方的相关文本的真谛上争论不休。这种对西方经典抱有崇拜乃至战战兢兢的心理确实需要，因为只有这样才能真正了解西方的法学，把握西方法律方法论研究的贡献。但是，也应该看到，把这一思维倾向绝对化是对自己文化的不自信。二是部分学者虽然已经表现出对中国现实问题的关怀，但是西方法律方法这种细腻理论在短期内还难以吸收、消化和准确理解，多数人的研究还停留在宏观理论层面，对法律解释的规则和方法还没有开展系统的研究。三是从主流趋势上看，学者们缺少捍卫法治的坚定信念，更多是要求法律解释更加符合中国的国情。这与政治上要求推行法治的呼声形成相反的格调，与西方当代法学界的主流声音比较接近。中国的法律人虽然从理念上接受了法治，但在意识形态上缺少对严格法治的认同，在法律没有形成权威的时候就倡导灵活地对待规则的实质法治。这种以适应社会现实为主调的法律解释理论忘记了法治改造社会的理想，既没有坚持法治原则，也没有遵守解释规则，因而回应司法实践的能力也较为欠缺。欲改变这种状况，需要在方法论上认真对待法律解释规则。

"当从一定距离来观察法律时，你看到的是一个规则的迷宫。"〔1〕在规则的迷宫中，不仅包括数量巨大、关系复杂的各种法律规则，还包括法律推理、解释、论证、修辞等思维规则。对这些规则的研究构成法学研究的核心内容，几乎所有的法学问题都离不开对规则的研究。对法律规则的掌握和运用是法律人最重要的技能。其中，对法律解释规则的把握是法律人正确理解、解释和运用法律的捷径，可以在法律思维过程中少走弯路。法律解释规则是法律解释学最重要的内容。与法律规则不一样，法律解释规则不属于制度性规则，而只是职业法律人的思维规则，即法律人在开展法律思维时可以遵守的准则，不具有强制性。这一点使得法律解释学研究者常常产生疑问：对很多社会关系的调整都是使用法律，为什么不能把解释规则也上升为法律规则，以法律的形式发挥作用？这一问题也是法律解释法研究经常遇到的问题。实际上，在世界范围内，只有少数国家有法律解释法，并且条文数量比较少，关于解释规则的规定也很简单。按理说，法律解释是司法过程中最重要的环节，有一部完整的法律解释法对法治的意义是巨大的。然而，即使是有着丰富的法治经验的美国，也只有大量的法律解释规则，而没有

〔1〕〔美〕乔治·P. 弗莱彻：《刑法的基本概念》，蔡爱惠等译，王世洲主译与校对，中国政法大学出版社2004年版，第6页。

一部完整、完善的法律解释法。当然，美国拥有较为完善的如量刑规则、证据规则一类的法律。由此看来，法律解释规则远比法律规则复杂，只有把法律解释规则研究成熟，才有可能出现完善的法律解释法。

美国法学家富勒说过，法治是规则治理的事业。这一观点得到了很多人的认同，但我们常常把这里的“规则”理解为法律规则。从法治的实现离不开法治思维和法治方式来看，这样理解是不全面的，因为其中没有包含法律思维规则。法律思维规则包括法律发现规则、法律论证规则、法律论辩规则、法律修辞规则、法律推理规则等，这些基于法律方法的规则有时候也被统称为“法律解释规则”，是广义的法律解释规则。在本书中，我们使用的是狭义的法律解释规则，即与发现、推理、论证等并列的思维规则。不同法律方法的思维规则之间存在一些交叉，因而很难确定它们的明确界限。好在法律适用本身就是对法律方法的综合使用，单靠一种方法解决纠纷的情况比较少见。法律发现和法律解释有不同的思维特点，法律论证与法律解释也会使用不同的逻辑规则，这为我们把法律解释规则单独拿出来研究提供了便利。

一、法律解释规则的概念

长期以来，中国的法律解释规则研究很少，只有部分学者进行了零星的研究，对法律解释规则概念的研究也不够深入。因此，我们只能从西方法学研究中窥探这一概念。美国学者一般不在法律解释规则的概念问题上纠缠，更多是对具体法律解释规则运用问题进行论述。欧洲学者多以法谚的方式表达法律解释规则。从目前我们收集到的有关材料来看，关于法律解释规则的概念大致有以下三种看法：

（一）法律解释规则是法律解释活动所遵循的准则

解释的含义极其复杂，因而我们不主张在哲学意义上使用“解释”一词，而是认为应该在日常意义上把解释视为一种对思维活动的说明。相应地，法律解释就是把法律作为思维的根据，在具体的情境中使法律文本的意义进一步清晰。“解释大致可被定义为是对某一对象之含义所作的理解和说明。”[1]法律解释规则就是法律人思考法律及其事实的意义时可以遵循的准则。在这里，之所以说“可以”而没有说“必须”，是因为尽管法律解释规则很多，但从不会有规则强制性地要求在某一案件中解释者必须遵守什么样的规则。也就是说，所有法律解释规则的使用都是法律人自主选择的结果。具体的法律解释规则像法律格言、法谚一样，是关于如何解释的简洁表达，不可能附加太多的条件。与法律规则不一样，法律解释规则不是由立法者创立的，所谓“准则”也只是在比喻意义上使用的。“解释准则即那些解释格言，它们是由司法发展出来的经验法则。”[2]对于法律解释规则，我们只能把它当成思维的前见，而不能认为根据解释规则作出的判断必定是正确的。因为规则是一般性的，不能避免例外的存在；同时，具体的法律解释都是与语境连在一起的，离开语境因素，完全靠规则决断依然会导致机械司法或执法。

机械司法是因为有些人没有意识到社会关系的复杂性以及人们对法律理解的多样性，直接把法律套用到个案的处理上，容易引发人们对法律简约调整方式的质疑。事实上，法律解释规则越是简约，其抽象化程度就越高，离要解决的具体案件的语境就越远。有学者指出：“法院和学者们一直在谈论‘解释的准则’和‘解释的规则’，但怂恿人们机械地恪守这些刻板的准则并不能圆满地完成宪法规范内容的任务。”[3]虽然我们必须反对机械司法，但始终没有办法放弃社会调整的简约模式，法律规则以及法律思维规则构成了调整社会的基本手段。简约的法律解释规则比较容易理解和把握，能起到约束解释者思维走向的作

---

〔1〕〔美〕安德瑞·马默：《解释与法律理论》（原书第二版），程朝阳译，中国政法大学出版社2012年版，第14页。

〔2〕同上书，第14页。

〔3〕〔美〕詹姆斯·安修：《美国宪法解释与判例》，黎建飞译，中国政法大学出版社1994年版，第5页。

用。然而,简约的法律解释规则并不意味着法官等法律人在具体案件中的思考过程是简单的。法律解释规则仅仅是法治思维的路标,通往正义、法治的路径具体怎么走,还需要法律人自己把握。具体的法律裁判的作出是一个复杂的思维过程。"现实的世界是无限复杂的,无论是在自然科学还是社会科学领域,事实证明,只有简单的理论模型才可能解释复杂的现实,以复杂的理论解释复杂的现实,几乎没有成功的可能,而且也少有意义。"[1]法律解释规则是法律人思维可以遵守但又不必拘泥的规则。然而,法律人必须把握法律解释规则,只有这样才能具备恰当选择使用的基础。

(二)法律解释规则的适用有明确的优先位序

法律解释规则是法律解释方法的运用准则。有人认为:"法律解释规则是法官在办案中应当掌握的实际操作方法,即在适用各种解释方法时的使用顺序问题。"[2]这种认识把法律解释方法和法律解释规则联系起来考察,把法律解释规则的核心确定为各种方法的位序,总体上有一定道理。但是,法律解释的位序不是单独的解释方法,只是法律解释规则的重要组成部分,法律解释方法位序的涵盖面远远小于法律解释规则。文义解释优先是传统法律解释的优位选择。在近些年的一些关于法律解释规则的排序中,有一种划界理论值得警惕。有人把实质法治抬到很高的位置,在实质法治与形式法治统一论中,主张用实质法治统一形式法治。这样,与实质法治相适应的价值衡量、社会学解释、实质推理等方法被摆到很高的位置,而与形式法治相关的方法的优先性被排斥;文义解释优先被认为仅仅是使用顺序的优先,在解释规则上出现实质优于形式的思维。其实,在此之前,文义解释优先的解释理论

---

〔1〕 沈明:《"世道在变"——法律、社会规范与法学方法论》,载埃里克·A.波斯纳:《法律与社会规范》,沈明译,法律出版社 2004 年版,第 8 页。

〔2〕 黄砚丽:法律解释规则视角下的文义解释探讨[EB/OL],http://www.zwmscp.com/a/caipanfangfa/20100709/5558.html,2013 年 4 月 27 日访问。

已经遭到目的解释论的反对，认为直接从最优原则推演出具体解释方法是错误的，最优解释理论根本就没有隐含相应的解释方法；唯一重要的是明确作者要表达什么。[1]

法治论者认为，在选择解释规则和方法时，尊重法律制度对法治实现来说是最重要的。传统的法律解释规则及其位序研究是一种缺失制度的解释理论，只注重文法句式、词语意义，缺少把法律作为修辞的法律思维方式建构。以语义为核心的法律解释理论，其思维结构中的法律因素在减少。同时，以语用为基础的解释理论似乎更加接近文学解释，法律规范的约束力在降低，而超越法律的任意解释在增多。在西方，随着法社会学被越来越多的人接受，严格法治或形式法治对人的思维的约束逐步瓦解。在中国，早期引进的形式法治还在要求文义解释优先，而在现实的司法政策中，文义解释的优先性已经被政治上的大局意识以及司法政策中的法律效果与社会效果的统一取代。“文学中的目的主义者表现出了令人称道的敏锐，意识到无法将最优的解释标准直接转化为操作层面上的方法论。”[2]实质法治主要是权衡或权变，没有固定的解释规则，只是一种价值选择的倾向。这种基于权变衡量的方法虽然就个案来说有积极意义，但是，即使能被转变为解释规则，也是模糊的。尽管法官在司法活动中不可避免地要对法律进行能动的解释，但是想从中寻求清晰的解释规则是困难的。

（三）法律解释规则是指引法律人的合理、正当的思维路径和方法

这种路径的作用主要是一种思维方向的预设，可为法官思考法律、解决纠纷提供思维指引。法律解释规则是一种经验的总结，凝结了法律实践者的智慧，体现了法律解释的实际操作规程。所以，有学者认

---

〔1〕 参见〔美〕阿德里安·沃缪勒：《不确定状态下的裁判——法律解释的制度理论》，梁迎修、孟庆友译，北京大学出版社2011年版，第39页。

〔2〕 同上书，第41页。

为:“运用各种解释方法时应当遵循的大致规律,称为解释规则。”[1]法律解释规则是法律人理解、解释和运用法律的思维规则,而不是一般人的行为规则。法律解释规则包括逻辑规则、修辞规则和解释规则,这些规则也是法律解释方法。虽然各种规则和方法具有不同的特征,但没有截然分明的界限。学者们只是为了研究的方便才进行如此细致的分类,在运用过程中不必作过于细致的划分。当然,分类是法律人的基本功。法律解释方法是保证在司法活动中实现法治的最重要方法,因为这种方法既不等同于逻辑推论,也不完全是修辞;既要遵守逻辑规则,也要运用法律修辞;既对严格法治充满敬意,也包含对法律灵活运用的智慧。同时,法律解释方法既没有形式逻辑的机械,也没有过度修辞的虚伪;既包含对法治理想的追求,也认同社会现实。法律解释的基本要义是“根据法律进行的解释”,既是为了落实法律,也是为了使法律更加适合社会。法治建设需要一系列解释规则和方法,这些规则和方法虽然不是制度性的,但对法律人的思维有约束作用。法律解释规则和方法围绕着正义和法治的实现而展开,因而对建设社会主义法治国家具有重要的意义,担负着法治实现方法、路径和工具的重任。

总之,对法律解释规则可以作如下界定:法律解释规则是基于法治目标的实现,运用法学原理说明法律意义和思考事实之法律意义的思维规则;是司法活动中进行决策思维的经验智慧;在一定意义上是法律职业道德守则。法律解释规则虽然属于规则的范畴,对法律人的思维具有约束作用,但不是制度性的规则,只是在一定程度上带有法律职业道德“规范”的色彩;虽然带有规范性,但不属于法律规则,不可能要求法官完全按照法律解释规则裁判。把法律解释规则等同于法律规定,是对法律的不尊重。一般人对法律的理解尽可以按照兴趣和价值观进行,而法律人不行。法律人和一般人思维方式的不同之处在于:法律思维是一种职业思维,实现法治始终是法律人的最主要目标。在法治原

---

[1] 梁慧星:《民法解释学》,中国政法大学出版社1995年版,第245页。

则下，法律职业思维应该有大体一致的思维路径和方向，应该遵循职业共同体的思维规矩，使用法治思维和法治方式进行社会管理以及解决纠纷。法律解释规则是理论性的，对它的运用是选择性的。这些规则可为思维提供便捷的通道，也是验证思维是否恰当的检验规则。同时，这些规则也是对司法经验的概括总结，包含法律人的经验智慧，对它的轻视不仅难以形成法律思维方式，而且会增加更多思维负担。

二、法律解释规则与相近概念的辨析

在前文的论述中，我们对法律解释规则的理论属性表示认同。但是，这一判断并不绝对，因为很多法律解释规则在制度中已经有所规定，有些国家甚至专门制定法律解释法，明确法律解释规则、权限和程序。如果把法律解释分为统一解释和个案解释，那么可以说多数国家的法律中都有关于法律解释的制度。中国的法治建设刚刚起步，关于法律解释只在《立法法》和《全国人民代表大会常务委员会关于加强法律解释工作的决议》(以下简称《关于加强法律解释工作的决议》)中作了粗疏的规定，明确了一些还存在结构性缺陷的基本规则。此外，在一些法律如《保险法》等中，也有一些关于法律解释的规定。所以，中国现在的法律解释规则也不完全是理论性的。要进一步理解法律解释规则，就必须搞清楚它与法律规则、法律发现以及法律解释原则、方法、技术等的联系。通过对这些相近概念的辨析，我们可以更准确地把握法律解释规则的概念。

(一) 法律解释规则与法律解释原则

在法律解释过程中，既存在法律解释原则，也存在法律解释规则，并且原则与规则之间的界限不易区分。一般认为，原则是较为抽象、概括的表达，涵盖面较大，对法律解释有指导、引领作用。比如，法律解释的合法性、客观性、合理性、正当性都是原则性要求。然而，法律解释的原则与规则之间似乎没有严格的界限。近些年，中国的法律解释学对法律解释原则研究较多，而对较为具体的法律解释规则、方法研究很少。这不仅仅是因为研究者对规则问题的忽视，更重要的原因是中国法治对解释规则的需求不足，中国现阶段实施的是一种粗线条的法治，重点强调的是“案结事了”的纠纷解决机制，主流意识中缺乏深层次的合法性追问。在多数案件中，法官裁判只要遵守法律规定，不违背法律解释原则，就能满足人们对现行法治的需求。当前，如何避免司法腐败是人们关心的重点，中国法治建设还没有达到细腻的程度，人们对解释规则的需求不是很旺盛。但是，随着西方法律解释技术的大量传入，以及十八大报告中首次提出要提高领导干部运用法治思维和法治方式深化改革、推动发展、化解矛盾，人民的法治意识会有较大幅度的提升，法治走向细腻已经成为趋势。在这种情况下，仅仅靠法律解释原则将难以保障司法、执法各环节都能实现法治。因为一般法律原则是一种价值判断，不能构成独立的法源形式，存在着比一般法律规范更大的不确定性。一般法律原则不是规范而是规范的原则，它从法律及伦理中得来，可以作为判断个别法律规范的标准。它并非创造性的，乃是形成具有确保法律存续作用的正义要求。[1] 这样，对法律解释规则的需求浮出水面。

法律解释规则是细化的法律解释原则，一般都是符合原则的、可以使用的准则。法谚云：“法非由原则而生；原则系由法而生。”[2]有法律才有法律原则，法律不是由原则而来。在每一个法律解释原则之下，应该有更多的解释规则。一般情况下，规则能解决问题就不必使用原则，原则是在规则发生冲突或没有相应规则的时候才使用的。在有规则的情况下，不宜直接用原则来解决纠纷。在从一定意义上，法律解释规则是把法律方法规则化的努力，这是法治走向细腻的思维要求。目前，中国很多法官还很难做到这一点，他们没有把自己的思维建立在法律解

〔1〕 参见吴庚：《宪法的解释与适用》，台湾三民书局2004年版，第478页。

〔2〕 郑玉波：《法谚》(一)，法律出版社2007年版，第49页。

释规则上，基本上还是依赖对法律规定的直观理解进行裁判。如果法律人在解释法律的过程中使用不同的规则，那么他们在“法律是什么”这一问题上都难以达成共识。有些法律人觉得，在司法过程中引进法律解释规则反而会造成思维的混乱。在很多中国法律人的思维中，法律解释原则不是与法律解释规则相连，而是与司法政策关系紧密。中国的司法政策像其他政策一样常常处于变化之中，这成了法治建设的障碍性因素。中国已经确立了“依法治国，建设社会主义法治国家”的方略，法律解释原则应该围绕法律解释规则展开，而不宜加入过多的政策性因素，在司法政策中附加太多的政治要求会模糊法治本来的意义。法律解释原则应该是在法律解释规则基础上的抽象，而不是一种政治和道德的更高要求。

（二）法律解释规则与法律解释技巧

法律解释规则可以分为语言学的解释规则和实质解释规则，两种解释规则各有自己的作用。语言学的解释规则由于语义的明确性，对消除人们之间的纷争有积极的意义，因而在文义解释中多有使用。实质解释规则实际上是一种协调技术，意图在刚性的法律规则及其解释规则和错综复杂的社会现实之间建构一种更符合实际和正义的判断。从法律解释的过程看，法律解释规则在一定意义上是对法律解释技巧的提炼。所谓技巧，就是一切能解决问题、适合达到目的的手段，这种手段在法治社会中离不开对规则的恰当运用。技巧是在规则、手段与目的之间寻求一种平衡关系的艺术。法律解释技巧是法律专业的技能或学问，以实现法治、公平、正义、权利与自由为目的，不是规避法律、逃脱制裁或玩弄法律的技术。因此，现实社会中的那些玩弄法律、钻法律漏洞的“高手”所使用的并非真正的法律解释技巧。一般来说，法律规范体系以及各种解释原则、规则和方法，对法律陷阱、法律漏洞都有一些反制措施。然而，对法律的规定、书本中的知识，包括法律解释规则的把握，只是法律人思维的前见性因素，并不代表其解释法律、适用法律的能力。从这个意义上说，法律的技巧与法律人的智慧密切相关。

法律解释技巧与法律解释规则有着密切的联系。法律解释技巧的表现之一就是对法律解释规则的恰当选择与熟练运用。[1] 法律解释是一种规范性解释。“所谓规范性的解释乃是指‘理解’有一种目的，即作为解释对象的规范、教义、道德判断或心理状态中，产生规律行为之各项法则的准绳。”[2]法律解释规则是带有规范效应的思维向导。每个人都应该在法律的庇护下，获取最大的合法利益。“运用技巧的解释，又可分门别类，诸如赋有历史任务、目的论、不同客体(如艺术、文艺、诗歌、语言等)加以说明。”[3]从哲学解释学的角度看，所有的理解都必须以前见为基础，理解之所以可能就是因为有前见的存在。在这个问题上，似乎只有知识和经验的累积，而没有技巧。然而，在理解的基础上，欲说服别人，让别人接受自己的观点，也需要沟通、交流和表达的技巧。对于法律的解释，并非自己理解就大功告成，司法者、执法者要把自己对法律的理解通过修辞性解释让别人接受。这种沟通、交流的思维不仅需要规则和准则，而且需要对规则的灵活运用以及恰当的修辞建构。对此，法学家们研究得出一系列法律解释的方法论。其中，法律解释规则是法律解释学的核心，是一种带有规范功能的理论。

法律解释活动是在一种不确定状态下运用裁判决策技巧。这里的“不确定”包括：法律规则以及解释规则的使用都是可选择的，每起案件都有自己的特殊性，每个人都有自己的价值倾向等。法律人必须注意到各方面的情况，在错综复杂的案件中适用法律技巧考验的是法律人的经验、智慧和能力。法律解释技巧与法律解释规则有不同的思维方

---

〔1〕 技巧的另一种表现是对案件事实细节的把握，一个法律人的能力表现在对影响整个案件定性关键点的把握上。找不到案件的焦点，就很难智慧地处理案件，反而会被一大堆细枝末节的问题迷惑。

〔2〕 参见吴庚：《宪法的解释与适用》，台湾三民书局2004年版，第464页。

〔3〕 同上书，第461页。

向，技巧与经验、情境以及价值追求有关联，因而所有的技巧都不具有一般性，重复使用率不是很高，一起案件中的解释技巧只是下一起案件的经验，并不能完全模仿。法律解释技巧的使用，需要法律人审时度势，专注案件事实的每一个有法律意义的细节，拿出巧妙解决问题的实施方案。而规则是思维形式的一般性概括，适用面较宽。这并不是说技巧与规则没有关系，如果没有规则的约束，就不需要技巧，技巧是严格法治的产物。如果人们可以任意进行法律解释，就不需要技巧。技巧就是巧妙地运用规则，而不是死板地使用规则。“技巧告诉法官应该采取一种谦逊的姿态，选择受规则约束的相对机械的决策方式，仅仅运用少数的解释方法，而且在法律文本不明确或不具体时，尊重立法或行政机关的理解。”〔1〕当然，这只是给法律人的一种建议。我们还必须注意到，只有在疑难案件中，法律人才能体会到解释技巧理论的意义。法科学生一般都渴望掌握技巧，他们可以阅读律师、法官的手记，那里面有很多活生生的关于技巧的思考和经验。这些经验是活的法律的组成部分，但是切记：要想获得运用法律技巧以衍生法律智慧，首先，熟练掌握法律规则和法律解释规则，即所谓“熟能生巧”；其次，不能把被人运用过的法律解释技巧生搬硬套。

（三）法律解释规则与法律解释方法

规则与方法的存在意味着，人们的决策不能是具体问题具体分析式的就事论事。讲究规则、方法是法治思维与其他思维方式的明显区别之处。“法律之治难以实现。人类社会从未有实现过法治。……因为人们并不总是遵循规则。”〔2〕但是，即使不遵循规则，也不能任意，这就需要解释方法。整体而言，法律解释规则是静态和稳定的，而法律解

〔1〕〔美〕阿德里安·沃缪勒：《不确定状态下的裁判——法律解释的制度理论》，梁迎修、孟庆友译，北京大学出版社2011年版，第317—318页。

〔2〕〔英〕蒂莫西·A.O.恩迪科特：《法律中的模糊性》，程朝阳译，北京大学出版社2010年版，第233页。

释方法则是动态和变化的。解释方法具有创造性，而解释规则要求遵守以往的经验。从这个角度看，解释方法是把规则和具体的情境因素结合起来，使人们拥有灵活适用法律的能力，使法律与社会关系更融洽。卢埃林说："我厌恶和憎恨依赖像布麻袋或者其他诸如稻草人服装那样的问题情景类型下的法律规则，我也讨厌和憎恶诸如笨头笨脑地摸索该规则的做法，以及讨厌和憎恶诸如把规则的理由和目标笼罩在揣测之中的做法。"[1]对于呆板的人来说，法律规则好像只有一种；而对于糊涂的人来说，法律规则又好像是一个迷宫。从中可以窥见的是，相比法律解释方法研究，法律解释规则研究有更明确的目标。法律解释规则研究的目标很清楚，就是用复杂的研究得出简约的解释规则，以简化法律思维过程，以便在复杂的思维过程中沿着规则前行，实现法治以简单应对复杂的思维路径。但是，关于法律解释方法的研究如果离开对规则的研究，就会陷入更加复杂的境遇，出现以复杂的规则应对复杂的关系的格局。尽管方法是在寻找解决问题的方案，但是关于方法的理论与法律解释规则是联系在一起的，方法的运用可以具体问题具体分析，而对方法论的研究需要揭示法律解释规则。

在很多场景下，一些学者对解释规则与解释方法不作区分，认为每一种解释方法都可以被视为解释规则。比如，体系解释既是解释的方法，又是解释规则的要求。可以说，各种解释方法中都有解释规则要求。在法律解释过程中，既要接受方法的指引，又要接受解释规则的约束。从两者共有的功能来看，法律解释方法就是法律解释的规则，法律解释规则就是法律解释的方法。这些看法在一定意义上是符合逻辑的，法律解释方法与法律解释规则之间没有严格的界限。然而，即使不作根本的区分，两者在语义和语用上还是有一些差别的。法律解释方法的概念似乎比法律解释规则的概念更宽泛一些，法律解释规则只是

---

〔1〕〔美〕卡尔·N.卢埃林：《普通法传统》，陈绪刚等译，中国政法大学出版社2002年版，第389页。

法律解释方法的核心部分。“解释方法是一种独立于事件之外的方法，而解释原则是针对事件而发展出来的解决问题的规则。”[1]方法是一种对理解的指导，而规则是对理解过程的要求。这些区别对法律人的思维来说也许没有太大的意义，但对法学研究的语词使用来说可能有重要的意义。在司法过程中，解决问题的方法是对法律规则和法律解释规则的熟练使用。根据分析工具的不同，方法可分为逻辑的、修辞的和解释的方法，这些方法在解释学上又可统称为“理解的方法”。解释方法原本主要是指检讨法律制定过程、探索法律文义和立法者意旨的方法，现在解释已经超过对文本的探索，变成了对司法过程中思维过程和规律的研究。对于法律解释规则与解释方法，我们主张不作原则性的区分，只需要在具体语境下恰当地表达。

（四）法律解释规则与法律发现规则

法律发现的位序与法律解释规则的位序关系密切。法律人应该在法律发现的位序的基础上确定法律解释规则的位序。“法律有效之条件是由特定社群的社会规则和通行习惯确定的；这些习惯确认哪些行为和程序创建法律，或者换言之，他们确定法律的渊源。”[2]法律渊源是由一系列法律发现规则确定的。法律发现规则、法律解释规则与法律制度都有关系，但不属于法律制度性规则，而是法律思维方法论意义上的规则。这些规则虽然不是制度的组成部分，但是对制度、规范的有效性是一种强有力的支持。虽然这些规则来自经验，但是如果没有制度的支持，其有效性将会大大减弱。法律解释原则在技巧层面可称为“法律发现规则”，两者的内容在很多方面是交叉的。确定法律解释的位序应考虑其他法律方法，尤其是法律发现的位序。法律发现的位序

---

〔1〕 吴庚：《宪法的解释与适用》，台湾三民书局 2004 年版，第 562 页。

〔2〕 〔美〕安德瑞·马默：《解释与法律理论》（原书第二版），程朝阳译，中国政法大学出版社 2012 年版，第 10 页。

基本上是按照法治的要求排列的，比法律解释方法的位序更细腻。在尊重法律发现的位序的前提下，方可确定比较符合法治的解释规则的位序。

法律发现是法律适用应该首先使用的方法。其实，这也是一种法律方法的位序。法律发现与法律解释规则和方法有很多交叉地带，这虽然模糊了它们之间的界限，但它们在很多方面还是有些细微区别的。比如，“特别法优先于一般法”虽然是一个法律发现规则，但是它在作为法律解释规则时就演变成“特别法排斥一般法”。否则，在法律解释过程中，特别法便不会有自己的适用范围。〔1〕尽管法律解释和法律发现有很多交叉地带，但是在法律方法论系统中，法律解释方法与法律发现方法仍是各自独立的方法论系统。法律发现方法与法律渊源理论一起建构了一套成熟、完整的法律方法论系统。法律解释规则和法律发现规则在一般情况下并不矛盾。中西方关于法律方法论的研究对该问题的重视不够，好像法律发现与法律解释规则和方法毫不相干。实际上，法律发现与法律解释都是司法的基础性理论，加强对两者的比较研究是深化法律发现和法律解释理论的重要方面。这也是法律方法论走向细腻的途径之一。此外，从大的方面看，法律发现是对已有规则的认识，法律解释是对不清楚规则的说明，两种方法的运用规则和功能是不一样的。但是，两者对于法治建设的作用是相互补充的。

---

〔1〕 参见〔德〕英格博格·普珀：《法学思维小学堂：法律人的6堂思维训练课》，蔡圣伟译，北京大学出版社2011年版，第57页。

第四章
法律解释规则的建构、分类及其运用

不同于上一章“法学话语中的法律解释规则”关于法律解释规则的法治意识形态基础、含义和外延等的一般论述，本章将着力研究法律解释规则的构造、分类及其运用。作为经典的法律适用方法，法律解释学发展出多种法律解释方法。相应地，这些解释方法可以被转换或构造为各种法律解释规则。每种法律解释规则又可以细分为各种具体的法律解释规则，这些不同种类和不同层面的法律解释规则构成了一定形式的法律解释规则体系。之所以要将各种法律解释方法转化为相应的法律解释规则，是由当下法律方法论特殊的问题意识以及法律解释规则的功能和意义决定的。因此，在具体论述法律解释规则的构造和分类之前，我们将分析法律解释规则的问题意识及其意义。法律解释方法的规则并不能完全回避和杜绝法律解释方法的适用性难题，法律解释规则在运用时也会遭遇各种难题。我们将在本章最后部分尝试对此予以分析。

第一节　法律解释规则的问题意识及其意义

一、法律解释规则的问题意识

法律解释规则所蕴含的问题意识是什么，这不仅牵涉到研究目标、对象、范围，还牵涉到研究的必要性以及研究意义的问题。我们从事法律解释理论研究多年，发表了多篇涉及法律解释和法律方法的论文，也研究过不少案例，出版了多本关于法律解释的专著。然而，直觉告诉我们，这些研究并没有对司法实践产生较大的影响。当初设想的法律方法论要为司法实践服务的目标并没有实现，甚至可以说，法律解释学这门最能显示法学实用性的古老学科没有显示出其应有的回应实践的能力。这究竟是什么原因造成的？是研究者的研究方向错误，还是研究方法或研究成果出了问题？有些理论研究者经常抱怨实务法律人沉不下心去读书以及对法学学术的理解能力差等，这种认识是片面的，没有看到研究者以及研究成果自身的局限性。法学研究成果究竟为谁服务以及拿出了什么样的成果为司法、执法实践服务，这些都是很重要的问题。如果法学研究文章只是为了发表，研究成果只是为了获得科研津贴、评职称、引起领导的重视或博取同行的引用，则不是正常的学术评价、引导机制。我们看到，理论研究者在批评实务法律人的同时，也在抱怨法律方法论的研究脱离实际，认为法学著述中的法律解释方法不是实践所需要的，难以解决实践中出现的疑难问题。从法律解释方法的功能发挥角度看，也许理论研究者和实务法律人都存在问题，只是前者需要承担主要责任。毕竟法律解释方法的服务对象是实务法律人，是否阅读以及是否能够理解是他们的问题。然而，法律方法研究者必须正视并改善自己存在的问题：改变目前的研究与表达方式；在服务理念和“产品”上多做文章，以便对法治建设产生一些实际影响。

同时，我们并不认为理论脱离实际是一个问题，因为不脱离实际，就不可能有理论的产生，理论原本就是脱离实际的产物。中国现在的法律方法论研究也有强烈的现实关怀，长篇大论是一些法学家的特长，他们对什么是法律解释方法能够娓娓道来，“鸿篇巨著”比比皆是。然而，由于理论家的抽象化程度不够以及表达能力有限，因此没有把法律解释理论简化为解释规则，或者说没有找到理论回归实践的途径。也就是说，研究者没有在整体上贯通理论与实践的关系，没有完成法律方法论从复杂到简单的升华，或者说没有完成“实践—理论—实践”“简单—复杂—简单”的否定之否定循环。由实践到理论做到了，但理论应对实践的关键环节还没有打通；由简单的命题到复杂的理论论证好像是完成了，但如何将其表达成简约的规则，以便为实践服务的途径没有找到。明显存在的问题就是，法律解释理论很多，哲学基础、法学流派、各种主义五花八门，但对法律解释规则及其运用方法研究不够。可以说，中国的法律方法论研究只是走完了从简单到复杂的过渡阶段，还没有找到法律解释理论和司法实践衔接的契机。法律解释方法研究需要进行细腻的论证、缜密的推理，得出的结论一定要简洁，最好能以规则的形式表述出来，这样才方便实务法律人运用。因为他们没有那么多的时间仔细阅读研究者的长篇大论，需要的是简洁易懂、方便实用的规则。

现实情况是，理论研究者追求的是一种精致、复杂的解释方法，拒绝简化法律思维的种种建议，从内心排斥简约结论的得出。然而，“一个现代的自由民主国家，一些最低限度的解释复杂性不可避免。但解释理论的目标和复杂社会随着法律体系的变化而变化。在很大程度上，除了结构性限制之外，它也是人们选择的一种结果。也许对复杂解释方法的追求只不过是一代人的选择，……是精英律师的巨大影响而导致的产物”[1]。从这一判断中，我们体悟到的是，由理论界种下的“恶果”已经影响到实务界，法律及其解释方法的神秘化已经开始成为

〔1〕〔美〕阿德里安·沃缪勒：《不确定状态下的裁判——法律解释的制度理论》，梁迎修、孟庆友译，北京大学出版社 2011 年版，第 312 页。

职业法律人的思维特征。尽管一些实务法律人对理论研究者在理论上“卖关子”深恶痛绝,但是他们在面对当事人的时候,运用的是同一种思维方式。事实上,在法治发达国家,法律人从复杂、神秘的法律制度和解释方法中获益良多。面对复杂的法律及其解释方法,当事人必须付钱才能从律师那里获得服务;面对当事人,法官能够从复杂、神秘的表述中获得权威。没有法律人的指引,当事人很难从“法律丛林”中走出来。对于复杂的法律解释,人们有理由认为,把法律及其解释方法神秘化是法律人贪婪的“合谋”。实务法律人和理论研究者没有必要相互指责,也没有理由相互嘲讽,二者的思维方式是近似的。实务法律人对理论研究者的指责不过是“五十步笑百步”。

追求法律解释规则的简约、简单、简洁、清晰易懂、便于实行,是对法律解释的基本要求。法律解释规则实质上应该是简洁的方法论。“强调理论要有解说力,但这并不意味着从理论发展理论,而是意味着一个好的理论必须有能力直面‘事实’(包括,能够包容其他的甚至是对立的理论),令人信服地解说这些事实。并且,这种理论必须始终保持理论之假定和逻辑框架的始终如一,不能单为解说某个难以解说的现象而人为地增加一个假定或条件。”〔1〕从这个角度看,法律解释规则研究的问题意识在于追求法律解释方法对司法实践的服务能力,寻求法律解释理论的实践智慧。现在的法律解释理论越来越复杂,以至于我们根本无法很好地理解和运用。因此,人们根据法律进行的思维以及关于法律的思维都很难从理论中获得简约规则的支持。理论的力量在于以简约的方式作用于行为决策者,使实务法律人可以少费心思并可以准确地运用法律。法律解释规则以及法律解释方法追求的正是简约方法的功能或力量。因此,对法律解释方法的研究结论不是越细致越好,尽管命题的论证需要做到细腻,但对解释规则的表述越简单明了才

---

〔1〕 苏力:《追求理论的力量》,载〔美〕波斯纳:《法律理论的前沿》,武欣,凌斌译,中国政法大学出版社 2003 年版,代译序第 12 页。

越便于运用。综上所述，法律解释规则研究要解决的问题及问题意识在于：(1) 现有的法律解释理论过于复杂，难以在司法实践中被自如地运用。(2) 现阶段中国法律人已经掌握大量的法律规定，有能力理解法律规则的含义，但是对于如何将法律知识转变为解决问题的法律能力还不精通，光有法律知识难以应对复杂案件，法治建设还需要法律解释规则和法律运作方法。(3) 法律解释规则及其运用方法是法律解释学研究的核心内容，法律解释的规律主要表现为解释规则，加强对法律解释规则的运用研究对提升法治思维水平有重要意义。(4) 在司法和执法实践中存在的错误、任意、机械解释现象表明，中国实务法律人的解释活动存在不受解释规则限制的问题。

二、法律解释规则的功能和意义

德沃金认为，解释理论是唯一能对法律实践的解释性本质作出说明的理论。[1] 也就是说，在各种法学理论中，法律解释学是最贴近司法实践的理论。正是法律解释规则和方法的运用，在法律规定与个案之间架起了思维联系的桥梁。在法律解释学中，法律解释规则及其运用方法与司法实践的关系最为紧密。法律实施的历史表明，法律解释规则和方法是最重要的法治方法。法律解释规则在司法实践中有四项功能：一是帮助法律人恰当、准确地理解、解释和运用法律；二是作为支撑法律判断的根据、论据和理由；三是为解释结果提供正当化基础；四是检验结果是否正确，避免错误。[2] 法律解释规则和方法的重要性在于：

（一）为法律解释活动提供规范化的思维指引

在法律法典化运动告一段落后，法律解释学时代开始，通过法律解

---

〔1〕 参见〔美〕安德瑞·马默：《解释与法律理论》（原书第二版），程朝阳译，中国政法大学出版社2012年版，第3页。

〔2〕 参见吴庚：《宪法的解释与适用》，台湾三民书局2004年版，第552页。

释实施司法、执法成了实现法治的最主要方式。在法律解释过程中,存在独特的思维规律,这个思维规律被称为“法律解释规则和方法”。立法者和司法者有不同的思维走向,立法有立法的规则,司法有司法的规则。立法者与司法者的思维方向是相反的,立法工作是把错综复杂的社会关系概括、简约、抽象的法律规范,在思维方向上是一种抽象化方向;司法工作则是将抽象法律具体化到判决、裁定的活动,在思维方向上是一种具体化方向。从法律的实施离不开理解、解释这一中间环节来看,法律解释规则和方法是介于法律规则与法律事实之间的思维规则,是关于一般法律的具体化思维方向。法律解释规则和法律规则一样,都是供人们选择适用的规则。只是法律解释规则不具有法律规则和具体裁判规范的刚性,表达的是对法律职业思维的要求。在具体的案件中,法官会比立法者更好地理解法律,这是因为他们遵循法律解释规则和方法。在法治原则下,法律解释活动有其规律性,尽管这些规律不像自然规律那样绝对,但在司法、执法的思维活动中应该被有选择地遵循。虽然法律解释规则没有制度上的效力,但不意味着可以被违背,人们面对个案时可以选择适用。法律解释规则与法律规则相比具有更多的学理成分,然而它的实际效用依附于制度性的规则。同时,法律解释规则和法律规则虽然有很多重合之处,但是二者的差异将长期存在,不可能合二为一。“如果有人能弄出一套能让立法者、法官统一适用的语言体系,或许能令所有的法律解释工作协调一致。”[1]但是,这种理想化的情景很难出现。

如果没有人的理解活动,立法者创立的法律只是“死去”的文本,正是法律人的解释活动赋予法律文本以生命。法律的运用不是普通人设想的依法办事那么简单,需要在法律文本和社会现实之间进行复杂的理解和解释活动,才能实现法律对社会关系的调整。由于现代法律越

---

〔1〕〔美〕斯蒂芬·布雷耶:《法官能为民主做什么》,何帆译,法律出版社2012年版,第132页。

来越复杂，因此在一定意义上可以说，只有经过长期专业训练的法律人才有可能准确把握法律。法律训练的重要内容之一就是培养人们对法律解释规则和方法的直觉。在复杂的法律解释过程中，存在的难题不是对法律文本字面含义的理解，而是如何在复杂的社会关系中理解、解释和运用法律。在法律与待处理的案件之间存在着复杂的政治、经济、文化和人情关系，在法治社会中又加了一层法律关系。法律是社会关系中的法律，仅靠法律规范文本难以使法律与社会之间呈现融洽关系。法律与社会之间的缝隙与矛盾需要运用解释规则和方法予以弥合与化解。可以说，法律解释规则和方法担负着消除机械司法等严格法治弊端的任务，是准确理解、解释和运用法律的前见性因素。

（二）化解法律稳定性和社会发展之间的矛盾

法律以其文本字面含义确定法律意义的范围，以逻辑推论的方式固化、维护法律意义的安全性。这样，就出现了两种意义的世界，即由于推行法治而出现的静止世界和社会自身不断冲破法律约束的动态世界。客观世界不会因为有了法律而固定不变、停滞不前，法律的稳定性和变化的世界之间会出现难以对接甚至相互冲突的矛盾。因此，法律既不能静止不变，也不能变动不居。法治要求法律不能朝令夕改，必须具备相对的稳定性，法律唯其稳定才有权威。“如法律变化太快，法治将不复存在，因为人民根本无法适应。如果法律自相矛盾或缺少连贯性，那么将令人无所适从，更不用说要求人们履行相互矛盾的义务。”〔1〕同时，法律必须适应社会关系的不断变化。社会不会因为有了法律的规定而裹足不前，因而法律与社会发展之间出现矛盾是常态。基于法律的稳定性要求以及立法的严格程序，立法者不可能对法律规定进行及时的立改废。然而，“最为不幸的是，这两种现象——法的不

---

〔1〕〔美〕凯斯·R.孙斯坦：《法律推理与政治冲突》，金朝武等译，法律出版社2004年版，第126页。

稳定性和不连贯性是现代法治状态的有机组成部分”[1]。这就需要在司法过程中，通过法律解释规则和方法对法律进行完善、发展和空隙填补。在社会发展与变革过程中，法律解释规则和方法一方面能够保持法律的稳定，另一方面可以适应社会的发展，承担着重要的协调功能。可以说，没有法律解释规则及其方法的运用，法治思维和法治方式就会存在推理思维的前提之殇。因为立法者所创立的法律是一般意义上的抽象法律，而法律的运用是在具体的语境中把一般的法律具体化、个别化，两者有着不同的思维方向。法律实施虽然是一种行为，但在根本上是在思维决策的过程中，通过对法律的理解、解释，然后加以运用的决断行为。法律思维应该遵守固有的规则。法律解释规则及其运用方法的重要功能是弥补一般法律与具体事实之间的空隙，即通过法律解释方法明确法律的意义、修正法律与事实之间的出入、补充法律的空白、续造立法者未竟的事业、论证法律判断的合法性和合理性等。

法律解释规则对司法活动具有重要的意义，具有法律制度代替不了的功能。法律解释规则和方法的主要任务就是设法消除法律与社会之间的紧张关系，不仅承担着化解具体的人与人之间的矛盾的任务，还要协调法律与社会之间的关系。法治发展的历史证明，法律解释规则和方法的运用还具有稳定法律意义的作用。尽管法律在解释中有可能发生意义变异，但是使用法律解释规则和方法就可以规制法律人的思维走向，从而保证解释者获得大体一致的结论，因为这是根据相同的解释准则推出的结论。对法律解释规则的研究不仅牵涉到现有规则的运用，而且要对于中西方司法经验中的规则进行重新整理，特别是对从西方引进的解释规则，需要不断地使其适应中国法治建设的任务。法律解释规则和方法保持法律的稳定性以及适应社会变化发展的进路有三种：一是尽量承认已有法律的效力，在法律与社会发展之间没有矛盾的

---

〔1〕〔美〕凯斯·R. 孙斯坦：《法律推理与政治冲突》，金朝武等译，法律出版社2004年版，第127页。

情况下,维护法律意义的安全性。二是在尊重原有法律效力的基础上创新规则,在充分论证的基础上通过法律而又超越法律,以使法律与社会形成融洽关系。三是在法律规则的基础上续造,即尊重原有的规则,又根据实际需求有所创新,在各种复杂的价值追求、利益衡量、方法选择中找到恰当的解决问题的出路与方法。很多法律人坚信,法官在具体语境中适度运用法律解释规则和方法,说理的成分就会多一些,理性化程度就会高一些,因而法治运转得就会更好一些。

(三) 有利于法律人节约解释成本

"明确阐明的规则为法官提供了审查并确定政府工作机构法律和公共政策工作的有效方法。"〔1〕规则出现以后,会产生广泛的影响,不需要提供、附加更多的解释就可以执行。法律解释规则有指引法律人思维的功能,可以使法律思维过程变得简洁高效。这一点对初学法律的人的影响最为明显。法律解释规则排除与案件裁判无关的思索;拒绝对不成熟的案件作出裁判;实践一种消极的美德,对很多事情策略性地保持沉默,不过多地进行道德判断。将法律解释规则固定下来的直接功效,就是把各种法律解释方法的冲突及含混降到最低。同时,这排除了法律人随便创制思维规则所带来的烦恼;即使是需要法官对适用哪些规则进行挑选,也可以节约具体论证的成本。"如果所有的命令在付诸执行之际都需要不断进行正当化论证,都要反复给个说法,都要征得被约束者的理解和同意,就势必出现争执不下、自以为是的局面。"〔2〕循环论证会使得法律解释规则没有权威。在司法实践中,大概不会有人先建构一些解释规则,然后再开展解释工作。

当然,我们仍要对这种高效、便捷有一个清醒的认识。拉德布鲁赫

---

〔1〕〔美〕科尼利厄斯·M.克温:《规则制定——政府部门如何制定法规与政策》(第三版),刘璟等译,竺乾威校,复旦大学出版社2007年版,第36页。

〔2〕季卫东:《论法制的权威》,载《中国法学》2013年第1期。

说过:“解释就是解释结果的结果,解释方法是在确定了结果之后,才被选择。”[1]然而,作为一种思维方法的训练,对法律解释规则和方法的研究是必要的,这是对前人司法经验与智慧的承继。就现实法治状况来看,法律解释规则属于理论范畴。与其说这种研究是为司法提供指导,不如说是对法律人思维方式的熏陶。法律方法论的主要功效也许不是为解决案件寻找途径,而是为准备成为法律人的人传授理性的经验。对法律解释规则和方法,我们可以这样认识:开始学习法律的时候,必须认真研读规则,但是一旦对规则非常熟悉了,就不能再拘泥于规则。因为这些规则都不具有绝对性,只是思维的指南,根据这些规则作出的判断还需要接受社会的检验。法律解释规则大体上与语法一样,不遵循就会出现错误,拘泥于其中便不能流畅地表达。法律解释规则从本质上看属于理论,而理论多数存在争论,每一个法律人都要始终保持对理论绝对化的警惕。法律解释规则就是要在思维过程中协助法律规范发挥功能。

(四)对思维过程和裁判结果的纠偏功能

“规则的一个最大优点就是能够对行为和主张的依据进行限制。”[2]法律解释规则不仅是思维的规则,还是衡量思维是否正确的标准,对法律解释的结果具有正当化功能。当被问及为什么得出这样的结论时,法官等法律人最好的回答是,这是根据法律得出的。然而,有时候仅考虑法律条款的规定还不足以说明问题。可能还会有人追问,为什么要根据这一法律而不是其他法律的规定得出这样的结论?这时候,你可以回答,这是根据某项法律解释规则或者诠释准则得出的。当然,如此推论不一定能说服所有人,因为大部分人不懂法律解释规则。

---

〔1〕 转引自吴庚:《宪法的解释与适用》,台湾三民书局2004年版,第551页。

〔2〕 〔美〕凯斯·R.孙斯坦:《法律推理与政治冲突》,金朝武等译,法律出版社2004年版,第127页。

不过,这至少可以在一定程度上说服法律人。法律解释规则对法律人来说具有一定程度的正当性。符合某项解释准则或规则是验证裁判是否正确的标准之一。“像德国联邦宪法法院那样,会在判决理由中说明其引用解释规则肯定是‘有备而来’,并非得到结果之后,选择一种解释规则来自圆其说。”[1]然而,我们也要看到,像法律一样,法律解释规则也是用文字表述的,因此语言本身的缺陷如不确定性、模糊性、不周延性等在法律解释规则中都会有所表现。尽管法律解释规则很多,但是不可能预见到所有案件的细节性问题,就算能够预见到,也可能因为文字本身的缺陷而存在言不尽意、词不达意之处,这些都可能使得法律规定、法律解释规则与个案情境难以吻合。可以说,法律解释规则的出现并不是否认解释过程中的自由裁量。但是,法律解释规则的存在确实是对自由裁量的约束,使其不至于变成任意裁量。

此外,“除非律师和法官在使用‘法律’一词时使用相同的规则,否则在‘法律是什么?’的问题上不会有什么真正的争论需要说明”[2]。法律解释规则要尽量避免不合理、过度概括的表达,以便人们能够根据规则修正自己的判断,以免在司法和执法过程中出现无规则解释。从学理上看,法律解释规则是对法律人思维的指引。但是,实践中不乏在解释结果出现以后方采用解释规则作为论据,以说明判断的正确性的情形。法律解释规则对思维结果也有一定的纠偏作用。“在结论形成之后,解释规则又是检验其是否正确与合理的一项标准,只要结论尚未对外宣布或公布,经检验发现的瑕疵,还有再次修改的机会。”[3]要想使法律解释规则更充分地发挥作用,必须熟练把握这些规则的运用场景与条件,只有在熟练把握解释规则的基础上,才能根据逻辑判断结果是否正确。在法律问题上,后现代法学、现实主义法学已经放弃对正确

〔1〕 吴庚:《宪法的解释与适用》,台湾三民书局2004年版,第551页。

〔2〕 〔美〕安德瑞·马默:《解释与法律理论》(原书第二版),程朝阳译,中国政法大学出版社2012年版,第9页。

〔3〕 吴庚:《宪法的解释与适用》,台湾三民书局2004年版,第552页。

答案的追求，在此言说法律解释规则的纠偏功能似乎没有意义。然而，我们必须看到，后现代法学是把法律规则和解释规则绝对化了，是把规则的纠偏功能绝对化了。诚然，人们很难把规则作为判断结论是否正确的唯一标准。目前，中国法治建设还不到批判规则绝对化的时候，更为关键的是现有的法律规则和法律解释规则没有足够的权威。受西方后现代法学、现实主义法学的影响，当下流行的法治意识形态，其特色是只问结果、不计手段，更多的是强调实质价值、政治效果而非程序公正，权威立足点是向善而非基于规则与程序的正义。[1]

第二节　具体的法律解释规则及其分类

一、合法性解释规则

虽说文义解释已经包含对合法性的思索，但是文义解释的语言学属性决定了它的重点不是讲究解释过程和结果的合法性，而是捍卫法律语词的基本含义——法律意义的固定性和安全性。也就是说，合法性和文义解释规则考虑的重点不一样。法律解释的合法性讲的是法律与法律判断等之间的逻辑关系，强调法律解释、判断、推理、论证、修辞与法律之间逻辑一致的涵摄关系。法律解释的合法性在很多教科书中也被称为“法律解释的原则”，因为“合法性”是一个可以高度抽象化的法哲学概念，是法治在方法论上的代名词。然而，“合法性”也是一个可以收缩的概念。法律发展的趋势是越来越细腻，相应地，对各种具体行为来说，合法性不再仅仅是宏观、抽象的要求。因此，我们可以从多个层次认识合法性原则和规则。几乎所有的抽象性表达都是复杂和难以把握的，合法性也不例外。由于合法性是概括性的表述，是法治对法律解释的原则性要求，因此我们可以从合法性的解释原则中推导出合法

---

〔1〕 参见季卫东：《论法制的权威》，载《中国法学》2013 年第 1 期。

性的解释规则。可以说,法律解释规则是合法性原则的具体化,而合法性原则是对法律解释规则的高度概括。在司法过程中,某一裁判是否合法,需要接受合法性原则和规则的双重检验。

合法性是法治的基本原则,从政治的角度看,却表现为一种否定性的判断,关心的是公民有权利抵抗公权力的非法侵入,反对的是政府把不符合法律的意志强加给公民。由合法性衍生出一系列法律解释规则,如"法院不受行政解释的约束"[1]。这是从权力分立角度提出的法律解释规则,适用于行政诉讼案件。行政诉讼的被告是行政机关,如果法院不得不接受行政机关的法律解释的约束,则从逻辑上看,行政机关就可以"立于不败之地"。同时,在一起案件中,如果行政机关和法院都可以解释法律,就是对法律解释独断性原则的违背。独断性原则强调有效力的法律解释只能出自一个机关。如果法出多门,难以进行独断性的解释,就会因解释主体的多元而产生合法性危机。

从法治的原则性要求看,合法性原则衍生出很多法律解释规则。比如,在解释出现疑问时,刑法奉行的原则是"疑罪从无"。[2] 在对其他法律进行解释时,"有疑,则采取更宽大之解释,不仅为更正当之方法,亦为更安全之方法"[3],即应该作出有益于当事人的解释。实际上,这也是另外一个更高级别的解释规则所要求的:"法律必须明确清楚,以起到公示作用。"[4]同时,法治原则在部门法解释时会产生规则分化。在同一部门法中,法律解释规则还会进一步细化。此外,有权利才有救济。无论何人,对为保护自己所设之利益,均得抛弃。"派生之

---

〔1〕〔美〕卡尔·N.卢埃林:《普通法传统》,陈绪刚等译,中国政法大学出版社2002年版,第631页。

〔2〕在中国,疑罪从无之"疑"主要是指证据不足。在严格法治原则之下,这里的"疑"还包括法律规则本身的不清楚。即"疑"包括事实之疑和法律之疑。在刑法领域,实行"法律模糊则无效"的规则。

〔3〕郑玉波:《法谚》(一),法律出版社2007年版,第147页。

〔4〕〔美〕凯斯·R.孙斯坦:《法律推理与政治冲突》,金朝武等译,法律出版社2004年版,第124页。

权利,不能较其所由发生之权利为大。”[1]对法律解释规则的分层次研究是中国法律解释学的薄弱环节。

从法律方法论的角度看,合法性是法律解释的原则性要求。在这一原则之下,有很多具体的规则,如“就法律明文规定作相反解释,属于恶解释”[2]。合法性解释规则代表一种判断与法律之间的一致性和完整性。只不过,合法性的概括性决定了它包含许多具体的规则,如合乎宪法的规定、合乎法律的规定、合乎行政法的规定、合乎地方性法律的规定等。其中,居于合法性要求最高位的是合宪性。然而,在法律解释规则和方法位序中,合宪性是最后要考虑的规则。“因为合宪性解释不是一种解释的方法,而是法律解释检验的标准。……合宪性解释主要是发挥选择和排除的功能,即在诸多解释结论中选择合宪性的结论,排除违反宪法的结论。”[3]其实,这一顺序与法律发现的位序是一致的。法律发现奉行“特别法优先于一般法,一般法优先于宪法”的原则。这是为了保障宪法的最高权威,体现宪法是根本大法的法治要求。“如果法官穷尽所有解释方法,仍无法令相关法律与宪法一致,他们就必须推翻这部法律。因为如果某部法律与宪法冲突,若想保持这部法律的合法性,唯一的解决方案就是修改法律(这通常很难做到),而法院不能,也不应该,经常行使推翻法律的权力。”[4]尽管宪法具有最高的法律效力,但是检验、判断合法性的顺序不是从宪法开始的,特别法优先于一般法的发现顺序和合法性的验证标准是一样的。如果不发生违宪问题,宪法一般不会和具体案件的处理发生关系,宪法规定只是效力最高的矫正因素。

---

〔1〕 郑玉波:《法谚》(二),法律出版社2007年版,第59页。

〔2〕 同上书,第68页。

〔3〕 王利明:《法律解释学导论:以民法为视角》,法律出版社2009年版,第618页。

〔4〕 〔美〕斯蒂芬·布雷耶:《法官能为民主做什么》,何帆译,法律出版社2012年版,中文版序言第3页。

合法性解释规则还包括不能运用原则而“逃离”规则的制约。原则的效力高于规则，如果规则与原则相抵触，应该按照原则的含义进行修正。但是，在进行法律解释的时候，规则先于原则。这包括两个方面的含义：一是根据原则解释不能直接替代根据规则解释。二是如果规则与原则之间不是相互抵触的关系，就必须尊重规则的效力。“如果法官运用法律原则填补漏洞不受限制，就很可能出现法官不寻求具体规则而向一般条款逃逸，损害法律的安定性。”[1]正确处理法律解释原则和法律解释规则的关系对法治建设有重大影响。美国的法治原则倾向于严格的程序主义。假如在以公正的程序对辛普森进行审判以后，他承认自己杀死了前妻，美国人也会认为重新启动刑事程序是不公正的。德国人则会认为，只要没有过追诉时效，就要对这个案子进行重新审理。很明显，德国与美国的法治原则不完全一样。德国人与美国人关于合法性的理解也是不一样的。美国人的合法性在于抵抗政府的权力，而德国人的合法性具有更宽泛的内容，包括形式与实质。[2] 如果根据规则进行解释不违背原则，就不能直接根据原则进行解释。这主要是因为原则是较为宽泛的规定，它只是理解规则的指导，如果过分强调原则的作用，就会出现利用原则而产生规则逃逸。因此，如果不是规则与原则相冲突，或者在某些领域只有原则而没有规则，就不能直接运用原则解释案件事实的法律意义。法律原则的涵盖面宽、包容性强，法官的自由裁量权太大，因而除非出现法律空白需要填充，否则一般不能利用原则直接解释个案事实的法律意义。这是原则与规则区分的方法论意义。

合法性解释规则还包括法律与个案相关性规则。无论解释学提出多少解释的规则，其根本作用都是帮助理解、解释和运用法律。在法律

---

〔1〕 王利明：《法律解释学导论：以民法为视角》，法律出版社 2009 年版，第 623 页。

〔2〕 参见〔美〕乔治·P. 弗莱彻：《刑法的基本概念》，蔡爱惠等译，王世洲主译与校对，中国政法大学出版社 2004 年版，第 270—271 页。

解释方法中,体系解释解决的是法律之间的意义关联问题,但法律解释过程中存在多重关系的循环,即法律解释者不仅要在法律文本的整体与部分之间进行理解的循环,而且要在法律与个案事实之间进行理解的循环,这样才能作出较为准确的解释。之所以如此,是因为法律与个案事实之间必须有关联性,个案事实应该是法律调整的范围,它们之间有逻辑对应关系。如果个案事实根本就不属于法律规范调整的范围,法律与个案事实之间就不具有关联性。在这种情况下,对法律理解得再准确也无助于问题的解决,只会加剧矛盾。当然,这一规则的功能对受过职业训练的法律人来说,发挥作用的机会并不多,主要针对一些人在解释法律的时候偶尔会犯的低级谬误。法律与个案相关性原则强调的是要用恰当的法律解释相关的事实。虽然法律由事实而生,也离不开社会关系,但法律从社会关系中"独立"出来以后,就成了"自在"的规范,具有相对的独立性。虽然法律只是一种意识的存在,但它能以自己"独立"的力量发挥对社会的调整作用。法律解释的本质是要用法眼看世界,用法眼观察社会及案件的意义。这表现为要用法律解释个案事实,在解释过程中针对个案事实释放法律的意义。这是根据法律思考的法治思维的原则性要求。典型案件中的法律思维多属于根据法律进行思考。然而,当遇到法律意义不明或者有多种解释的情形,即遇到疑难案件的时候,这种简约的思维多少要发生一些变化,还要借助其他规则或标准来解决问题。

二、文义解释规则以及文义解释优先规则

文义解释是一种以法律文本为导向的解释方法。"以文本为导向的法官,会审慎斟酌法条字句。他们或是翻查字典,或结合上下文揣摩文意。他们会认真考量,琢磨相关条款是否暗含特定传统或历史意

蕴。”[1]文义解释是对立法者和法律文本的尊重，是按照法律用语的基本含义确定法律及事实的法律意义。除弊规则和其他“所有进一步的努力都以可能语义为基础：它们总是在语言习惯所许可（可能还受到法律定义限制）的语义空间内进行。它们必须在这一空间内确定能够最恰当地赋予有关法律语词的语义”[2]。在司法过程中，多数案件都能够用文义解释的方法来确定法律语词的含义以及事实的法律意义。这种案件一般被称为“典型案件”。按照美国法官亚狄瑟的说法，80%的案件属于典型案件。但是，在出现疑难案件的时候，对法律文义的解释往往会出现争论。争论既可以用法律文义解释的方法来平息，也可以用其他的法律方法来解决，更多的时候是以文义解释为主并与其他法律解释规则配合完成。需明确的是，无论运用什么方法，法治原则都要求用于个案裁判的具体法律应该是无矛盾的，并且以实现法治和正义为目的。这意味着，不能孤立地使用文义解释，语义的选择是以正当化使用法律语词为目标的。文义解释优先和体系解释是配合使用的，法律的部分和整体之间应当是相互吻合、兼容和协调的。“支持对某一法律语词在其语义空间内作某种解释的人，应当使其决定正当化，即为其决定提供理由。也就是说，解释应以论辩的方式展开。”[3]在论辩和论证过程中，确定法律语词的恰当意义。

（一）对法律意义的解释始于文义，终于文义

文义解释的基本功能是对欲调整的事实释放法律意义，表现形式是通过对法律语词基本意义的阐释来说明法律事实的法律意义。严格法治时代的文义解释规则的基本要求包括：(1) 对法律语词应该按照其

---

〔1〕〔美〕斯蒂芬·布雷耶：《法官能为民主做什么》，何帆译，法律出版社2012年版，第123页。

〔2〕〔德〕齐佩利乌斯：《法学方法论》，金振豹译，法律出版社2009年版，第68页。

〔3〕同上。

平常的含义进行解释。(2) 当法律语词的文义不清楚时,不能用其他的含义来代替。进入现代法治社会以后,机械司法和执法被批判,文义解释的绝对性受到挑战。虽然文义解释是基本的解释规则和方法,但在解释法律的时候,除了文义解释以外,还应该综合运用其他方法共同完成对法律意义的阐释。文义解释的场景有两处:一是少量的解释已经由立法者在法律文本中进行了定义。对一些重要的法律以及需要明确的某些法律语词的含义,立法时对"核心术语应有一个概括性的解释"[1]。二是对法律文本中大量的语词,立法者并没有说明其含义。这些语词的含义等待着司法者、执法者在适用法律的时候进行界定。一般来说,对法律适用的解释应该从法律共同体的语言习惯中获得其含义。然而,对这种习惯的确认也有一定的位序,必要时还要运用论证才能最后确定。

在文义解释中,对于一般用语,应依一般意思理解,此外还包括:(1) 对专业术语按专业含义解释的规则。(2) 不得忽略、遗漏任何文字、词组、短语和句子。对法律的尊重意味着法律文本之中没有多余的赘语。(3) 对法律文本中重复出现的语词作统一解释的规则,除非法律明文规定了不同的含义。文义解释方法对法学成为一个规范严谨的学科做出了非常大的贡献,但单独使用文义解释方法可能会导致文义与目的的背离。因此,"法官解释法律不是以语言学的理解法条文本为满足,而是要以历史的及技巧的诠释,探求面对社会关系时,法律的内在本质意义,以及逻辑运作得出的意涵"[2]。在司法过程中,既要强调法律的规范作用,又要注意具体问题具体分析;应该尽量避免提出一些基础性的原则,还要避免犯过度概括的思维毛病。

文义解释的规则和方法中还包含"明确其一,排斥其他"的逻辑解

---

〔1〕〔美〕卡尔·N. 卢埃林:《普通法传统》,陈绪刚等译,中国政法大学出版社 2002 年版,第 623 页。

〔2〕 吴庚:《宪法的解释与适用》,台湾三民书局 2004 年版,第 466—467 页。

释规则。尽管这一规则可以适用于其他场合,但主要用于对文义的确定。在多种解释结论中,对一种含义的肯定,就是对其他含义的否定。这来自逻辑上的"肯定其一,否定其他"的逻辑思维规则。法谚云:"互有关联二事,只判明其一,亦即判明其他。"[1]对同一法律语词不能作出矛盾的解释。这实际上是形式逻辑思维规则同一律的要求。实践中,法官经常运用"明确其一,排斥其他"的解释规则。但是,这一规则不能经常使用,因为有条件限制,一般只适用于与"最"字相关的情形。比如,说某起案件使用某一条款最好,就意味着其他条款不是最好的,但并不意味着其他条款与案件没有关系。同时,这一规则的过度使用有侵蚀立法权的意味。另外,这一规则还是一种法律修辞方法,即可以在论辩过程中使用这一规则进行说服。

(二) 文义解释优先是公认的基本法律解释规则

文义解释优先有两个层面的意义:其一,在各种解释规则和方法中,文义解释的使用应该优先于体系解释、目的解释、价值衡量、社会学解释等规则和方法。这是与其他解释方法比较意义上的优先。其二,文义解释内部还有一些顺序的排列。在文义之中,还有法律规定的文义、法学原理的文义、某一专业的文义、平常的文义等。这就是说,文义解释优先还包括:(1) 法律规定优先的规则,即立法已经明确的含义优先,也就是法定优先。在中国,法定优先还包括最高司法机关的统一解释优先,因为法律细化的任务是由最高司法机关来完成的。(2) 在法律没有规定,但是法学家已经对一些语词有了共识时,应该坚持法学意义优先。此外,法学优先还包括法律解释共同体中形成的共识优先。(3) 在有些法律规定中使用了学科专业术语而没有加以说明时,应该坚持专业含义优先。(4) 常义优先,是指在没有立法含义、法学含义和专业含义的情况下,对法律语词按照平常的含义进行解释。

---

[1] 郑玉波:《法谚》(二),法律出版社 2007 年版,第 52 页。

由上文可以看出,文义解释优先也有多层含义,并非仅仅是人们常说的常义优先。文义解释最根本的任务是要“在特定法律语词的语义空间之内,选择那些就使用了该法律语词的特定法条而言最恰当地赋予该法律语词的含义”〔1〕。这意味着,即使是文义解释,也不是轻易就能获得的,恰当的语词需要经过论证、论辩确定。也就是说,在具体的语境中,究竟哪些文义是恰当的,并不是由某个解释者确定的,还需要经由多个法律修辞使用者的论证、论辩确定。文义解释规则只是提供了思维的路径,并不能代替在具体语境中的论证、论辩。“尽管制定法规则被假定具有确定性,规则具有‘固定语言模式’,但词语会因时而异,不同法院在词语意义问题上会意见不一。制定法起草者当初没有觉察到的意义选项潜伏在词语之中,在法院中会以某种方式表现出来,挫败立法意图,缩小或扩展规则界限或者使该界限毫无意义。”〔2〕很多法律解释方法都属于文义解释规则,我们需要认真甄别。

文义解释优先包含常义解释优先,对非专业语词一般不作专业解释。对具有本来的、规范的、一般的、常见的、公认的、普遍的和通用的含义的语词应作一般的理解,而不作专业的理解。即法律用语通常应按其本来的意义进行解释,除非在法律文本中已经有了明确的规定。〔3〕 这里的文义解释也叫“平义解释”或“常义解释”,即在本来明显的意义上使用法律语词,尽量使法律解释结果接近人人皆知的含义。这才符合法治对民意的保护,而不是在具体案件的裁判中临时“采摘”所谓的“民意”。然而,这一规则在中国会遇到一些难题。在法律全球化的背景下,中国的很多立法是移植的产物,立法使用的语言并不完全

〔1〕 〔德〕齐佩利乌斯:《法学方法论》,金振豹译,法律出版社 2009 年版,第66—67 页。

〔2〕 〔英〕沙龙·汉森:《法律方法与法律推理》(第二版),李桂林译,武汉大学出版社 2010 年版,第 109 页。

〔3〕 参见〔美〕詹姆斯·安修:《美国宪法判例与解释》,黎建飞译,中国政法大学出版社 1999 年版,第 5 页。

来自本土。中国法官面临着究竟按国外法律文本的原意还是按本土的含义进行解释的问题。按照平常最明显的含义进行解释虽是首选，但国外法律文本的原意也得尊重，只不过需要考虑中国公众的接受程度。

文义解释优先规则对法治具有特别重要的意义。法治的根本含义是按照法律已经明确的文本含义进行治理。文字的发明给法治提供了基本的工具。所以，英国法学家梅因认为，无论是判例法还是制定法，都属于成文法。判例法是用特别的表达方式书写的成文法。如果不对法律进行文义解释，就不可能有法治理想的实现。所以，在有些法学著述中，文义解释也被认为是法律解释的第一大原则。〔1〕文义解释不是指单纯地从字面进行解释、死抠字眼，而是重在确立有拘束力的法律含义。在一般情况下，法官"应该根据语词在法律中的排列的适当的语法效果对之加以解释"〔2〕。如果有特殊的含义，就不能作一般意义的解释。同时，文义解释优先也仅仅是顺序的优先，在解释过程中要联系上下文，不能脱离相关的文字以及法律条文的目的，对法律文字一般不作单独的解释。不仅如此，在文义解释优先的情况下，法官要避免孤立地解释条文。当然，"完全脱离用语者，是为推测，而非解释"〔3〕。法律解释不能无中生有，无论是扩张解释还是限缩解释，皆不可过度。"如果一条已经生效的规定是概括的，则但书的解释应严格。"〔4〕文义解释优先还包括特别规定优先于一般规定。在时间关系上，后面的规定优先于与之冲突的前面的规定。文义解释的一般规则是："如果概括性的语词后面紧跟着具体的列举，则应当认为它们只适用于同一概括性类型

〔1〕 参见〔美〕戴维·M. 沃克：《牛津法律大辞典》，李双元等译，法律出版社2003年版，第586页。

〔2〕 〔美〕卡尔·N. 卢埃林：《普通法传统》，陈绪刚等译，中国政法大学出版社2002年版，第623页。

〔3〕 郑玉波：《法谚》(二)，法律出版社2007年版，第51页。

〔4〕 〔美〕卡尔·N. 卢埃林：《普通法传统》，陈绪刚等译，中国政法大学出版社2002年版，第625页。

或者特别提及的种类的人和物。(同类规则)”[1]“同类规则,即通过事先的具体列举来限制概括性字义。”[2]当法律条文不清楚时,对概括性文字的含义进行解释应该根据其涉及的同类或同级事项来确定。但是,如得出的结论有违立法目的,则需要按目的来解释。

(三)文义解释优先包括对其他解释规则的克制使用

无节制地解读制定法的文字将会给法律带来不稳定。只要能够用文义解释解决问题,就没有必要动用其他解释规则。但是,司法过程中的实际情况往往是综合使用各种规则和方法,只有简单案件才单独使用文义解释方法,疑难案件、复杂案件更多是运用各种解释方法的实践整合。文义解释规则与方法具有相对优先性。“因为所有的解释都是对于一个制定法的文本所为,所以解释必须要从字面上的解释(所谓文理解释)开始。只有从法条的文义出发,才能够描述解释问题,才能够确定法律的体系位置或目的。”[3]这意味着,只有当文义解释出现负面结论或与法律价值发生冲突的时候,我们才能质疑文义解释的绝对性。“如果一个具体个案很清楚地不能被包摄到法条之下,这个法条就不能直接适用于此一个案件。如果目的论解释还是倾向这个法条的可适用性,就只可能通过类推的途径才能适用,只要没有禁止类推的限制。”[4]

文义解释的节制意味着不能对法律规则随意赋以例外。“不能够从法律中解读出法律没有规定的例外来。”[5]这一规则对中国的法官

---

〔1〕〔美〕卡尔·N.卢埃林:《普通法传统》,陈绪刚等译,中国政法大学出版社2002年版,第624页。

〔2〕〔美〕詹姆斯·安修:《美国宪法解释与判例》,黎建飞译,中国政法大学出版社1999年版,第32页。

〔3〕〔德〕英格博格·普珀:《法学思维小学堂:法律人的6堂思维训练课》,蔡圣伟译,北京大学出版社2011年版,第80页。

〔4〕同上书,第83页。

〔5〕〔美〕卡尔·N.卢埃林:《普通法传统》,陈绪刚等译,中国政法大学出版社2002年版,第623页。

特别重要。在“具体问题具体分析”思路的指导下，有些法官会不遵守规则。对于法律有规定的例外，也只能作狭义解释。对法律条款中的但书，必须从严进行解释。[1] 对权力条款，作限制解释。对权利条款，作扩充解释。只有法律赋予才能拥有权力。但是，对限制权力的条款需要作从宽解释。对权利尤其是基本权利，则需要作对公民有利的扩充解释。这些在西方已经成为坚定不移的解释规则，在中国还只停留在法学著述中，但随着“以人为本”理念的倡导，状况会有所改变。

从整体状况看，中国法律人中存在两个极端：一是一些法律人机械司法，在司法和执法过程只讲文义，而不顾法律的目的，使一些人找到了能动司法的理由。出现这种现象，除了极少数思维固执的人以外，多数人是有个人“特殊”目的的。一般情况是，有些法官不愿承担独立判断的责任，把包袱甩给立法者，即使判错了，也可以把责任推给法律的“规定”。常用的托词是：法律就是这样规定的，我不能作出违法的裁判。二是一些法律人对法律的运用过于灵活，直接超越法律的文义解释进行所谓的法律续造，或者像有些人所讲的“法官造法”。对这两种极端的思路，需要打破文义解释的绝对性来解决。对法律的理解、解释和运用不能只用一种规则和方法。文义解释是法律解释规则中最重要的，但并不是唯一的。

三、体系解释规则

体系解释是法律解释的黄金规则，它要求全面理解、解释法律的含义，反对仅仅从字面意义上理解、解释法律，是克服机械司法、执法的有效规则与方法。体系解释有广义、狭义之分。狭义的体系解释是指在上下文之间和不同的部门法之间进行意义勾连的识别，属于对立法者

---

〔1〕〔美〕詹姆斯·安修：《美国宪法解释与判例》，黎建飞译，中国政法大学出版社1999年版，第27页。

原意或制定法规范含义的探究。广义的体系解释是指超越法律的规定，在更宽泛的历史与现实背景中探寻法律的含义。历史背景是探寻立法时的主流价值，现实背景则是探寻社会关系变迁后的主流价值。一般教科书中所讲的体系解释是指狭义的体系解释，即在法律文本系统中探寻法律的含义，而把超越文义的解释归入其他的解释方法，如价值衡量、目的解释、社会学解释等。

体系解释作为法律解释的规则，有四个方面的基本要求：〔1〕

一是无矛盾的要求。体系解释要解决的问题是上下文之间、不同的法律之间应该保持逻辑一致性，不能出现结论的相互抵触。如果某一法律语词没有特别的规定，就应该在同一含义上使用。这是逻辑思维同一律的要求，即“假定在同一上下文中重复使用的同一词语在整部法律中具有同样的含义”〔2〕。体系解释作为一种方法，讲求思维过程中不仅要联系上下文，还要考察不同法律之间的意义关联，法律解释者得出的结论不能自相矛盾。这是法治统一原则在法律解释活动中的延伸，是法律解释者对法治原则应该承担的责任。体系解释就是要“通过这种关联或亲缘性，个别的法律概念以及法律规范结合为一个大的统一体”〔3〕。体系解释或系统解释的功能是，解决法律规则之间的逻辑冲突、经验冲突以及评价冲突，防止断章取义的理解和解释。一旦法律规则之间发生冲突，首先需要用体系解释的方法加以解决。法律解释的体系性规则与整体性规则关系密切，因而有时也把体系解释称为“解释的循环”，即任何法律的含义都应该在整体与部分之间的循环关系中确定。对个别规范的理解应避免在逻辑上与规范的整体性发生抵触。

---

〔1〕 参见〔德〕英格博格·普珀：《法学思维小学堂：法律人的6堂思维训练课》，蔡圣伟译，北京大学出版社2011年版，第56页。

〔2〕 〔美〕卡尔·N.卢埃林：《普通法传统》，陈绪刚等译，中国政法大学出版社2002年版，第622页。

〔3〕 〔德〕齐佩利乌斯：《法学方法论》，金振豹译，法律出版社2009年版，第62页。

通过在法律文本的整体与部分之间的来回循环，可以较为全面地把握法律的含义，平息法律规则与原则、法律规则之间以及法律规范意旨之间的矛盾与冲突。

二是不赘言的要求。体系解释方法虽然要求在各种法律规定之间的普遍联系中探究法律的含义，但并不是在法律规则、法律原则和法律价值之间胡乱联系。法律人应该谨言慎行，这本来就是法律职业道德的要求。从证据学的要求看，法律人应该言之有据；从法律方法论的角度看，在司法、执法过程中，法官作为“活的法律”的宣示者，必须言之有理。西方法谚有云：法官不说多余的话，多嘴的法官无能。体系解释规则要求，应当将立法者的意志借助体系的方法加以精确化并赋予其效力。可以说，体系解释包含对法律人言语克制性的要求，试图避免单独根据文义盲目探究法律的含义。法律人的思维要活跃，但言语要谨慎。

三是完整性的要求。“体系解释是指将个别的法律语词作为整个体系的一部分，即将其置于整个法律，甚至整个法秩序的意义关联当中来理解。为了确定个别要素的意义，人们必须把握意义之整体。”〔1〕对于法律的含义，不能按照法律规定的某个片段确定；只有把具体的法律规定放置到整个法律系统中，才能准确地理解法律的或者立法者的意志。“系统性论据居于法律学说的核心。因此，在解释某一制定法时，我们必须关注那些为理解这一条款而做出贡献的其他条款。”〔2〕在进行法律解释时，不允许有遗漏。体系解释规则包括依据单独的概念不能生成规范的规则。过去，在法学方法论上人们提出了概念核心与概念外围的主张。那些可清楚地被包摄到概念下的对象或案例，也就是所谓的“肯定（积极）选项”组成了概念的核心。位于这个概念之外的，

---

〔1〕〔德〕齐佩利乌斯：《法学方法论》，金振豹译，法律出版社2009年版，第74页。

〔2〕〔瑞典〕亚历山大·佩岑尼克：《法律科学：作为法律知识和法律渊源的法律学说》，桂晓伟译，武汉大学出版社2009年版，第31页。

亦即那些明显不会落入这个概念的情形,则是“否定(消极)选项”。[1]这些外围的情形是否具有法律意义,是由法学家和法律适用者决定的,必要条件是附随理由。这个附随理由既可用比较的方法得出,亦可用论证的方法得出,或者根据法律解释规则运用推理方法得出。

四是体系秩序的要求。“‘体系’解释要将个别的法律观念放在整个法律秩序的框架当中,或者如萨维尼所说,在‘将所有法律制度和法律规范连接成为一个大统一体的内在关联’当中来考察。”[2]比如,对于法律分则条文的理解,必须联系总则的相关规定;对于下文的理解,不能排除前面的条文,即应该推定立法者对法律条文的先后安排是有用意的,编、章、节、条、款、项、目的序位表达了立法者对法律意义重要性的不同认识,附则的规定一般是对一部法律适用范围、生效时间等的立法解释。在立法秩序中,制定法可以有漏洞;而在司法秩序中,通过法律解释得出的结论不应该再出现漏洞和模糊之处。在法律解释结论中出现漏洞,就等于法律解释方法的功能没有发挥出来。

四、目的解释规则

在有些场合,单独使用文义解释规则和方法很可能会出现机械司法或执法。尤其是在严格文义解释规则之下,一些对社会有意义的法律可能被拒于司法门外。为达到对法律含义的全面理解,目的论解释必不可少,目的是恰当适用法律的“校正器”。每一种解释都有目标取向,法律解释者总是要顾及实用性任务,学者在衡量解释结果时也不能忽略解释的目的。“论事重目的,不重手段。”[3]但是,法律的目的有多个层次:法律条文中的目的、法规的目的、法律总的意图和目的。解释

---

〔1〕 参见〔德〕英格博格·普珀:《法学思维小学堂:法律人的6堂思维训练课》,蔡圣伟译,北京大学出版社2011年版,第53页。

〔2〕 〔德〕齐佩利乌斯:《法学方法论》,金振豹译,法律出版社2009年版,第61页。

〔3〕 郑玉波:《法谚》(二),法律出版社2007年版,第84页。

合乎法律目的是法律解释的重要规则。法官无权违背明确的法律目的解释法律条文。法律解释既要合乎法律、正义,又要达到目的。法律解释的重要任务之一就是发现法律文本中的缺陷,避免目的与规范的背离。

在特定的场合下,对有些法律不宜作严格的字面解释或文义解释。有法谚云:“立法者的意图优于字面的含义。”这是一项公认的法律解释规则,要求在法律解释过程中不能过分拘泥于文字。“拘泥于宪法文字而无视生活添加于它的光彩,是一种不能容忍的狭隘观念。”〔1〕在进行文义解释以后,还要进行目的的考察。目的解释规则的运用也要受其他解释规则的限制:第一,不得与法条文义的字义解释抵触。第二,不能违背伦理法则。第三,除非法律的重大瑕疵已经到违宪程度,否则目的论解释不能破坏体系。〔2〕第四,“如果立法意图明确表达,则没有解释的余地”〔3〕。与此规则相左,美国有这样的法律解释规则:“法院有权利追问真正的——与表面上的相区别——目的。”〔4〕第五,在目的解释与公正的序位上,应该按照术语公正的含义进行解释;在发生争论的情况下,根据法律的目的进行解释。

“目的解释方法将有助于法律更好地服务于那些它们当下所要影响的人们。法律联系着生活,如果未能理解法律与生活之间的联系,则将阻碍那些法律试图推动的人类活动。”〔5〕在实质法治的“鼓噪”之下,目的解释规则被抬到很高的位置。然而,这并不意味着文义解释不重

---

〔1〕〔美〕詹姆斯·安修:《美国宪法解释与判例》,黎建飞译,中国政法大学出版社1999年版,第11页。

〔2〕参见吴庚:《宪法的解释与适用》,台湾三民书局2004年版,第528—529页。

〔3〕〔美〕卡尔·N.卢埃林:《普通法传统》,陈绪刚等译,中国政法大学出版社2002年版,第620页。

〔4〕同上。

〔5〕〔美〕斯蒂芬·布雷耶:《积极自由——美国宪法的民主解释论》,田雷译,中国政法大学出版社2011年版,第83—84页。

要了。目的解释规则的运用是有条件的。目的解释规则“所涉及的并不是任何一个人的目的与利益，而是涉及那些依法应被追求之目的，这些目的的实现对于特定社会中的人类生活而言，是正义的、是有益的，甚至是必要的”〔1〕。早期的严格法治理论不是不讲目的，而是认为目的已经在立法的时候进行了表达。每一个法律规范都是有目的的。因此，司法者、执法者在适用法律的时候，不宜再探寻其他的目的，以免与立法者的目的竞争。然而，有法学家发现，“这种认为立法者能够通过规范对于每个案件都预先定出完整、终局之决定的想法，已被证实是一种错觉、幻想。法律必须使用的概念是不精确的，而法律的规定也不会是完整的。再加上，应该被规范的现实世界也会产生变动，这些变动往往是立法者在公布法律规范时所没有料想到，甚至在大部分的情形根本不可能预想得到。因此，为了在个案中能够作出决断，法律适用者必须要对法律规范作进一步的说明，甚至要进行补充。因为法律规范本身并不是清楚单义的，法律适用者在证立这类的补充时，就只能上溯到规范的意义与目的”〔2〕。目的解释的规则和方法拓展了法律含义的范围，如果运用得当，能够促成法律与社会之间的融洽关系。但是，如果对目的确定不当，反而会破坏法治原则。从目的解释在整个法律方法论体系中的地位来看，它只是法律解释的辅助性方法，只有在经过充分论证的情况下，目的才能取代法律的文义。

目的解释可分为主观目的解释和客观目的解释。主观目的解释也称“历史解释”，实际上是回溯到立法者的规范目的。历史解释又分为两种：广义的历史解释着重于解释对象的历史关联性；狭义的历史解释则以法律制定过程为检讨素材，并探求立法者的本意。〔3〕客观目的解释则是要理性地思考、追问、探寻规范在当下的目的。在分权制的法治

〔1〕〔德〕英格博格·普珀：《法学思维小学堂：法律人的6堂思维训练课》，蔡圣伟译，北京大学出版社2011年版，第65页。

〔2〕同上书，第67页。

〔3〕参见吴庚：《宪法的解释与适用》，台湾三民书局2004年版，第510页。

国家,要求"法律解释应与立法者对于法律目的及其合法目的性的决定保持一致"〔1〕。但是,这种客观目的从解释学的角度看,不可能是客观的。所谓的客观目的,"其实就是解释者自己放进法律中的目的"〔2〕。由客观目的所论证的时代精神,其实就是论证者自己的精神,反映了时代的缩影。客观目的解释现已成为法律解释的"王冠",因为这种解释方法给予法律人最大的解释空间。客观目的解释需要接受三种考验:一是必须确认所要追求的目的本身是正义的、理性的以及有益的;二是对于完整实现这个目的而言,规范必须是一个适当的手段;三是实现这个目的不得引起超乎规范目的价值的不利附属后果。〔3〕在中国,法治建设的历史不是很长,没有像西方法治国家那样经历过严格法治时代,因而对于像目的解释这样的实质法治解释方法情有独钟,法律效果与政治效果、能动司法等呼声都在一定程度上强调目的解释方法的重要性。但是,我们没有认真论证的是:单独使用目的解释方法是否可能导致法治的瓦解?目的解释只是除弊规则,担负的是矫正、判断是否存在问题的责任。

五、法律解释的合理性规则

"合理性"是一个抽象度极高的概念,其含义十分丰富。作为法律解释规则的合理性,不在于对"合理性"这个概念的明确,而在于从合理性的角度提出问题,避免不合理的解释结果。关于解释的合理性,有很多法律格言。例如,合理的习惯应与法律同样被遵守;事物之最佳解释者为习惯;不合理的习惯应予以废止;违背法理之习惯是对习惯的反

---

〔1〕〔德〕齐佩利乌斯:《法学方法论》,金振豹译,法律出版社 2009 年版,第 71 页。

〔2〕〔德〕英格博格·普珀:《法学思维小学堂:法律人的 6 堂思维训练课》,蔡圣伟译,北京大学出版社 2011 年版,第 69 页。

〔3〕同上。

动;等等。“必要超越法律;必要嘲笑法锁。”[1]法律的效力不是绝对的,“必要”是修改法律的条件。然而,什么是习惯、必要?是坚持政治标准、合理标准还是综合的标准?坚持合理性的追问是最为重要的。对于合理性不宜往哲学层面上深究,那样只会增加更多的烦恼,只能坚持合理性意蕴的最低要求,排除明显的错误,避免荒唐的结论和显失公平的结果,作出合乎道理、情理和事理的解释。“法官有义务以公众最易接近的形式与格式,为判决结论提供能够在法律上自圆其说的推理,只有这样,才能防止法官回避说理责任。其实,一份优秀的判决意见,应当逻辑明晰、入情入理,显示裁判者有据可依,说理充分。”[2]讲法说理是法治的基本要求。在有些情况下,即使不能在功能上论证判断的合理性,也应该尽力避免不合理判断的发生。“不可能之事法律豁免”这一法谚讲的就是法律解释合理性的最低要求,法律不能强人以不能。

“运用法律外部的变量来解释法律规则的起源、发展和影响,会引致一种特别的方法论问题,而考量这一问题会说明论证和解释的分离。”[3]合理性解释规则意味着,在法律解释过程中还存在着法律外因素等多种变数。法律解释一方面要坚持合理性,另一方面则要解决论证不充分的问题。理解、解释的合理性追问包含着对现实的关切,法治是以不变的法律适应变化的社会。这就要求解释者以敏锐的智慧和洞察力对法律重新解读,赋予法律与社会现实相一致的意义。法律规范并不是孤立存在的,所以解释法律必须考虑它在整个法秩序中的地位。演化式解释规则就是为了达到解释结果的正确,对于僵化、保守的解释

---

〔1〕 郑玉波:《法谚》(二),法律出版社2007年版,第48页。

〔2〕 〔美〕斯蒂芬·布雷耶:《法官能为民主做什么》,何帆译,法律出版社2012年版,第116页。

〔3〕 〔德〕Hubert Rottleuthner、Matthias Mahlmann:《法律的基础》,张万洪、丁鹏主译,武汉大学出版社2010年版,第221页。

代之以动态、进化的取向。[1] 这是法社会学、现实主义法学主张的解释姿态,增加的是法律解释结果的实质合理性。由于正义带着美好的理想和奔放的热情,因而人们向往正义。但是,正义有一张变幻莫测的面目,离开具体的语境则令人难以捉摸。在现实社会中,实现正义的路径虽然很多,但在和平时期,最主要的路径是法治。法治以其规则和程序提供实现正义的路径。所以,在法律解释过程中,“不能故意使解释的意思不公正、不利于实施、不合理,不能故意溯及既往,不能故意违反国际法”[2]。法律解释的合理性有很多含义,但符合正义是根本的要求。“尽职履责的关键,在于最高法院应具备以宪法永恒价值,应对变迁世事的能力。在履行释法基本职能时,最高法院必须审慎适用传统的法律解释方法,以务实态度,诠释法律含义。它必须考虑判决在现实世界的实际效果,也必须认可并尊重其他政府机构的职能。只有统筹自身及其他机构的实践经验和专业知识,最高法院才能使法律工作更加有效……”[3]

合理性解释规则包括比例规则。比例规则是一个卓有成效的法律解释方法,但需要合理使用。这一规则特别适用于解决基于权利或利益而产生的冲突。比如,在美国,大选日禁止在投票点一百米内进行任何与选举有关的活动。“这条禁令限制了公民言论,划定了一块供选民冷静投票、不受干扰的区域。使用比例原则的法官,会思考对言论的限制,相对于实际需要,是否合乎比例,能否适度平衡。”[4]处理这一问题要尽量少地限制言论自由,同时又要最大限度地保护选举权不受干扰。比例规则涉及使用平衡方法,要平衡政治、经济、文化等各方面的关系,

---

〔1〕 参见吴庚:《宪法的解释与适用》,台湾三民书局2004年版,第475页。

〔2〕 〔美〕戴维·M.沃克:《牛津法律大辞典》,李双元等译,法律出版社2003年版,第586页。

〔3〕 〔美〕斯蒂芬·布雷耶:《法官能为民主做什么》,何帆译,法律出版社2012年版,导言第3—4页。

〔4〕 同上书,第212页。

避免非此即彼。这一规则在中国的司法活动中并不需要特别强调，因为各种各样的权衡是我们文化的固有特色。这一规则对行政决策和执法活动具有重要意义。中国人在各种活动中都比较注意使用这一规则，然而在行政决策尤其是牵涉到政治或行政活动的时候，往往是“一刀切”，不注意比例规则的要求。比例规则的本质在于用平衡的方法处理好各种利益、价值冲突，从而最大化地实现各方利益。在司法实践活动中，比例规则的使用非常复杂，为促进法律的有效运转，法律人“应充分运用传统方法，如文义解释法、历史解释法、习惯解释法、先例解释法，还应熟练应用部分特殊方法，如对立法后果的深入研究”[1]。不过，对比例规则的使用也有批评之声，着力点在于比例规则扩大了法官的权力。因此，“一位使用这类方法的法官，必须检视和解释导致相关结论的所有因素。对检视和解释的需要，本身就是一种制约”[2]。事实上，比例规则为权衡提供了较为客观的论证模式。“各项基本权保障的宽泛的解释空间则似乎构成了一个讨论框架，在这个框架当中，需要对一方的利益和自由与另一方的利益和自由进行划界。在借助其他解释标准以共同确定各项基本权利之间的界限时，应遵守利益最大化原则(Optimierungsgebot)。该原则要求，根据与具体情境相关的宪法规定，尽可能高标准地实现宪法基本权利。另外，对于利益最大化的衡量过程也应尽可能予以理性地建构。对此起重要作用的是，应使用比例适当原则和过度禁止原则作为关键性概念……”[3]需要明确的是，比例关系的确定是法律方法和原则的综合运用，并不是简单的数字运算，所谓“比例”只是一种大体的平衡，多数社会现象都不可能精确计算。“在需要对相互竞合的法律规则各自的适用范围加以界定时，也必须解

〔1〕〔美〕斯蒂芬·布雷耶：《法官能为民主做什么》，何帆译，法律出版社2012年版，第14页。

〔2〕同上书，第221页。

〔3〕〔德〕齐佩利乌斯：《法学方法论》，金振豹译，法律出版社2009年版，第79—80页。

决恰当的比例问题。这通常是通过目的解释实现的。而目的解释往往是原则导向的解释。在这方面规则和‘原则’是有重合之处的。”[1]此外,需要注意的是,比例规则只是一种论证的模型,而不能把它视为运算公式。

合理性解释规则还包括司法和执法活动应该综合运用各种解释方法的规则。在有些著述中,综合解释规则也被称为“合宪性规则”。这种解释规则反对运用单一的解释规则和方法,要求综合运用多种解释方法、融贯多种规则得出解释结论。具体要求如下:(1)位阶较低的规范应该以位阶较高的规范为解释取向,这是规范解释的通则;(2)法律必须进行合宪性推定;(3)法体系的整体性要求;(4)不允许违宪造法。[2]一切解释结果都应考虑其实际可行性,否则就应改采其他解释方法。[3]综合解释规则强调,不是从基本原则的演绎出发解决问题,而是将有助于问题解决的命题都提出来,然后综合衡量各种方法予以解决。在具体情况下,法律文本的含义也可以从多个角度阐释。特别是面对疑难案件时,事实的法律意义可能有多种解释,法律解释既要避免过于机械,又要防止过于恣意;必须尊重法律条款,同时还要构想将法律规定适用于当下的现实。所以,很多学者认为,法律解释是以重构法律的方式解决当前的问题。因此,法官必须探寻一种综合的法律解释方法,以便使法律能够更好地运转,避免加剧法律与现实之间的紧张关系,最终实现法治目标。中国台湾地区学者黄茂荣在谈到法律解释的时候,没有使用“法律解释方法”的概念,而是使用了“法律解释的因素”。对于其他学者所说的方法,黄茂荣分别将其称为“文义因素”“体系因素”“目的因素”等。“法律解释的因素”这一用语的深刻意义就在

---

〔1〕〔德〕齐佩利乌斯:《法学方法论》,金振豹译,法律出版社 2009 年版,第 81 页。

〔2〕参见吴庚:《宪法的解释与适用》,台湾三民书局 2004 年版,第 586—587 页。

〔3〕同上书,第 545 页。

于,法律解释过程中不可能是单一方法在起作用,实际上有多种方法是影响解释的因素。[1] 判决是法律的组成部分,在法律判断中必须把原则、规则、程序、惯例、法学原理、法律方法(包括法律解释规则)等因素综合起来,才能形成准确恰当的法律意义。

"要使任何解释原则在一个特定的事例中站得住脚,发生争议的解释必定是运用解释原则以外的方式解决:有效的情境理性和可用来获得这种常理的措辞的简单解释,方式可靠,并且在制定法语言之外。"[2]法官处理案件一般不会单独运用一种方法。在大多数案件中,"职业训练和经验引导他们去考察语言、历史、传统、先例、目的与效果"[3]。从总体思路上看,由于他们经过相同的职业训练和共享一些司法经验,因此在多数案件中能够形成基本的共识。法官们也能在法律解释过程中,不把自己束缚于某一特定的解释规则场景之中,而是对各种规则进行选择使用,以确定正确的判断。王利明认为:"除了文义解释之外,其他解释方法都不能单独运用而直接确定出文本的含义,需要与文义解释等方法结合起来才能确定出文本的含义。"[4]实际上,即使是文义解释方法,也不能单独使用,还必须将其与体系解释结合起来,否则就会出现误解。但是,在简单案件中,体系解释等方法的作用并不明显,以至于人们感觉到文义解释方法可以单独使用。放言文义解释可以单独使用,对准确理解、运用法律存在一定的风险。各种方法的综合运用可以确保结论是恰当和正确的,因为运用各种方法得出的结论可以相互验证。

---

〔1〕 参见黄茂荣:《法学方法与现代民法》,中国政法大学出版社 2001 年版,第 273—288 页。

〔2〕 〔美〕卡尔·N. 卢埃林:《普通法传统》,陈绪刚等译,中国政法大学出版社 2002 年版,第 618 页。

〔3〕 〔美〕斯蒂芬·布雷耶:《积极自由——美国宪法的民主解释论》,田雷译,中国政法大学出版社 2011 年版,第 91 页。

〔4〕 王利明:《法律解释学导论:以民法为视角》,法律出版社 2009 年版,第 599 页。

六、法律解释的客观立场与自主性规则

法律解释的客观性与自主性矛盾一直是法学研究的重要问题。对这一问题的理论纠缠已有多年,很难有一个明确的了断。完全搞清楚不可能,但是避而不谈也不现实。法律解释的客观性是一种积极维护法治的姿态。按照法治的要求,在法律解释过程中,解释者要认定法律已经明确的意义,用法律已有的规定来诠释模糊或多义法律的意义。这是一种对法律原本含义的追求,是传统的探寻法律客观意义的方式。这种追求法律原本含义的独断性解释,来自对圣经的经典解释规则。然而,这一解释规则早已受到质疑,哲学解释学和后现代主义的解构甚至将质疑理论化和系统化了。哲学解释学的主流观点认为,任何理解都是自我理解,所有的解释都不可能离开解释者自主的思维活动。虽然法律有"客观"自在的意义,但是法律解释结果表达的是解释者的自主性。法律规则以及法律解释规则都是理解的前见性因素,对这些规则的把握是为理解做准备活动。在法治理论中,存在着各种相互矛盾的思维倾向。比如,法治原则一方面要求法律人依法办事,另一方面又要求法官独立行使判断权。依法办事要求法官尽量消除解释过程中的个人因素,而独立判断张扬的则是法官个体的自主性。这样,一方面是法律解释者的自主性不可缺少,另一方面法治又想把法律人的思维拉回到自在的意义上。虽然传统的法治理论一直强调法律解释者应该站在立法者的立场上客观地理解文本的含义,不必掺杂自以为是的弦外之音,但是法律解释者的主观因素并不能被完全排除。法律解释的自主性规则源于内心真意优于外表文字的规则。"解释一种意思表示(包括成文法律)如果不想望文生义落入俗套的话,就必须深入了解其所表达之深层的意思内涵。"[1]要达到这一境界,就必须允许法律解释者发挥主观能动性。法律解释不是从外而内地曲解,而是从内而外地发现

---

〔1〕 吴庚:《宪法的解释与适用》,台湾三民书局2004年版,第480页。

真意。所以,法律解释规则在一定意义上是法律人的思维惯例,而不是法律规则。经常有学者提出对法律解释规则的质疑:法官们真的在使用法律解释规则吗?有学者指出,法律人在思维判断中很少“暴露”他们究竟是在使用哪一种解释规则。没有法律规定必须使用文义解释优先的解释规则。法律解释在很大程度上不是解释规则的使用问题,而是司法风格问题。[1]

客观立场的解释规则不具有绝对性,并且不宜单独使用,需要与体系规则等其他相关规则结合起来使用。从法哲学的角度看,完全客观的法律解释是不存在的。第一,法律是人创立的,在本质上是思想意志的产物。尽管立法者也可能被要求尽量反映客观世界的规律,但只要经过人脑反映出来,就不可能是纯粹的客观世界。第二,法律是一种主观的存在,法律解释是一种主观的活动。法律的生命依附于人,没有人的创立、理解、解释和运用,就不可能有法律的存在。法律在本质上反映的是人的利益和要求。所以,要求法律解释具有客观性仅仅反映了人们的立场,它的核心含义是尽量排除个人主观意志,寻求解释结果与职业共同体之间的共识,要求法律人用一种客观、中立的态度去解释法律,尽量遵守文本规范原本的含义。因此,法律的客观性不是存在于客观世界,而是蕴含于法律的文本世界,法律解释基本的客观意义体现在语义之中。当然,法律之文义最终还是来自客观世界。作为一种解释规则,它要排除的是解释者的任意,要求法官恪守一种客观、中立的立场。尽管法律解释的客观性是实施法治的思维基础,但是司法实践中法律解释并不那么客观:一方面,立法资料很难提供客观、明确的指引,法官面对的法律问题可能很宽泛;另一方面,法官等法律人的理解都是个人在理解,因而解释不可能是完全客观的,主观成分不可避免。法律解释的客观性主要是要求法律人摆脱主观偏好、政治标准、道德伦理标

---

〔1〕 参见〔英〕沙龙·汉森:《法律方法与法律推理》(第二版),李桂林译,武汉大学出版社 2010 年版,第 109—110 页。

准甚至人情、金钱、腐败的“压力”。

自主性解释规则包括“把法律作为修辞”的法律思维规则。尽管把法律作为修辞没有解释法律的意义，但在直接运用法律语词构建思维方式的过程中，它直接认定了法律的意义。因此，它实际上也是一种解释方式，即意义认定的解释范式。法律思维过程离不开法律人对法律语词的自主使用。法律修辞是一种独特的法律方法，自身有很多修辞性规则。比如，“举重以明轻，举轻以明重”既是当然解释的方法，也是常用的修辞性解释规则。在自主性解释规则中，最主要的是法律解释的明晰性规则。法律解释的明晰性规则也被称为“反对解释的规则”，属于对法律意义的认定性“解释”，实际上是把法律语词在思维表达过程中不加解释地直接运用。“法律语词的意义空间从一开始就是为法律目的精确化而存在的。”〔1〕如果法律条款中使用的语词是清楚的，就必须直接赋予其效力。“法律用语应在一般意义上予以采用，除非是技术词汇或者艺术用词。”〔2〕明晰性规则是罗马法的一个基本规则，强调一个法律语词的含义如果没有争议、是清楚的，就可以直接认定它的意义。这是最符合法治原则的，不需要对法律语词的含义和意义进行解释。

“如果那些在法律中所使用的概念是精确的，如果每个案件能否包摄到这些概念下都是清楚明确的，我们就根本不需要去解释法律。”〔3〕这一原则包含在法律语词的含义清楚的情况下反对进行解释。法律解释的明晰性规则是法律思维方式中的修辞规则，即把法律语词作为法律思维建构的关键词，在具体语境中阐释法律的意义。法律语词的直

〔1〕〔德〕齐佩利乌斯：《法学方法论》，金振豹译，法律出版社2009年版，第73页。

〔2〕〔美〕卡尔·N.卢埃林：《普通法传统》，陈绪刚等译，中国政法大学出版社2002年版，第622页。

〔3〕〔德〕英格博格·普珀：《法学思维小学堂：法律人的6堂思维训练课》，蔡圣伟译，北京大学出版社2011年版，第53页。

接运用不是重复立法者的思维活动,而是运用法律寻求恰当的解决纠纷的方法。尽管法律解释必须服务于法律目的,但是这个目的不能是任意的,而应该是法律概念、规范中已经含有目的,在很多情况下不必进行目的的再次探寻。例如,某种行为属于不当得利,"你的行为是违法的"等言辞表达的就是用法律作为修辞的思维方式。又如,对于在高速公路上车辆掉下来的轮胎导致车祸,高速公路管理公司是不是应该承担责任,人们可以拿出很多的法律规定。[1] 但是,从法律修辞的角度看,高速公路管理公司没有尽到"管理义务",这是最关键的法律修辞,用这一关键词构建法律思维的说服力最强,其他的细节问题只是承担多少责任的问题。

自主性解释理论倾向于认为,法律的意义随着时代精神的变迁而变迁,这种变迁在法律语词空间中进行。在法律思维过程中,把法律作为修辞不能偏离立法者的目的,而应该把立法者的目的有机地融进思维过程。立法外目的不能随便进入法律思维过程。因为法律适用必须进行解释,在个案审理过程中,"只有经由解释才能成为行为的准则"[2]。但是,从法治思维的逻辑要求看,法律适用是反对解释的。当年,拿破仑发现有法官对《法国民法典》进行解释,惊呼"我的法典完了"。把法律作为修辞是在思维过程中重组、复制法律的意义。"法律的语言永远不能消除在解释法律中作出好的判断的必要性。"[3]法律适用中,需要法律解释规则为法律人的思维提供指南。但是,这种指南仅仅是一种包含较少机动与目的的技术性框架,如果生搬硬套地使用法律解释规则,就可能使生动的司法或执法活动变成生硬的外交辞令。这种情况的出现意味着,法律解释者没有真正将"把法律作为修辞"的

---

〔1〕 参见叶苏:《高速公路轮胎酿事故 高速公司应承担责任》,载《法制文萃报》2013 年第 14 期。

〔2〕 吴庚:《宪法的解释与适用》,台湾三民书局 2004 年版,第 467 页。

〔3〕 〔美〕乔治·P. 弗莱彻:《刑法的基本概念》,蔡爱惠等译,王世洲主译与校对,中国政法大学出版社 2004 年版,第 271 页。

解释规则融会贯通。在法律思维方式建构过程中，法律语词运用不当或者错误解释，会导致讲法说理不透彻。把法律作为修辞的法律思维方式是把法律作为思维的框架，用适当的法律语词加以修饰，可以在一定程度上消除相互对立的解释原则和规则。

上述六个大类的解释规则只是表明它们在法律解释规则与方法体系中的重要性，并不是说六者之间有什么样的逻辑关系。科学、符合逻辑的法律解释规则的分类还需要我们作更深入的研究。

第三节　法律解释规则的运用难题

近些年来，随着法学研究转向解释学，中国法学研究的立场开始从立法中心主义向司法中心主义转移。同时，国外的法律解释理论也大量涌入中国，各种法学研究都对法律解释表现出浓厚的兴趣。从法律解释理论研究的现状来看，只有政治先觉者和前卫法学理论倡导实质主义的思维路径。中国法律人思维的主流依然遵循“根据法律进行思考”的理路，即从维护严格法治的角度，探寻如何追求法律解释的合法性、客观性，捍卫法律意义的安全性以及行为的可预测性。其理论支撑的关节点是早期法哲学所确认的“一般优于个别”的论断，使用的是形式逻辑学的演绎、类比推理和语义学的解释规则。这种研究在一定程度上把思维封闭在法律规范涵摄的意义空间之内，强调不能超越文义的“射程”，最多使用法律精神和价值，在个案中使法律的严格性有所松动。因此，形式主义法治的要求在这种法律思维过程中得到了保证。但是，这只是法律人的思维路径，一般公众和政治人物的思维中还大量存在与此相反的理路，对法律规则和法律解释规则的不重视依然在延续。这种轻视法律规范的观点也得到一些理论的支持。尤其是随着哲学解释学在中国学界的兴盛，法律的客观性、意义的明确性受到质疑。同时，很多人感到根据法律进行解释难以应对复杂的社会问题，个案的正义、情境因素在“一般优于个别”的思维中没有得到充分的关注，法律解释在合理性上出现了问题。于是，一种更为全面的法律解释理论出现了，根据法律进行思考的“法律决定论”转向了论证、论辩中的“语境决定论”，追寻法律的意义变成了探寻最低意义上的共识。法律解释从封闭走向了更为广阔的社会空间，逻辑推理与修辞论辩融合而成新的解释方法。在法律解释的目标上，对解释结果合法性、客观性的追求，变成了对主体间性和融贯性的探寻。这种在一定程度上轻视法律规则和法律解释规则研究的观点开始兴盛。

一、法律解释体制的不完善对法律解释规则功能的影响

截至 2010 年，法治建设取得的重大成就是中国特色社会主义法律体系的形成。但是，中国的法律体系是平面的，主要是规则体系，保障法律实施的机制或立体的法治体系还不完善。法律解释体制就是其中的一个方面。虽然有了法律体系，但是如何通过法律解释方法予以贯彻，在制度上还存在缺陷。现行的《关于加强法律解释工作的决议》过于简单，存在很大的缺陷。法官到目前为止还没有解释法律的权力。这意味着，实际上存在的法官解释处在非法运行的状态。由此传导而得出的事实真相是，法律解释规则也不具有合法性。因此，创设一部法律解释法，对完善法律解释体制，充分发挥法律解释规则的作用很有必要。要想使法律解释规则发挥作用，首先应该在制度上完善法律解释体制，赋予法官解释法律的权力，同时在规则和程序上予以限制。没有对自由裁量权的规则和程序的限制，就没有法治。法律解释体制有两种：一是中国现在实行的“谁制定法律谁解释”的一体化解释体制，二是制定和解释法律的分离体制。一般来说，在法治国家，立法和法律解释是分开的，因为以立法形式作出的解释实质上还是立法。实际上，所有的法律解释都应由司法机关(要么是宪法法院，要么是专门司法解释机关)统一作出。除此以外，还应承认法官等法律适用者也有在个案中解释法律的权力。统一解释和个案解释是法律解释的基本分类。近些年来，国外对法律解释体制问题的研究不是很多，而中国学者对目前统一

解释不规范、不统一的现象多有指责。中国法律解释规则研究不发达，与制度上不承认法官有解释法律的权力有很大关系。既然法官无权解释法律，那么就可以直接推断法律解释规则是没有必要的。因此，法律解释规则的研究与适用面临着法律解释体制改革的难题，结合中国的实际情况，在借鉴外国经验的基础上建立适合中国法治建设的统一解释体制势在必行。

综上所述，完善法律解释体制需要制定法律解释法，主要包括以下三个方面的内容：

第一，在法律解释法中明确法律解释规则的地位，把公认的、已经是法治思维常识的法律解释规则规范化。比如，文义解释优先，对目的的探寻不能离开法律，单独的概念不能生成规范等。同时，学者们也应该积极探寻如何表述法律解释规则。在这一问题上，已经有部分国家的立法作过一些尝试，但效果并不是很理想。已有的法律解释法的条文都很少，更多是关于法律解释体制的简约描述，涉及法律解释规则的并不多，只是作了一些原则性的规定。即使是这样，也很有意义，因为这是用立法的方式表达对法律解释规则的重视。对于法律解释法的创设，我们也可以按成熟一条就制定一条的方式来推进，在实施中完善。法律解释法是关于司法、执法思维规则的规定，因而很难在体系上非常完善，等配套成熟再落实不利于法治思维和法治方式的形成，法治建设也很难由平面转向立体。法律体系的重点是对权利义务的规定，而法治体系则需要对法律思维规则提出规范性要求。法律思维规则的创设是从静态法治向动态法治演化的基础性条件。

第二，在法律解释法中承认法官拥有在个案中解释法律的权力。这一权力实际上在各国司法过程中普遍存在。1981 年，在制定《关于加强法律解释工作的决议》的时候，一部分立法者认为，“文化大革命”造成法律人才青黄不接，法官的业务水平整体较差，如果赋予法官法律解释的权力，可能会干扰法律的准确实施。因此，法官只能适用法律，而不宜有解释法律的权力。在司法实践中，如果遇到需要解释的问题，可以请示上级法院，上级法院不能解释的，最后可报请最高人民法院进行统一解释。不承认法官有法律解释权的认识偏差在于，没有看到法律解释是法律适用的前提，如果没有对法律的理解和解释，就根本不会有法律的适用。这些年，人们逐步接受伽达默尔关于理解、解释和运用本来就是三位一体的观点，解释本身就是运用，运用是解释的一种形式。现在，法学界普遍认为，与其不承认法官有解释法律的权力，还不如承认。因为无论承认与否，法律解释在司法中都是普遍存在的。只不过在承认法官有法律解释权的同时，需要对这种权力进行规则和程序的限制。比如，国外的很多立法中都规定，任何判决都应该说明理由。这实际上是对法官裁判的刚性限制，对法治建设具有特别重要的意义。现在，人们对司法的不满很多来自司法或法律解释过程中没有把理由讲清楚而产生的误会。

第三，要用法律解释法限制司法政策对法治建设可能产生的负面影响。在各国司法实践中，司法政策起着非常重要的作用。很多法理学教科书中都明确指出：政策是法律的灵魂，法律是根据政策制定的。我们不反对司法过程中的政策介入，在涉及国家、社会重大利益的问题上，哪一个国家都会有政策的指导。但是，我们必须看到政策与法律的不同特点。法律因具有稳定性而不能随时改变，政策却具有与时俱进的特点。如果对法律的解释不考虑政策，有时会出现理解法律的偏差。但是，在法治建设中，我们应该确立的信念是法律至上，政策只是起辅助指引作用。如果牵涉社会、国家重大利益，需要用政策改变或代替法律，则充分的论证是必要条件，不能随便用政策改变或代替法律的效力。在法律解释法中明确法律解释规则，能在一定程度上摆正法律与政策的关系。

二、法律人纠结于解释立场的封闭与开放

法律解释规则与方法的使用有多种进路，概括起来主要有四种：一是语言学的文义主义进路，强调从制定法的语言文字和规范结构中寻

找法律的意义，使用的是语义学和语用学的解释规则。二是从法律、法治、立法者的目的角度矫正单独依赖文义可能出现的解释偏差，使用的是分析比较的方法。三是从社会语境的角度探寻法律的意义，使用的是社会学方法和解释规则。四是从法律的外在价值中进行意义的探寻，使用的是价值衡量（或利益衡量）的方法。其实，这四种进路的分别也不是那么绝对，相关部分有很多交叉，但各自都有重点强调的解释规则和方法。这四种进路可概括为形式法治与实质法治两种立场：一是与形式法治的要求相适应，出现了对法律解释的封闭立场，传统的法教义学以及解释方法与之相配套。二是与实质法治的要求相适应，出现了对法律解释的开放立场，法社会学、价值法学、目的法学、现实主义法学与之相配套。由于存在封闭与开放两种解释倾向，法律人在法律解释问题上不可能有固定的立场。

在上述两种立场的影响下，中国的法律学人围绕着法治的实现，建构了两套解释规则和方法系统，即围绕文本展开的规范解释和修正、改变法律规范的除弊规则。规范解释建构的是根据法律进行解释的规则，与这一规则相适应的方法包括文义解释、体系解释、三段论推理、语法解释、历史解释、语义解释、规范的构成解释、法律原则的解释方法等。与除弊规则相对应的方法包括目的解释、价值衡量、社会学解释、利益衡量、法律效果与社会效果统一论解释、法律修辞论辩解释、政治解释、民意解释、事物的本质和法理学说解释等。根据法律进行的解释坚持把制定法等正式法律当成唯一的法源，而根据法律外因素进行的解释则坚持多元的法源论。在不同的历史时期或在不同的案件中，各种进路都得到了不同程度的张扬。在前自由资本主义时期，由于社会中大量存在不自由、不平等，权利被任意侵蚀，因而更多的是呼吁法律价值对法律意义的修正，自然法高于实在法蔚然成风。在自由资本主义时期，资产阶级取得了政权，资本主义的社会关系趋于稳定，因而法律的文义解释占上风。到了垄断资本主义时期，社会关系又发生了剧烈的变化，资产阶级的利益已经很难用文义解释来保障，目的论以及社会语境的进路开始盛行。

案件的性质与法律解释规则的使用关系密切。在简单案件中，文义解释的进路起主导作用；而在复杂案件中，目的解释、价值衡量和社会学解释就会各显其能。无论是哪种进路，都需要法律解释规则和方法。现实的情形是，各种进路的法律解释规则之间存在着冲突。各种法律解释理论基本上都是围绕着协调解释进路的冲突展开的。“所有法律解释方法都承认，法官在一般意义上应当考虑制定法文本，但没有任何条款为法官提供明确的指导，告诉法官灵活解释的限度以及可以用来帮助解释法律文本的渊源和因素。”[1]法律解释规则的多样性决定了法官无论选择哪一种解释规则都是“合法的”，也决定了在法律解释规则的使用中，如果没有一套逻辑一致的规则系统，就必然陷入混乱。这些现象的存在表明，法律解释是法学研究的永恒问题。在社会主义法律体系形成以后，法律解释或者说法律应用问题成了法学研究的核心问题。只要有法律的运用，就会出现新的解释问题。对法律解释问题的研究包罗万象，可以说几乎所有的法律应用问题都可以被归结为法律解释问题。这恰恰就是我们必须面对的解释性难题。

实际上，法律人已经认识到，在司法过程中，应该更加综合地运用法律解释方法，以解决法律纠纷，化解社会矛盾。这里存在的问题是：各种解释规则和方法在解释过程中“争宠”，难以在一般理论上确定在什么节点上使用规范解释规则和方法，或者在什么时候使用除弊规则和方法。虽然有学者提出把两者统一起来，但如何统一缺乏操作方法。统一论只是认识论，在认识上可以统一，但在操作方法上难以施行。同时，法律人对法律解释规则运用的复杂性或者法律解释的进路的困境还没有足够清醒的认识。这些都是法律解释规则难以发挥作用的环境性障碍因素。

---

〔1〕〔美〕阿德里安·沃缪勒：《不确定状态下的裁判——法律解释的制度理论》，梁迎修、孟庆友译，北京大学出版社2011年版，第35—36页。

三、“个别的、不受规则约束的判决比按规则作出的判决更公正”[1]

法律解释规则和方法对正确理解和适用法律具有重要的指导意义。但是，这些规则和方法都是一般性的，所要解决的却是具体问题。解释规则和方法的一般性与案件的个性之间常常有很大的出入，法律解释规则和方法必然会在运用中遇到难题。在有些案件的审判中，不遵守规则的判决可能会更加公正，按照规则作出判决反而可能是机械司法或执法。这是对法律解释规则和方法运用的很大挑战。在法律解释活动中，具体判断依赖的不仅仅是单纯的规则，还有经验及情境因素。由此推及对具体案件的处理就会发现，规则的涵盖面既可能过宽，也可能过窄。法律规则可能因情势变化而落伍。抽象的规则有时会掩盖偏见，一般规则可能因疏忽个别情形而给某些群体造成伤害。规则的绝对化会导致自由裁量无处容身，而自由裁量又不可避免。更有甚者，有人可以利用规则去做坏事而能够逃避责任。规则的绝对化具有非人性化的特点。[2] 规则的局限性及其缺陷暴露无遗，规则本来是应该被遵守的，此时却成了可选择的。规则和方法的绝对性受到挑战。那么，我们该如何对待法律解释规则和方法？

之所以出现个别的不受规则约束的判决比按照规则作出的判决更公正的现象，原因是多方面的。从大的理论思路上说，这是因为规则是普遍的，不可能考虑到个案情境、语境的每一个细节。规则所捍卫的一般公正有时可能与个案中的正义发生冲突。需要指出的是，这一判断所说的并非多数案件的事实，多数按照规则判决的案件与个别正义是一致的。在少数案件中出现一般法律规定与个别正义的冲突属于正常现象。问题的关键在于我们如何正确地认识这一现象。一般来说，个

---

[1] 〔美〕凯斯·R.孙斯坦：《法律推理与政治冲突》，金朝武等译，法律出版社2004年版，第227页。

[2] 同上书，第156—162页。

别正义不能构成否定一般公正的理由。在司法过程中引入一些带有实质思路的法律方法，其实就是要解决这一问题。比如，法律修辞方法特别强调对语境因素的关注，把目的解释和价值衡量的方法视为除弊规则也是为了消除个别正义与一般规范的冲突。另外，这一判断只能从个案中获取，很难得到逻辑理论的证成。出现个别的、不受规则约束的判决比按规则作出的判决更公正的现象，也只是在具体语境中能站得住脚。因为从理论家的研究成果来看，“公正”至今仍然是一个难以定义的概念。可以说，离开了规则，我们甚至连什么是正确的标准都难以确定。公正与平等不一样，平等是相对的，而公正则是一种关于基本价值的绝对观念。人们在评判公正的时候，往往会陷入主观评判的困境。法律应该是公正的体现，这是自然法学的基本教义。然而，什么是公正却一直考验着法学家的智慧与能力。

之所以出现个别的、不受规则约束的判决比按规则作出的判决更公正的现象，原因还在于，随着现代法律日趋复杂，例外的事项日益增多，精确的法律解释规则越来越难以涵盖。“在大多数法律体制中，法院依赖的是法律解释的‘原则’(principles)或‘准则’(canons)。而且在大多数的法律体制下，也有很多类似的原则或准则可供选择。”〔1〕卢埃林对原则和规则的功能表示了极大的怀疑，在他看来，每一条准则都有一个反准则，因而这些准则或规则都属于事后解释，对思维决策毫无用处。虽然此论断多少有些夸大其词，但却产生了深远的影响。事实上，法律的不确定性一直是法律解释学的难题。法学理论研究者发现，“法学理论的一个重要任务就是确定其具体内容。当法律的内容不确定时，每种法律制度都依赖于怀疑和惰性负担的分配原则。这些原则都是建立在程序和实质性政策的基础上，其初衷都是为了使法律体制更加完善，而不是更糟糕”〔2〕。法官依赖于法律规则在语境中的通常意

〔1〕〔美〕凯斯·R.孙斯坦：《法律推理与政治冲突》，金朝武等译，法律出版社2004年版，第226页。

〔2〕同上书，第227页。

义，各种各样的解释规则都在发挥着理解之前见的作用。我们不能像后现代法学和批判法学那样，完全否定规则和方法的意义。有些法律人感觉不到法律解释规则和方法的作用，那是因为对解释规则和方法太熟悉了。然而，对初学法律的人进行规则和方法的训练是必要的。

美国法学家孙斯坦主张，裁判的理由就是规则。虽然对规则和方法的使用需要选择，甚至需要在具体语境中进行修正，但是人们可以把规则视为思维决策的可选择因素，关注整体局势，穷尽一切因素，注意细节，避免抽象，关注先例，注重类比推理的方法，在情境中进行价值、利益等衡量，对裁决的基础进行解释，找出裁判的理由。法律解释是“对某一行为、法规、意思或其他文书，解释并确定其在发生并引起争议的特定环境下的含义的过程，目的是确认文书制作者的真实意思并赋予其效力。解释要遵循各种指导原则，有些是成文法上的原则，有些是普通法上的原则。比如文书应从整体上进行解释，词语应按其字面通常的含义进行解释，除非这将导致谬误，但如果用在专门的场合，则可以赋予其专门的含义；专门的法律术语必须依其专门的法律含义”〔1〕。各种规则对裁判来说都是未完成的理论叙说，要想作出恰当的判断，就需要接着完成这些规则未竟之任务，将其具体化为针对个案的理由。法律解释规则只是对法律解释活动所要遵守的思维准则进行简要的公式化的表述，未经法律人的慎思，不能作为裁判的理由。这些规则的功能在于，帮助法律人理解法律，形成准确的法律判断而不是现成的解决问题的方案。有法学家认为：“没有句法或实质意义上的准则或原则，就根本不可能进行法律解释……”〔2〕但是，正义观念是真实存在的，我们不能把解释规则和方法绝对化。虽然这些原则和规则赋予法律词汇

〔1〕〔美〕戴维·M. 沃克：《牛津法律大辞典》，李双元等译，法律出版社 2003 年版，第 254 页。

〔2〕〔美〕凯斯·R. 孙斯坦：《法律推理与政治冲突》，金朝武等译，法律出版社 2004 年版，第 227 页。

以实际意义，对法律人思维的影响无处不在，但是不能排除解释者的主观选择以及情境因素对规则和方法意义的反向影响。

个别的、不受规则约束的判决比按规则作出的判决更公正的现象，体现的是一般规则和个别正义的矛盾，如何用法律解释规则消除这一矛盾是法律方法论的重要任务。在过去的法律方法理论中，目的解释和价值衡量更多是在考量、解释过程中除弊。由于目的本身的复杂性，虽然目的解释经常被使用，但也经常遭到诟病。不同的价值之间具有质的不同，如果法律规定本身的价值和用于衡量的价值具有同质性，在逻辑上还是可以衡量的；如果不是同质的价值，则很难进行衡量，就像人们很难确定在自由和平等之间究竟实现哪一个价值更为公正。法律论证方法对解决这一问题似乎更为合适。因为法律论证方法坚持融贯论的思维方向，颠覆了传统涵摄理论中"一般优于个别"的基本思路，认为个别与一般具有同样的重要性；法律在没有被确定适用以前都是不确定的，对某一制定法的适用不是必然的，而是可选择的；在特定的语境中，法律规定具有可废止性和可修正性，所有的判决理由都是法律人针对个案寻找和确定的。这种论证过程既要考虑一般法律的规定，也要考虑道德、价值以及情势因素。所谓论证，就是把各种构成具体法律的因素当成论据，建构裁判理由，寻求可以被接受的具体法律。法律论证的过程是一个对话、论辩的过程，法律规范、法律解释规范、道德规范、价值因素、社会因素、语境因素等都会被考虑在内。依据使用因素的不同，有学者把法律论证分为内部证成与外部证成。内外之别主要以形式逻辑、法律规范作为标准。内部证成主要依靠形式逻辑和法律规定进行论证；外部证成主要依靠非形式逻辑和法律外因素进行论证。一般来说，在法律论证过程中，这两种方法都要使用。这就从方法论的角度解决了一般规范和个别正义的冲突。但是，如果过分依赖外部证成，就可能出现法治危机。传统的法律解释规则的运用属于内部证成。近些年来，论证理论对法律解释学的研究有多方面的渗透，因而一些新形成的法律解释规则也吸收了论证规则。这对解决一般规范和个别正义的冲突有积极的意义。

四、每一解释规则在运用时都会遇到相反的规则

卢埃林发现，在普通法国家，几乎每一个制定法的解释准则都包含相互矛盾的规则。比如，(1)一部法律不能超越其文本；与其对应的是，一部制定法可以在其文本以外加以补充。(2)与普通法相抵触的制定法不得通过解释予以适用；如果这类法律本质上是救济性的，则得自由解释。(3)制定法应当根据普通法予以解释，并且一部肯定某条普通法规则的制定法应当根据普通法进行解释。与此相反的是，普通法应当让位于与之冲突的制定法，并且当一部制定法旨在修订适用于某一既定事项的全部法律时，该制定法的效力优先于普通法。(4)如果一部法律已经得到解释，则该解释对其他案件有约束力。与此相反的规则是，如果以前的解释违背了司法政策或与法律精神不符，则可以拒绝适用。[1] 只要把这种相反的解释规则背景稍微扩大一些，我们就会发现更多解释规则间的更多对立：文义解释与目的解释、体系解释与情景解释、法律文义与法律价值、形式正义与实质正义、法律解释规则与伦理解释规则、法律解释规则与政治解释规则、形式逻辑与非形式逻辑、形式与内容、法律规则与社会发展等。这些都使法治统一的原则很难实施，也都是学者们不懈研究的永恒问题。不同的人在这些问题上都可以有精辟的见解，至于究竟谁能说服谁，那就要看具体的语境和价值追求了。

各种法律解释规则之所以会出现冲突，有多方面的原因，其中，以下四个方面的原因比较明显：

第一，从主观方面看，法律解释的价值倾向、理解认识法律的方法选择、不同法学流派对法律的不同界定、站在不同角度对法治形成的不

---

〔1〕 参见〔美〕卡尔·N. 卢埃林：《普通法传统》，陈绪刚等译，中国政法大学出版社2002年版，第618—619页。

同认识等因素，使得人们在确定、选择法律解释规则的时候，发生严重的分歧。这种分歧单靠某一种理论难以消除。不同法律解释规则的对立，实际上是由法学理论、法治理论研究的立场和方法不一样以及法律价值追求的相互冲突所导致的。由于这些冲突难以消除，因而在法律解释中出现相反的规则不可避免。有些人主张就事论事、具体问题具体分析，在规则基础上重新建构作为理由的规则。但是，若没有规则，就失去了标准，人们就无法判断对错。规则的冲突导致思维的混乱，若没有规则，思维是如何陷入混乱的可能也不清楚。

第二，从法律方法论的角度看，在司法过程中，命题证成的法律解释规则与对命题的抗辩规则都属于法律思维的组成部分。在司法过程中，论辩双方的观点总是对抗的。命题的证成方会竭尽全力说明其判断是能够成立的，而抗辩方则会拿出不同的甚至相反的规则进行抗辩，以证明命题是不能成立的。这是法律人的思维习惯。这样做虽然增加了论辩的难度，但却为人们正确理解、解释和运用法律提供了机会和场合。不过，对理论研究者来说，这就成了永恒的难题。虽然对于一般性的规则可以脱离具体的条件进行阐释，但规则的运用永远不可能离开具体的语境，试图找出以不变应万变的解释规则几乎是不可能的。司法过程中和法学课堂上对各种规则的经典论辩和适用，只能为后来的法律人进行思考提供经验，而不能提供绝对正确的、可以适用于不同场合的法律解释规则。即使是立法者创立的法律，也不能做到这一点。面对待解决的个案，法律的运用是可选择、可修正甚至是可废止的。

第三，从世界万物的存在方式看，法律与社会之间的关系总是处于矛盾之中。有些法律解释规则是法律改造社会的要求，而有些法律解释规则却是法律适应社会的要求。这些矛盾解释规则的交织，本来就是法律与社会关系的折射。在法律与社会之间，一方面是外部的规范秩序，另一方面是内部的主体意识；一方面是规范秩序的严格性、呆板性,另一方面是社会需要的灵活性、多样性。[1] 人们一方面渴望不受任何规范的约束,另一方面又不可能脱离规范。世界是矛盾的,矛盾是事物存在的方式。一种矛盾的解决意味着新的矛盾的开始,因而想一劳永逸地消除矛盾是有问题的。只不过法律解释学需要加强对社会矛盾的分类研究,以便为每一类矛盾找到解决的规则和方法。

第四,从不同的文化背景看,法律是文化的产物,在不同的文化背景下或者在同一文化背景下的不同历史时期,人们对法律和法治的地位、功能、意义的关注重点是不一样的。比如,在欧洲大陆,权威法学家关于法典意义的意见最受人们重视。在英国,人们认为法律解释必须运用严格的法学知识。在美国,人们主要通过考察法律的制定过程来判断立法者的本意。[2] 这些都是特定文化背景下的产物,需要我们从文化的角度理解法律解释规则。在中国,运用法律论证方法解决法律解释规则间的冲突具有文化背景的可接受性。现阶段,西方倡导的法律是一种整合性概念,应该用融贯论整合各种因素以塑造具体的法律。这种方法在中国可能得到更好的运用。但是,问题在于,西方学者强调用整体、体系、融贯、论证、论辩等方法理解、解释法律是有问题意识的,他们要解决机械司法、执法以及法律解释规则间的冲突问题。其立论基础是:建构在形式逻辑基础上的法律推理、根据法律进行解释等方法被过度使用了,因而需要在法律解释过程中融入个别正义、社会、语境等因素。但是,西方学者的问题意识与中国的现实是错位的,我们存在的问题不是机械司法、执法的问题,而是对法律权威不够重视的问题。在中国,法律意义的安全性问题还没有得到彻底解决。因此,中国法律人需要进一步强化对于法律的内部证成,对于外部证成方法的使用则需要谨慎,因为外部证成始终存在着消解法治的思维

---

〔1〕 参见卢鹏:《拟制问题研究》,上海人民出版社2009年版,第48页。

〔2〕 参见〔美〕腓特烈·坎平:《盎格鲁-美利坚法律史》,屈文生译,法律出版社2010年版,第102页。

倾向。

各种解释规则之间的冲突与矛盾表明，所有的解释规则都不是绝对的。这决定了法律解释规则研究是一个永恒的法学问题。在西方法学研究中，基于司法中心主义的研究长盛不衰，其核心问题在于如何使法官的恣意与僵化的边界之间有一个合理的平衡。在传统的法律解释理论中，人们主张在制定法内发现和解释法律的意义，因而法律发现规则和法律解释规则特别重要。但是，这一问题现在似乎已经被对规则和方法功能的反思替代。即便如此，解释规则和方法仍然在西方国家法治中占据重要地位，只不过过去注重建构，而现在则重在反思和解构。

五、简约的解释规则会有适用上的负面效用

中国早期的法律解释理论强调法律解释者应该是立法者，即谁制定谁解释。英国在实施法治的早期也强调"法律解释的权力应归法律的起草者"，但是到了 13 世纪，法院有了独立的地位，开始认为制定法是对法院职权的一种干涉。于是，法院出台了严格的解释规则，认为法院的解释是对政府权力的一种限制，是一种专门的权力。法官有权根据法律解释规则拒绝法律起草者的意见。[1] 尽管法律解释规则对法治思维路径有指导意义，但是并不意味着可以完全避免错误的发生。用简约的解释规则只能处理一些简单、典型的案件，有时甚至在典型案件的处理中也会出现一些差错。法律解释规则是不完美的，总是需要不断改进。然而，法律解释规则的研究者一定要相信，公正、合法地解决问题是可能的。

使用抽象、简约的法律解释规则可能出现的负面作用表现在以下几个方面：

---

〔1〕 参见〔美〕腓特烈・坎平：《盎格鲁-美利坚法律史》，屈文生译，法律出版社 2010 年版，第 102 页。

第一,简约的解释规则虽然使法律适用变得便捷,但也可能误导法律人。既然是简约、抽象的,规则的内容就不可能面面俱到,挂一漏万是规范化描述的特点。但是,现实生活中的案件是复杂的,充满了个性,一般的规则对行为特性的描述不可能太多,否则就会失去简约性。高度抽象化的规则为法官留下了太大的自由裁量余地,"法治是规则治理的事业"就演变成"规则加法官的统治"。为了限制法官的任意解释,又不得不增加更多的解释规则。这样,以简单应对复杂的法治思维又重新回到了以复杂应对复杂的格局。

第二,过度依赖法律解释规则会促成司法者的懒惰。在思维过程中,只注意根据规则进行思考,而不注重对情势、正义因素进行考量,会把原本复杂的思维变成简单的根据规则进行的思考,造成对法律的误解。"规则的概括性……并不见得总是优点,更多的却是政治恶习,因为公正的体系允许对具体案件的具体情形适用衡平和变通。规则是迟钝的;理想的裁判是灵活的,是基于当前情形决定的。"[1]实务法律人对于法律方法论的诉求是那种"学了就会,会了就能用,用了就见效"的方法。然而,法律方法论的研究者回应这种诉求的方式只能是进一步细化法律思维规则,由此会走向便捷思维的反面,使得法律解释规则方便法律人思维的目的难以实现。当然,中国实务法律人的思维在更多情况下不是对规则过度依赖,而是不讲规则。这值得我们反思。

第三,法律解释规则的使用是对法律规则的重新解释,运用相互矛盾的解释规则可能会毁坏法律的可预测性,从而影响人们对法治的期待。在法律解释学被引入法律论证方法以后,使用外部证成的方法不可避免。外部证成的方法虽然能够增大解释结果的可接受性,但是以废止、修改法律的固有意义为代价的。可以说,法律解释规则的使用是对法律的重新塑造、论证。然而,在这种思维过程中,传统法治所需要

〔1〕〔美〕凯斯·R.孙斯坦:《法律推理与政治冲突》,金朝武等译,法律出版社2004年版,第145页。

的法律明确性会被重新塑造的意义代替。一方面，这说明创设法律解释规则是必要的，它可以在专业技术意义上尽力维护法律的固有意义。另一方面，法律的意义也可能在重新塑造中流失。“对于法律解释而言，没有一个放之四海皆准的解释方法。”〔1〕对法律解释规则的不完整性或负面作用的公开承认非常重要，因为司法过程原本就是一个综合使用各种方法的过程，如果迷信单一的方法，不去采用其他方法以互相验证，就难以寻求到可被接受的法律。这是做好司法和法律解释工作的前奏。

第四，法律解释规则的使用因法律性质不同而有差别，但在简约的法律解释规则中难以说明。一般来说，法律解释规则是对法治思维规律的提炼，应该具有普遍性。但是，由于法律体系中有公法、私法和社会法等不同的领域，这些领域中的法律解释、证据使用以及法治原则都不一样，因此法律解释规则也应该是不一样的。对法律解释规则进行恰当的分类是法律解释学的重要课题。如果没有对法律解释规则的梳理和分类，思维过程将更为复杂和混乱。法律人不仅要掌握法律规则，还要学习众多的解释规则，并在解决案件的过程中对一些相互冲突的解释规则进行专业甄别和使用。研究法律解释规则的出发点是简化法律解释的思维过程，但是现在的研究还远没有实现这一目标。有时候，即使对同一条法律解释规则，依然存在非常不同的解释。

第五，法律解释规则都带有价值倾向，在很多情况下难以把握。很多人认为，“税法和刑法应当严格解释”〔2〕，而民法则有更大的灵活性。比如，刑法禁止类推，民法则允许类推。“所有赠与，应对赠与者作不利之解释。”〔3〕这些虽然属于法律解释规则，但实际上都是一些原则性的

---

〔1〕〔美〕凯斯·R. 孙斯坦：《法律推理与政治冲突》，金朝武等译，法律出版社2004年版，第228页。

〔2〕〔美〕戴维·M. 沃克：《牛津法律大辞典》，李双元等译，法律出版社2003年版，第586页。

〔3〕郑玉波：《法谚》(二)，法律出版社2007年版，第98页。

表述，很难作为方法来操作。我们能理解一些表述，但关键在于如何操作。比如，解释保险合同应该朝有利于投保人的方向展开。“普通法的法院总是对法规性扩展抱有敌意，因此普通法中的解释规则认为，‘贬损普通法的法规应当加以严格解释’。”〔1〕这说明，法律解释规则必须和法律解释方法结合起来，单纯的规则表述并不会带来法律人所渴望的那种简便易行的法律解释规则。我们从渴望得到简便易行的规则开始研究，但得出的结论并不令人乐观。不知道法律解释规则将难以正确理解法律，而在知道以后，还有艰辛的思索过程。

在司法过程中，仅有法律解释规则和方法还不够，法律人应该“从自己传统的文本开始，同时再寻求超越这些文本，以此对正义的追求做出贡献”〔2〕。实际上，司法过程中的法律是立体的，法律的意义不是摆在那里的，需要运用复杂的思维规则和方法重新塑造。“当制定法的语言无法清楚地回答制定法的意义或者如何适用时，解释上的难题就随之出现。”〔3〕司法活动不仅要接受法律规范的规制，还要接受思维规则的约束。对于法律规范，不仅要从文字的角度理解，而且要在具体的社会关系中进行权衡利弊的运用。如果仅仅关注有文字表述的规范，很可能忽视个案的特殊情况，既难以探寻法律的本意，也可能脱离价值和政治要求。因此，即使是简便易行的法律解释规则，在运用的时候也需要再次解释。在伽达默尔看来，解释就是运用，理解、解释和运用是三位一体的，在思维过程中难以区分清楚究竟哪一个阶段是理解，哪一个阶段是解释和运用。法律解释是一个综合思维的过程，在思维过程中必须遵守解释的规则，这本身就是法律适用的一部分。“法律对行为的

---

〔1〕〔美〕乔治·P. 弗莱彻：《刑法的基本概念》，蔡爱惠等译，王世洲主译与校对，中国政法大学出版社 2004 年版，第 271 页。

〔2〕同上书，第 276 页。

〔3〕〔美〕斯蒂芬·布雷耶：《积极自由——美国宪法的民主解释论》，田雷译，中国政法大学出版社 2011 年版，第 70 页。

规范取决于理解之结果。"[1]法律解释规则的运用离不开对规则本身的理解,这是规则运用的基础。所以,对法律解释规则进行研究的目的是更好地运用规则。

在西方学者已经开始反思法律解释规则或准则可能具有的负面作用的时候,中国学者才开始对法律解释规则进行研究。我们对法律规则和法律解释规则的作用关注不够,仍习惯于用整体性的宏大言辞来指导、引领对法律的解释。这虽然能够从宏观上把握法律,但却忽视了规则是实施法治的基石。对法律解释规则的把握与法律人的能力以及整个社会的法治化程度有关。一般来说,一个社会的法治化程度越高,对法律解释规则的需求就越多;反之,对法律解释规则就越没有兴趣。中国的法治建设刚刚起步,对法律解释规则的研究基本还处在引进、模仿阶段。虽然我们能从西方法谚中获得很多法律解释规则,但对此缺乏深入系统的研究。如何使中国的整体性文化和西方的分析性文化结合,研究出一套适合中国法治建设需要的法治思维方式,对中国法治建设有积极的意义。同时,中国传统文化中有着丰富的司法智慧,传统律学中也积淀了丰富的经验。我们不能仅跟着西方法学解构法律规则和法律解释规则,而应该借鉴西方法治中已有的、行之有效的法律规则和法律解释规则,并逐步使其中国化,为中国法治建设服务。当然,我们也要反思西方法律规则和法律解释规则的复杂化、神秘化所带来的问题,结合中国人思维的特点建构法律解释规则体系。

---

〔1〕 吴庚:《宪法的解释与适用》,台湾三民书局2004年版,第468页。

第五章
法律修辞规则的建构及其意义

法律修辞的论辩方法是整个法律修辞学的核心部分，也是当下中国法律修辞学研究中最薄弱的部分。根据当代法律修辞学的修辞图式以及非形式逻辑的论辩型式，法律修辞方法可以重构基于规则的修辞方法、基于规则外要素的修辞方法和基于推论的修辞方法。同时，司法三段论和法教义学论证也属于法律修辞方法的基本构成要素，它们控制着所有的法律修辞方法的运作。古典法律修辞学和新法律修辞学只是指出或描述了在法律论辩中为了说服听众，可以运用的法律修辞图式或论辩型式，并没有为这些修辞方法的运用建构相应的规范性方案，而是将法律修辞方法的选择、适用和布局交由听众的内心认同来决定。我们认为，若想真正实现“法治与法律可辩驳性之间的妥协”，使法律修辞方法的运用不仅能够说服听众，而且可以维护法治的“内在道德”和法教义学的立场，那么就要同时满足传统的法律解释规则、程序性法律论辩规则以及法教义学的要求和指引。在对这些法律思维规则和法教义学进行吸收和转化的基础上，上述各种法律修辞方法便可以构造出相应的法律修辞规则。一方面，法律修辞规则可以为法律修辞学提供更为统一的法律科学范式，促成法治的要求在法律论辩中动态地实现。另一方面，它还能够更好地协调体系性思维与问题性思维之间的矛盾，帮助论辩双方更迅速地达成裁判结论上的合意和共识。

第一节 法律修辞规则的概念

在主流的修辞学传统中，法律修辞学追求的不是对案件尽可能客观理解，而是操纵性地影响听众，以获得他们的赞同和合意。不管法律修辞学在法律论辩上所追求的是说服还是信服〔1〕，为了保持对修辞语境的敏感性而对客观性、符合"事物本质"、法教义学和法本体论等刻意"放逐"，都将法律修辞学引向了与法治、法学范式存在严重冲突的境地。法律修辞学作为"法律人的修辞艺术"，必须坚守"法律约束"的主题。〔2〕论辩前提必须在规范法学和法教义学等塑造的规范性框架内发现和选择。法律修辞方法的运用也必须符合法律思维规则、普遍实践论辩规则以及法教义学的要求。不过，由于新修辞学的深远影响，主流的法律修辞学理论在描述或建构论辩起点、论辩前提、听众理论、修辞图式或修辞方法等过程中，都偏离了规范法学、法教义学、法律方法论以及普遍实践论辩规则所施加的"法律约束"。法律修辞学若想获得法律方法论的学科地位，它的合理性标准只能是听众信服，而且必须弱化听众对信服标准的构成性意义，修辞图式或修辞方法的适用必须参照和遵守相应的法律修辞规则。但是，法律修辞规则并不存在于法律修辞学的既有论述中，我们需要以一种积极的建构主义态度，从传统的

---

〔1〕 针对"特定听众"只能实现法律说服，而"普遍听众"的赞同可以实现法律信服。See Chaïm Perelman, *The New Rhetoric: A Treatise on Argumentation*, John Wilkinson, Purcell Weaver(trans.), University of Notre Dame Press, 1969, pp. 26-31.

〔2〕 参见〔德〕乌尔弗里德·诺伊曼：《法律论证学》，张青波译，法律出版社2014年版，第75页。

法律修辞图式、法律修辞方法等中析出相应的修辞规则雏形，进而加工、建构出规范的法律修辞规则。

一、法律修辞规则是约束修辞者的法律思维规则

麦考密克和魏因贝格尔在《制度法论》一书中指出，法律作为一种“制度性事实”并不是以独立的客体形式存在的，而是存在于规范或规则的背景中，并为规范或规则而存在。[1] 魏因贝格尔后来又指出，制度应与“应当规则”的确立相连，它的存在形式是社会的规范性规则体系。[2] “当从一定距离来观察法律时，你看到的是一个规则的迷宫。”[3]在这些规则的迷宫中，不仅包括数量巨大、关系复杂的法律规则、法律原则等制度性规则，还包括法律推理、解释、论证、修辞等思维性规则或法学方法规则。[4] 制度性规则和思维性规则之间的界分和互动是透过法教义学的体系化作业完成的。法教义学是法治尤其是形式法治最主要的落实手段。在古希腊法学、古罗马法学、中世纪法学、理性法学、历史法学、学说汇纂法学、法学实证主义和法律实证主义等中，法教义学都曾产生过持续而深刻的影响。[5]

法教义学一方面指对有效法的体系性、科学性的加工活动，另一方

---

〔1〕 参见〔英〕麦考密克、〔澳〕魏因贝格尔：《制度法论》，周叶谦译，中国政法大学出版社 1994 年版，第 20 页。

〔2〕 See O. Weinberger, *Law, Institution and Legal Politics: Fundamental Problems of Legal Theory and Social Philosophy*, Kluwer Academic Publishers, 1991, p. 29.

〔3〕 〔美〕乔治·P. 弗莱彻：《刑法的基本概念》，蔡爱惠等译，王世洲主译与校对，中国政法大学出版社 2004 版，第 6 页。

〔4〕 参见陈金钊：《法律解释规则及其运用研究（上）——法律解释规则的含义与问题意识》，载《政法论丛》2013 年第 3 期；陈金钊：《法学话语中的法律解释规则》，载《北方法学》2014 年第 1 期。

〔5〕 具体论述可参见〔德〕弗朗茨·维亚克尔：《近代私法史》（上、下册），陈爱娥、黄建辉译，上海三联书店 2006 年版；〔德〕米歇尔·施拖莱斯：《德国公法史（1800—1914）：国家法学说和行政学》，雷勇译，法律出版社 2007 年版。

面指这种活动的产品。[1] 在前者的意义上，法教义学指对有效法、立法者和法官等的法律规定、原则和学说进行的概念—体系性整理。[2] 在这一维度上，法教义学致力于在总体上将概念或体系间思维上的一般联系表达出来，或为不能确定的众多规范和将来的规范形成相应的结构性和概念性“规定”。在这种意义上，法教义学可以划分为三个维度：一是对有效的法律进行描述；二是分析法律概念和形成法律规则、法律原则；三是对规则和原则进行概念性和体系性的整理，并将它们编排成一个更大的目的性关联体系。这些活动会为法教义学的自我理解提供有序和稳定的语句体系，而且这种语句体系将被用于司法裁判的证立，形成一种特殊的理性实践论证情形。[3] 在后者的意义上，法教义学包括教义学体系与教义学方法。教义学体系包括外部体系、内部体系和认知性体系三种体系。其中，外部体系是根据逻辑学和语言学的规则，通过法律概念、法律类型、功能性概念、法律规则等形成的语义性体系。内部体系是由法律原则、规则目的、立法理由、法律价值等构成的目的性体系。认知性体系是为了描述内部体系，满足概观和运用上的需要，通过秩序概念的编排建构，由秩序概念、分类以及讨论的先后顺序等构成的学术性体系。[4] 如在德国刑法学中，作为通说的犯罪

---

〔1〕 参见〔德〕尼尔斯·扬森：《民法中的教义学》，吕玉赞译，载陈金钊、谢晖主编：《法律方法》（第十八卷），山东人民出版社 2015 年版，第 1—2 页。

〔2〕 Vgl. Rolf Stürner, Das Zivilrecht der Moderne und die Bedeutung der Rechtsdogmatik, *JZ* 2012, S. 10-11.

〔3〕 Vgl. R. Alexy, *Theorie der Grundrechte*, Suhrkamp Verlag GmbH, 3. Aufl., 1996, S. 22; Volkmann, U., *Veränderungen der Grundrechtsdogmatik*, JZ 2005, S. 261-271.

〔4〕 参见吴从周：《概念法学、利益法学与价值法学：探索一部民法方法论的演变史》，中国法制出版社 2011 年版，第 330 页。

论体系就是一种典型的认知性体系或犯罪认识体系。[1] 教义学方法是法教义学为应对各种教义学体系的法律适用所形成的各种法律方法，如法律发现方法、法律解释方法、法律推理方法等。通过这些法教义学的作业活动，一方面，单纯的法律文本性规定被转化成体系化的法制度性规则，即外部体系规则、内部体系规则和认知性体系规则；另一方面，在教义学方法的基础上又形成了各种法律思维规则，即法律解释规则、法律修辞规则、法律论证规则、法律论辩规则、法律发现规则、法律推理规则等。

在类型学上，法律体系虽然可以被划分为制度性规则和思维性规则，但两者其实都是为了满足法律适用中司法认知的需要而发展出的具体化法律条文的阐释性学问和中介性理论。[2] 在效力位阶和法律权威上，制度性规则初步优先于思维性规则，前者可以构成相应的法教义学语句，而后者并不具备法教义学语句的性质。[3] 在具体的司法过程中，法律思维规则不能任意抵触制度性规则，而是在三种制度性规则构成的司法认识和法律判断的语境中展开和运用。但是，法律思维规则必须以法典和法律规定为依托，从中寻求其效力依据，不可轻易逾越其文本上的语义界限。

在法律论辩中，作为法律思维规则的法律修辞规则不但要遵守法

---

〔1〕 参见〔德〕许迺曼：《刑法体系思想导论》，许玉秀译，载许玉秀、陈志辉合编：《不移不惑献身法与正义——许迺曼教授刑事法论文选辑》，新学林出版有限责任公司2006年版，第249—303页。

〔2〕 魏德士认为，法教义学将浩如烟海且杂乱无章的法律材料进行整理并使之体系化。这些材料分散于大量的单行法和具体规范中。如果没有法教义学，它们就不能实现或不能统一地予以适用。只有在法教义学将其体系化之后，才能了解法律制度内部的评价体系，才便于讲授与学习，才能让人们在总体上把握具体规范之间的联系，才能使具体规范之间的联系、顺序和依赖关系一目了然。参见〔德〕魏德士：《法理学》，丁小春、吴越译，法律出版社2003年版，第140页。

〔3〕 关于法教义学语句论述的具体内容参见〔德〕罗伯特·阿列克西：《法律论证理论——作为法律证立理论的理性论辩理论》，舒国滢译，中国法制出版社2002年版，第317—335页。

典、法律规定和法律概念等构成的语义界限，而且必须恪守由法教义学发展出的制度性规则。制度性规则是在法律和司法实践之间进行沟通的桥梁和中介，作为“平等和有区别地适用法律的条件”，可以确保“法律的简化和更好的操作性”以及“法安全和法公正”。法律修辞规则必须将文本上的法律概念、法律规则、法律原则及其制度性规则共同作为法律论辩的前提和起点，同时也只有通过它们才能确定案件的“法律争议点”。制度性规则的体系尤其是认知性体系可以为论辩前提的发现、法律修辞方法的应用、法律修辞规则间的安排和组合等提供相应的规范性指引和参照。因此，法律修辞规则所约束的主体只能是进行法律修辞的法官、检察官、当事人及其代理人，即法律修辞规则仅对法律修辞主体具有约束力和规范性。法律修辞主体为了获取更大范围内的法律受众尤其是法官、检察官对其论辩的信服和接受，需要而且必须遵守相应的法律修辞规则，否则其论辩将因与法律无关或相关性不大而被拒绝或达不到预期的说服效果。同时，法律修辞主体之外的其他法律受众也可以将法律修辞规则作为评判法律论辩的标准。

二、法律修辞规则是指引法律修辞方法的语用论辩规则

法律修辞规则的效力范围主要是针对法律修辞论辩的。在具体的论辩型式上，法律修辞规则与法律修辞方法具有统一性和同构性，每一种具体的法律修辞规则都对应着相应的法律修辞方法。尽管法律修辞论辩前提的发现、法律修辞的布局以及法律修辞的表达都需要遵守法律修辞规则，但这种遵守只是一种消极意义上的不违反。根据当代法律修辞学理论，在它们之上并不存在规范性的法律修辞规则，只是在法律修辞方法这一环节才能形成真正的法律修辞规则。

根据规则是否包含影响人们实践的态度或意向，可以将规则区分

为描述性规则和规定性规则。[1] 描述性规则是对经验性规律的一种归纳式的一般陈述，通常也被称为“自然规则”。自然规则描述的是现实世界的运行，而非对人的行为的规定，因此不存在“应当”和“服从”的问题。规定性规则包含引导、控制或改变人的行为的意向和企图，它的存在意味着人应当以某种方式行为。法律修辞规则是一种典型的规定性规则，它包含或蕴含法律论辩主体在法律论辩行为中应该遵守的各种“规定”，旨在控制、限制和阻止法律论辩主体在法律修辞环节仅以取悦法律受众的常识、感受和心理为能事，偏离法律体系的语义界限和内在脉络，从而将法律论辩活动引向围绕相关的法律问题展开法言法语的论辩。

根据规则的规范意向，可以将其界分为经验规则和实践规则。经验规则是对过去反复出现的类似情形下的正确行为的概括和总结，它的规范意向是提供建议和忠告，并不是人们做出某种行为的理由。实践规则的存在本身就构成人们做出某种行为的理由，它的规范意向并非提出某种实践建议、传达某种信息，而是要求规范对象按照其指示行为。违反实践规则会导致某些批评和制裁。[2] 法律修辞规则并不像传统的法律修辞方法那样只是对司法裁判中论辩型式进行整理和归纳，而是按照法律解释规则、普遍实践论辩规则和法教义学的规定性以及法治的一般理念，对法律修辞论辩型式进行理性重构、规则化和体系化。因此，法律修辞规则属于一种典型的实践规则。

同时，根据规范效力来源的不同，还可以将实践规则划分为真正规

---

〔1〕 See Frederick Schauer, *Playing by the Rules: A Philosophical Examination of Rule-Based Decision-Making in Law and in Life*, Oxford University Press, 1986, pp. 1-2.

〔2〕 参见徐显明主编：《法理学原理》，中国政法大学出版社 2009 年版，第 54—55 页。

则、权威规则和惯习规则。[1] 真正规则的价值源于其自身内容的价值,它的效力依赖于规则内容本身的正当性或遵守规则在结果上的可欲性。真正规则的意图是,要求行为人做善的、正当的或者明智的事情,而非固守规则。因此,在某些情况下,真正规则会要求行为人对规则的内容及其使用后果的正当性进行评价,并根据相应的证立决定是否遵守某种真正规则。权威规则是由某些拥有规范性权力的机关发布的规则,它的效力不在于价值,而在于被某个权威机关发布的事实。惯习规则是社会成员普遍遵守的规则,其效力源于相关社会成员的普遍实践。惯习规则的效力除了被普遍实践外,对它的违反通常会导致一种较为普遍的谴责性的反应。惯习规则的主要目的是解决合作问题,惯习的存在不仅意味着相关社会成员采取了某种具有一致性的行为,而且他们也意识到这是一种以合作为目的的聚合实践。

可以确定的是,法律修辞规则作为法律思维规则并非权威规则,它没有自己特定的权威发布机关,也不是因某个权威机关的发布才具有效力。其实,法律修辞规则具有真正规则和惯习规则的双重属性。法律修辞规则的效力在很大程度上依赖于它在内容上对制度性规则、方法论规则、普遍实践论辩规则以及个案正义的关注。法律修辞规则的根本意图是,劝导法律论辩主体在修辞过程中遵守相应的修辞规则,以达到预期的说服效果。一旦出现特殊情况或例外情况,则可以选择更适合修辞语境的修辞规则,放弃某些特定的修辞规则。因此,法律修辞规则可以被归入真正规则的序列。同时,法律修辞规则并非空穴来风的抽象建构,而是建立在对一般法律修辞实践的归纳总结的基础上,它的效力在某种意义上源于这些法律修辞实践的普遍性和一致性。法律修辞规则将司法实践中普遍适用的修辞图式按照法治理念的要求和法律修辞的语境进行相应的规则化和体系化,对它的遵守和普遍适用避

---

〔1〕 See Michael S. Moore, Three Concepts of Rules, *Harvard Journal of Law and Public Policy*, Vol. 14, No. 3, 1991, pp. 771-775.

免或减少了大家在论辩中的无意义争论，不仅可以提高各种论辩、对话的相关性，也能使听众对论辩更大程度地予以认可和接受。因此，法律修辞规则具有惯习规则的功能。法律修辞规则在真正规则和惯习规则上的双重性质证明，它是一种真正的实践规则。

同时，法律修辞规则作为规范法律修辞的实践规则，还是一种重要的论辩规则。根据阿列克西的总结，论辩规则的建构和证立有四种可能性或者分类，即技术性论辩规则、经验性论辩规则、定义性论辩规则和普遍语用学式论辩规则。[1] 法律修辞本身是一种围绕法律争议点展开的应用性论辩，而非脱离论辩语境的证立性论辩。法律修辞的争议点、听众要素以及修辞语境使其在整体上可被视为那种旨在解决争议的批判性论辩的一个组成部分。它既契合语用学的立场和视角，同时也包含法律辩证的根本要素。[2] 因此，法律修辞规则也属于普遍语用学式论辩规则，它的有效性对法律修辞这种语言交际之可能性而言是构成性的。若想进行有效的法律修辞，同时又不破坏法治的确定性和一致性，我们就不能放弃这些语用性论辩规则。法律修辞规则所呈现的主要是法律修辞规范性的辩证—对话结构，它不同于程序性论辩规则。虽然法律修辞规则在建构和运行上需要吸收部分普遍实践论辩规则，但是法律修辞的争议点和修辞语境决定了它必须适当地反映法律论辩的可辩驳性和对话性。因此，法律修辞规则是一种语用性论辩规则，属于规定性规则，具有真正规则和惯习规则的双重属性。

三、法律修辞规则是针对法律修辞论证的程序性规则

法律修辞规则作为约束法律论辩主体的实践规则，注定了只能是

---

〔1〕 参见〔德〕罗伯特·阿列克西：《法律论证理论——作为法律证立理论的理性论辩理论》，舒国滢译，中国法制出版社2002年版，第225—232页。

〔2〕 See Eveline T. Feteris, *Fundamentals of Legal Argumentation: A Survey of Theories on the Justification of Judicial Decisions*, Springer Netherlands, 1999, p. 163.

规范性规则,而不能是描述性规则。相较于概念法学和传统逻辑学对法律三段论或演绎推理的过度依赖,法律修辞学尤其注重和强调法律论辩的可接受性和论证语境的有效性。但是,随着法律修辞学的发展,非形式逻辑又回归形式化和系统化的路径。亚里士多德的修辞学给出了进行成功论辩的具体规则和方法,克服了智者派论辩术的主观随意性,使论辩术成为一种系统的理论。澳大利亚哲学家汉布林虽然主张论辩术应该研究论证的使用语境,但并不反对论辩系统的描述性以及形式论辩术研究。[1] 后来,有学者发展出语用论辩术,以批评性讨论作为论证的理想模型,并提出控制论辩参与者言语行为的程序性规则。这种语用论辩术不仅强调实际论辩过程的描述性分析,而且更注重从规范性角度考虑好的论辩所必须满足的合理性标准。[2] 其后,又有学者将形式论辩术和语用论辩术进行"有机组合",恢复了亚里士多德之后就不复存在的论证语形、语义和语用研究之间的平衡。

汉布林虽然主张研究论证的使用语境,但主张在形式论辩术的基础上,根据论证是否有利于实现具体的对话目的,判断一个论证是否合理。[3] 图尔敏虽然反对形式逻辑对价值评价的完全拒斥,但认为价值论证绝非纯粹心理学的阐释。为此,他提出了一种由主张、事实、正当理由、支援、反驳和模态限定词六种元素构成的论辩模式,即图尔敏论辩模式。他认为,所有领域的论辩都可以依照这种固定的论辩形式进行重构。[4] 尽管佩雷尔曼在新修辞学的研究中将论辩理论和修辞学

---

〔1〕 See C. L. Hamblin, *Fallacies*, Methuen, 1970, p. 255.

〔2〕 See F. Van Eemeren, *et al.*, *A Systematic Theory of Argumentation*, Cambridge University Press, 2004, pp. 152-175.

〔3〕 See D. Walton, *The New Dialectic: Conversational Contexts of Argument*, University of Toronto Press, 1998, pp. 6-200.

〔4〕 See Stephen E. Toulmin, *The Use of Argument*, Cambridge University Press, 1958, pp. 99-102.

进行了某种整合，从而避开了非形式逻辑的进路，[1]选择了一种合理性的而非规范性的描述方法，根据听众的反应决定论证的有效性，并将其作为衡量和评估论证优劣的首要标准。但是，为了实现价值判断的客观性和合理性，佩雷尔曼不得不对论辩起点和听众进行更加精细的体系性分类，而且构造了一种规范性意义上的"普遍听众"，由其系统阐释和总结的各种论辩型式在实际论辩过程中可以联合起来，形成一个由可欲结果的理由和论据组成的关联结构和论辩体系。[2]

但是，上述论辩型式和修辞术并不能直接作为法律修辞规则加以使用。原因在于：首先，非形式逻辑和语用—论辩进路的论辩型式是对整个司法过程（包括诉讼程序的论辩结构）进行的逻辑刻画和语用分析，同时还涵括了法律推理和程序性法律论证等其他法律思维规则。若将之直接作为法律修辞规则使用，则会导致与其他思维规则的竞合，进而导致研究对象的重叠和学术资源的浪费。其次，非形式逻辑和语用—论辩进路的论辩理论和论辩型式多源于英美法系的司法实践，针对的是判例法推理而不是制定法推理的法律论辩理论。它们勾勒的很多论辩型式并不完全适合用来重构大陆法系的法律修辞实践。再次，修辞学之外的论辩理论虽然致力于将各自发展出的论辩型式发展成为相应的程序性规则，但过于依赖论证的语境和场域，没有及时将法教义学建构的制度性规则纳入论证的评估和分析之中。最后，新修辞学选择的是一种合理性的而非规范性的描述性进路，它的"听众理论"无法提供法律论证的正当性标准。佩雷尔曼尽管论述了各种论辩型式，但只是比较粗糙和实用的描述和说明，缺乏精确的分析和规范性建构，所

[1] See Chaïm Perelman, Philosophy and Rhetoric, in J. Robert Cox and Charles Arthur Willard (eds.), *Advances in Argumentation Theory & Research*, Southern Illinois University Press, 1982, pp. 287-289.

[2] See Chaïm Perelman, *et al.*, *The New Rhetoric*, *A Treatise on Argumentation*, University of Norte Dame Press, 1969, pp. 27-300.

以根本无法告诉人们应该如何选择论辩起点和论辩型式。[1]

综上所述，法律修辞规则必须从这些不同进路的论辩型式中有针对性地选择可以规范化和体系化的对象。为了避免法律修辞规则与其他思维规则以及“诉诸情感论证”“诉诸气质论证”等特定论证型式产生重合或重叠，我们将法律修辞规则的规范化对象限定为法律修辞论证。[2] 法律修辞论证是关于法律本身的论辩以及法律与事实对应关系的论辩。在法律适用中，单纯的关于法律自身的修辞并不存在，法律修辞论证主要是关于法律与事实对应关系的论辩。真正的法律修辞需要满足四个要件：第一，将制度性规则、立法规定、法源等作为首要的论辩前提；第二，将法律争议点作为论辩对象；第三，修辞论辩必须是在程序性法律论证和法律推理之外，围绕法律规范与案件事实之间的“等置”所进行的偏重个案正义和问题语境的语用学论辩；第四，论辩涉及的法律具有可废止性或可辩驳性。[3] 法律修辞规则只能从既有的法律修辞图式和法律修辞方法中选择满足上述要件的特定法律修辞论辩作为规范化对象。

在法律修辞规则的建构中，我们要按照法治的基本原则和法教义学的规范立场，对每种论辩型式或修辞方法进行相应的规则性转化，剔除其中的非理性成分。只有如此，法律修辞规则才能调和法治与法律的可辩驳性之间的内在矛盾，使法治的确定性、可预测性和一般性等要

---

〔1〕 参见〔荷〕伊芙琳·T.菲特丽丝：《法律论证原理——司法裁决之证立理论概览》，张其山等译，商务印书馆2005年版，第57—59页。

〔2〕 在当下的法律修辞理论中，法律论辩是一个外延极其宽泛的范畴，它不但包括关于法律的论辩，而且包括司法过程所涉及的一般日常论辩和各种修辞格。即使是在前者的意义上，法律修辞的语义指称也是多元的，既包括关于法律本身以及法律与事实对应关系的论辩，也包括关于法律事实的论辩。这是由法律修辞本身的复杂性以及各种法律修辞学采取的不同研究进路、学术立场造成的。

〔3〕 尽管法律本身在法教义学的作用下呈现出制度性规则的体系状态，但这些体系并不是闭合的体系。尤其是在法律适用中，这些体系具有更大的认知开放性和可争论性。这也是需要法律修辞的原因所在。

求得以在动态的法律论辩过程中实现。[1] 因此，在某种意义上，法律修辞规则就是针对、约束法律修辞论辩的程序性规则。法律修辞论辩的基本程序是在法律修辞规则的指引下进行的。不仅法律修辞方法的运用需要按照法律修辞规则的指引进行，而且与法律争议点相应的法律修辞的“布局”和“表达”也不得违反法律修辞规则的基本规定。

第二节　法律修辞规则的建构原则

根据法治的“内在道德”、法教义学的基本立场以及法律修辞的特点，法律修辞规则的建构需要遵守以下原则：

一、合法性原则

富勒在其“法律内在道德”命题中，将合法性原则作为统筹一般性原则、公开性原则、非溯及既往原则、明确性原则、一致性原则、可行性原则、稳定性原则、官方行为与法律一致性原则的根本原则。[2] 但是，在哈特看来，作为“法律内在道德”的八项合法性原则，只是为了达到“使人类行为服从规则”这一目的所应遵循的功效原则，而非什么道德原则。[3] 在此，我们不对合法性原则的性质进行论断，只关注什么是合法性原则以及如何实现合法性原则。

在对合法性原则的理解上，一个关键问题是“究竟什么是法”。这在法学史上既涉及形式合法性与实质合法性之争，也涉及哈贝马斯对合法性与合法律性的二分，以及商谈理论对当代合法性危机的反思和

---

〔1〕 See Neil MacCormick, *Rhetoric and the Rule of Law: A Theory of Legal Reasoning*, Oxford University Press, 2005, pp. 12-31.

〔2〕 参见〔美〕富勒：《法律的道德性》，郑戈译，商务印书馆 2005 年版，第 40—107 页。

〔3〕 参见〔英〕H. L. A. 哈特：《法理学与哲学论文集》，支振锋译，法律出版社 2005 年版，第 362 页。

“矫正”。我们认为，在法教义学的视域下，上述争论都能够被化解。在法教义学中，法不但是文本上的法律，还是由内部体系、外部体系和认知性体系共同构成的体系化的法律。因此，合法性原则不仅要求法律判断符合文本上的法律规定、法律规则和法律概念等，[1]而且要求法律判断契合法律之间的内在脉络、体系结构以及各种教义学原理。在合法性和司法的亲缘关系上，作为司法技艺的合法性原则只有通过司法才能实现法律最终的一般性、明确性、一致性、可行性和稳定性等。

合法性是法律修辞理论首要的价值立场。法律修辞学不但追求共识导向的效力概念(Der konsensorientierte Geltungsbegriff)，也追求理性导向的效力概念(Der vernunftorientierte Geltungsbegriff)。[2] 法律修辞论辩需要维持问题性思维与体系性思维以及法律的可辩驳性与法治之间的平衡。法律修辞方法的运用需要同时满足法律解释规则、普遍实践论辩规则和法教义学的要求。因此，法律修辞规则的建构也需要遵守合法性原则。合法性原则可以保证法律修辞规则对法学基本范式的遵守和执行。在积极意义上，法律修辞规则建构的合法性原则意味着，法律论辩必须在制度性规则或法教义学塑造的规范性语境下展开，法律争议点的确认和法律修辞论辩必须通过各种规范性论述或教义学语句进行。法律论辩的每一个步骤，以及整体的法律论辩过程，需要符合文本性的法律以及由内部体系、外部体系和认知性体系构成的体系化的法律。尤其是公法论辩，必须恪守宪法保留、法律保留、罪刑法定、禁止类推和行政法定等基本原则。在消极意义上，合法性原则要求法律修辞规则不能将与法律争议点无关的法律外要素作为论辩前提带入法律论辩，禁止论辩者在论辩中偏离法律和事实之间的对应关系，

---

[1] 宪法上的宪法保留原则和法律保留原则，刑法上的罪刑法定原则、刑法明确性原则和禁止类推原则，以及行政法上的行政法定原则等，就是这种视角下的合法性原则。

[2] Vgl. Carolin Weirauch, *Juristische Rhetorik*, Logos Berlin, Aufl., 2004., S. 64, 96.

为了自己的利益而“游戏”法律、强词夺理、哗众取宠。在这个意义上，合法性原则控制着法律论辩的前提和论据，旨在防止真正的法律论辩转化成一般的日常论辩或辞藻华丽的修辞格。

二、合理性原则

法律修辞规则不同于其他思维规则的地方在于，法律修辞涉及的主要是问题性思维，论辩的语境或者场域对法律修辞的具体展开和过程具有特定的结构性影响。因此，法律修辞规则的建构需要遵守合理性原则。同合法性一样，合理性也是一个充满歧义的类型概念。根据与语境的关联程度，合理性可以分为普遍意义的合理性（rationality）和语境意义上的合理性（reasonableness）。普遍意义的合理性强调的是合乎理性，与规范性的和超越性的理性相连，是一个具有规范内容的概念，又可以分为作为认识概念的合理性和作为行动的合理性。语境意义上的合理性不要求具有超越情境的普遍性，仅要求在一定的语境中被接受。[1] 两者的区别在于依据的理由的特性差异。前者的理由是一种带有普遍性的理由，后者只要求理由在一定的语境中被接受。同时，依据达致合理性的路径，合理性可以分为个体主义路径的合理性和交互主义路径的合理性。前者表现为实践推理，通过从个体层面分析理由的普遍性和语境依赖的差异以实现合理性。后者强调参与主体之间的互动，将合理性判断标准、理由的普遍性和语境依赖的差异建立在主体间交往行为之上。[2]

法律修辞论辩秉持的合理性属于语境意义上的合理性，道德、价值、政治、经济、社会以及文化要素等在必要时都可以成为法律修辞的论据。在法律修辞规则的建构中，应该遵守语境意义上的合理性原则；

---

〔1〕 参见蔡琳：《裁判的合理性：语境主义还是普遍主义？》，载陈金钊、谢晖主编《法律方法》（第九卷），山东人民出版社 2009 年版，第 92—94 页。

〔2〕 同上书，第 95 页。

在合理性的标准上，应该选取交互主义路径的合理性原则。即法律修辞规则需将某些与“案件事实间的对应关系”相关但并非法教义学语句的社会惯习、一般价值观念、法律适用的各种效果等非规范性论述纳入法律论辩之中。之所以如此，是因为：第一，法律语言存在一定的模糊性，需要借助这些非规范性论述确定其语义；第二，法律之间存在语义和价值上的冲突，需要借助这些非规范性论述衡量其间的优先关系；第三，存在某些需要法律调整的事实或问题，但是法教义学缺乏相应的规范性论述，需要借助这些非规范性论述给出初步的社会性意见；第四，在特定案件中，规范性命题的直接适用会带来极其不公正的法律效果，需要借助这些非规范性论述测度其非正义的程度，并给出大家可以接受的朴素的社会性意见。

非规范性论述在法律论辩中的适用是法律论辩本身的问题性思维及其可辩驳性的直接反映。但是，这些非规范性论述进入法律论辩必须同时满足以下三种要求：总有效性、融贯性和道德正确性。总有效性是指这些非规范性论述与法律结论存在合适的联系，能为其提供充分的理由；[1]融贯性意味着这些非规范性论述与法律体系在逻辑上并不冲突，而且能与其他非规范性论述形成一个融贯性的整体；道德正确性要求这些非规范性论述在道德上是可被证成和接受的。法律修辞规则建构的合理性原则指引所有的法律论辩向满足上述条件的非规范性论述开放，而且这些论述如果被转化为相应的法教义学语句或被论辩双方共同接受，便可以作为法律论辩的前提使用。

除此之外，法律修辞规则建构的合理性原则还意味着，一旦现有的规范性论述不能为特殊的法律问题提供合理的解决方案，如法律适用的社会效果不能被听众接受，法律论辩可为其配置特殊的论辩规则。

---

〔1〕 总有效性，即归纳有效性，实际上是“归纳性强的”或“有力的”替代词，意味着日常生活中大量归纳（广义的）论证也可被当作好的论证接受。See John Eric Nolt, *Informal of Logic : Possible Worlds and Imagination*, McGraw-Hill College, 1984, p. 151.

合理性原则和合法性原则并不矛盾，因为它们支配的分别是法律论辩中的问题性思维和体系性思维，而且法律体系的开放性和法律的社会功能也需要将合理性原则纳入法律修辞规则的建构之中。两项原则共同决定了法律修辞规则的具体形态和整体框架。

三、实用性原则

不同于其他思维规则尤其是法律推理规则，法律修辞规则是论辩者在法律修辞中直接遵循和使用的规则，在本质上是一种言语行为规则和运用性商谈规则，从根本上决定了论辩双方能否达成共识以及如何达成共识。所以，法律修辞规则也是论辩双方之间的一种合作规则。我们在建构法律修辞规则的过程中，必须使这一事实满足相应的技术性要求，实用性原则便是满足这一技术性要求的建构原则。实用性原则是从法律修辞规则适用的角度对其语义、逻辑结构和表达形式提出的要求。通过对法律规则以及言语行为规则、商谈规则等的参照，我们认为，法律修辞规则的建构应满足三项实用性原则：第一，法律修辞规则应有明确的语义和内涵，各个法律修辞规则之间有清晰的界分，每一修辞规则要么以论辩的主题命名，要么以论辩的方法指称，都有明确和固定的所指。第二，法律修辞规则应具有类似于法律规则"假设条件—法律后果"的逻辑结构。我们可将法律修辞规则的逻辑结构具体分解为：规则主体——法律修辞的直接参与人，两者互为修辞者和听众；规则条件——修辞规则的适用需要出现特定的论辩型式，否则不得使用这一修辞规则；规则内容——论辩，一旦满足修辞规则的特定条件，便可根据特定的修辞规则展开。第三，法律修辞规则的表述和表达应提炼、规范，易被论辩双方理解、体会和交流，不会引起误解和不知所云，在形式上也应清晰和有条理。

第三节　法律修辞规则的意义

法律修辞规则的建构具有十分重要的实践意义和理论意义，不仅可以为法律修辞学提供统一的科学范式，而且有助于法学的体系化思维和问题化思维的内在融合。同时，法律修辞规则可以为论辩双方的论辩、对话搭建一个更加理性和科学的商谈平台。一方面，法律修辞规则可以将论辩的前提限定于制度性规则或法教义学提供的规范性前提；另一方面，它也可以把争论的焦点锁定于案件问题本身。法律修辞规则可以满足法律的可普遍化原则，使法律表面上的不确定性和可废止性在论辩过程中逐渐弱化和消解。对法律修辞规则的遵守和自觉运用，能够促成论辩双方迅速达成共识，更深刻地理解法律的精神和意义，将法律的各种要求转化为自己的行为规范。

一、为法律修辞学提供统一的科学范式

法律修辞学虽然具有源远流长的学说史和制度史，但直至20世纪中叶才发展成一门法律方法论中的显学。同时，法律修辞学一直处于剪不断、理还乱的知识纷争中，其发展具有复杂的学科背景，不同学科、不同流派对法律修辞的关注使其理论进路呈现极其凌乱的特征。[1] 时至今日，法律修辞学的发展还没有一个统一的科学范式，也无法消除人们对其科学性和规范性的不断质疑。在一些学者看来，某些法律修辞还没有超出工作手册的水平。[2] 在德国，法律修辞学的作用空间一直备受挤压，尽管长期存在着法律人修辞学培训等众多项目，但是官方很晚才认可其重要价值。[3] 中国学者虽然承认法律修辞对个案正义的实现、司法民主化、司法裁判的说服等具有重要意义，但同时认为判

---

〔1〕 参见王彬：《法律修辞学的源流与旨趣》，载《北方法学》2013年第1期。

〔2〕 参见〔奥〕京特·克罗伊斯鲍尔：《法律论证理论研究史导论》，张青波译，载郑永流主编：《法哲学与法社会学论丛》（2010年第1期，总第15期），北京大学出版社2010年版，第14页。

〔3〕 同上书，第15页。

决中的修辞是一把双刃剑，[1]需要防止其过度使用带来的法律效果不确定的危险。

当下，法律修辞学之所以备受争议，原因在于其现有的研究范式和研究进路无法满足法学的科学性要求。法学虽属于人文科学和精神科学，但在阿尔尼奥看来，它仍能满足一般科学的体系性、一致性、客观性、开放性和自治性等要求。法学之所以能满足这些要求，是因为其基本运作是通过法教义学完成的。[2]"对于很多人来说，今天法学(Jurisporudenz)还被视为一门教条式进行的亦即阐释某些从公理的角度确定的基本事实的人文科学。"[3]可以说，法教义学确立了法学的范式(paradigm of jurisprudenz)，为现实的法律生活关系确立了统一的法律概念、法条解释的规则和基本的法律原则，并规定了裁判的方式和标准，限定了法学的述说方式和方法。如果不按教义学的传统建构法学，则很可能是"走调的法学"，而"走调的法学"很难在法学共同体内部获得认同，也难以被归入真正的法学之列。法学应对和解决实践问题必须遵守现行法秩序的限定，司法裁判所诉求的法学必然要在现行法秩序内寻求解决法律问题的答案。[4]因此，哈夫特指出，法律修辞必须被置于法律之下进行研究，法律修辞学作为案件与法律规定之间具有对应关系的语言性解决方法，与传统的法律方法仍具有相同之处，它与案件事实的分离需要符合制定法。[5]但是，如何将法律修辞学的研究

---

〔1〕 在中国，研究法律修辞学的学者基本上都持类似观点。参见焦宝乾：《修辞方法及其在法律论证中的作用探讨》，载陈金钊、谢晖主编：《法律方法》(第七卷)，山东人民出版社2008年版；孙光宁：《对话方法的价值与局限——法律论证理论的视角》，载《青海社会科学》2008年第3期。

〔2〕 See Aulis Aarnio, *Essays on the Doctrinal Study of Law*, Springer, 2011, pp. 76-79.

〔3〕 〔德〕H. 科殷：《法哲学》，林荣远译，华夏出版社2002年版，第229页。

〔4〕 参见舒国滢：《法哲学沉思录》，北京大学出版社2010年版，第37—38页。

〔5〕 Vgl. Fritjof Haft, *Juristische Rhetorik*, Alber, 1995, S. 9-15.

与法教义学的基本要求结合起来，从而在法律方法论的传统框架下建构法律修辞规则，是一个极其复杂的问题。

主流的法律修辞学理论都是在批判或修正法律三段论、体系性思维、形式逻辑和客观性的背景下产生和发展的，它们多以问题尤其是疑难问题为取向，认为问题本身即蕴含着相应的答案。这些法律修辞学虽不拒斥体系性思维，但也并未积极发掘体系性思维与问题思维的互动关系，只主张通过问题本身的论辩、对话寻找答案。各种进路的修辞学通过对司法论辩的规范性描述，发展出了不同的论辩型式和论辩技巧。同时，为了确保法律修辞中价值判断的客观性及其合理性诉求，它们还衍生出听众理论和评估性工具。但是，这些抛开法教义学约束的法律修辞学注定是无法成功的，也不可能为法律修辞学提供应有的科学范式。新修辞学具有相当的影响力和典型性，以下将以其为例进行更加详细的分析。

（一）新修辞学无法提供科学范式

佩雷尔曼主张的新修辞学的论辩理论主要由听众理论、论辩起点和论辩型式三个部分组成，它们都不能为法律修辞学提供科学范式。

1. 听众理论

佩雷尔曼认为，论辩的核心任务是说服听众。“听众”是“言说者通过论辩想要影响的人的总称”[1]。为了保证以赢得听众认同为目的的说服论辩不至于沦为雄辩者对听众的煽动和欺骗，佩雷尔曼将听众分为“普遍听众”“特定听众”和“论辩者自己”三种类型。他认为，论辩的最高层次是能够得到“普遍听众”的认同和接受，这也是合理性的标准。但是，这样的听众理论难以保证裁判合理性的实现。“‘普遍听众’，具

---

〔1〕 Chaïm Perelman, *et al.*, *The New Rhetoric*, *A Treatise on Argumentation*, University of Norte Dame Press, 1969, p. 19.

有一种固有而不可化解的内在紧张关系。因为它所指涉的理性概念取决于言说者所内化了的社会、语言和文化视角下的世界观要素以及所涉及的生活领域内的特殊知识兴趣。一方面，'普遍听众'的概念暗含了法律论证的不确定性和开放性，因此位于各种版本的明证和非理性立场之间；另一方面，它坚持的是一种实用主义导向的真理共识论。"〔1〕此外，"普遍听众"被抽象化为这样一个结构范畴——任何语言使用的前提，会因严重忽视听众类型的多样性及其价值诉求的多元性而无法刻画演说者真实的论辩对象和论辩意图，而论辩意图决定着对实际听众的界定。后来，佩雷尔曼又根据法律听众专业化的特点以及其重要性的大小，将法律论辩中的听众分为法律行业人士、诉讼当事人和公众。同时，他认为，一般法律原则，如自然公正、不溯及既往、排除随心所欲，以及常见的准则和法律格言——"良好道德"的观念、法律的可预测性以及各法律领域同行的标准，都可以构成对法律听众的规范性制约。〔2〕法律修辞在最抽象的层面上仍被佩雷尔曼界定为"必须在心里—社会语境中刻画自己"的演说。因此，在他的理论体系中，法律听众仍会受到经济、制度、意识形态等力量的影响，无法变成专业听众。〔3〕同时，佩雷尔曼认为，法律论辩仍由法官的意识形态定位引导，由他们看待自身角色和任务的方式引导。〔4〕因此，法律听众在新修辞学中仍处于一种深刻的内在紧张关系之中，他们对法律论辩的信服或者接受不是一个事实问题，而只能用主观性来解释，这是一种个体思维。所以，听众理论最终无法为法律修辞的发展提供其所需的统一的科学范式。要完成这种角色的过渡和转变，法律修辞就必须被置于整

---

〔1〕雷磊：《新修辞学理论的基本立场——以佩雷尔曼的"普泛听众"概念为中心》，载《政法论丛》2013年第2期。

〔2〕同上。

〔3〕参见〔美〕彼得·古德里奇：《法律话语》，赵洪芳、毛凤凡译，法律出版社2007年版，第113页。

〔4〕同上。

个法理学限制和规范限制之中,必须平等地“遵守”实施中的法律。[1]

2. 论辩起点

佩雷尔曼将论辩出发点划分为基于真实的共识和基于偏好的共识。基于真实的共识指包括受众在内的一般人确信是“真实”的事物或意见,可以进一步区分为事实、真理和推定。基于偏好的共识指论辩的具体目标受众偏好、喜爱或信服的各类见解,包括价值、价值层级和论题等。[2]

基于真实的共识中的“事实”并非某种客观的存在,而是“普遍听众”觉得毫无争议或千真万确的一些主张或见解。其中,“真理”多指事实之间复杂的关系系统,“推定”一般指人们就“在正常情况下会发生什么事或出现什么情况”持有的十分肯定的信念。佩雷尔曼最重视“推定”。他认为,在大多数论辩中,“推定”可以直接作为论辩的起点,它的有效性来自习惯。与基于真实的共识不同,基于偏好的共识只对“特定听众”有效。在基于偏好的共识中,佩雷尔曼将价值分为具体价值和抽象价值两种。具体价值是一个人、一个群体或被视为一个独特实体的特定客体所拥有的价值,抽象价值是指在社会中被不特定多数人拥有的价值。“价值层级”是指以价值判断为基础对多种并存的价值所作的层级排序,可以根据各种价值在听众中的接受程度建立。所谓“论题”,就是论点所处的位置,它能够非常方便地为我们找到有用的论据,可以从量的、质的、排序、本质等各个方面进行分类。[3] 在法律论辩中,佩雷尔曼指出,论辩者为了获得对自己主张的认同,要使用法律共同体所接受的起点,该起点包括法律规则、一般法律原则以及特定法律共同体

---

〔1〕 See Neil MacCormick, *Legal Reasoning and Legal Theory*, Oxford University Press, 1978, pp. 119-128.

〔2〕 See CH. Perelman, *The Realm of Rhetoric*, University of Notre Dame Press, 1982, pp. 21-32.

〔3〕 See Chaïm Perelman, *et al.*, *The New Rhetoric, A Treatise on Argumentation*, University of Notre Dame Press, 1969, p. 85.

所接受的原则。[1]

新修辞学的论辩起点与其听众理论一样难以为新修辞学提供相应的科学范式。首先，论辩起点并非听众理论之外的另一种独立的理论建构，反而是听众的反应和特质会直接影响甚至决定论辩起点的选择。[2] 因此，听众理论在法学范式上的症结会被直接传递给论辩起点。其次，佩雷尔曼虽将法律规则、一般法律原则以及特定法律共同体所接受的原则等作为法律论辩的起点，但对它们的描述并不完整，也没有对它们的具体使用以及相互关系作出体系性的安排。他没有指出这些法律论辩的起点构成何种起点、它们如何适用于具体案件以及在何种情况下发挥作用。[3] 最后，佩雷尔曼虽然已经意识到法律论辩所处的规范性语境会对法律论辩产生一定的规范性限制，法教义学和法治的各种要求也可能会被融入听众理论和论辩起点理论。但是，新修辞学的描述性特性定会阻碍这些规范性要求的进入。尽管法律修辞的各种规范性前提在新修辞学中基本上都被提及，但对听众、论辩起点和论辩型式三者之间的内在关系始终没有给出理论上的交代。

3. 论辩型式

佩雷尔曼认为，论辩是由结合(association)和离析(dissociation)建立关联结构的过程。[4] 结合和离析在论辩中相辅相成，经常被同时运用。佩雷尔曼将结合分为准逻辑论辩(quasi-logical arguments)、基于

---

〔1〕 参见〔荷〕伊芙琳·T. 菲特丽丝：《法律论证原理——司法裁决之证立理论概览》，张其山等译，商务印书馆2005年版，第51、58页。

〔2〕 佩雷尔曼认为，基于真实的共识对“普遍听众”有效，而基于偏好的共识只对“特定听众”有效，并认为应根据听众的特质选择论辩出发点。这等于将论辩起点完全置换成了听众理论的重复运用。因此，论辩起点在新修辞学中的独立意义究竟何在，应引起人们的反思和质疑。

〔3〕 参见〔荷〕伊芙琳·T. 菲特丽丝：《法律论证原理——司法裁决之证立理论概览》，张其山等译，商务印书馆2005年版，第58页。

〔4〕 See Chaïm Perelman, *et al.*, *The New Rhetoric*, *A Treatise on Argumentation*, University of Norte Dame Press, 1969, p. 190.

现实结构的论辩(arguments based on the structure of reality)和建立现实结构的论辩(arguments establishing the structure of reality)三种形式。准逻辑论辩是指通过类似于形式逻辑或数理逻辑的推理方法,建立前提(理由)和结论之间的关联结构,以实现论辩说服的目的。它包括不可共存性(incompatibility)论辩、认定与分析(identity and analysis)、交互论辩(argument of reciprocity)、包含关系论辩(the relation of inclusion)几种形式。基于现实结构的论辩是以一般人确信的在现实生活中确实存在的不同事物之间的关系为基础进行说服的论辩,主要包括连续关系论辩(relations of successions)和共存关系论辩(relations of coexistence)。建立现实结构的论辩是指通过借助正被讨论的问题以及与受众深信不疑的范例、图解、模型、类比等的同构性和相似性,建立前提与结论之间的关联,实现听众"信奉"的转移。建立现实结构的论辩主要包括样例、示例、范例、类比和隐喻。离析是指将一些思想体系内原本被认为是一个整体或至少是结合在一起的元素进行分离,具体包括表面与现实的离析、具体与抽象的离析、部分与整体的离析、手段与目的的离析以及事物的关系与人的关系的离析。[1] 佩雷尔曼将这些论辩型式相应地转化成各种论辩图式,如矛盾论证、修辞学论证、类推论证、充分论证、完备性论证、融贯性论证、心理学论证、历史论证、目的论证、典型论证和体系论证等。[2]

新修辞学的论辩型式在总体上是反形式主义和描述性的,它在提供法律修辞学的科学范式上同样无能为力。新修辞学的论辩型式在整体上是反形式主义和反分析的,它描述的各种论辩型式都有自己独特的适用情景和听众系统。为了最大限度地适应其论辩语境,新修辞学

---

〔1〕 See CH. Perelman, *The Realm of Rhetoric*, University of Notre Dame Press, 1982, pp. 48-137.

〔2〕 See Eveline T. Feteris, *Fundamentals of Legal Argumentation: A Survey of Theories on the Justification of Judicial Decisions*, 1999, Springer Netherlands, pp. 54-55.

只允许修辞者提出已给定的或已被接受的论辩型式和修辞格。除了将论辩型式和修辞格的选择和适用模糊地纳入“受司法心理或利益支配”这个概念之下，新修辞学拿不出更多的解释。最致命的是，最后的法律判决在新修辞学中无法获得开放性的分析或批判，只能在观念中被归纳和排除，总是存在于“已给定的事物”“司法权威”等类似的概念中，存在于作为“家长”的法官那里。[1] 这种理论上的神秘化和非分析进路给新修辞学带来三个天然缺陷：其一，将法律论辩型式的选择和适用置于法官权威的支配之下，会导致法官的个人心理和价值观念上的不确定性“侵入”法律论辩。其二，对预先存在的法律规则、法律原则和准则等“已给定的事物”的依赖明显违反了其既定的非形式主义的基本立场，[2]因而缺乏理论上的自洽和一致性。新修辞学将其重点置于一般法律规则“已给定的特征”和法律判决的权威之下并非巧合。“在新修辞学中，形式逻辑的方法论被扩展到包括价值逻辑，但这不是以任何独立存在的或法律外的功能的名义来完成的。法律价值的逻辑假定就它自己的价值达成一致。”[3]但是，实际上，佩雷尔曼一直都没有真正解决新修辞学与理性主义逻辑的关系问题。其三，尽管佩雷尔曼描述了各种论辩型式，它们在某种意义上也能构成体系性的论辩型式，但仅是通过描述性的方法被“发现”的，每一论辩型式的描述都非常简单和粗

---

〔1〕 参见〔美〕彼得·古德里奇：《法律话语》，赵洪芳、毛凤凡译，法律出版社2007年版，第114页。

〔2〕 佩雷尔曼认为，在法律适用等价值判断领域，应该放弃以形式逻辑和理性主义探寻最终真理的方案，并谴责所谓传统法律推理的局限性、模糊性以及最终的闭合性。他认为，法律论辩会受到法律社会功能以及听众的社会心理的影响。因此，他主张应从听众的实际接受角度寻求法律论辩的“合理性”。相较于“理性”的普遍性和确定性而言，“合理性”具有情境性和弹性，深受历史、传统以及社群文化的影响，其特征表现为：在某一时间某一社会认为是合理的，而在其他时间其他社会则未必如此。与理性真理只有通过形式逻辑的分析方法探寻不同，具有情境依赖的“合理性”可以通过修辞说服获得。

〔3〕 参见〔美〕彼得·古德里奇：《法律话语》，赵洪芳、毛凤凡译，法律出版社2007年版，第116页。

陋。我们无法明白这些论辩型式究竟有哪些需要遵守的规则、它们属于何以及论辩者在论辩中的论辩责任分配。因此，佩雷尔曼对论辩型式的粗糙勾勒无法满足裁判推理在规范性维度上的需求。“尽管法律判决带有意愿色彩，尽管从心理上可将法律论辩界定为司法演说者的行为……修辞分析的主要对象最终是一系列法律上陈述的规范性命令或者推定。”〔1〕

综上所述，新修辞学的听众理论、论辩起点和论辩型式皆难以为法律修辞学提供真正的科学范式，它们都无法满足体系性、一致性、理论自治性等科学标准。佩雷尔曼所建构的新修辞学在很大程度上注意到法律论辩所要面对和尊重的制度性规则、“一般法律规则和特殊法律规则、系统规则、习俗、原则以及准则”等规范性陈述。但是，出于对听众和论辩起点理论的顾及，或由于相关理论的反形式和反分析进路，佩雷尔曼将制度性规则对法律论辩的各种规范性限制仅对准听众和论辩起点的建构，而没有将这些规范性限制最终汇入相应的论辩型式，从而导致其论辩理论在规范性、分析性上先天不足，也缺乏法律论辩所需的批判性思维。新修辞学对法律论辩的建构在各种层面上都是模糊的，而且充满各种内在张力和矛盾。〔2〕

---

〔1〕 参见〔美〕彼得·古德里奇：《法律话语》，赵洪芳、毛凤凡译，法律出版社2007年版，第113页。

〔2〕 佩雷尔曼主张的新修辞学中的矛盾和张力除了上述听众理论、论辩起点和论辩型式中蕴含的紧张关系外，还体现在他对法律判决中心问题的表述中：“判决、作出决定，不是从无争议的假设中得出的非个人的强制性结论，它预设了意愿的干扰。怎么证明这一意愿行为不是任意的呢……很有可能，带有心理性质过程引导法官采用了某一立场，这一立场或许可用社会的、道德的或者政治秩序中的利益来解释且在最后一种情形下，处于许可的或者其他的原因，用法官对某一方向的同情来解释。”参见〔美〕彼得·古德里奇：《法律话语》，赵洪芳、毛凤凡译，法律出版社2007年版，第113页。

（二）只有法律修辞规则才能为法律修辞学确立科学范式

新修辞学在建构法律论辩之科学范式上的“节节失利”，给我们从法律修辞规则进路建构法律修辞学的科学范式以教训和启示：法律修辞学的规范化首先必须弱化听众理论的核心地位。虽然法律听众对法律论辩的接受和认同势必影响其具体进程以及法官的最终裁判，但法律修辞中论辩者真正关切的听众并非如新修辞学所认为的那样广泛。法律论辩中具有法律意义的听众只有法官、双方当事人及其代理人和陪审人员（在刑事论辩中是法官、检察官、犯罪嫌疑人及其代理人、受害人及其代理人和陪审人员），而且他们仅是法律论辩的参与者，无法直接参与法律论辩的审判旁听人员、社会大众并非真正的法律听众。法律听众的角色需要被转换为论辩参与者或论辩对象，在新修辞学中的各种意义需要被弱化，所具有的神秘色彩、含混性以及其各种内在张力和矛盾也必须从法律修辞规则中消除。听众和论辩起点理论被附加的规范性功能可转由具体的法律修辞规则承担。法律修辞的前提无须根据法律听众的特质被选择和适用，而应按照争议点、论题学、决疑术、法律发现以及各种法教义学理论的要求重新设定。

法律修辞规则可以在制度性规则和其他思维性规则的基础上重构以新修辞学论辩型式为主体的法律论辩型式，并对之进行规则化和体系化处理。在具体进路上，各种相应的教义学语句和方法论规则以及普遍实践论辩规则都可以被置入相应的论辩型式，以满足法治和法教义学的理念和体系要求，并可以形成不同法律修辞规则之间的适用关系和过渡规则。因此，在一般意义上，法律修辞规则能为法律修辞学的学科化建构提供最佳的科学范式，使法律修辞学满足科学的体系性、一致性、理论自治性等要求，从而作为一门法律方法论学科进入法律科学的行列。

二、促成法治的要求在法律论辩中动态地实现

法律修辞学不仅具有自己特定的论辩主题（法律争议点和事实争

议点)，而且欲以特定的人员为说服对象。论辩主题的可辩驳性，论证的过程、结构、类别以及论证参与者的立场，其间的相互关系等，都会不可避免地影响修辞事实上的说服力及其法律真理上的质量。[1] 这些影响因素造成法律修辞与法治之间严重的冲突和紧张关系。法治在法概念论上具有形式和实质的不同面相，各国通往法治的道路也不尽相同，而且后现代法学、批判法学、法律怀疑论者、现实主义法学、实用主义法学等对法律的不确定性、模糊性以及可辩驳性作了各种强调和宣扬，这些都孕育和滋养了法治是什么以及如何实现的持久争论。但是，当代法哲学家们还是在法治的核心含义上达成了基本共识：法律须公开、清楚、明确、一致、可预期，要有足够稳定和可预期的规范体系、立法和行政行为须遵循法律及其品性，法院须推行法治。[2] 在麦考密克看来，法律在适用中具有的模糊性、不确定性等与法治只存在表面上的冲突关系，在法律适用的动态过程中，各种可辩驳性完全可以被纳入传统法治学说的框架之中。[3]

为了达致法律安全性和个案正义之间的平衡以及法律说理的可普遍化，法律修辞学建构了建立在“普遍听众”基础上的合理性或有效性标准以及各种各样的修辞图式，如弗里特乔夫·哈夫特的线性论证、辩证论证、论题图式、语用图式和修辞图式等，沃尔夫冈·加斯特的修辞

---

〔1〕 Vgl. Ulfrid Neumann, *Wahrheit statt Autorität Möglichkeit und Grenzen einer Legitimation durch Begründung im Recht*, Kent D. Lerch (Hg.), Recht verhandeln: Argumentieren, Begründen und Entscheiden im Diskurs des Rechts, Walter de Gruyter, 2005, S. 374.

〔2〕 See Waldron, Jeremy, *The Rule of Law and the Importance of Procedure* (October 6, 2010), NYU School of Law, Public Law Research Paper No. 10-73, https://ssrn.com/abstract=1688491? or? http://dx.doi.org/10.2139/ssrn.1688491, last visited on 4 Nov 2018.

〔3〕 See Andrew Sunter, *Book Notes: Rhetoric and the Rule of Law: A Theory of Legal Reasoning, by Neil MacCormick*, Vol. 44, No. 1, Spring 2006.

布局、特殊推论图式、问题提问和权威论证等。[1] 他们试图通过“普遍听众”的认同[2]以及论辩起点、修辞语境、论辩客体、论辩对象、论证计划、修辞图式这些要素之间的互动关系、内在结构等,建构出尽可能满足法治要求的修辞学体系和修辞论辩程序。但是,普通听众本身暗含法律论辩的不确定性和开放性,修辞学的论辩型式也因缺乏相应的规范性、充足的形式性和分析性而无法满足法治理论的规范性要求。

法律修辞学若想满足法治的合法性要求,在语用学维度上实现“正确性”或达成“唯一正解”,除了根据其自身的修辞语境在“法律语句”上吸收程序性法律论证所设置的各种论证规则,以及马蒂亚斯·克拉特通过借鉴罗伯特·布兰顿的规范语用学为法律论证所发展出的各种语义界限[3]外,还须注意法典、基本权利、法教义学、判例、习惯法等实在法要素对修辞程序的结构性和体系性影响。法律修辞在本质上应以法教义学为导向和基础,法教义学所建构的内部体系、外部体系、认知性体系以及建立在法教义学基础上的结构性思维、各种法律定义、术语等都是法律修辞的基本构成要素。

法教义学的外部体系作为一种概念体系,在语言学转向之后便再也无法成为经典概念论所设想的形式概念体系,而是变成了类型概念和功能概念体系,只能构成开放的外部体系。类型概念和功能概念尽管并不具有形式概念那样的确定语义,但在维特根斯坦以及原型范畴

---

〔1〕 Vgl. Fritjof Haft, *Juristische Rhetorik*, Alber, 1995, S. 102-129; Wolfgang Gast, *Juristische Rhetorik*: *Auslegung*, *Begründung*, *Subsumtion*, R. v. Decker's Verlag, 1997, S. 180-279.

〔2〕 “普遍听众”的认同不是一个事实问题,而是一个法律问题,可被还原为法律论辩的可普遍化原则。See Chaïm Perelman, *et al.*, *The New Rhetoric*, *A Treatise on Argumentation*, University of Norte Dame Press, 1969, p. 41. 另参见〔德〕罗伯特·阿列克西:《法律论证理论——作为法律证立理论的理性论辩理论》,舒国滢译,中国法制出版社 2002 年版,第 213—215 页。

〔3〕 See Matthias Klatt, *Making the Law Explicit*: *The Normativity of Legal Argumentation*, Hart Publishing, 2008, pp. 211-278.

理论和分析哲学等看来，作为范畴性概念仍有其“肯定语义域”[1]。在克拉特看来，在“肯定语义域”中，这些法律概念具有确定语义是毋庸置疑的；在“否定语义域”和“中立语义域”中，通过相应的语言分析商谈，它们也可以获得相应的语义界限。内部体系是在概念体系之内对价值和目的理性的阐释和建构，类似于目的解释下的原理体系。内部体系比概念体系具有更高的抽象性和一般性，通过一种目的理性体系对其进行指引和限制，可在一定程度上消除外部体系在适用时的不确定性。

法教义学的认知性体系是超越外部体系和内部体系并以其为基础的另一种体系，它致力于对作为整体的法教义学知识进行体系化的梳理和整理，以服务于法学知识的传授和司法认知的体系思维导向。它在不同的部门法中具有不同的呈现，如刑法中的犯罪论体系、民法中的请求权体系和法律行为体系、行政法中的行政行为体系和主观公权利体系。认知性体系以更加细腻和体系化的方式融合内部、外部体系并消除它们之间可能的冲突。通过认知性体系，法律规范、法律原则、各种权利、立法理由、人们的法律感和法治的各种原则等可以构成一定的融贯性体系，法律的模糊性、不确定性会得到较大范围和程度的克减。

只有阿列克西等人的程序性法律论证理论将法教义学的三种体系置于法律论证程序的建构之中，而新修辞学和其他法律论辩理论并没有按照法教义学的要求认真审视法律论辩的规范性，也没有将法教义学的体系性约束融入论辩型式的建构，反而在无形中夸大了法律的可辩驳性。新修辞学虽然意识到法律论辩所处的规范性语境，但并未分

---

〔1〕 克拉特认为，类型概念、价值开放概念、中间性法律概念和类型概念在长期的法律适用中会分别获得相应的核心语义和边缘语义。他借用科赫和鲁伯曼对模糊性术语的语义分析模式，将它们划分为三个域：其一，肯定语义域，它对其对象 x 的涵摄具有必然性；其二，否定语义域，它对其对象 x 的涵摄是禁止的；其三，中立语义域，它对其对象 x 的涵摄既不是必然的也不是禁止的。See Matthias Klatt, *Making the Law Explicit: The Normativity of Legal Argumentation*, Hart Publishing, 2008, p. 274.

析性地指出其对法律论辩型式的具体影响，只是更多地看到了听众的反应以及法律外的其他因素对法律论辩的影响。

法律修辞规则按照法教义学体系观察和测度法律论辩的可辩驳性，可以将法律表面上的模糊性、不确定性和歧义性等重构或转化为法教义学上的确定论述，将更大的精力和论辩资源聚焦到有效的法律争议点上。同时，在进行法律论辩时，法教义学生成的制度性规则会构成论辩参与者共同的规范性前提，法律问题和事实问题及其关涉的个案正义、实质正义和价值判断必须在这些规范性前提下讨论，只有在个案极其特殊，若完全遵循既有的规范性论述处理，会带来极大的不公正时才能在体系外论辩。在法律体系内之所以需要进行论辩，是因为三种体系的错综交织使法律与个案无法建立直接的涵摄关系。同时，利益的对立也使每个论辩者都倾向于选择对自己最有利的规范性前提和论辩规则。但是，论辩双方的规范性论述及其论辩型式在制度性规则体系和法律修辞规则体系上是内在融贯、自成一体的，只是在个案中被论辩双方拆散、打乱成了看似一切都需要争论的论据。

此外，法律修辞规则借鉴程序性法律论证和其他法律论辩理论的论证思路，可以为每一争议点或论题下的法律论辩提供相应的论辩规则，使相同或相似的问题都能在固定的修辞规则下得到一致解决。因此，论辩双方应在修辞规则下争论、辨析案件与制度性规则的关系。只有通过法律修辞规则对制度性规则有意识地运用以及合理设置修辞规则，法律的一般性、可预测性、确定性、明确性和一致性等才可以最大限度地得到实现。法律论辩前，法律表面上的可辩驳性将逐渐被论辩双方在修辞规则指引下的论辩削弱乃至消除。因此，法治和法律的可辩驳性在法律修辞规则中可以实现真正的融合和协调。

三、有助于推动体系性思维与问题性思维的融合

体系性思维与问题性思维是司法认知、法律裁判的两种基本思维方式。体系性思维设定，“所有法律决定都可从一个由实证的法律原则

和法律原则组成的体系中通过逻辑的手段，而无须法官自己的评价即可被推导出来"[1]。体系性思维是法教义学的基本思维范式，在法教义学的不同发展阶段具有不同的形态和构成。在概念法学之前的法学时期，即以注释法学、人文主义法学、优雅法学、历史法学、理性法学等为代表的法学实证主义时期，体系性思维构筑体系的资料主要是法学发展出的概念、原理和原则，还未对内部体系和外部体系作出划分，更主要的是一种认知性体系。在概念法学时期，由于法典的诞生，法学实证主义转换成了法律实证主义，体系性思维的构成元素也变成了法典上的法律概念，纯粹的外部体系也由此产生，并被用于主导法律发现和法律适用。在自由法学、利益法学和价值法学等概念法学之后的法学时期，法律概念背后的利益、价值和目的再次凸显和被强调，与外部体系分离的内部体系得以形成。同时，认知性体系也得以完善。体系性思维的思考元素也变成了内部体系、外部体系和认知性体系三种。体系性思维在司法认知上不再主张完全闭合的体系，而是主张一种开放的体系。但是，体系性思维的基本方式并未改变，仍主张从法秩序的整体思考出发，通过三种体系的交互运用进行法律发现。体系性思维具有很多优点，正如齐佩利乌斯所总结的：保障规范秩序的无冲突性和可概观性，使对法秩序的简要描述成为可能，有助于强化导向确定性和法安定性，有助于使法秩序在其目的论上透明化，有助于实现同类案件同等对待，提供重要的解释标准等。[2] 但是，这种思维方式本身也具有很多无法回避的缺陷。罗克辛从刑法角度总结了体系性思维的下列危险：忽略具体案件中的正义性，减少解决问题的可能性，不能在刑事政策上确认合法的体系性指引以及对抽象概念的适用。[3]

---

〔1〕 参见〔德〕莱因荷德·齐佩利乌斯：《法哲学》(第六版)，金振豹译，北京大学出版社 2013 年版，第 289 页。

〔2〕 同上书，第 299 页。

〔3〕 参见〔德〕克劳斯·罗克辛：《德国刑法学总论——犯罪原理的基础构造》(第 1 卷)，王世洲译，法律出版社 2005 年版，第 128—130 页。

问题性思维更多是从具体问题出发，主张将具体问题作为开放性的问题来把握，在解决问题的路径上正好与体系性思维相反：它需要利用已知的规则和想象找出解决问题的各种可能方案及其论据，然后再对之逐一进行审查，并对每一解决方案背后的论据进行衡量以作出最后的决定。[1] 这样一种思维方式的意图在于，抛开体系性思维的限制和约束，将关于问题的不同思考和解决方案拉进讨论的视野。问题性思维系亚里士多德最先提出，后经西塞罗、维科等人的发展，变成了一种论题性的工作方法(Verfahren der Topik)：在论题的线索下发现解决问题的各种方案，对于所有可提供论据的地方都一一审视，以发现解决当前问题的各种正反论据；然后，通过讨论找出重要的/不重要的、允许的/不允许的、可接受的/不可接受的、有理的/无理的前提和论据，这些“分类”中的前者会被作为“普遍接受的意见”和讨论的前提，通过前提范围的缩小和固定化，最终找到解决方案。这些思维方式是一种寻找前提的思考方式。但是，问题性思维的思考方式不止论题学这一种思维路径，此外还存在衡量论证、法律商谈和新修辞学等可以给出解决方案。赫克等人认为，应通过对每个问题不同的解决方案背后的论据的衡量，找到最终的解决方案。[2] 哈贝马斯开创的商谈伦理学和佩雷尔曼复兴的新修辞学提倡通过理性论证规则和法律论辩，找到解决方案。

问题性思维具有独特的优势：这种办法对第一次处理行动(ersten Zugriff)很有用。同时，这种办法对于一个处于体系化之前而需要使用理论和论辩术来填补的不确定概念和一般性条款也是有用的。此外，对于控制从体系中能够获得的解决方案来说，这种办法也是很有用处的。当人们在一切可能的法律政策方面不是依赖体系性的语境关系，

[1] 参见〔德〕莱因荷德·齐佩利乌斯：《法哲学》(第六版)，金振豹译，北京大学出版社2013年版，第299页。

[2] 同上。

而是根据公道加以测试时，结论是否令人满意较容易为人们所认识。[1] 但是，问题性思维根本无法取代体系性思维。其一，完全的问题性思维会牺牲和破坏体系性思维对法的安全性和确定性、法官决定的可预见性和平等性以及司法认知的便利和效率等的保障和担保，而且与问题性思维相连的法律类推、法律续造等是被刑法、行政法等明确禁止或限制的。因此，在法治的整体框架下，问题性思维无法取代体系性思维。其二，在认识论和方法论上，问题性思维无法脱离体系性思维。形成和找到关于问题的恰当论据和见解并作出衡量和论辩需要相当的整合能力和判断能力，而后者只能从体系性思维训练中获得。只有借助体系性思维，论题学方法才可以更频繁、更有效和更清晰地提出和组织论据。比如，“如果通过对程序条件、请求权基础、抗辩等材料的体系化使法学能够为法官更彻底和清晰地掌握，则法发现过程可以更迅速和可靠地进行”[2]。这注定了论题学只能是一种形式论题学。因此，在具体的法发现和法适用过程中，体系性思维和问题性思维是无法分离的，也是不能被区隔的，法治的普遍性要求和个案问题的特殊性天然地决定了两者必须共同作用于司法认知和法律论证。

问题的关键是如何将两者有机结合起来。我们认为，实现体系性思维和问题性思维的内在融合有两条途径：其一是法学知识层面的融合，即开展有效的体系论[3]，将关于问题的思考及时整合进法律体系中或提供相应的体系化机制。可以说，现在的刑法教义学体系，尤其是

---

〔1〕 参见〔德〕克劳斯·罗克辛：《德国刑法学总论——犯罪原理的基础构造》(第1卷)，王世洲译，法律出版社2005年版，第132页。

〔2〕 〔德〕莱因荷德·齐佩利乌斯：《法哲学》(第六版)，金振豹译，北京大学出版社2013年版，第305页。

〔3〕 这种有效的体系论即是由内部体系、外部体系和认知性体系构成的教义学体系，是一种对问题在认知上开放的体系，在规范运作上最终会将对问题的思考和解决方案整合进它的体系。

德国的刑法教义学体系已经做到了这一点。[1] 其二是法适用层面的融合，即将整合体系性思维和问题性思维的具体法的适用过程规则化、形式化，建立明确化、公开化的裁判规则或思维规则。

法律修辞规则作为一种法律思维规则，对体系性思维和问题性思维的汇通具有特殊的意义。法律解释规则虽然也涉及问题思考，但主要是围绕问题寻找相关的法律并对之进行各种角度的解释。因此，两者更偏重体系性思维的运用。法律论证规则作为所有思维规则运用的总体程序，并不真正关注问题本身，注重的是为整体的法律适用设定程序性论证规则。法律推理规则作为一种逻辑重构规则，也不真正关注问题本身对法律答案的意义。法律论辩的主要任务就是围绕法律适用中的争议性问题进行论辩和解决。因此，法律论辩是法适用中与问题性思维关联性最强的部分，体系性思维与问题性思维的融合只有通过法律论辩才能实现。

在体系性思维与问题性思维的融合上，法律修辞规则通过两个前后相关的步骤进行：第一，将制度性规则提供的规范性论述和认知上开放的体系作为法律论辩的根本前提，问题本身及其解决方案将在法教义学的三种体系中得到回应和反馈。如果存在的问题极其特殊，从体系分析中找不到答案，那么内部体系和认知性体系会为其开放相应的讨论空间。同时，这三种体系会在不同层面和意义上指引法律修辞中争议点的认定、论辩前提的发现和选择、论辩型式的布局和选择等。第二，在具体修辞规则的设置上，尽量将论辩规则明确化和公开化，以便论辩双方平等地遵守。同时，为法律修辞涉及的各种论题配置相应的论辩规则，如结果论辩规则、目的论辩规则等。通过这两个步骤，体系

---

〔1〕 罗克辛一直主张将刑法体系和刑法政策结合起来，他提出的刑法教义学体系是当今刑法世界中最受欢迎的体系之一。参见〔德〕克劳斯·罗克辛：《德国刑法学总论——犯罪原理的基础构造》（第1卷），王世洲译，法律出版社2005年版，第113—139页。

性思维与问题性思维在法律修辞规则中可以实现最大限度的融合。

四、促成论辩双方更迅速地达成共识

论辩双方在法律修辞中最终达成共识,共同接受法律裁判,需要基于两个要件:一是论辩双方是否具有共同的论辩前提,二是论辩双方是否按照明确的、公开的论辩规则进行论辩。根据这两个要件,我们基本上可以判定法律修辞理论在论辩双方最终达成共识上的能力和可能性。新修辞学以外的法律论辩理论多以英美法系为预设,论辩双方最终达成共识主要基于其描述或构筑的论辩型式。为了弥补论辩前提在规范性上的不足,这种进路的论辩理论一般会为其论辩型式配置一定的批判性思维。但是,批判性思维的过度介入可能导致论证链条的无限延伸。要实现论辩过程的简化,必须引进已成为共识或法学知识的规范性理论作为论辩前提。受此问题意识启发,新修辞学将论辩起点作为其论辩理论中最关键的部分。但是,由于论辩起点在根本上受制于论辩者对听众的主观想象,佩雷尔曼对法律规则、一般法律原则和法律准则等规范性前提等仅给出了随意的描述性说明,而没有在法教义学的立场上对其进行规范性分析。新修辞学的论辩起点在达成共识的能力上其实陷入心有余而力不足的窘境。新修辞学的论辩型式也缺乏其他论辩理论在建构论辩型式时的清晰性、形式性,对听众和论辩起点的过度信赖也使其忽视了对每一论辩型式之批判性思维的开发。总之,既有的法律论辩理论在论辩双方达成共识上均存在相应的缺陷。

为了弥补这些理论进路的缺陷,法律修辞规则应从以下两个方面进行弥补:第一,在法教义学和制度性规则的体系视野下,明确法律论辩所需的各种规范性前提,同时以分析性的进路给出每种法律论辩型式，尤其是以论题命名的论辩型式[1]大体需要的规范性前提，提供发现、选择规范性前提的方法和程序。同时，适当压缩听众对论辩前提选择过度的心理影响。第二，吸收新修辞学的经验教训，按照规定性规则和真正规则、惯习规则和语用论辩规则的形式化要求，将真正的论辩型式转化为明确的、公开的、稳定的论辩规则，将修辞规则作为论辩双方的"行为规范"以供普遍遵守。法律修辞规则赋予论辩双方平等的论辩机会并为其配置相应的论辩责任，使每个论辩者都尽量接受论辩产生的法律结论。综上所论，相较于其他法律论辩理论，法律修辞规则可以促成论辩双方更迅速地达成共识，更容易接受最终的修辞结论。

---

〔1〕 法律修辞规则下的法律论辩型式在逻辑上可以被不太严格地划分为：以论题命名的论辩型式，如结果论辩、体系论辩、目的论辩等；以论辩方式命名的论辩型式，如类比论辩、反面论辩、正面论辩等。

第六章
法律修辞规则体系的具体展开

根据法律修辞的论辩前提选择与法律规则的关系，我们可以将所有的法律修辞论辩型式划分为基于规则的修辞、基于规则外要素的修辞以及基于推论的修辞。通过考察不同的法律修辞理论和非形式逻辑的论辩型式，尤其是新修辞学的论辩型式，我们发现，几乎所有的论辩型式都是围绕着这三种论辩类型展开的。通过这样的分类体系，我们可以厘清每种论辩型式与体系性思维和问题性思维的关系、它们的可争论性程度及其相应的论辩任务。这也是在上述建构原则的指引下形成的分类体系。这三种论辩型式各自都包含着更具体的修辞方法和修辞规则。通过对既有法律修辞方法的规则化整理以及对其他法律论辩理论的吸收和借鉴，结合法教义学和法律解释规则以及普遍实践论辩规则的基本要求，我们可以分别建构出“基于规则的法律修辞规则”“基于规则外要素的法律修辞规则”和“基于推论的法律修辞规则”这三种法律修辞规则。

第一节　基于规则的法律修辞规则

基于规则的法律修辞规则是法律修辞中首要的规则，是面对法律争议时必须首先寻找规范性论述进行论辩这一合法性原则的主要体现，也是因应法教义学以及其他思维规则不能处理的可争论性问题的一种刻意安排。基于规则的法律修辞规则可进一步划分为如下修辞规则：

一、针对法律冲突的修辞规则

法律规则之间的冲突[1]是法律修辞需要解决的前提性争议点，它涉及如何从多样的规范性论述中选择一般性的论辩前提。尽管法律解释规则可以在相当程度上解决这个问题，但是这些规则在适用中仍可能遭到某些论辩者的反对。因此，有必要将这些规则在法律修辞的语境中予以合理重构，并附上某些特殊的修辞规则。我们认为，可以将法律规则之间的冲突分为逻辑性法律冲突与评价性法律冲突，[2]两者适用不同的法律修辞规则。

（一）针对逻辑性法律冲突的修辞规则

逻辑性法律冲突，是指法律规则之间的矛盾和竞合可以通过其间逻辑关系的分析和论辩处理的规则冲突。其解决途径有三：

1. 逻辑性法律冲突在法律论辩中可以通过上位法优先于下位法、新法优先于旧法、特别法优先于普通法这三种冲突规则解决

佩雷尔曼在《法律逻辑》中进行了与此相关的融贯性论证，即法律之间的冲突可以通过一项规则优先于其他规则得到解决。优先权规则解决的问题是，在两个或多个规则之间出现冲突的情况下，应选用哪一

---

〔1〕 此处的法律冲突不同于国际私法上的法律冲突，其含义已被扩展到包括法律矛盾、法律竞合。关于法律冲突的含义、分类等，请参见董皞：《法律冲突概念与范畴的定位思考》，载《法学》2012 年第 3 期。

〔2〕 杨阅、李立新将法规竞合区分为逻辑性的法条竞合与评价性的法条竞合，与本书的分类比较接近。参见杨阅、李立新：《论法规竞合优位法条之区分与适用》，载《苏州大学学报》（哲学社会科学版）2008 年第 2 期。

个规则。[1]

问题是，这些冲突规则并不能解决所有的逻辑性法律冲突，因为它们之间也可能发生冲突。在相关法律论辩中，如果论辩者以其中的一种规则进行论辩，其他论辩者认同和接受，那么相应的争议点便会消失，论辩将转向下一争议点，进入其他论辩环节。但是，如果论辩者以其中的一种规则进行论辩，而其他论辩者主张其他规则，那么论辩将转向这三种规则之间矛盾关系的论辩。同时，这些冲突规则并不存在元规则的解决方案，因为它们在法教义学上的规范效力是相同的。所以，论辩双方需要论辩哪一个冲突规则锁定的法律规则相对于个案更为特殊，即需要进入基于特性的论辩。基于特性的论辩是由双方确定一个法律规则的前提条件是否必然导致对另一个规则的否定。佩雷尔曼在《法律逻辑》中提出的与之对应的论辩型式是矛盾论证，即如果一项特定规则是为专门范畴的人士或客体而定的，那么它就不适用于不属于这一范畴的人或客体，因为在这方面缺少一个明确的表达点（formulation pionting）。[2] 我们可以将其化约为如下规则形式：

如果经论辩确定，规则“如果 A1，那么 B1”比规则“如果 A2，那么 B2”更为特殊，就必须将规则“如果 A1，那么 B1”作为论辩双方共同的规范性前提。规则“如果 A1，那么 B1”比规则“如果 A2，那么 B2”特殊，必须满足以下两个条件：

（1）在任何条件下，A1 符合要求，A2 也符合要求；

（2）在某些条件下，A2 符合要求，而 A1 不符合要求。

例如，在意大利法中，“不具有书面形式的不动产合同无效”规则比“合同对当事人具有约束力”规则更为特殊。[3]

---

〔1〕 参见〔荷〕伊芙琳·T. 菲特丽丝：《法律论证原理——司法裁决之证立理论概览》，张其山等译，商务印书馆 2005 年版，第 53 页。

〔2〕 同上书，第 52 页。

〔3〕 See Giovanni Sartor, *Legal Reasoning: A Cognitive Approach to the Law*, Springer, 2005, p. 206.

同时，基于特性的论辩并不能使相应的论辩完全闭合。如果论辩一方指出此特性是一个比较宽泛和模糊的概念而非法律规则的逻辑结构限定的特性，论辩另一方可提出此特性是一种评价性特性而非句法性特性进行反驳。由此，法律规则之间的冲突需要过渡到评价性冲突环节进行论辩。

2. 逻辑性法律冲突在法律论辩中也可以通过法律规则之间"一般—例外"的逻辑关系解决

根据这种逻辑关系，可以将法律规则分为一般规则和例外规则。其中，一般规则作为一种主要规则，会产生法律体系下的一般结论；而例外规则会产生与主要规则相反的特定结论。例外规则是为了限制一般规则所作的一种有意识的法律设置。例如，相对于各种罪行的刑罚条款，规定正当防卫、紧急避险等的法律规则就是例外条款。在法律论辩中，例外规则在逻辑关系上优先于一般规则。在法律论辩中，当论辩者提出规则之间是一种"一般—例外"的逻辑关系，并选取一种相关的例外规则进行论辩时，论辩相对人不得反驳，除非他能提出针对这些论点的相反理由。但是，法律规则之间"一般—例外"的逻辑关系须基于法律规则之间的文本关系或句法关系：[1]

(1) 产生否定结论的规则通常可被视为产生肯定结论的规则的例外；

(2) 按照文本顺序，如果某个规则根据其他规则产生一个补充性结论，则该规则可被视为后者的例外；

(3) 适用范围受到严格限制的规则——并非严格意义上的特殊规则通常可被视为不相容的、适用范围更宽泛的规则的例外。

需要注意的是，这些只是文本性的提示，不具有决定性。有时，确定一个规则是不是另一个规则的例外是一个解释性问题，需要根据通

---

[1] See Giovanni Sartor, *Legal Reasoning: A Cognitive Approach to the Law*, Springer, 2005, p. 208.

常的解释方法解决。在论辩中，如果论辩参与者不接受规则之间的这些文本关系或句法关系，则必须进行相应的解释性论辩，继而转入其他环节的论辩程序。

3. 逻辑性的法律冲突也可以通过法教义学上的法律渊源、法律位阶、法律竞合、法律规则的类型和性质、请求权体系、犯罪论体系、法律关系分析法、法律行为体系等理论解决

此外，体系论辩、反面推论等论辩规则在解决法律的逻辑性冲突中也可以发挥相应的作用。

根据上面的论述，我们可以建构如下针对逻辑性法律冲突的修辞规则：

(1) 如果法律之间发生逻辑性冲突，则论辩者可按照上位法优先于下位法、特别法优先于一般法、新法优先于旧法等冲突规则选择自己主张的法律规则。若论辩相对人举不出更强的理由，则必须接受，不得反驳。

(2) 如果法律之间的逻辑性冲突无法通过冲突规则解决或者冲突规则之间发生矛盾，则论辩者需要进行基于特性的论辩。但是，此特性须为法律规则的逻辑结构所限定的句法性特性。否则，论辩相对人可通过指出此特性是模糊的评价性特性进行反驳。

(3) 如果法律之间发生逻辑性冲突，而且这些规则在文本关系或句法关系上构成“一般—例外”的逻辑关系，则论辩者须选取作为“例外”的法律规则。论辩相对人若不能对规则之间的逻辑关系提出有力的解释性反驳，则不得拒绝。

(4) 如果论辩者运用法律渊源、法律位阶、法律竞合、法律规则的类型和性质、请求权体系、犯罪论体系等法教义学理论解决法律之间的逻辑性冲突，则论辩相对人不得反对，除非他能提出合理的反驳。

(5) 如果论辩者运用体系论辩规则和反面论辩规则等解决法律规则之间的逻辑性冲突，则论辩相对人不得反对，除非他能提出合理的反驳。

（二）针对评价性法律冲突的修辞规则

在评价性法律冲突中，优位规则和劣位规则之间并没有逻辑上的属种关系，而是一种法律评价上的不一致关系。在论辩环节，论辩双方需要分析和确认，在法教义学上，法律之间的这种价值关系究竟是排他关系还是主要—补充关系。例如，在刑法中，规则之间的价值补充关系是不同的刑法规范以不同的立法手段保护同一法益导致的现象。[1]如果法律规则之间处于价值补充关系，则应适用主要规范，而不适用补充规范。因为主要规范价值的实现必然会贯穿于补充规范，所以补充规范不被考虑在内。[2] 在法律论辩中，如果论辩者主张规则之间处于一种评价补充关系，并将发生冲突的规则相应地分为价值上的主要规范和补充规范，则论辩相对人只能针对这些论点本身进行反驳，不得单独转向其他论辩型式。

如果论辩相对人主张规则之间并非价值补充关系而是一种价值排斥关系，则须承担相应的论证负担，将由此转入一种基于价值优先性的论辩（value-based priority）。在基于价值优先性的论辩下，规则被视为实现某种目标的工具，法律之间的冲突也被视为规范的普遍适用对所有相关价值产生的积极或消极影响的冲突。在法律论辩中，我们可以确定如下实体性优先标准：如果一个规则的价值影响比另一个规则的价值影响更好，则价值影响更好的规则优先。但是，纯粹的规则价值的比较也会产生问题[3]：第一，不同规则的价值从不同角度进行评价会产生不同的等级顺序，即不同的评价会产生不同的相对价值；第二，不能仅仅考虑规则促进了哪些价值，还要考虑对这些价值的促进程度；第

---

〔1〕 参见杨阅、李立新：《论法规竞合优位法条之区分与适用》，载《苏州大学学报》（哲学社会科学版）2008 年第 2 期。

〔2〕 同上。

〔3〕 See Giovanni Sartor, *Legal Reasoning: A Cognitive Approach to the Law*, Springer, 2005, pp. 210-211.

三，应该比较规则对争议价值的具体影响，而不是泛泛地比较价值本身；第四，如果不以相互冲突的两个规则为比较基础，以价值为基础的比较性评价就会最终转变成不受限制的目的论证，这时需要考察是否有替代性规则可以比正在比较的冲突规则更好地促进价值。因此，在针对法律冲突进行的基于价值优先性的论辩中，我们需要遵守如下修辞规则：

(1) 在针对评价性冲突的法律论辩中，论辩者对规则的评价应该依赖规则的普遍适用所产生的利益，而不是由特定人在特定案件中适用它所产生的利益。

(2) 在针对评价性冲突的法律论辩中，论辩者对规则价值的评价须首先基于制度性规则或法教义学所提供的评价标准，若没有这种评价标准，则应选择论辩双方共同接受的评价标准。

(3) 在针对评价性冲突的法律论辩中，论辩双方应仅比较冲突规则对争议价值的影响，不能泛泛地比较价值。

(4) 在针对评价性冲突的法律论辩中，在必要时，论辩双方需要通过论辩分析是否存在能比冲突规则更好地促进价值的替代性规则。

论辩者在论辩中需要遵守这些基本规则，否则其论辩便不是针对法律冲突的、基于价值优先性的论辩。论辩相对人若反对依据这些规则进行论辩，则须承担相应的论辩责任；若论辩相对人反驳成功，则将转入其他论辩。

二、针对解释关系的修辞规则

通过针对法律冲突的修辞规则，论辩双方基本上可以在个案适用的规则上达成共识，但围绕拟适用的规则与案件事实之间的解释关系还会产生相应的论辩。虽然法律解释规则也可以处理规则与事实之间的解释关系，但它只是一种分析性规则，而且法律解释规则的运用会遭遇各种难题。[1] 所以，在法律论辩中，需要将这些解释规则转换为相应的法律修辞规则，并附加上某些关于论辩责任分配的规则。我们遵循法律解释和法律续造的二分标准，按照法律概念的语义界限将法律适用划分为法律解释和法律续造，前者是在语义界限内针对法律的解释，而后者是在语义界限之外根据其他要素对法律的进一步发展[2]。按照法律方法论关于文义解释、目的解释和体系解释的划分，我们将针对解释关系的修辞规则划分为文义论辩规则、目的论辩规则、体系论辩规则。

（一）文义论辩规则

文义论辩规则是针对规则与事实之间法律解释关系的修辞规则中的首要规则，这是由文义解释的优先性决定的。文义解释是一种以法律文本为导向的解释，但并不能完全确定法律概念和法律规则的语义界限，而需要通过文义论辩确定。有学者将文义解释规则作了如下概括[3]：

（1）立法定义优先规则。如果立法对相关概念已有明确定义，则应首先适用立法定义。在中国，立法定义优先还包括最高司法机关的司法解释优先。

（2）法学含义优先规则。如果某一概念不存在立法定义，但存在法学家的一般释义，则应坚持法学含义优先。同时，法学含义优先还包括法律解释共同体中形成的共识优先。

（3）专业含义优先规则。如果法律规定中使用了学科专业术语而

---

〔1〕 参见陈金钊：《法律解释规则及其运用研究（下）——法律解释规则运用所遇到的难题》，载《政法论丛》2013 年第 5 期。

〔2〕 Vgl. Karl Engisch und T. Würtenberger, *Einführung in das juristische Denken*, Stuttgart, 1997, S. 100, 47.

〔3〕 参见陈金钊：《法律解释规则及其运用研究（中）——法律解释规则及其分类》，载《政法论丛》2013 年第 4 期。

没有加以说明,则应坚持专业含义优先。

(4) 常义优先规则。如果并不存在立法定义、法学含义和专业含义,则对法律语词应按照平常的含义进行解释。

(5) 统一解释规则。对法律文本中重复出现的语词作统一解释,除非已有法律明文规定了不同的含义。

(6) 同类解释规则。当法律条文不清楚时,对概括性文字的含义进行解释应该根据其所属的同类或同级事项。

(7) 全面解释规则。文义解释不得忽略、遗漏任何文字、词组、短语和句子。对法律的尊重意味着法律之中没有赘语。

(8) 反面解释规则。文义解释规则和方法还包含"明确其一,排斥其他"的逻辑解释规则。在多种解释结论中,对一种含义的肯定,就是对其他含义的否定。

(9) 语境解释规则。在文义解释过程中,要联系上下文,不能脱离相关的文字以及法律条文的目的,对法律文字一般不作单独的解释。

(10) 尊重文义解释规则。只有当文义解释出现负面结论或与法律价值发生冲突时,我们才能质疑文义解释的优先性。这意味着,文义解释是对其他解释规则的一种排斥。

需要注意的是,文义解释规则只是提供了思维的路径,并不能代替在具体语境中的论证、论辩。[1] 因此,我们需要将这些解释规则置换为相应的文义论辩规则。佩雷尔曼在《法律逻辑》中提出了相应的论辩型式,即经济论证和典型论证。其中,经济论证也被称为"立法者的无赘词假设"(the hypothesis of non-redundancy),即如果一项解释是另一项规则的重复,那么该解释将不被考虑。其假设是不得有两个完全相同的规则。典型论证是指根据先例、先前的裁判或法律教义解释法

[1] 参见陈金钊:《法律解释规则及其运用研究(中)——法律解释规则及其分类》,载《政法论丛》2013 年第 4 期。

律。[1] 它对我们建构文义论辩规则具有一定的启发意义。但是，要满足实用性的建构原则，我们还需要更细致和精确的规则形式。

作为前提条件，我们需要对分类概念和类型概念作出区分。法律概念，无论是具有描述性、论断性还是评价性的意义，都可以有不同的形式，要端视这个概念的个别要素之间处于何种关系[2]。

分类概念是最简单的概念形式，也是传统语言范畴理论研究的对象，这种概念的定义是通过列举其必要且充分的要素进行的。要素可以是累积的必要，也可以是选择式的必要。在前一种情形下，相关要素是通过“及”或“并且”连接的，被称为“连言式定义”。在后一种情形下，相关要素是通过“或”连接的，被称为“选言式定义”。一个连言式定义的概念越是一般，其适用范围越大，这个概念所含有的要素就越少。选言式定义的概念就不是如此，我们可以通过选择要素加入，而在不减少该概念之固有要素的情形下，对于所定义的概念增添进一步的适用范围。[3] 因此，不能将这两种概念随意置换。在选言式定义中，如果要素中的任一要素在个案中清楚地存在，但对于其他选择要素是否实现仍有怀疑，我们就不应该在存疑的选择要素上耽误太久。尽管连言式定义和选言式定义的个别要素在适用前会比较模糊，但两者在个案中的适用是比较清楚的。

所谓类型概念，是指在概念中出现了至少一个可区分等级的要素。这个要素以外的其他要素，要不同样是可区分等级的要素，要不就是仅为选择性的必要要素。这些要素之间具有如下连接：一个可区分等级的概念要素在个案中越高程度地被实现，其他可区分等级要素必须被实现的程度便可随之降低，或者将越不需要实现其他的选言式要素。

---

〔1〕 参见〔荷〕伊芙琳·T.菲特丽丝：《法律论证原理——司法裁决之证立理论概览》，张其山等译，商务印书馆2005年版，第53页。

〔2〕 参见〔德〕英格博格·普珀：《法学思维小学堂：法律人的6堂思维训练课》，蔡圣伟译，北京大学出版社2011年版，第22页。

〔3〕 同上书，第23页。

在运用一个概念的可区分等级要素时,仅在个案中确认各该要素是否实现是不够的,还需要确认这些要素在个案中的实现程度。因此,相对于分类概念,类型概念的语义界限是流动的,它在个案中的适用需要辅以一定的评价行为。[1]

此外,法律中还有另一种概念,即价值开放的法律概念(value-open legal concepts),它具有与分类概念类似的"开放结构",其功能主要是反映相应的法律规则背后的法律原则。佩岑尼克指出,价值开放的法律概念具有下列特点:(1) 它们可能具有一个内核,但是所指却能及于其内核的外围,并且只能通过"家族相似性"予以界定;(2) 它们将法律规则与其社会背景联系起来;(3) 它们可通过进行衡量确定其适用对象。价值开放的法律概念显示出"家族相似性"特征:x 在某些方面与 y 相似,y 在某些方面又与 z 相似,如此等等。同时,这些概念并不共享某些特征,在逻辑上是可能的。[2]

在分析法学看来,不管是类型概念还是价值开放的概念,都有一个概念核心和概念边缘:在概念核心上,类型概念和价值开放的概念都具有明确的语义;只有在概念边缘上,它们的语义才呈现出模糊性。克拉特通过借用科赫和鲁伯曼对模糊性术语或法律规则之语义分析的三领域模式(three-sphere model),进一步将类型概念和价值开放的概念的语义划分为三个区域:(1) 肯定语义域,它对其对象 x 的涵摄是必然的;(2) 否定语义域,它对其对象 x 的涵摄是被禁止的;(3) 中立语义域,它对其对象 x 的涵摄既不是必然的也不是被禁止的。[3]

根据上述法律概念的教义性知识以及法律文义解释规则,我们可

---

〔1〕 参见〔德〕英格博格·普珀:《法学思维小学堂:法律人的6堂思维训练课》,蔡圣伟译,北京大学出版社2011年版,第23页。

〔2〕 See Aleksander Peczenik, *Scientia Juris: Legal Doctrine as Knowledge of Law and as a Source of Law*, Springer, 2005, p. 158.

〔3〕 See Matthias Klatt, *Making the Law Explicit: The Normativity of Legal Argumentation*, Hart Publishing, 2008, p. 274.

以重构如下文义论辩规则：

（1）如果规则的语义极其明确，或者一项解释只是对另一个规则的重复，则论辩者不得进行所谓的解释。

（2）如果法律概念存在明确的立法定义，而且是一种分类概念，那么以其进行论辩，论辩相对人不得拒绝接受，除非他能提出立法定义不明确或这是一种类型概念进行反驳。

（3）论辩者不得将连言式概念与选言式概念混淆，否则相应的论辩主张无效，而且要承担论辩上不诚信的不利声誉。

（4）如果选言式概念的任一要素已在个案中清楚地存在，则这个概念可直接在该案中适用，论辩相对人不得以对其他选择要素是否实现仍有怀疑作为反驳依据。

（5）如果分类概念并不存在明确的立法定义，但存在判例和法教义学上的明确含义，则应适用判例和法教义学上的含义，论辩相对人不得拒绝，除非他能提出另外的含义进行反驳。

（6）尽管存在立法对分类概念的定义，但是如果它不够明确，论辩者以此进行论辩，则论辩相对人可提出相应的判例和法教义学上的含义进行反驳。

（7）尽管存在立法对类型概念和价值开放的概念的定义，论辩者以此进行论辩时，论辩相对人仍可通过主张其模糊性、相应的判例或法教义学上的含义进行反驳。

（8）如果论辩者在类型概念和价值开放的概念的肯定语义选项下进行论辩，则论辩相对人不得拒绝，除非他能提出其他论辩型式进行反驳。

（9）如果论辩者在类型概念和价值开放的概念的否定语义选项下进行论辩，则论辩相对人可直接拒绝其主张。

（10）如果论辩者在类型概念和价值开放的概念的中间语义选项下进行论辩，则论辩相对人可通过主张其模糊性、相应的判例或法教义学上的含义以及其他论辩型式进行反驳。

(11) 如果受争议的概念存在判例和法教义学上的含义，则论辩相对人不得以其平常含义进行反驳。

(12) 论辩者须对法律文本中重复出现的概念和规则作统一解释，除非法律明文规定了不同的含义。

(13) 当法律规则的语义不够清晰时，论辩者对其所作的解释应按照该概念涉及的同类或同级事项进行。

(14) 论辩者对法律规则的解释要根据其上下文的语境及其目的进行，不得断章取义、望文生义、随意曲解。

(15) 当论辩者以上述文义论辩规则进行论辩时，论辩相对人不得随意否定或转移论辩主题，除非规则的文义与其目的和价值存在根本的背离。

（二）目的论辩规则

法律规则与其所欲达成的目的之间总是存在着解释上的断裂，这种语义与目的的断裂构成了规范的缝隙（normative gap）。为了在法的适用中填补规范的缝隙，需求助于文义解释之外的其他思维规则，目的解释及目的论辩就是其中的重要方法。从上述文义论辩规则可知，如果论辩相对人以合理的目的论辩对相应的文义论辩规则提出反驳，文义论辩便会转入目的论辩。目的论辩是针对法律规则的目的进行的争辩，它涉及规则的目的与文义的关系、目的与手段的关系以及对与此相关的规则的意愿、意图、实际必要性、目标等的讨论。所以，必须为目的论辩建构出合理的规则，使其在制定法的严格约束下进行。目的解释规则在某种程度上可以被重构为目的论辩规则，但目的论辩还需要其他论辩规则的补充。既有的目的解释规则可概括为：[1]

〔1〕 参见陈金钊：《法律解释规则及其运用研究（中）——法律解释规则及其运用》，载《政法论丛》2013 年第 4 期。

（1）遵守制定法文义规则。目的解释不得与法条文义的字面解释相抵触，而且目的解释涉及的目的不是任何人的目的和利益，而是那些依法应被追求之目的。只有在经过充分论证的情况下，法律的目的才能取代其文义。

（2）遵守伦理法则。必须确认所要追求的目的本身是正义的、理性的、有益的；在目的解释与公正的位序上，应按照概念公正的含义进行解释。

（3）目的解释必要规则。在法律解释过程中，不能过分拘泥于文字，在进行文义解释之后，还要进行目的考察。

（4）目的解释限制规则。如果立法意图明确，则没有目的解释的余地，除非真正存在与表面上的目的相区别的目的。单独使用目的解释方法是对法治的消解。目的解释作为除弊规则，只是一种辅助性法律方法。

（5）必要性规则。对于完整地实现目的而言，规范必须是一个适当的手段，而且规范目的的实现不得引起超乎规范目的价值的不利附属后果。

（6）不得破坏体系规则。除非法律的重大瑕疵已经达到违宪程度，否则目的解释不能破坏法律体系。

（7）提倡客观目的解释。客观目的解释今天已经成为法律解释的“王冠”，因为这种解释方法给予法律人最大的解释空间。

佩雷尔曼提出了四种与目的论辩相应的论辩型式，即心理学论证、历史论证、类比论证和目的论证：[1]

（1）心理学论证涉及表达立法者意志的资料。通过这种方式，法官试图重构并决定什么原则优于规则。

（2）历史论证建立在历史连续性的设想上。其前提为立法者是保

---

〔1〕 参见〔荷〕伊芙琳·T.菲特丽丝：《法律论证原理——司法裁决之证立理论概览》，张其山等译，商务印书馆2005年版，第53页。

守的，除非他明确改变法律文本，否则会固守调整特定形式之行为的方法。

(3) 类比论证，也被称为“归谬法”。它设想立法者是理性的。如果可能导致非法或不公正的结果，立法者是不会接受这样一项法律解释的。如果一项特定解释的适用可能引起不容接受的后果，那么应采用一项可接受后果的解释。

(4) 目的论证涉及法律的公平和目标。这种论证不同于心理学论证，它不将事先准备的材料作为出发点，而是将构成规则基础的考量作为基础。如果涉及立法者不能预见的情况，则有必要使用这种论证。

这些论辩型式对我们重构目的论辩规则具有一定的指引意义，但还不够系统和精确。为了更好地建构目的论辩规则，作为前提要件，我们需要补充一些关于目的解释的一般性讨论。

在自由法学、利益法学和价值法学的理论视野下，“法规范本身并不是清楚单义的，法律使用者在证立这类的补充时，就只能需要上溯到规范的意义与目的”[1]。在进行目的解释时，我们不再能够援引规范的文义或规范的体系关联解释，只能直接回溯到规范的目的。在目的解释的具体路径上，主观目的解释和客观目的解释存在鲜明的分界。前者主张在法律资料中发现“立法者于公布此规范时所要追寻何种目的”，而后者则追问应该通过这样的规范理智地追寻何种目的。[2] 根据学界的研究，两者都存在相应的缺陷。主观目的解释作为一种规则目的的发生学解释和历史解释，尽管可以依据法律规定在规范结构中的位置、立法资料中关于法律目的的表述或者当时通行的法律见解以及法教义学，以经验性的方式找出立法参与者的意志，但在法律论证中要使这种论辩达到饱和、得到有效证立是非常困难的。首先，这些关于

---

〔1〕〔德〕英格博格·普珀:《法学思维小学堂:法律人的 6 堂思维训练课》,蔡圣伟译,北京大学出版社 2011 年版,第 66 页。

〔2〕同上书,第 67 页。

法律形成史的立法资料和官方的草案说明等并不属于实定法，所以我们不能径行依据它们去扩张法条的适用范围。[1] 其次，我们无法确定到底谁应被看作"立法者意志"的主体。最后，我们基本上不可能清楚地确定这个立法目的的内容。[2]

客观目的解释所涉及的目的，不是通过经验发现的目的，而是通过规范区分特征的目的。客观目的解释认为，规则目的只是"符合理性的"或"在现行有效的法秩序框架内客观上所要求的"的目的，并主张在现行有效的法秩序框架内根据理性论证作出裁判之人所设定的目的就是这种规则的目的，而且它们的正确性也是通过论证加以证立的。[3] 但是，客观目的解释也存在自身的难题：第一，当某个规范或一组规范有多个目的时，为了确定其间的相互限制或自我排斥关系，便需要某些一般性的优先规则。这些优先规则要么无法通过经验表述来描述，要么只能是普遍类型的规范或原则，这样目的解释就会变成一种基于原则的论证。第二，完全的客观目的解释在根本上会违背分权制国家中各机关的地位和职能分工。

主观目的解释和客观目的解释的上述特征和缺陷决定了它们在具体的目的解释过程中都无法被单独使用。哲学诠释学所揭示的人类解释的"前理解"结构及其所蕴含的传统特点也在认识论上揭示了客观目的解释在根本上无法摆脱主观目的解释的参与。客观目的解释应与立法者对于法律目的及其合目的性的决定保持一致。通常情况下，法律出台之前的历史以及法律产生过程中积累的各种立法资料会为探求法律的目的提供重要的发生史线索。如果在法律制定之前的材料中记载了当时公认的正义观念和法律的政治目标，则将它们作为选择某

---

〔1〕 参见〔德〕英格博格·普珀：《法学思维小学堂：法律人的6堂思维训练课》，蔡圣伟译，北京大学出版社2011年版，第68页。

〔2〕 参见〔德〕罗伯特·阿列克西：《法律论证理论——作为法律证立理论的理性论辩理论》，舒国滢译，中国法制出版社2002年版，第294页。

〔3〕 同上书，第298—299页。

一种解释的重要论据来考虑是正当的。[1] 此外，有关法律目的的线索也可以在法律中找到，如法律文本的序言、上下文以及待解释之规范在该法律的外部体系（das äußere System des Gesetzes）中所处之位置等。[2]

同时，目的解释并不仅仅停留于法律的传统和发生史之中。客观目的解释理论认为，法律的意义会随着时代精神的变迁而改变。在可以清晰确定的有关立法目的及其合目的性的决定已经不再与当时占主导地位的社会伦理观念相符时，对法律按照当时的观念作出不同的解释（uminterpretieren）也是合法的。尽管如此，法律解释不得不必要地偏离可明确地认识到的立法者的目的，以尽可能维持法的持续性，并且不得不必要地涉足属于立法部门的职能范围。在由法律预留的供意义精确化的界限以及合法的意义变迁的界限之外，客观目的解释不得“侵入”属于立法者的目的和目的适当性决定的领域。

除此之外，我们应该注意目的解释中目的与文义的关系。尽管目的解释在法概念上会预设规则文义的模糊性以及文义解释的不足，但具体的目的解释无法脱离文义解释单独进行。同时，法律意义的变迁通常是在法律词语的语义空间中进行的，法律词语的语义空间从一开始就是为法律目的的精确化而存在的。即使法律文义存在模糊、多义和歧义之处，经过相应的文义论辩，也可以对目的解释发挥一定的指引作用。目的解释的进行一般依赖于待解释的规范所处的外部体系。不可否认，文义对目的的精确化和锁定功能是比较有限的，以至于在某些情况下，制定法的目的便来自“事物的本质”或者来自社会制度、价值观等背景知识。[3] 因此，普珀主张，应对目的解释中目的的确定设立如

---

〔1〕 参见〔德〕齐佩利乌斯：《法学方法论》，金振豹译，法律出版社 2009 年版，第 71—72 页。

〔2〕 同上书，第 72 页。

〔3〕 See Aleksander Peczenik, *Scientia Juris: Legal Doctrine as Knowledge of Law and as a Source of Law*, Springer, 2005, p. 24.

下三种检验条件：

（1）必须确认所追求的目的本身是正义的、理性的、有益的。

（2）对于完整实现这个目的而言，规范必须是一种适当的手段。

（3）实现这个规范目的不会引起超乎规范目的价值的不利附属后果。

第一个检验条件构成目的解释的内部批判，主要用于评价那些被建议的目的是否正当。第二、三个检验条件构成目的解释的外部批判，主要是从经验上争论目的的确定是否可行以及手段和目的之间是否存在适当的比例关系。

根据上述对目的解释规则的概述、佩雷尔曼的四种相关论辩型式以及关于目的解释和目的论辩的补充性论证，我们可以整理出如下目的论辩规则：

（1）如果论辩者主张规则的主观　历史目的，则必须通过法律出台之前的各种立法准备资料、官方立法理由说明书或者立法参与者的相关论证等给予相应的补充论辩，否则，论辩相对人可以其不充分或模糊为由予以反驳，也可直接主张规则的客观目的进行反驳。

（2）即使论辩者主张规则的主观—历史目的，并通过相应的立法资料给出了相应的论证，但若待解释的规范所在的外部体系及其语义空间所表明的是另外的目的，则论辩相对人能够以其反驳和拒绝论辩者的历史目的论证。

（3）论辩者主张客观目的解释时，应当关注法律产生过程中积累的各种立法资料为探求法律的目的提供的发生史线索，并尊重立法者对于法律目的及其合目的性的决定。如果这些材料记载了当时公认的正义观念和法律的政治目标，则论辩者须将它们作为重要的解释论据来考虑。

（4）论辩者主张客观目的解释时，应当尊重待解释规范所处的外部体系位置以及其他由法律预留的供意义精确化的语义界限所提供的目的线索。如果论辩主张的客观目的背离这些语义界限所指向的目的，则论辩相对人可进行针对性的反驳。

(5) 论辩者主张客观目的解释时,若存在可以清晰确定的立法目的及其合目的性的决定,则应论证指出这些立法目的及其决定在根本上是违背当时占主导地位的社会伦理观念的。否则,论辩相对人可对其提出各种针对性的反驳。

(6) 论辩者主张客观目的解释时,不得不必要地偏离明确地认识到的立法者的目的以及合目的性决定,不得不必要地涉足属于立法部门的职能范围,也不得"侵入"属于立法者的目的和目的适当性决定的领域。

(7) 论辩者主张客观目的解释时,必须证明其所论证的客观目的符合待解释法律所处的内部体系,即是公正的、理性的、有益的。否则,论辩相对人可对其进行相应的内部批判。

(8) 论辩者主张客观目的解释时,必须证明对于完整实现这个目的而言,规范是一个适当的手段,而且实现这个规范目的不会引起超乎规范目的价值的不利附属后果。否则,论辩相对人可对其进行相应的外部批判。

(三) 体系论辩规则

法教义学的体系结构以及法律的融贯性决定了体系解释和体系论辩在法律思维规则中的核心地位,几乎所有的思维规则都会涉及或运用体系解释和体系论辩。文义解释和目的解释是体系解释适用的主要场域,文义论辩和目的论辩也是体系论辩适用的重要场域。体系论辩主要是基于规则自身所处的外部体系和内部体系,围绕各种解释结果的选择和适用所进行的一种法律论辩。在佩雷尔曼的《法律逻辑》中,相应的论辩型式是完备性论证和体系论证。[1]

---

〔1〕〔荷〕伊芙琳·T.菲特丽丝:《法律论证原理——司法裁决之证立理论概览》,张其山等译,商务印书馆2005年版,第53页。

(1) 完备性论证建立在所有法律体系都是完整的这一观念之上。在这种观念中,整个法律体系包含那些在没有具体法律规则适用的案件中适用的一般规则。通常,会有一个法律规则对所有没有清晰描述的行为作出特定规范限定:某行为是无罪的、必须实施的、被禁止或允许的。

(2) 体系论证立足于法律是一个融贯体系这样的假设。不同的法律规范构成了规范中的各要素必须在它们所处的语境中加以解释的体系。

在非形式逻辑中,与体系论辩型式相近的论证型式包括“基于整体—部分关系的论辩”“基于属—种关系的论辩”“基于等同性的论辩”“基于相似性的论辩”以及同一关系论辩等。〔1〕在佩雷尔曼的新修辞学中,矛盾论辩、不兼容性论辩、传递性论辩、包含论辩、交互论辩、正义规则、同一性论辩等具有与体系论辩相似的功能。〔2〕这些论辩型式对我们建构体系论辩规则颇有价值,但它们不适合法律论辩的特殊语境,并且缺乏思维规则应有的清晰性。因此,我们极有必要结合体系解释的最新发展,重构一种更加完善和实用的体系论辩规则。

普珀认为,在体系解释中,并不是单独、孤立地观察某个法律规范,而是要观察这个规范与其他规范的关联。就此而言,每个法律规范和其他规范都被共同规定在某个特定法律领域中,它们共同形成一个体系。〔3〕她对体系解释提出了如下四种要求〔4〕:

(1) 无矛盾要求:法律不会自相矛盾。这一要求主要适用于每个应

---

〔1〕 参见武宏志、周建武、唐坚:《非形式逻辑导论》(下),人民出版社 2009 年版,第 478—517 页。

〔2〕 See CH. Perelman, *The Realm of Rhetoric*, William Klubeck (trans.), University of Notre Dame Press, 1982, pp. 48-126.

〔3〕 参见〔德〕英格博格·普珀:《法学思维小学堂:法律人的 6 堂思维训练课》,蔡圣伟译,北京大学出版社 2011 年版,第 56 页。

〔4〕 同上书,第 57—64 页。

从语句导出更进一步语句的语句体系。随着推导过程的延长和更加复杂,这一要求变得更有意义。在各种排除矛盾的方法中,最简单的方法就是,确认两个相互矛盾的语句里哪个语句应该保留而排除另一个语句。特别法优先于一般法等优先规则即为其适例。无矛盾要求考虑的并不是逻辑的要求,其背后是出于立法经济和语言经济的考虑。合宪解释是实践中最重要的一种根据无矛盾要求进行的体系解释。

(2) 不赘言要求:法律不说多余的话。这一要求假设每个法律规范都有一个自己的适用范围,即如果一个规范的整体适用范围都被包含在另一个有相同法律效果的规范中,这个规范就是多余的。因此,这一要求反对通过解释的方式将一个规范的适用范围紧缩到完全被另一个规范包含,也反对把一个规范解释成将另一个规范的适用范围完全包括进来。

(3) 完整性要求:法律不允许规定漏洞。这一要求建立在以下前提下:如果我们先指定了一个领域,那么数个规范应该无漏洞地规定该领域。但是,这一要求的弱点在于,我们通常会争执是否真的存在漏洞,即那些根据特定法律解释不属于系争法条适用范围内的案件,是否真的应该被一并规定在该法条中。

(4) 体系秩序要求:法律规定的编排都是有意义的。这一要求设定,法律规定之间存在着有意义的次序编排。

在普珀看来,体系解释论据的论证力量相当薄弱,因为这些论据是以有疑问的前提——关于制定法的质量和功效作为基础的。这尤其适用于第二、四个要求,而第一、三个要求的论证力较强。〔1〕

尽管普珀对这四种体系解释要求的分析极为精到,但却忽视了法教义学体系在体系解释中的作用。所以,她的体系解释理论存在相应的不足。在这一点上,齐佩利乌斯的分析比较到位。他指出,体系解释

---

〔1〕 参见〔德〕英格博格·普珀:《法学思维小学堂:法律人的6堂思维训练课》,蔡圣伟译,北京大学出版社2011年版,第64页。

的目标就是维护“法的统一性”，即使法律解释的结果在逻辑上和目的上与法的整个体系，至少是与其同位阶和更高位阶的规范不相矛盾；同时，要尽可能保持术语的统一。他从法律融贯性的立场出发，采取了一种宽泛的体系解释方法，将个别的法律词语与其所在的法律体系之间的关系、个别法律与整个法秩序之间的关系以及个别法律与其所处的整个文化的主导思想之间的关系都纳入体系解释的范畴，并从诠释学的角度论述了体系解释的意义。他认为，通过体系解释，可以获取关于法律之正确含义的语言标准、逻辑标准和目的标准。

(1) 语言标准。在有疑问的情况下，应假定法律本身意图采取统一的语言用法，即同样的词语在不同的规范中应有同样的含义，保持术语的统一性(Einheitlichkeit der Terminologie)。[1]

(2) 逻辑标准。在对规范进行解释时，应尽可能使其不与同位阶、更高位阶的规范发生逻辑冲突。如有可能，应选择使该规范得以有效存在的解释，否则，应按冲突规则使低位阶的规范无效。为了不与更高位阶的规范发生冲突，对于法律应作“与宪法一致”的解释，对于行政法规应作“与法律一致”的解释。[2]

(3) 目的标准，对于一项规范的解释应尽可能与整个法秩序追求的目的和正义观念保持一致，以使同等情形得到同等对待，在整个法秩序范围内维护法律评价的一致性。因此，法律解释必须与其所处的法伦理背景相吻合。如果这些规范的目的及其体现的法律原则之间发生竞合、冲突，则需要通过基本权利的第三人效力及相应的讨论框架，使它们处于一个适当的比例关系之中。[3]

齐佩利乌斯还认为，待解释规范所处的外部体系位置也会为体系解释提供一定的解释论据。这种体系位置不仅对实现法的内在一致性

---

〔1〕 参见〔德〕齐佩利乌斯：《法学方法论》，金振豹译，法律出版社 2009 年版，第 75—76 页。

〔2〕 同上书，第 76 页。

〔3〕 同上书，第 77—80 页。

具有意义，而且可为认识立法者的意旨提供线索。同时，基于外部体系的论据可与基于内部体系的论据进行比较。[1]

佩岑尼克也从法律融贯性的立场出发，指出体系论辩可以解决法律规则之间的逻辑冲突、经验冲突以及评价性冲突，并提出解决规则之间冲突的指导方针[2]：

(1) 无论何时发现法律规则之间的冲突，我们都应该通过重新解释这些规则或设定它们之间的优先顺序来解决，而且这些方法在其他规则的类似冲突中应被同等适用。

(2) 不同法律渊源如制定法、先例或立法准备材料的解释应该相互影响、相互一致。

(3) 上位法规范与下位法规范不能兼容时，应适用前者。

(4) 旧的规范与新的规范不能兼容时，必须适用后者。

(5) 只有在没有被某个与其冲突的次一般性规范被推翻时，才能适用更一般的规范。

(6) 如果一个较新的一般性规范与一个较旧的次一般性规范冲突，则应适用较新的一般性规范。

(7) 如果不同解释方法的适用导致在特定语境下的冲突，则必须对所解释条款进行再解释，以获得一个相互协调的结果。

(8) 在体系解释中，应避免具有特定目的的解决方式。在某个被考量的情形或者有限数量的情形中，某种解决方式也许具有合理性，但是可能与该体系的其他部分无关或矛盾。

通过对上述体系解释理论的分析可以发现，体系解释和体系论辩对于前述针对规则冲突的修辞规则以及文义论辩规则、目的论辩规则均具有一定的辅助功能，个别体系解释规则会汇入这些修辞规则之中，

---

〔1〕 参见〔德〕齐佩利乌斯：《法学方法论》，金振豹译，法律出版社 2009 年版，第 81 页。

〔2〕 See Aleksander Peczenik, *Scientia Juris: Legal Doctrine as Knowledge of Law and as a Source of Law*, Springer, 2005, p. 19.

构成其内在的一部分。但是,更多的派生于法律融贯论的体系性要求无法被完全重构为具体的法律修辞规则,如个别法律与整个法秩序、文化主导思想之间融合的体系要求往往超出论辩者参与法律论辩的个人动机——实现自己的权利主张,法律修辞有限的论辩资源有时也无法支撑这种融贯性要求。因此,我们必须在这两种的体系解释中寻求确实能够指引体系论辩的规则。这些体系论辩规则需要具有如下三种功能:

第一,对论辩者而言,为了增强自己论辩的说服力,不被对手反驳,必须在针对法律冲突的修辞规则、文义论辩规则和目的论辩规则之外运用体系论辩规则,谋求自己论辩的无矛盾性、一致性和融贯性。

第二,对论辩相对人而言,为了成功反驳对手的论辩,可以提出不同形式的体系论辩,指出论辩者在论辩上的矛盾、冲突或与各种法体系的不一致。

第三,上述体系论辩的对抗结构可以为法律修辞践行法秩序和融贯论的规范性要求、实现法的体系性思维和问题性思维的兼容提供实践性的动态过程。

基于上述体系解释理论,我们认为,对体系论辩规则可重述如下:

(1) 若论辩者发现法律之间存在冲突,首先应通过重新解释这些规则或设定它们之间的优先顺序来解决,而且这些方法在其他规则的类似冲突中应被同等适用。

(2) 论辩者应保持其所用术语的统一性,不得使其论辩中的关键词在不同的论辩阶段指称不同的意义。

(3) 论辩者应认识到,作为一种融贯体系,法律本身是完整和完备的;宪法与其他法律的第三人效力以及各种法律之间在法秩序上有关联意义,不得以个案中没有可以直接适用的具体规则为由否认论辩相对人的合理权利主张。

(4) 论辩者不得使自己的前后论辩自相矛盾,也不能使自己的论辩与同位阶、更高位阶的规范发生逻辑冲突,对于法律应作“与宪法一致”

的解释,对于行政法规应作“与法律一致”的解释。

(5) 论辩者应尊重法律规定的次序编排以及法教义学发展的外部体系,使自己的论辩主张符合这些体系提供的解释论据,而且应避免采用具有特定目的的解决方式。

(6) 论辩者应尊重不赘言的假设,不得故意浪费司法论辩的有限资源,将一个规范的适用范围完全压缩到另一个规范之下,或将其他规范完全“拉入”这一规范的适用范围。

(7) 论辩者应使其适用的各种法律渊源,如制定法、先例或立法准备材料在解释上相互支持、相互一致,至少不得相互矛盾。

(8) 如果论辩者主张的不同解释方法导致结果无法一致或互相冲突,则论辩者必须对所解释条款进行再解释,直至获得一个协调的结果。

(9) 论辩者对一项规范的解释应尽可能与整个法秩序追求的目的和正义观念保持一致,如果法律规范的目的之间发生竞合或冲突,则必须通过基本权利的第三人效力,使它们处于一个适当的比例关系之中。否则,论辩相对人可通过指出其对“同等情形得到同等对待原则”和“法律评价的一致性原则”的背离等进行反驳。

(10) 如果个案涉及的外部体系、内部体系和认知性体系较为清晰,但彼此冲突,则论辩者不得不必要地以后面的体系取代前面的体系。

第二节 基于规则外要素的法律修辞规则

基于规则的法律修辞规则是从法律规则的内部出发进行法律论辩的。法律规则的语义论辩和目的论辩即使经过体系论辩的加工和补充,也无法回避法律修辞的语境、听众以及问题性思维对基于规则外要素的法律修辞规则的需要。其原因在于:其一,法律规则的语义和目的在法教义学上无法构成闭合的外部体系和内部体系。在个案论辩中,即使通过体系解释和体系论辩对法教义学上的这两种体系进行再发现和再塑造，也无法应对个案论辩对法律论据的多元化需求，并将出现法律适用中的漏洞。法律原则作为法律体系的内部体系要素，在个案论辩中应被及时补充进来。其二，法律规则与法律原则之间以及法律原则彼此之间在个案修辞中的冲突，也会导致原则论辩的介入。其三，法律修辞的语境性以及追求社会效果和政治效果的压力都要求法律经受价值判断和结果论辩的检验。否则，法律修辞便无法实现法治和法律的可辩驳性以及体系性思维和问题性思维之间的融合和协调。因此，法律修辞有时需要进行基于规则外要素的论辩。根据上面的论述，我们将基于法律规则外要素的论辩分为三类：基于原则的论辩、基于价值的论辩和基于结果的论辩。同样，基于规则外要素的修辞规则也分为三类：基于原则的修辞规则、基于价值的修辞规则和基于结果的修辞规则。

一、基于原则的修辞规则

基于原则的论辩与基于规则的论辩一样，都是基于法律内要素的论辩。但是，由于法律原则与法律规则之间存在差异，基于原则的论辩看起来与基于价值的论辩和结果论辩更为接近。佩雷尔曼只是将一般法律原则作为法律论辩的起点，并没有将基于原则的论辩作为一种单独的论辩型式。非形式逻辑也没有将基于原则的论辩作为一种单独的论辩型式，而是将其纳入基于判例的论证或类比论证之中。[1] 在具体建构基于原则的论辩规则之前，我们需要回顾一下法律原则理论。

相较于法律规则，法律原则是一种证立法律论辩的更具一般性的规范性论据和权威性理由。“法律原则的效力标准不是纯粹基于系谱的，也不是完全基于内容或道德论证的，它是独立于法律规则和道德原

---

〔1〕 参见〔美〕道格拉斯·沃尔顿：《法律论证与证据》，梁庆寅、熊明辉等译，中国政法大学出版社 2010 年版，第 30—39 页。

则之外的另一类规范依据。”[1]虽然基于原则的论辩与基于价值的论辩并不相同，但它们适用的方式相同——都需要借助衡量论辩。

对于法律规则与法律原则在适用上的区别，德沃金曾有过精辟的分析[2]：第一，法律规则适用采取“全有或全无的方式”(all-or-nothing fashion)。在适用时，规则要么有效，法律要么无效。法律原则仅能说明主张某种决定的理由，而不强迫必须作出某一特殊的决定。第二，法律规则与法律原则同其例外的关系不同。由于法律规则的逻辑结构预设了具体、确定的事实状态和法律效果，理论上法律规则的例外已被全部列出，因此，法律规则同与其相反的例外无法共存。法律原则的内容是如此宽泛，以至于它可以同其例外共存。第三，法律原则具有法律规则所没有的分量和重要性的向度。在个案中，法官对冲突原则的权衡或衡量并不会使落选的分量较弱的那个原则失效。但是，在阿列克西看来，法律规则并非以“全有或全无的方式”适用。“全有或全无”来自规则之例外可被穷尽的不合理假设，而且法律原则间的分量并不等同。法律体系中的某些法律原则，如德国基本法上的“人性尊严”原则，具有绝对的效力，若其他原则与其冲突，则必须无条件退让。[3] 对此，阿列克西指出，法律规则与法律原则的真正区别在于：

法律原则是一种要求某事在事实上和法律上可能的范围内尽最大可能实现的规范，即法律原则是一种最佳化命令(optimizing commands)，它的实现有程度上的差别，具体取决于个案中的事实因素以及与其冲突的规则和原则。法律原则作为一种论证理由和论辩依据，并不是决定性的，而是可被击败的和可辩驳的。在面对个案事实时，在解

---

〔1〕 陈林林：《法律原则的模式与应用》，载《浙江社会科学》2012年第3期。

〔2〕 参见〔美〕罗纳德·德沃金：《认真对待权利》，信春鹰、吴玉章译，中国大百科全书出版社1998年版，第45—46页。

〔3〕 参见张嘉尹：《法律原则、法律体系与法概念论——Robert Alexy法律原则理论初探》，载《辅仁法学》2003年第24期；王鹏翔：《论基本权的规范结构》，载《台大法学论丛》2005年第2期。

释、论证其准用性之前,法律原则不能径行成为判决理由中的裁判依据。即法律原则之适用必须经由说理性解释,借由可以“将抽象具体化”“将具体抽象化”的类型,由上而下地将相关的“一般法律原则”具体化为下位的、不同事例中的具体法律原则,以对接事实。〔1〕

法律规则作为一种确定性命令,仅能以被遵守或不被遵守的方式实现。如果一项法律规则是有效的,那么人们必须不多不少地实现它所规定的内容。因此,法律规则会在事实上和法律可能的范围内构成一种决断。〔2〕但是,在阿列克西看来,法律规则也具有一定的可辩驳性,只是它具有更强的初始性特征。在法律规则存在例外条款并拟支持该例外条款的情况下,我们不仅要在支持该法律规则的原则与支持例外条款的原则之间权衡,而且要在支持例外条款的原则与支持该法律规则有效的形式原则(如正当权威在其权力范围内制定的规则必须被遵守的原则)之间进行衡量。事实上,法律原则间的冲突是常态,而且只需按照比例原则等进行衡量。因此,法律规则的初始性特征要强于法律原则。〔3〕

那么,在法律论辩中,为什么要进行基于法律原则的论辩?它的功能和意义是什么?我们认为,基于法律原则的论辩具有如下三种功能:首先,如上所述,法律概念、法律规则等构成的外部体系存在法律适用上的各种漏洞,基于原则的裁判可作为填补漏洞的方法之一。其次,法律规则间的冲突有时并不能完全通过针对法律规则冲突的修辞规则解决,这时可借由权衡法律规则背后的法律原则之分量,确定冲突规则间的优先性。最后,当法律规则的适用带来极端的不正义,以至于导致“非法的法律”时,需要通过法律原则来调和。所以,在某种意义上,基

〔1〕 参见陈林林:《基于法律原则的裁判》,载《法学研究》2006 年第 3 期。

〔2〕 参见〔德〕罗伯特·阿列克西:《法:作为理性的制度化》,雷磊编译,中国法制出版社 2012 年版,第 132—133 页。

〔3〕 参见梁迎修:《法律原则的适用——基于方法论视角的分析》,载《华中师范大学学报》(人文社会科学版)2007 年第 6 期。

于法律原则的论辩可以整合包括基于法律规则的论辩在内的几乎所有的法律论辩。法律原则在法律论证维度上对于法律体系的融贯性具有更大的意义，这也是法律论辩之所以能够对法治和法律的可辩驳性、体系性思维和问题性思维进行融合的关键原因所在。

那么，基于法律原则的裁判究竟该如何进行？一个前提性问题是，在法律渊源上，法律原则能否进行有意义的划分？很多学者都对法律原则的存在形态进行过类型学的划分。例如，梁迎修将法律原则划分为实定的法律原则与非实定的法律原则：前者是指被法律（包括制定法与判例法）明确规定下来的法律原则；后者是指没有被实在法明文规定，仍处于自我存在状态的法律原则，因此又被称为“自存的法律原则”。〔1〕我们认为，这样的划分并不足取。其一，阿列克西认为，基本权原则是整个法律体系的基本原则，未被实在法明文规定的某些非实定原则也可能是基本权原则，这些基本权原则的效力要高于制定法上的原则。这是由宪法作为基本法的位阶地位决定的。其二，将基于法律原则的论辩与基于价值的论辩进行分离，某些非实定的法律原则可作为超越法律的价值进入基于价值的论辩中。因此，我们主张，只能将制定法和指导性案例中的各种法律原则以及宪法上的基本权原则作为基本原则进行论辩。

基于法律原则的裁判应分两种情形进行：第一种是法律规则可以适用的场合，第二种是法律规则不得适用的场合。在这两种情形下，法律原则裁判都必须按照比例原则进行。

在第一种情形下，法律原则和法律规则可以同时适用，法官应分两种情况作不同处理：(1) 如果个案中存在规则 R 以及赋予 R 正当性的原则 Pr，而且没有其他原则与 R 冲突，此时应当适用规则 R。此即“穷

〔1〕 参见梁迎修：《法律原则的适用——基于方法论视角的分析》，载《华中师范大学学报》（人文社会科学版）2007 年第 6 期。

尽法律规则，方得适用法律原则”，“禁止向一般条款逃逸”〔1〕。(2) 如果个案中存在规则 R 以及赋予 R 正当性的原则 Pr，同时存在与 R 相冲突的原则 P，此时法官不仅需要在 P 与 Pr 之间进行衡量，还要在原则 P 与支持规则 R 的形式原则 Pf，如由正当权威在其权力范围内制定的规则必须被遵守的原则、确定性原则和权威性原则等之间进行衡量。如果衡量之后原则 P 占优，那么适用原则 P；反之，则仍然适用规则 R。此即“若无更强理由，不适用法律原则”〔2〕。

在第二种情形下，规则缺位，仅有法律原则可供适用。法官也应该根据具体情形作不同处理：(1) 没有法律规则，仅有原则 P 可供适用，而且没有与 P 相冲突的法律原则存在，此时可适用原则 P。但是，“若无中介，不得在个案中直接适用法律原则”。即必须对法律原则进行解释和具体化(Konkretisierung des Prinzips)，直至其可以作为“个案规范”(Fallnormen)和真正的裁判规范(Entscheidungsnorm)，方可被适用。〔3〕 (2) 没有法律规则，有原则 P1 与 P2 可供适用，但两者之间有冲突，此时法官需要在 P1 与 P2 之间进行衡量，然后决定适用哪种法律原则。

为了给上述两种情形下涉及的法律规则与法律原则的冲突、法律原则与法律原则的冲突的解决提供一个理性的讨论程序，阿列克西依照比例原则设计了一系列的衡量公式。比例原则包含三个子原则：适当性原则、必要性原则和狭义的比例原则。〔4〕 适当性原则是指，在原则 P1 与 P2 发生冲突时，有一项措施 M 试图以干预 P1 为手段达到保

〔1〕 参见梁迎修：《法律原则的适用——基于方法论视角的分析》，载《华中师范大学学报》(人文社会科学版)2007 年第 6 期；舒国滢：《法律原则适用中的难题何在》，载《苏州大学学报》(哲学社会科学版)2004 年第 6 期。

〔2〕 同上。

〔3〕 同上。

〔4〕 参见〔德〕罗伯特·阿列克西：《法：作为理性的制度化》，雷磊编译，中国法制出版社 2012 年版，第 137—138 页。

护 P2 的目的，但它并没有以任何方式恰当地实现 P2。既然有可能在不损害 P2 的同时放弃 M，那么 P1 和 P2 欲实现最佳化，就不要使用 M。必要性原则是指，假如有某一替代性措施 M2 几乎可以与措施 M1 同样高的程度实现 P2，且 M2 对 P1 的侵害程度比 M1 小，那么对于 P1 和 P2 而言，应该放弃使用 M1。适当性原则、必要性原则来源于法律原则在事实上可能的范围内尽最大可能被实现的义务，表达了帕累托最优的理念。狭义的比例原则来源于法律原则在法律上可能的范围内尽最大可能被实现的义务，即尽可能考虑所有相对立的原则。在此，我们需要进行狭义和真正意义上的衡量或权衡。阿列克西提出这样的衡量法则：原则 P1 与 P2 相碰撞，若 P1 不被实现或被侵害的程度越高，则 P2 实现的重要性就必须随之越高。在此基础上，阿列克西建构了原则间衡量的重力公式：$G_{i,j}=\frac{I_i.G_i.S_i}{I_j.G_j.S_j}$（$G_{i,j}$表示在个案情形中原则 P_i 相对于原则 P_j 的分量，I_i、I_j 分别表示所采取的措施对于 P_i、P_j 的“不满足程度或受损害程度”，G_i、G_j 表示与个案情形无关的 P_i、P_j 的“抽象重力”，S_i 表示采取不实现 P_i 而实现 P_j 的措施所需之经验性前提的确定程度，S_j 则恰好相反），并将权衡分为三个步骤：第一步，确定 P_i 的不满足程度或受侵害程度；第二步，确定与 P_i 相冲突的原则 P_j 被满足的重要性程度；第三步，将第一步确立的受侵害程度与第二步确立的重要性程度相比较，确定 P_j 被满足的重要性程度是否足以证成对 P_i 的受侵害程度。同时，将重力公式进行扩展，可建构出法律规则与法律原则间衡量的扩充形式[1]：$\mathrm{GpR}=\frac{(\mathrm{Ipr2}\cdot\mathrm{Gpr2}\cdot\mathrm{Spr2})+\mathrm{IP}\cdot\mathrm{GP}\cdot\mathrm{SP}}{(\mathrm{Ipr1}\cdot\mathrm{Gpr1}\cdot\mathrm{Spr1})}$（R 表示法律规则，P 代表法律原则，Pr1. 和 Pr2. 代表两个导致相对立结果的法律原则，R 本身是它们衡量的结果。）

在以上论述的基础上，我们可为基于法律原则的论辩建构如下修

〔1〕 参见雷磊：《法律推理基本形式的结构分析》，载《法学研究》2009 年第 4 期。

辞规则：

（1）如果存在可供直接适用的法律规则，则论辩者应以法律规则作为主要的论辩前提，也可通过法律原则进行辅助论证，但不得单独以法律原则进行论辩。

（2）如果论辩者以法律规则进行论辩，则论辩相对人应首先以法律规则进行反驳，在没有可供使用的法律规则的情形下，才可借助法律原则进行反驳，但必须对法律规则与法律原则间的冲突进行衡量论证。

（3）如果没有可供适用的法律规则，则论辩者可以法律原则作为论辩提前，但必须对法律原则进行具体化，否则，论辩相对人可以其不能作为“个案规范”和真正的裁判规范进行反驳。

（4）如果没有可供适用的法律规则，论辩者基于法律原则进行论辩并对之进行相应的具体化，则论辩相对人仅能以相反的法律原则进行反驳。论辩胜负取决于双方对法律原则的权衡论证。

（5）在基于法律原则的论辩中，论辩者需遵守法律渊源理论对法律原则位阶效力的指引，选择与其论辩相关的法律原则，也可以选择其个人认为应适用的法律原则。论辩相对人可以相反的法律原则进行反驳。论辩胜负取决于双方对法律原则的权衡论证。

（6）如果存在绝对的法律原则，如罪刑法定原则、法律保留原则、私人自治原则等，则论辩者不得选择与其相对的法律原则作为论辩前提。

（7）论辩者或其相对人对法律规则与法律原则间的冲突、法律原则与法律原则间冲突的衡量应按照适当性原则、必要性原则、狭义的比例原则以及相应的重力公式进行，如有出入，则其相对方可进行相应的反驳。

二、基于价值的修辞规则

在传统观点看来，法律方法论由价值判断和司法三段论共同构成。在这种观点下，价值判断贯穿于法律发现、法律解释和法律论证等所有法律适用活动。这种观点是价值法学的产物。根据价值来源的不同，价值法学可以分为内在制定法的价值法学、续造制定法的价值法学、内在社会的价值法学和超越社会的价值法学。

内在制定法的价值法学以哈里·韦斯特曼为代表。这种进路的价值法学主张：第一，在数个利益中，何者得立法者的较高评价，是解释的问题；第二，如果个别规定的评价不够清楚，则可从众多规范或多数法条中抽取立法者的评价；第三，如果在法律问题上得不出立法者的评价，则应求诸宪法及其上位评价。〔1〕

续造制定法的价值法学以卡尔·拉伦茨为代表。这种进路的价值法学主张：第一，在进行法律解释时，法官的价值判断基础在于考虑实证法中所包含的立法者之规范陈述，甚至考虑制定法本身提出的层级秩序；第二，填补漏洞的三个程序为类推、目的性限缩和目的论扩张；第三，在开放的法律续造上，超越制定法之外，“普遍的法律意识”扮演着重要的角色。〔2〕

内在社会的价值法学以埃塞尔和维亚克尔为代表。埃塞尔认为，制定法只是法律原则的一个充满漏洞的表述而已，法律原则是整个制定法的评价标准和标准基础，而它又源于“先于实证的法律伦理原则与普遍的确信”和“超越制定法的传统标准”。埃塞尔一直将法学评价指向与社会的关联、社会及社会的发展。他的这种观点印证了当代德国法学方法的一般性特征：不承认制定法的唯一有效性，认为一个“开放的社会”中包含以价值填满的经验，但又防范着被伪造出来的评价，因此仍承认具体化的法教义学是法律的“停泊和归宿”。〔3〕维亚克尔认为，评价的来源应以立宪者所表达的评价为优先，对于宪法的不足之处，则可以回到“普遍的价值观”“当时代法律思想的共识”或者“法官的

---

〔1〕参见吴从周：《概念法学、利益法学与价值法学：探索一部民法方法论的演变史》，中国法制出版社2011年版，第423—424页。

〔2〕同上书，第426—427页。

〔3〕同上书，第428—429页。

衡平所形成的原则”之下，也可以回到“事物的本质”“事理逻辑的结构”“稳妥的法律学说”或者“被承认的法院习惯”之下。[1]

超越社会的价值法学以齐佩利乌斯为代表。他为价值判断划定了范围更广的评价标准。他认为，不只是宪法，社会本身的观念也会产生价值的矛盾，从而使得必须作出判断的法律人求助无门。此时，法官就只能依据其个人的正义观或者目的性考量进行判断，即诉诸判断的是法官的精神与良知。[2]

由此可以看出，价值法学与自由法学、利益法学如出一辙，它们都试图在法本体论上将法或法律转化为各种利益或价值，然后再通过法认识论从制定法本身、外在于制定法的“事物的本质”或通行的社会观念中寻找它们，并尽量将法律适用中的价值判断纳入法教义学的约束之中。这四种进路的价值法学不断将其评价标准从制定法向外扩张，直至包括法官个人的正义观、精神与良知等。我们认为，基于价值的论辩并不能建立在这几种进路的价值法学之上，主要原因如下：

第一，价值判断在法律方法中的“作业空间”已被目的解释和基于原则的裁判代替或“挤压”。目的解释和基于原则的裁判在法学方法论中经过多年的发展已相当完善，两者都具有自己的解释规则、论证程序和衡量方法。价值判断只是从价值与规则（逻辑）二分或价值判断与法教义学二分的角度揭示或强调价值要素在法律适用中的作用，并没有发展出自己独特的思维规则或衡量方法。其中的关键原因或许在于，价值判断一直没有厘清自己与目的解释和基于原则的裁判的关系，也没有区分规则的语义和目的、法律原则和法律价值在法律判断中的不同作用及其内在关联。

第二，关于价值判断中价值的来源和评价标准，虽然上述价值法学

---

〔1〕 参见吴从周：《概念法学、利益法学与价值法学：探索一部民法方法论的演变史》，中国法制出版社2011年版，第428—429页。

〔2〕 同上书，第429—430页。

观点具有一定的合理性，但也存在根深蒂固的缺陷。(1) 内在制定法的价值法学将价值的来源和评价标准完全聚焦于制定法和宪法，而忽视了制定法外的法律价值，导致其理论视野下的价值判断注定与目的解释和基于原则的裁判无异，也导致这种价值判断缺乏应有的超越性和评价性。(2) 续造制定法的价值法学没有将价值判断作为一种独立的法律方法，而是将其作为一种价值导向的思考方法融入各种法律方法之中，并主张在“超越法律的法的续造”中以超越法律理由、规则目的的一般法律思想为根据进行法的续造。但是，这些法律思想不能与法秩序的一般原则和宪法的“价值秩序”相抵触，唯有与之一致，才能被正当化。[1] 尽管这种进路的价值法学厘清了价值判断与其他法律方法的关系，并区分了法律内的评价和法律外的评价，但它仍将价值的来源和评价标准限缩在法秩序的一般原则和宪法的“价值秩序”之内，没有关注法律本身的内在价值。(3) 内在社会的价值法学与续造制定法的价值法学一样，也区分了法律内的评价和法律外的评价，并将制定法和宪法中的评价作为价值的首要来源。不同于后者的是，前者将法律外的评价扩张到“先于实证的法律伦理原则与普遍的确信”“普遍的价值观”这种超越法律的价值观或者“事物的本质”“事理逻辑的结构”这种事物本身内在的价值观，但没有对这些不同来源的价值提出理性的衡量标准和论辩规则。(4) 超越社会的价值法学为价值判断划定了范围更为宽泛的评价标准，将法官个人的正义观、精神与良知都纳入价值的来源和标准。这种进路的价值法学给出的价值来源过于宽泛，而且没有发展出理性的衡量方法和规则。

基于价值法学的内在缺陷，我们将基于价值的论辩进行重构：第一，将基于价值的论辩与目的解释（目的论辩）、基于原则的裁判予以区分，在后两者之外，将前者作为一种独立的论辩型式。第二，将三者进

---

〔1〕 参见〔德〕卡尔·拉伦茨：《法学方法论》，陈爱娥译，商务印书馆 2003 年版，第 287 页。

行区分的可能性在于,目的解释(目的论辩)和基于原则的裁判是以制定法和宪法等成文法体系内在的法律理由、规则目的、法律原则和基本权原则为论辩依据的,即以法律的内在评价为论辩起点;而基于价值的论辩为了履行自己的批判性和伦理性功能,将法律外的评价作为规范性理由。第三,基于价值的论辩将法律外的评价作为价值来源和评价标准,同时将自己的外部界限限定在法教义学关于整体法秩序中一般法律价值的内部体系学说、案件事实本身所涉及的实质正义、"事物的本质"或社会流行的价值观念。第四,基于价值的论辩是为了回应流行道德和价值观念,法律论辩将阿列克西所论述的普遍实践论辩型式中的某些证立规则通过过渡规则建构出的一种特殊论辩型式。第五,为了实现法治的一般要求并维护法秩序的安全性,基于价值的论辩必须在法律论证的一般程序中进行。同时,在实体内容上,基于价值的论辩对法律裁判的价值指引和价值批判必须以法教义学的内部、外部体系为基础,案件事实本身所涉及的实质正义、"事物的本质"或社会流行的价值观念只有经过与法教义学的内部体系的比较,被转换为内部体系的要素后才能作为法律论辩的规范性标准,否则不得直接作为法律论辩的依据或理由。

在建构基于价值的论辩规则之前,我们还有必要考察一下程序性法律论证、新修辞学和非形式逻辑等关于价值判断的论述。

阿列克西并没有直接将基于价值的论辩确立为一种单独的法律论辩型式,但他对普遍实践论辩与法律论辩的关系以及过渡规则的论述对我们建构基于价值的论辩规则具有一定的启示意义。他认为,法律论辩不可能通过法教义学语句和判例法语句,完全把普遍实践论辩从法律论辩中排除出去,在如下五种情况下,普遍实践论辩在法律论辩中可能是必要的:(1) 对各种不同的论辩型式达到饱和所需要的规范性前提进行证立;(2) 对有可能导致不同结果的各种论辩型式之选择进行证立;(3) 对各种法教义学语句进行证立和检验;(4) 对区别(技术)或推翻技术进行证立;(5) 直接对内部证成中应用的语句进行证立。[1] 我们认为,在这五种情形下,普遍实践论辩型式中的证立规则可以得到不同程度的运用。为了实现普遍实践论辩中道德观念的合意,阿列克西提出了如下证立规则[2]:

(1) 论辩者之道德观念所依据的道道规则必须经得起批判的、历史生成的检验。一旦出现下列情形之一,道德规则就不可能经得起这种检验:

① 道德规则虽然以前经过理性证立,但后来又丧失了其合理性依据;

② 道德规则以前未经过理性证立,现在也提不出任何足够的新的证明理由。

(2) 论辩者之道德观念所依据的道德规则必须经得起个体发生史的检验。一旦道德规则的采用仅仅根据某些无法证成的社会化条件,它们就不可能经得起这样的检验。

为了解决普遍实践论辩中的论辩难题,阿列克西还提出了如下过渡规则[3]:

(1) 任何人在任何时候都能够转入理论上的(经验性的)论辩;

(2) 任何人在任何时候都能够转入语言分析的论辩;

(3) 任何人在任何时候都能够转入论辩理论的论辩。

通过这些过渡规则,上述证立规则可进入具体的法律论辩中。然而,作为法律论辩的基础,这些关于道德观念的证立规则必须借助法律论辩的制度化进行,而且在相当程度上提高法律论证之功能的条件下

---

〔1〕 参见〔德〕罗伯特·阿列克西:《法律论证理论——作为法律证立理论的理性论辩理论》,舒国滢译,中国法制出版社 2002 年版,第 349—350 页。

〔2〕 同上书,第 254—255 页。

〔3〕 同上书,第 256 页。

进行。[1] 因此，这些道德观念的证立规则与基于价值的论辩并不完全等同。但是，价值观念在某种意义上也是一种道德观念，而且两者在法律论辩中的作用和功能颇为接近。所以，我们可以参照这些证立规则和过渡规则以及它们与法律论辩的证立关系，建构基于价值的论辩规则。

尽管佩雷尔曼把新修辞学的理论目标设定为实现价值判断的客观性，并将价值和价值层级作为论辩的主要起点之一，但他并未将价值判断作为一种独立的论辩型式。不过，他在《新修辞学》中关于将价值和价值层级作为论辩起点的论述对我们建构基于价值的论辩规则具有一定的启示意义。他将价值分为具体价值和抽象价值两种。其中，具体价值是指一个人、一个群体或被视作一个独特实体的特定客体所拥有的价值。与此相对，抽象价值在社会中是不特定多数人所拥有的一般价值。价值层级是指以价值判断为基础，对多种并存的价值所作的层级排序。它应根据各种价值在听众中接受程度的不同建立。[2] 乔凡尼·萨托也指出，法律解释者在长期的司法实践中会依照价值的重要性及其对法律受众可接受性之影响的大小，建构一种价值之间的词汇学位序(lexicographic order)，即像“相序法”(ordinal ranking，相对顺序排列法)认为的那样，规定两个或者多个既定价值之间的位序关系。在这种价值的词汇学位序中，位于上层的价值在权重上一般大于位于下层的价值。[3]

此外，非形式逻辑也描述或建构了与基于价值的论辩相近的“根据偏见的论辩”“根据大众意见的论辩”以及基于评价性规则的论辩等论

---

〔1〕 参见〔德〕罗伯特·阿列克西：《法律论证理论——作为法律证立理论的理性论辩理论》，舒国滢译，中国法制出版社2002年版，第355页。

〔2〕 See Chaïm Perelman, *et al.*, *The New Rhetoric*, *A Treatise on Argumentation*, University of Notre Dame Press, 1969, pp. 77-82.

〔3〕 See Giovanni Sartor, *Legal Reasoning*: *A Cognitive Approach to the Law*, Springer, 2005, p. 160.

辩型式。[1]

基于价值的论辩规则可进行如下重构：

(1) 在法律论辩中，如果其他论辩型式存在适用上的问题，一方基于过渡规则进行基于价值的论辩，另一方不得拒绝。

(2) 如果其他论辩型式的适用问题，如法律漏洞的填补、不确定性条款的具体化等，可以通过目的论辩和基于原则的论辩解决，则论辩者不得直接进行基于价值的论辩。否则，论辩相对人可以目的论辩和基于原则的论辩进行反驳。

(3) 在基于价值的论辩中，论辩双方必须遵守法律论辩和普遍实践论辩中相应的论辩规则，论辩者所依据的价值观念和价值层级必须经得起批判的、历史生成的检验。如果这些价值观念和价值层级以前被理性证立，后来又丧失了其合理性，或者以前未被理性证立，现在也不存在任何新的证明理由，则这些价值观念和价值层级不能作为论辩前提适用。

(4) 如果只能进行基于价值的论辩，则论辩者可以在法秩序的一般原则和宪法的"价值秩序"范围内提出价值主张，但不得违反制定法中明确规定的内部评价标准。否则，论辩相对人可以目的论辩和基于原则的论辩进行反驳。

(5) 在只能进行基于价值的论辩时，如果存在被法律共同体普遍接受的法教义学或内部体系的规则，则论辩者必须遵守其中存在的价值学说和价值位阶谱系。

(6) 在只能进行基于价值的论辩时，论辩者不得直接将法律外的价值作为论辩的理由，只有在结合法律内的评价以及法教义学的内部体系进行相应的具体化和转化后才能基于价值进行论辩。

(7) 在只能进行基于价值的论辩时，如果在制定法、法教义学、指导

---

〔1〕 参见武宏志、周建武、唐坚：《非形式逻辑导论》(下)，人民出版社 2009 年版，第 501、510 页。

性案例或一般社会观念等中存在相应的具体价值、抽象价值和价值层级，则论辩者应首先适用具体价值并遵守价值层级对相应价值的位阶安排，并且选择的具体价值不得违反抽象价值。

(8) 在只能进行基于价值的论辩时，如果论辩者从案件事实本身的"事物本质"、实质正义、"事物的逻辑结构"或地域性的流行意见等出发进行价值论辩，则这些价值只有经过与制定法、法秩序中的一般价值以及法教义学或内部体系的比较、进行一般化和整合之后才能作为法律论辩的规范性标准。

(9) 在只能进行基于价值的论辩时，论辩者提出的价值来源和价值标准不得自相矛盾，必须与达成共识的其他价值内在地融贯，而且在某种程度上可予以普遍化。否则，论辩相对人可以这些价值是偏见为由进行反驳。

(10) 在只能进行基于价值的论辩时，如果论辩一方以法秩序的一般原则和宪法的"价值秩序"为依据提出价值主张，另一方从案件事实本身的内在"价值"出发论辩，则双方不得径行强迫对方接受自己的论辩，只有在经过相应的具体化和一般化后才能进行规范力上的比较。如果存在相应的价值序列和价值层级，则论辩双方必须共同遵守。

三、基于结果的修辞规则

结果论辩即法律论证中以结果为导向的论辩。为了与前述几种修辞规则相对应，我们将规范结果论辩的修辞规则称为"基于结果的修辞规则"。结果论辩是最后一种基于规则外要素的法律论辩，它和基于价值的论辩一样，都是普遍实践论辩在法律修辞中必要的体现和运用。基于价值的论辩则是通过普遍实践论辩中的证立规则进行的，结果论辩则是通过普遍实践论辩和法律论辩中的经验规则进行的。两者都是通过普遍实践论辩中的过渡规则进入法律修辞的。

在某种程度上，结果论辩只是对前述所有论辩型式的补充和修正。在法律修辞中，结果论辩总是试图在既定的情况下，根据其他思维规则的运用带来的各种后果修正它们。因此,结果论辩并非传统的解释与涵摄模式的组成部分。那么,结果论辩究竟是不是一种独立的论辩型式?它与目的解释、基于原则的裁判和基于价值的裁判究竟是一种什么样的关系?结果论辩中的结果是什么,它是怎么被预测和评价的?这些问题的回答直接决定着结果论辩能否?作为一种独立的论辩型式及其论辩规则的建构。在建构结果论辩规则之前,我们需要先对这些问题进行论述和回答。

对于结果论辩在裁判结果形成过程中的地位,学界存在两种不同的观点。一种观点认为,所有裁判结论的形成都取决于法官对结果取向的认知和评价,通常是在结果确定之后才选择解释方法,而解释规则只是论证解释结论的工具而已。[1] 在这种观点下,结果取向的思维只是一种法律发现的过程,仅作为一种“前理解”和“法律感”指引法官等的法律思维过程,无法通过与社会科学方法的连接来预测和评价各种解释结果在经验上给案件当事人和社会带来的长远或一般影响。另一种观点认为,解释规则和结果论辩共同作用于裁判结果的形成,相对于解释规则而言,结果取向起到的是修正作用。菲特丽丝认为,在复杂的论辩型式中,结果、目的、原则和利益这些要素在衡量、比较法律规则的各种选择性适用中共同发挥作用。[2] 苏永钦认为:“所谓结果取向的解释方法,简单说,即解释者把因其解释所作决定的社会影响列入解释的一项考量,在有数种解释可能性时,选择其社会影响较为有利者。”[3]但是,对结果作为一种法律理由及其在法律解释中指引和修正

---

〔1〕 参见〔德〕魏德士:《法理学》,丁晓春、吴越译,法律出版社2005年版,第306页。

〔2〕 See Eveline T. Feteris, The Rational Reconstruction of Argumentation Referring to Consequences and Purposes in the Application of Legal Rules: A Pragma-Dialectical Perspective, *Argumentation*, Vol. 19, 2005, pp. 459-470.

〔3〕 苏永钦:《合宪性控制的理论与实际》,台湾月旦出版社股份有限公司1994年版,第253页。

作用的证成并不意味着结果论辩就是一种独立的论辩型式。目的解释、基于原则的裁判、基于价值的裁判、利益法学中的利益衡量以及经济分析法学中的经济分析等也具有对法律解释结果的指引和修正作用,而且这些思维方法在某种意义上也是一种结果论辩。因此,结果论辩独立性的证成还需要指出结果论辩的具体过程和论辩方法,并在此基础上厘清其与既有论辩型式和法律分析方法在功能和运作程序上的差异。

在结果论辩中,主要考虑现实效果,而不是法律效果。按照格特鲁德·吕贝·沃尔夫的观点,法律规范与特定前提条件的每一次连接都属于法律效果,而现实效果是法律规范的适用和作用发挥带来的实际结果。〔1〕现实效果必须是经验上能够把握的结果,它是一种根据规则的一般性和可普遍性,来自有效规则的普遍效果,而非个案的特殊效果。此外,这种效果还要求排除对规范适用者的结果、裁判是否可以贯彻的结果以及对上级法院和法律界的结果。〔2〕现实效果可以进一步分为对直接受评价影响的当事人的微观效果和对全体社会的宏观效果。〔3〕类似地,现实效果还可以分为与所发生的事件直接联系的结果与法律规范的适用对直接当事人和其余规范受众未来行为的决定效果。〔4〕歇特也将现实效果分为对当事人的结果和对社会的结果,前者包括微观结果、个别结果、直接结果和判决结果;后者包括宏观结果、社会结果、间接结果和调适结果,即法律规范的适用对公众产生的结果。

---

〔1〕 Vgl. Lübbe-Wolff, Gertrude, *Rechtsfolgen und Realfolgen, Welche Rolle können Folgenerwägungen in der juristischen Regel-und Begriffsbildung spielen?*, München, 1981, S. 25.

〔2〕 参见张青波:《理性实践法律:当代德国的法之适用理论》,法律出版社2012年版,第265页。

〔3〕 Vgl. Martina R. Deckert, *Folgenorientierung in der Rechtsanwendung*, München, 1995, S. 115.

〔4〕 Vgl. Lübbe-Wolff, Gertrude, *Rechtsfolgen und Realfolgen, Welche Rolle können Folgenerwägungen in der juristischen Regel-und Begriffsbildung spielen?*, München, 1981, S. 139.

其中,调适结果对结果取向的法律适用的控制作用是决定性的。[1]

在方法论上,结果分析分为实证的和规范的两部分。实证的部分是对所期待的结果予以确定,这需要一定的社会科学、技术性的或心理学知识。规范的部分则是对这些结果进行评价,这需要一定的规范标准。[2] 歇特主张将结果取向的裁判分为五个步骤:(1) 确定结果取向的适用领域,防止逾越法律约束;(2) 通过效果和成本两种范畴,分析裁判效果,划定可能的结果领域,也就是调查重要结果;(3) 预测这些重要结果的可能性;(4) 选择评价标准并对预测的结果进行评价;(5) 选择最符合评价标准的裁判选项,整个结果论证应在对裁判的说明中公开。[3]

综上,结果论辩与目的解释、基于原则的裁判、基于价值的裁判、利益法学中的利益衡量以及经济分析法学中的经济分析等的区别可见一斑。其中,结果论辩与目的解释、基于原则的裁判、基于价值的裁判的区别在于:(1) 前者是前瞻性的(prospektiven)论辩,而后者是回溯性的(retrospektiven)[4]论辩。目的解释、基于原则的裁判、基于价值的裁判尽管在规范性依据的抽象程度和思维过程上不尽相同,但都属于回溯性的思考,即仅从法学的视角审视和评价已经发生的具体个案,首先关注的是法律效果以及直接相关的微观效果。结果论辩则是一种向前看的前瞻性思考,从法律的外部视角考察案件的判决对当事人以及整个社会的现实效果和未来影响。(2) 具体论辩过程不同。尽管结果论

---

〔1〕 参见张青波:《理性实践法律:当代德国的法之适用理论》,法律出版社2012年版,第265页。

〔2〕 Vgl. Klaus Mathis, *Folgenorientierung im Recht*, in: Michael Anderheiden, Stephan Kirste (Hrsg.), Interdisziplinarität in den Rechtswissenschaften, Innen-und Aussenperspektiven, Mohr Siebeck, 2012, S. 4.

〔3〕 参见张青波:《理性实践法律:当代德国的法之适用理论》,法律出版社2012年版,第266页。

〔4〕 Vgl. Klaus Mathis, *Folgenorientierung im Recht*, in Michael Anderheiden, Stephan Kirste (Hrsg.), Interdisziplinarität in den Rechtswissenschaften, Innen-und Aussenperspektiven, Mohr Siebeck, 2012, S. 4.

辩在其评价环节需要遵守由法律的目的、原则和价值等构成的规范性标准，但其评价的规范性标准还包括分配的效率、福利最大化和真实等功利性标准，而且它们主要的论辩过程也不相同。结果论辩主要的论辩过程在于对各种结果的预测。结果预测以结果调查为前提，而结果调查需从效果和效率两个方面进行。前者需要考察所有可能的结果、从属结果和远程结果，它需要具有法学和其他社会科学知识。后者需要借助数据分析外在成本、后续成本和各种收入。在结果预测环节，可借用统计学、经济学、社会学等社会科学知识，从案件事实所处的复杂的、不可概览的无限因果链条中预测和解释裁判对当事人和其余规范受众未来行为的各种影响。但是，这种过程对目的解释、基于原则的裁判、基于价值的裁判来说根本不重要。

结果论辩与利益法学的利益衡量的区别在于，尽管利益衡量也需要对案件中的相关利益尽可能全面地把握，与结果论辩考量超出当事人之外的社会和经济效果相一致。[1] 但是，利益法学的利益衡量并没有发展出预测和考察各种利益的经验科学方法，它的衡量和评价标准主要是法律内部的标准。这是因为，利益法学只不过是在法本体论层面将各种法律制度和法律规范转化成各种利益；而在法认识论层面，要么将利益衡量视为法律发现和法律适用的先导和指引[2]，要么从立法

〔1〕 参见张青波：《理性实践法律：当代德国的法之适用理论》，法律出版社2012年版，第266页。

〔2〕 这是日本的利益衡量理论的思维路径。在日本，利益衡量虽坚持裁判过程的实质决定论，认为得出裁判结论的不是法律的构成，而是法律之外的其他实质性因素。但是，该理论又主张对于法的判断除了实质的理由外，还应该附有基于法规的形式理由。只是对于这个理由附随的作用，该理论的两位代表人物加藤一郎和星野英一的看法略有不同：加藤氏列举了结论妥当性的检验、结论适用范围的明确以及结论说服力的增加三个作用。星野氏只考察了最后一个作用，认为结论和法规的结合并不是法律解释中一项不可缺少的工作，但由于裁判应该依据一定的法规进行是日本的一项基本原则，而且法官在现实中也非常重视法规和法的构成，因此为了加强解释的说服力，结论和法规的结合就成了人们的期待。参见张利春：《关于利益衡量的两种知识——兼行比较德国、日本的民法解释学》，载《法制与社会发展》2006年第5期。

者意志的表达或制定法的规定中寻找利益衡量的标准[1]。

结果论辩与经济分析法学中的经济分析的区别在于:(1) 在结果预测的范围上,法律的经济分析停留在裁判结果层面,只对案件进行成本收益分析,而结果取向则明确纳入调适结果(公众为适应裁判形成的规则而产生的结果),从而也就引入各种社会科学知识。因此,在结果预测的范围上,法律的经济分析要比结果论辩狭窄得多。[2] (2) 结果论辩已发展出一套比较成熟的正当化机制,可以在法律商谈的程序框架内,通过各种规范性标准的评价来实现自己的合理性和正当性。法律的经济分析则是美国法律实用主义下的产物,进行经济分析的唯一标准是效用和利益的最大化,所处的判例法制度也一直没有发展出其他规范性评价标准。

如上所述,尽管我们可以证成结果论辩作为一种论辩型式和思维方法的独立性,但是它仍面临着学者们的各种质疑。这些质疑可以分为事实层面的质疑和法律层面的质疑。在事实层面上,学者们对结果论辩的批判主要是质疑其可行性。他们认为,在结果论辩中,因结果的复杂性、不可预见性以及社会发展过程的动态性,解释者对可能产生的结果的预测不具有可行性,而且解释结论涉及的很多结果是解释者无法想象和预测的。[3] 卢曼在法律层面提出了对结果论辩的各种质疑。他认为,结果论辩不是一种严格的法律适用程式,社会—政治性的结果导向会导致其下的法律体系背叛教义性的自我控制,它会超越既定的

---

〔1〕 这是德国利益法学中的利益衡量理论的思维路径。具体内容可参见吴从周:《概念法学、利益法学与价值法学:探索一部民法方法论的演变史》,中国法制出版社 2011 年版,第 247—257 页。

〔2〕 参见张青波:《理性实践法律:当代德国的法之适用理论》,法律出版社 2012 年版,第 266 页。

〔3〕 参见刘国:《结果取向解释方法的正当性探究——以宪法解释为例的一种分析》,载《甘肃政法学院学报》2010 年第 2 期。

决定程式，以结果而不再以标准为导向。[1] 随后，卢曼提出了针对结果论辩的四个反对论证：法安全性论证、法平等性论证、对法官的过度要求论证以及法官独立性的危机。[2] 在下文中，我们将一一回应这些质疑，这些回应也是对结果论辩的正当性进行证成并建构其论辩规则的必要前提。

对事实层面的质疑，有论者回应道，结果考量不必面对无穷无尽的结果，而是在法律规范目的的范围内思索与预测结果。中国台湾地区学者张嘉尹指出，结果考量必须使其对宪法解释结果的预测及其评价与宪法规定或原则的目的建立一种回馈关系，并在考量结果时以宪法规定所体现的原则和价值作为衡量的准则。[3] 解释者在法律规范目的之内进行结果预测具有相对的确定性和可预测性。对法律层面的质疑，克劳斯·马蒂斯回应道，卢曼对结果论辩的质疑其实是建立在其对后者的各种误解之上的。他认为，结果导向的论辩也是以特定的体系和逻辑为导向的，并且也按照教义学的结构进行相应的构筑，它仍在立法性的构成要件和法律后果的限度内运作。在结果论辩中，法律裁判的连续性和融贯性仍会被实现。因此，当结果论辩尊重这些边界条件时，法律的安全性和一致性或法官的独立性就不会受到威胁。[4] 此外，歇特还从正面论述了结果取向的正当性[5]：(1) 法律适用的裁量空间有助于确保法官决定的正当化；(2) 通过深入论证，结果取向也有实

---

〔1〕 Vgl. Luhmann, Niklas, *Rechtssystem und Rechtsdogmatik*, Stuttgart, 1974, S. 48.

〔2〕 a. a. O., S. 9.

〔3〕 参见刘孔中、陈新民：《宪法解释的理论与实务(三)》，台湾中山人文社科研究所 2002 年版，第 39 页。

〔4〕 Vgl. Klaus Mathis, *Folgenorientierung im Recht*, in: Michael Anderheiden, Stephan Kirste (Hrsg.), Interdisziplinarität in den Rechtswissenschaften, Innen-und Aussenperspektiven, Mohr Siebeck, 2012, S. 6-7.

〔5〕 参见张青波：《理性实践法律：当代德国的法之适用理论》，法律出版社 2012 年版，第 268 页。

践的正当性;(3) 法官法也导致了更多的法安全性。

对法官的过度要求这一论证提出了一个真正的问题,它在结果预测的认识层面和结果评价的规范层面都存在。但是,我们不能因为这些实践中的问题而要求完全放弃结果考虑。[1] 作为决定者,尤其是终审法院的法官,无疑都会考量裁判的可能结果而进行评价,且其任何裁判将来都可能影响到其他裁判而有事实拘束力。因此,法官自始即不应只考虑个案当事人的利益,其裁判的影响及于未来不可知的社会。这种事实上的影响不会因法官把自己的眼睛蒙起来而消失,法律人新增这种对社会的责任感,以及反映到方法论上的结果取向,也就无可厚非。[2]

除了这些消极的辩护之外,歇特还论述了结果取向的价值和功能[3]:(1) 相对于立法者,法官的位置更接近社会冲突,也更有利于解决社会冲突;(2) 在环境、技术等很多领域,立法者将很多决定授权法官作出,结果取向使得经验考量成为可能;(3) 结果取向有助于减轻立法者的负担;(4) 结果取向,特别是考虑成本时,提高了法的效率;(5) 结果取向使法律体系因应环境而得以更新。在歇特看来,结果论辩最终的合理性在于[4]:(1) 为商谈程序提供内容;(2) 考虑结果有助于裁判被接受,从而开放了合意机会;(3) 公开的论证体现了对所适用方法的忠诚;(4) 结果取向揭示了评价基础,有利于对经验论据的证伪,从而提高了论证的合理性。

我们认为,结果论辩是一种包括法官在内的所有法律论辩主体可

---

〔1〕 Vgl. Klaus Mathis, *Folgenorientierung im Recht*, in: Michael Anderheiden, Stephan Kirste (Hrsg.), Interdisziplinarität in den Rechtswissenschaften, Innen-und Aussenperspektiven, Mohr Siebeck, 2012, S. 7.

〔2〕 参见刘国:《结果取向解释方法的正当性探究——以宪法解释为例的一种分析》,载《甘肃政法学院学报》2010 年第 2 期。

〔3〕 参见张青波:《理性实践法律:当代德国的法之适用理论》,法律出版社 2012 年版,第 268 页。

〔4〕 同上书,第 268—269 页。

以共同使用的独立的论辩型式，以法律裁判对当事人和整个社会未来行为的各种影响为论题，由对现实效果的预测和评价两部分组成。因此，结果论辩既具有经验性和认识性，同时又具有规范性和评价性。在结果的经验—认识层面，结果论辩需要借助经验性的社会科学知识；在结果的评价和衡量层面，结果论辩需要遵循法教义学内部体系等提供的规范性标准。

同时，为了更好地建构结果论辩的具体规则，我们还需要考察新修辞学、非形式逻辑和程序性法律论证关于结果论辩的相关论述。佩雷尔曼在其新修辞学中论述了与结果论辩相近的实用论辩和浪费论辩。实用论辩是指根据结果评价一个事件或行为的论辩。浪费论辩是指在已经开始了一项任务并有所牺牲之后，如果予以放弃，那将是一种浪费。[1] 在非形式逻辑中，与结果论辩相近的论辩型式在种类上极为丰富。例如，根据结果进行的论证、统计论证、目的—手段论证、工具论证、因果论证、实效论证型式等。[2] 但是，这些论辩型式并不适合法律中的结果论辩。

阿列克西所论述的特殊法律论辩型式中不可承受的论证，是普遍实践论辩中的经验规范和结果论辩在法律论辩中的特殊呈现。不可承受的论证是指，如果证立某个主张，即通过词语适用规则 $W\left(I\frac{R}{W}=R'\right)$ 对某个规范 R 的特定解释 I 是不被允许的，那么就表明这将导致不可承受的结果。这种不可承受的结果用状态 Z 来表示。至少按照论辩参与者的观点，这个结果应视为被禁止的（$O\neg Z$）。该论述形式的逻辑结构可以表示为：

(1) $O\neg Z$

---

〔1〕 See Chaïm Perelman, *et al.*, *The New Rhetoric*, *A Treatise on Argumentation*, University of Norte Dame Press, 1969, p. 279.

〔2〕 参见武宏志、周建武、唐坚：《非形式逻辑导论》（下），人民出版社 2009 年版，第 494—549 页。

(2) $R' \rightarrow Z$

(3) $\neg Z'$

前提条件(1)和(2)应当被证立。尤其要指出的是,Z应被看作受到禁止的,R′实际上具有作为结果的Z。前者可以通过普遍实践论述来确立[1],后者可以通过经验论述来获得[2]。其中,经验论述在法律论辩中起着重要的、决定性的作用。同时,几乎所有的法律论辩型式都包含经验语句。但是,法律证立所必需的经验论证理论若要前后一致地进行,则必须讨论几乎所有的经验知识问题。此外,还应加上将经验知识纳入法律论证的问题。这个问题只能通过科际整合(interdisziplinäre Kooperation)的方式完成。在法律论辩中,经验知识的意义可结合过渡规则——"任何人在任何时候都能够转入理论上的(经验的)论辩"加以考虑。但是,如同在普遍实践论辩中一样,必需的经验知识经常不可能具有理想的确实性。[3] 在这种情况下,经验论述要想符合理性,不但要回归普遍实践论辩的规制和型式,而且必须达到饱和,为达到饱和而附加的语句在法律论辩中要能够得到证立。[4]

在以上论述的基础上,我们认为,基于结果的修辞规则可进行如下重构:

(1) 在法律论辩中,如果解释的结果根据一般社会观念、经济常识等被看作受到禁止的,论辩一方提出结果论辩,旨在对另一方基于规则

---

〔1〕 即本节第二部分阿列克西提出的普遍实践论辩中的证立规则。其中,第(1)条是指,任何提出规范性(满足每个人利益)命题者,必须当假设其置身于当事人之处境时,也能够接受由其提出的命题预设为前提的规则所造成的结果。第(2)条是指,任何满足每个人利益的规则所造成的结果,必须能够被所有人的接受。参见〔德〕罗伯特·阿列克西:《法律论证理论——作为法律证立理论的理性论辩理论》,舒国滢译,中国法制出版社2002年版,第253页。

〔2〕 参见〔德〕罗伯特·阿列克西:《法律论证理论——作为法律证立理论的理性论辩理论》,舒国滢译,中国法制出版社2002年版,第348页。

〔3〕 同上书,第287—288页。

〔4〕 同上书,第349页。

的论辩、基于原则的论辩、基于价值的论辩以及类比论辩等进行反驳或修正，则另一方不得拒绝回应，而要与之展开结果论辩。

(2) 在结果论辩中，论辩者必须遵守当其置身于当事人之处境时也能够接受由其提出的以命题预设为前提的规则所造成的结果这一要求，而且任何满足论辩者个人利益的规则所造成的结果必须能够被论辩相对人接受。

(3) 论辩者在指涉结果时，必须遵守如下外部界限：结果是法律规范适用带来的经验上能够把握的现实结果、来自有效规则的普遍效果。这种效果不能包括对规范适用者的结果、裁判是否可以贯彻的结果以及对上级法院和法律界的结果。在对当事人的结果（具体包括微观结果、个别结果、直接结果和判决结果）和对社会的结果（具体包括宏观结果、社会结果、间接结果和调适结果）的比较和衡量中，必须将裁判对直接当事人及其余规范受众未来行为的调适效果作为一种决定性结果。

(4) 论辩者在指涉结果时，必须遵守如下内部界限：对上述各种现实结果的指涉、选择，必须按照相关规范的目的、一般法律原则等规范性标准进行，不得随意选择与规范性标准无关的结果。

(5) 论辩者对各种现实结果的预测必须借助经验性的社会科学知识进行，而且必须在可靠的统计数据、结果调查、经验法则、民意测验等的基础上对各种可能的结果进行预测和分析，并对实现这些结果的外在成本和后续成本进行分析。若在结果预测上有疑问，可申请相关专家介入预测法律适用的现实结果。

(6) 论辩者对各种结果的评价，既要遵循目的论辩、基于原则的论辩和基于价值的论辩以及法教义学的内部体系等所提供的规范性标准，又要将结果论辩自身独特的效率最大化、真实（主客观相一致的真实理论）等原则作为评价标准。

(7) 在结果论辩的最后环节，论辩者需要按照相关法律规范的构成要件—法律后果的逻辑结构，将其对各种现实结果的预测和评价进行理性重构和整合，以满足法律裁判的连续性和融贯性的需求。

第三节 基于推论的法律修辞规则

基于推论的法律修辞规则是基于规则的法律修辞规则和基于规则外要素的法律修辞规则之外的另一种法律修辞规则。这种修辞规则并不把法律规则的文义、目的及其建构的体系以及规则外的原则要素、价值要素和结果要素作为自身的争议点、论题或规范性前提,而是以法学推论作为自己的特殊论题和论辩基础。但是,这些法学推论本身并不具有严格的形式逻辑效力,更主要的是一种非形式逻辑的推论性规则,同时也涉及一些目的和价值要素。因此,我们把这些修辞规则统称为"基于推论的法律修辞规则"。在论辩功能上,这些修辞规则并不具有独立性,它们在法律论辩中的运用或使用主要是为了对基于规则的法律修辞规则和基于规则外要素的法律修辞规则进行补正和强化,对任何法律论辩型式都具有适用的可能性。所以,它们才被阿列克西称为"特殊法律论述形式"。[1] 同时,在论辩结构和论辩规则上,这些修辞型式具有自身的特殊性和独立性。基于推论的法律修辞包括反面论辩、正面论辩和类比论辩,它们是法律修辞最典型的几个论辩工具。[2] 依此,基于推论的法律修辞规则可以分为反面推论规则、正面推论规则和类比推论规则。

一、反面推论规则

反面推论的要义是,从法律赋予情形 T 以某种法律后果 R 推出,R 不适用于法律未规定的其他情形。它背后的法理依据和逻辑前提分别

---

〔1〕 参见〔德〕罗伯特·阿列克西:《法律论证理论——作为法律证立理论的理性论辩理论》,舒国滢译,中国法制出版社 2002 年版,第 343 页。

〔2〕 Vgl. Wolfgang Gast, *Juristische Rhetorik*: *Auslegung*, *Begründung*, *Subsumtion*, 3., durchgesehene und erweiterte Auflage, R. v. Decker's Verlag, 2002, S. 222-232.

是“相异的事件应当有相异的处理”[1]和“法律体系已经从正面穷尽了能够引起某一法律后果的所有情形”[2]。在法学方法论中，与法律类推、正面推论一样，反面推论也被作为法律续造的方法，在法律论辩中具有非常广阔的适用范围。“不仅在进行同时期有效的法律文本比较时应用到反面推理，在客观—历史的解释中一样用到反面推理，尤其是在其与早先的法律文本、法律草案比较时，联邦法院尚不确定的态度甚至可能应用在与将来的法律的比较时。法律的削减、添加、继承或者该案都可以用来推断立法者的某种意志：法律状态已经不同以往或者不同于当初所构想的。”[3]但是，关于反面推论是不是一种独立的论辩型式，学者们的见解并不统一。普珀认为，所谓的反面推论，并不是一种独立的论证型式，而是一种“拒绝类推”的表示。[4] 周升乾认为，反面推论必须建立在法律体系提供的语法—体系的比较基础上。但是，现实中，法律规定往往缺少逻辑—体系的渗透，因此反面推论这种形式逻辑推理就缺少了必要的基础。[5] 我们认为，反面推论是一种独立的论辩型式，而非形式逻辑的推理，并且和类比推论并不构成一种完全的竞合关系。

正面推论要求构成要件和法律后果之间是一种必要关系或充分必要关系，而非充分关系。普珀却想当然地将构成要件和法律后果之间的充分关系作为反面推论的逻辑基础，并指出从“一个特定案件对于某个特定效果系属充分”这个语句根本不能对这些充分条件不存在的案

---

〔1〕 杨仁寿：《法学方法论》（第二版），中国政法大学出版社 2013 年版，第 154 页。

〔2〕 周升乾：《法教义学研究》，中国政法大学 2011 年博士学位论文，第 82 页。

〔3〕 同上。

〔4〕 参见〔德〕英格博格·普珀：《法学思维小学堂：法律人的 6 堂思维训练课》，蔡圣伟译，北京大学出版社 2011 年版，第 89、91 页。

〔5〕 参见周升乾：《法教义学研究》，中国政法大学 2011 年博士学位论文，第 82 页。

件推导出任何结论。这是毋庸置疑的，但是正面推论的逻辑基础并非如此。因此，普珀对反面推论的指责注定是失败的。德国学者克鲁格从形式逻辑的角度分析了法律条文 p→q（p 表示法律条文中的构成要件，q 为法律后果）的三种逻辑结构：外延的包含（p 构成 q 的充分要件）、内涵的包含（p 构成 q 的必要要件）和相互的包含（p 构成 q 的充要要件）。〔1〕根据命题逻辑的否定后件律，只要能够证明法律条文的前提和结论之间存在内涵包含关系或相互包含关系，就允许也应当进行反面推论。法律条文的这两种逻辑结构同时构成了反面推论的证立形式。同时，出于论证负担的考虑，一般而言，论辩参与者并不被要求去证明一条规则具有相互包含的结构，只需证明其前提构成法律后果的必要条件即可。〔2〕由此可知，并非任何法律条文都可以进行反面推论，反面推论与类比推论的关系也可以得到初步澄清：在法律条文的构成要件和法律后果具有内涵包含或相互包含的逻辑关系时，两者因为可同时进行反面推论和类比推论，所以才能形成竞合关系。在外延的包含关系上，既然不允许反面推论，自不会发生与类比推论竞合之情事。〔3〕

需明确的是，上述法律条文逻辑结构的分析和确认并不能自动进行，其构成要件和法律后果均是通过法律概念表达的，而且法律条文往往并不会直接表明两者之间的逻辑关系，构成要件和法律后果之间内涵包含或相互包含的逻辑关系的确认在前提上须依赖对法律条文的不同解释以及几乎所有除此之外的法律论辩型式。因此，反面推论在本质上仍会涉及法律解释和法律论辩的问题，这也是反面推论即为反面

〔1〕 参见杨仁寿：《法学方法论》（第二版），中国政法大学出版社 2013 年版，第 155—158 页。

〔2〕 参见雷磊：《类比法律论证——以德国学说为出发点》，中国政法大学出版社 2011 年版，第 282 页。

〔3〕 参见杨仁寿：《法学方法论》（第二版），中国政法大学出版社 2013 年版，第 158 页。

论辩的原因所在。但是，反面推论对法律条文逻辑结构的这种依赖却证成了它作为一种特殊的法律论辩型式的可能性。在整体结构上，反面论辩不可能成为一种形式逻辑的推理。虽然反面论辩的最终目的是进行反面推论，但在到达终点之前，所有的推理只能是解释的和论辩的。因此，反面论辩和正面论辩一样，“并不是从这一推理的逻辑结构得出了内容上的认识，而是法律解释的终点是反面结论”[1]。

那么，对相关法律规则的解释能够发现和确立这样的逻辑结构吗？我们可以从文义解释开始讨论。概念法学的破产，语言学的语用转向，类型理论的发轫，以及自由法学、利益法学、价值法学、法律结构主义等对法律体系的开放性和法律模糊性的揭示乃至鼓噪，在矫枉过正中不自觉地夸大了法律的不确定性和可辩驳性。但是，法律概念和法律规则在绝大多数情况下仍具有确定的语义内核。其一，法律适用的模糊性、歧义性和价值开放性等经由相应的语义推论规则和法律语言分析商谈，将得到相当程度的消解，并获得相应的语义限制。[2] 其二，根据哈特、维特根斯坦、麦考密克、布兰顿和克拉特等人接力式的努力，以及类型理论、原型范畴理论的最新进展，即使是模糊的类型概念、功能概念，在其“肯定语义域”中仍具有确定的语义，并可以构成其所称的“积极候选者”。同时，在“否定语义域”中，类型概念和功能概念会构成其所称的“消极候选者”。只有在“中间语义域”中，类型概念和功能概念才是模糊的。因此，根据文义论辩规则，我们能够在法律概念的“肯定语义域”中确定法律规则能够明确指涉的案件情形，而不会将法律后果赋予与之不同的案件。同时，我们也能够在法律概念的“否定语义域”中当然地确定法律规则的后果 R 不适用于确定不属于 T 的案件。依据同样的分析，雷磊给出了反面推论更精确的定义：“从法律规则赋予

---

〔1〕 周升乾：《法教义学研究》，中国政法大学 2011 年博士学位论文，第 82 页。

〔2〕 See Matthias Klatt, *Making the Law Explicit: The Normativity of Legal Argumentation*, Hart Publishing, 2008, pp. 211-282.

情形T以法律后果R推出，R并不适用于确定不为该法律规则所指涉的其他案件情形¬T。”[1]

在确认法律规则的逻辑结构上，我们并不需要这些既苛刻也不现实的要求：法律规则的概念和术语等必须是明确的、具体的、确定的；法律规则的适用范围和法律后果都必须是封闭的、周延的、明确的且不存在例外；法律概念的核心语义和边缘语义都是确定的。[2] 这些要求对反面推论而言是一种过高和不必要的要求。即使在类型概念和功能概念情形中，法律规则及其概念在语义上的界分能力和文义论辩规则的介入也能够确定反面推论所需的逻辑结构。更关键的是，在“开放的体系”中，符合如此要求的法律规则不可能存在。

同时，为了从根本上确立法律规则的逻辑结构，还需要对相关规则进行相应的目的解释（论辩）和体系解释（论辩）。魏德士认为，反面推论的问题不在于逻辑，而在于目的。反面推论与任何适当的解释一样，都具有一个前提：法律适用者应当探究立法目的。其中，历史解释和体系解释必须使法律后果只在满足法律规则构成要件的情况下才出现，客观解释的代表在反面推论时以立法者的意志为出发点。他总结认为，反面推论受到立法评价和调整目的的约束。[3] 我们认为，在反面推论中，为了确认法律规则的逻辑结构是否真的满足其要求，不仅要进行目的解释（论辩），还要进行基于原则的论辩和基于价值的论辩，主要是确认法律规则的目的、原则和价值是否准许反面论辩，或是确定进行反面推论的“实质性理由”。

---

〔1〕 雷磊：《类比法律论证——以德国学说为出发点》，中国政法大学出版社2011年版，第276页。

〔2〕 参见王利明：《法学方法论》，中国人民大学出版社2012年版，第409—410页。

〔3〕 参见〔德〕魏德士：《法理学》，丁晓春、吴越译，法律出版社2005年版，第375页。

在发现和确认法律规则的逻辑结构，即为反面论辩提供所需的论辩前提上，除了上述两种进路外，还存在一种重要的进路。虽然这种进路无法构成一种严格的论辩型式，但却可以为论辩者主张反面论辩提供一定程度的指引。在某种意义上，它们是法教义学为分析和确认法律规则的逻辑关系所作的非严格形式的归纳和总结。雷磊将这些规则称为“准论证规则”，并认为它们只是初显性的，反面论辩可以但并非必须符合这些规则。这些规则可以分为三类〔1〕：

第一类规则的基础在于反面推论基于的法律规则的性质或类型。法教义学认为，根据法秩序的安全性、确定性和稳定性价值，程序性规定相对于实质性规定，约束性规定相对于允许性规定，授权性规定、评价性规定和一般性规定相对于例外性规定，一般更需要进行反面推论。同时，程序性规定、约束性规定和例外性规定分别构成进行反面推论的初显性理由，但若根据文义解释（论辩）、目的解释（论辩）等存在更强的理由，则可以推翻之。

第二类规则以反面推论基于的法律规则的构成要件为依据。根据前面论述的分类概念与类型概念的区分，若构成要件可构成分类概念，则须对之进行反面推论。但是，这也是初显性理由，若根据文义解释（论辩）、目的解释（论辩）等存在更强的理由，则可以推翻之。

第三类规则以反面推论基于的法律规则在条文上的表述为依据。如果法律条文的表述中含有“只有”“仅仅”“正是”“但是”等，则应对之进行反面推论。但是，这些词语与法律规则的逻辑结构之间并不存在严格的对应关系，如果根据文义解释（论辩）、目的解释（论辩）等存在更强的理由，则可以推翻之。

法律的模糊性、不确定性以及法律体系的开放性等揭示的以及学

---

〔1〕 参见〔德〕魏德士：《法理学》，丁晓春、吴越译，法律出版社2005年版，第284—287页。

者们的无意放大在很大程度上排除了反面推论适用的可能性。所以，当下真正的问题不仅在于反面推论的不合理适用，也在于对反面推论的随意放弃。立法者经常忽视概念上合乎逻辑的法律适用的可能后果，而在司法实践中则通过放弃具备客观指向的、时而存在的反面推论来帮助立法者“逃脱”。但是，为这种情形付出的代价注定是高昂的：法律概念（法律秩序）的统一性被放弃，法律规则具有与字义和体系性指向不同的含义，甚至可能违背罪刑法定的基本原则。〔1〕所以，根据法秩序的安全性、确定性等价值以及法律的统一性和体系性要求，反面推论必须得到理性遵守和适用。同时，在与类比论辩适用的关系上，反面论辩也必须具有初步的优先性，这是维护法秩序的整体安全和体系一致性的基本要求。

佩雷尔曼在其新修辞学中并没有直接论述反面推论，而是在“准逻辑论证”序列中论述了与反面推论相关的包含论证、分割论证等。他认为，法律中诸如反面推论这种用来填补法律漏洞的解释方法涉及的是一种整体和部分、种和属的分割论证，整体和部分的分割论证与种和属的分割论证只有程度的差别；当存在关于种的共识时，种和属的包含论证也能从分离论证的视角进行分析。佩雷尔曼还论述了与反面论辩相似的矛盾论辩：如果一项特定规则是为专门范畴的人或客体而定的，那它就不适用于不属于这一范畴的人或客体，因为缺少一个明确的表达点。〔2〕因此，佩雷尔曼是在分割论证的基础上论述矛盾论辩的，他将种和属的论题关系作为矛盾论辩的逻辑基础，为我们从论题学角度分析反面推论提供了一个极有助益的例示。

此外，古典修辞学中已经有反面推论的相关论述，而且是和种属关

〔1〕 参见周升乾：《法教义学研究》，中国政法大学2011年博士学位论文，第83页。

〔2〕 〔荷〕伊芙琳·T.菲特丽丝：《法律论证原理——司法裁决之证立理论概览》，张其山等译，商务印书馆2005年版，第52页。

系、整体部分关系等论题放在一起论述的。在非形式逻辑中，反面推论也有相应的论述和发展。[1]

根据上面的论述，我们将反面推论规则进行如下整理：

(1) 在法律论辩中，如果所涉法律规则可同时进行反面推论和类比推论，则反面推论优先。

(2) 在法律论辩中，如果论辩者主张反面推论，则必须表明、列举反面推论的各种适用前提——构成要件和法律后果处于一种内涵包含关系、法律规则的文义界限、法律上的实质性理由以及关于反面推论的"准论证规则"，并作出相应的论证，不得故意隐瞒、编造这些前提。

(3) 在反面推论中，为了论证所涉法律规则的构成要件和法律后果处于一种内涵包含关系，论辩者要首先通过文义论辩和体系论辩确定所涉法律规则明确不指向的案件情形，然后再确认待决案件是否属于这些情形。同时，论辩者还可以从种属关系的论题学角度论证待决案件与所涉法律规则指向的案件无法构成相应的种属关系。否则，论辩相对人可以进行质疑和反驳，也可以运用种属关系论题质疑论辩者的文义论辩。

(4) 在反面推论中，论辩者还必须通过目的论辩等证成反面推论是实现立法目的或法律的客观目的等的要求，同时也是满足法的安全性、确定性、一致性等价值和法律原则的要求。若立法目的等不允许进行反面推论，法的安全性等价值也不会受到影响，则论辩者必须正视和回应这些实质性的反对理由。否则，论辩相对人可提出质疑并运用这些实质性的反对理由进行反驳。

(5) 在反面推论中，如果所涉法律规则为程序性规定、约束性规定或例外性规定，则它们可分别构成进行反面推论的初显性理由；而若根

---

〔1〕 参见武宏志、周建武、唐坚：《非形式逻辑导论》(下)，人民出版社2009年版，第478—513页。

据文义论辩、目的论辩等存在更强的反对理由，则可以进行其他类型的论辩。

(6) 在反面推论中，如果反面推论基于的法律规则的构成要件可构成分类概念，则必须首先对之进行反面推论；而若根据文义论辩、目的论辩等存在更强的反对理由，则可以进行其他类型的论辩。

(7) 在反面推论中，如果反面推论基于的法律规则在其条文表述中含有“只有”“仅仅”“正是”“但是”等语词，则需要首先对之进行反面推论；而若根据文义论辩、目的论辩等存在更强的反对理由，则可以进行其他类型的论辩。

二、正面推论规则

正面论辩是基于推论的论辩，也是一种主要的论辩型式。在法学方法论中，和类比推论一样，正面推论几乎毫无例外地被作为一种法律续造方法来讨论。我们认为，正面论辩是一种具有普遍性的论辩型式，它不仅可以被用来填补法律漏洞，而且可以在文义解释(论辩)和体系解释(论辩)中发挥作用，甚至可以被用来揭示法律规范的不合理性和不完善，从而为法律修改提供依据。在含义上，正面论辩是指“法条虽未规定，唯依规范目的衡量，或逻辑上之推论，其事实较之法律所规定者，更有适用之理由”〔1〕。即在目的考量上，法律在表面上未作规定之事项具有事理或情理上之当然关系，或两者在逻辑上具有必然的当然关系，均可认为未规定之事项已被涵盖于已规定事项中。〔2〕它具体包括“举重以明轻”和“举轻以明重”两种表现形式。

学界对于正面推论的外延或其独立性的认识并不一致，具体可归纳为四种不同的观点：第一种观点将正面推论理解为当然解释，并认为

---

〔1〕 杨仁寿：《法学方法论》(第二版)，中国政法大学出版社 2013 年版，第 158 页。

〔2〕 同上。

它是一种独立、狭义的法律解释方法，与文义解释、目的解释和体系解释并列。第二种观点认为，正面推论并非独立、狭义的法律解释方法，它或被置于文义解释之中，或被置于体系解释之中。〔1〕第三种观点是以德国为代表的大陆法系的通说，认为正面推论是与类推适用、反面推论、目的性限缩等并列的法律续造方法。〔2〕第四种观点认为，正面推论是一种特殊的法律类推形式。魏德士认为，正面推论是基于这样的考虑：如果某个规范的法政策依据（规范目的）在法律没有规定的事实结构中比在法律有规定的事实结构中更加明显，那么类推适用就是合理的。〔3〕我们认为，正面推论具有各种不同的功能，在法律解释、法律论辩和法教义学中都发挥着相应的作用。但是，作为一种特殊的论辩型式，正面推论并不是一种狭义的法律解释方法，也不能被文义解释（论辩）、目的解释（论辩）和体系解释（论辩）完全吸收和包含。同时，作为一种论辩型式，它的作用空间也不仅仅是法律续造，在文义论辩、目的论辩和体系论辩等几乎所有的论辩型式中都可能发挥相应的作用。在法律论辩型式体系中，正面推论是一种独立的论辩型式，并不是一种特殊的类比推论，它们彼此之间存在根本性的区别：其一，正面推论以某种价值偏好和位阶秩序为基础（具有上下从属性的选择），而类比推论则从案情的相似性上进行推论。〔4〕其二，当然解释属直接推论，其思维过程是一经带进即导出结论，无须借助其他命题，盖正面推论之“射程”，系以“立法旨趣”之预测可能性衡量，其“射程”虽较远，但仍在立法者可能衡量之范围内。立法者制定法律，为求法律之简洁，不可能

〔1〕参见王利明：《法学方法论》，中国人民大学出版社2012年版，第403页。

〔2〕同上。

〔3〕参见〔德〕魏德士：《法理学》，丁晓春、吴越译，法律出版社2005年版，第374页。

〔4〕参见周升乾：《法教义学研究》，中国政法大学2011年博士学位论文，第79页。

也无须就某一规定之全部事实悉予列举。[1] 类比推论则关涉法律未规定之事项,乃出诸立法者之疏忽,为预见或情况变更而生,基本上是一种法律漏洞,与正面推论尚在立法者衡量范围之内不可同日而语。[2] 同时,案件间是否具有相似性是类比推论必须解决的关键性难题,它的构成性规则只是论证的可普遍化原则和平等原则,所依据的规则目的、法律原则等法律理由也主要是一种客观解释的结果。其实,正面推论与类比推论还存在其他更细致的差别,在此不再一一列举。通过下面对正面推论的论辩结构、性质和特点的介绍,我们对其与类比推论的区别便可有一个更加清晰的认识。

普珀认为,每个正面推论都是以一个"可升层的概念"和一个由此所形成的"比较法则"为基础的。她认为,这个规则可以四种不同的形式出现[3]:

(1) 可升层的要素越是高度存在,法律效果就越应该发生("举轻以明重"的论据)。

(2) 可升层的要素越是低度存在,法律效果就越不应该发生("举重以明轻"的论据)。

(3) 可升层的要素越是高度存在,法律效果就越不应该发生("举轻以明重"的论据)。

(4) 可升层的要素越是低度存在,法律效果就越应该发生("举重以明轻"的论据)。

其中,语句(1)和(2)、(3)和(4)的意思分别是相同的。在意思相同的公式中究竟要适用哪一个,取决于相关要素在待决案件和基础案例中是以较高还是较低的程度存在。当这个可升层的要素是"建构法律

---

〔1〕 参见杨仁寿:《法学方法论》(第二版),中国政法大学出版社 2013 年版,第 160 页。

〔2〕 同上书,第 161 页。

〔3〕 参见〔德〕英格博格·普珀:《法学思维小学堂:法律人的 6 堂思维训练课》,蔡圣伟译,北京大学出版社 2011 年版,第 94 页。

效果”的要素时，就可适用语句(1)和(4)；当这个可升层的要素是“限制法律效果”时，则可适用语句(2)和(3)。这种论述的出发点是一个“基础语句”，在这个语句中，可升层的要素是以某种特定的程度存在的，或者法律适用者可从该语句中看出这个可升层的要素。如果可升层的要素明确地出现在基础语句中，其功能究竟是“建构法律效果”还是“限制法律效果”，或者两者兼具，则是一个需要解释的问题。[1]

普珀通过个案总结认为，如果可升层的要素明白地出现在基础语句中，而且这个基础语句在实证上有效的法条中可以直接找到，则这样的正面推论便是必然的和非常简单的。但是，如果这个可升层的要素通过解释才被加进基础语句中，或者这个基础语句无法从制定法中直接找到，则正面推论就不是无法反驳的。[2] 因此，正面推论的问题在于比较规则的探求、描述以及通过基础法条去建构比较法则。正面推论面临的危险不在于其逻辑结构，而在于对基础语句的不合理使用或忽视，因为人们总是非常信赖正面论辩在直觉上的说服力。“没有进一步的考察比较标尺——比例关系是否对待考察的规范具有意义，那么就有导向谬误的危险。进行法律续造时，对法律续造的其他进一步的前提条件(漏洞)的考察不允许被置于该视角之外。”[3]

那么，这样的比较规则、基础语句和比较标尺该如何发现或建构呢？我们认为，第一，可以在制定法内部找到这些规则和语句。如果立法者在其他地方就相近的问题给出明确的解决办法，这一价值评价在具体情况下对正面推论的证成就会助益很多。在这一层面上，为了从法典中获取所需的比较规则、基础语句和比例标尺，我们需要对法律体系中相应的法律规范或各种立法性资料进行文义解释、目的解释和体

---

〔1〕 参见〔德〕英格博格·普珀：《法学思维小学堂：法律人的6堂思维训练课》，蔡圣伟译，北京大学出版社2011年版，第95页。

〔2〕 同上。

〔3〕 周升乾：《法教义学研究》，中国政法大学2011年博士学位论文，第80页。

系解释，并建构和构造相应的比较规则、基础语句和比较标尺。第二，在法典中并不存在可供使用的比较规则、基础语句和比较标尺的情况下，如果在相关的判例和法教义学中存在这些评价标准，根据论证负担规则，我们也可以直接拿来用于正面推论的证成。

通过上面的论述，我们可以总结出正面推论的如下特征：(1) 正面推论所涉及的事物必须是性质上相同并可比较的，即它们共同涵摄可升层的要素。(2) 正面推论在形式上进行的是一种“以大推小”或“以小推大”的逻辑推演，尤其符合法律论证的可普遍化、融贯性和一致性原则等，一旦其背后的比较基础得以建立，这样的逻辑推论可被完全重构为演绎推理。(3) 正面推论必须在所涉法律条文的文义范围之内进行解释，将其中关键的法律概念解释性地构造为“可升层的概念”这样一种上位范畴。待决案件必须处于这一上位概念的语义“射程”之内。(4) 正面推论中对相关法律规则的目的和体系解释必须确定：法律的主客观目的是否以及在多大程度上允许正面推论，是否存在禁止正面推论的例外规定。

为了克服正面推论中隐含的各种论证缺陷，普珀认为，一个有效的正面推论必须满足如下要求：

(1) 基础语句中含有一个可升层的要素，这个要素是以某种特定的程度实现，并且建构或限制了法律效果。

(2) 从这个可升层的要素中可导出一个比较规则，依照这个规则，当可升层的要素以较高或较低的程度实现时，更应该让法律效果发生或不发生。

(3) 应决案件与基础语句的不同之处在于：可升层的要素在应决案件中被实现的程度要比它在基础语句中被实现的程度来得更高或更低。

(4) 应决案件与基础语句不可以在其他对于决定具有重要意义的

要素上有所差异。[1]

为了避免正面推论被不当适用或利用，王利明认为，应该建构如下正面推论规则[2]：

（1）在正面推论中，不得仅从语言学的角度考虑，还应该遵循法律的立法目的及其例外性规定。

（2）在同一法律文本中，如果法律允许"举轻以明重"，则意味着允许"举重以明轻"。

（3）正面推论不仅适用于法律条文中构成要件的推论，而且适用于法律条文中法律后果的推论。

为了克服正面推论中隐含的论证性缺陷，还要尽可能展现和清晰化正面推论所有的论辩结构及其隐含的不同论辩前提。其中，以反面推论为代表的禁止正面推论和归谬论证是被既有的研究忽视的正面推论的重要论辩结构或论辩前提。如同在类比推论中一样，如果关于待决案件存在禁止正面推论的制定法规定、法律原则以及相应的先例、法教义学论述，或者所涉法律规则可进行反面推论，则论辩者不得进行正面推论。在现实中，正面推论经常和归谬论证结合在一起使用。其中，归谬论证可从反面论辩如不进行正面推论将带来何种效果；如果不可接受，则构成进行正面推论的一个正当理由。依其形式，归谬论证是一种间接证据，它几乎是"法学论证中的军火库"，并不是要证明自己命题的正确性，而是要证明相反命题的错误，即从相反命题中导出一些显然错误或令人无法接受的荒谬结果。但是，归谬论证在修辞上对其他命题存在过大的冲击力，对于归谬论证一直存在一个学术上的谨慎命题。因此，普珀指出，只有具备下述前提，归谬论证才是有效的[3]：

---

〔1〕 参见〔德〕英格博格·普珀：《法学思维小学堂：法律人的6堂思维训练课》，蔡圣伟译，北京大学出版社2011年版，第99页。

〔2〕 参见王利明：《法学方法论》，中国人民大学出版社2012年版，第404页。

〔3〕 参见〔德〕英格博格·普珀：《法学思维小学堂：法律人的6堂思维训练课》，蔡圣伟译，北京大学出版社2011年版，第100—101页。

（1）谬误性之要求：被导出的结论必须确实是荒谬的，而且不能只是在作者的观点下为错误。

（2）正确性之要求：谬误的结论必须是根据逻辑规则，从正确且完整描述的命题中导出。

（3）排他性之要求：导致荒谬的命题与应被证明的命题必须存在诸如“A”与“非 A”的关系，不可以有第三种可能性存在。

（4）完整性之要求：对立命题必须在所有根据归谬论证可导出荒谬结果的情况下，都可以避免这个荒谬结果。

（5）独占性之要求：除了放弃该命题外，不可以有通过其他方法避免这些逻辑上之后果的可能性存在。

在建构正面推论规则之前，我们先来考察一下新修辞学和非形式逻辑对正面推论的相关论述。佩雷尔曼在其新修辞学中并没有直接论述正面推论，而是在“准逻辑论证”序列中论述了与正面推论相关的包含论证、分割论证。他认为，法律中的正面推论和反面推论这两种被用来填补法律漏洞的解释方法其实涉及的是一种整体和部分、种和属的包含论证，整体和部分的包含论证与种和属的包含论证只具有程度的差别；在种和属的包含论证中，属对种并不具有强制的优越性。通过种和属的包含论证，我们可推导出关于属或者其他未知的种的结论。佩雷尔曼还将价值和价值层级作为论辩的起点之一。他在《法律逻辑》中直接论述了正面推论，并指出它的逻辑结构：如果在与案件 y 相比显得次要的案件 x 中，有理由以特定的方式行动，那么更有理由在案件中 y 中如此行动。[1]

由此可见，佩雷尔曼并没有将其关于正面推论的观点在《法律逻辑》中予以真正发展和贯彻。不过，他对包含论证和分离论证的分析对我们建构正面论辩规则具有一定的借鉴意义。普珀所谓的“可升层的

〔1〕 参见〔荷〕伊芙琳·T.菲特丽丝：《法律论证原理——司法裁决之证立理论概览》，张其山等译，商务印书馆 2005 年版，第 52 页。

概念”其实就是待决案件与所涉规则中的概念所归属的种或类型。两者之间的关系在某种意义上也是一种整体和部分的关系。这对我们发现或建构比较规则、比较标尺具有一定的语言学或论题学意义。

根据上述分析，我们认为，正面推论规则可进行如下建构：

(1) 如果待决案件存在禁止正面推论的制定法规定、法律原则以及相应的先例、法教义学论述，或者所涉法律规则可进行反面推论，则论辩者不得进行正面推论。

(2) 在可进行正面推论的情形下，论辩者必须先对相关法律规则进行文义解释和文义论辩，分别对其是否包含“可升层的概念”要素、这个要素是以较高或较低的程度让法律效果发生或不发生、这个要素在待决案件中是否比在法律规则直接涵摄的案件中被以更高的程度或更低的程度实现以及待决案件与这个“可升层的概念”是否形成了一种种和属或整体和部分的关系——进行回应和论证，即论辩者不得回避进行正面推论的语义前提。

(3) 在正面推论的文义解释和文义论辩中，待决案件与解释出的“可升层的概念”应处于一种文义或论题上的属和种或部分和整体关系，待决案件不得超出其文义“射程”。

(4) 在正面推论的文义论辩中，论辩双方必须遵守两种规则：在同一法律文本中，如果法律允许“举轻以明重”，则意味着也允许“举重以明轻”；正面推论不仅适用于法律条文中构成要件的推论，而且适用于法律条文中法律后果的推论。

(5) 在正面推论的文义解释和文义论辩中，论辩者必须保证根据“可升层的概念”导出的比较规则在待决案件中比在法律规则直接涵摄的案件中被以更高的程度或更低的程度实现，并在此基础上选择“举轻以明重”或“举重以明轻”。

(6) 在正面推论中，为了解释“可升层的概念”和建构比较规则，论辩者还需要对所涉法律规则的目的以及其他相关法律规定进行目的解释和目的论辩，以确定这些立法目的是否允许正面推论以及是否一致。

如果这些立法目的存在不一致或相冲突，为了解决这些冲突以及决定是否可进行正面推论，论辩者必须对正面推论补充进行基于原则的论辩。

(7) 在正面推论中，论辩者必须首先以制定法内部存在的比较规则、基础语句和比例标尺进行论辩。这时，论辩相对人不得对正面推论提出任何反驳。在法典不存在可供使用的比较规则、基础语句和比较标尺的情形下，如果在相关的判例和法教义学中存在这些评价标准，根据论证负担规则，论辩者必须按照这些评价标准进行正面推论。在承担相应论证负担的前提下，论辩相对人可对这些判例和教义学语句提出质疑和反驳。

(8) 在正面推论中，论辩相对人可以对论辩者提出的正面推论进行谬误论辩的反驳，若不进行正面推论，则不会导出荒谬的结果；或者进行正面推论将带来荒谬的结论，则论辩人即使满足上述规则的要求，其主张的正面推论也存在效力瑕疵，论辩相对人可不予接受。但是，论辩相对人必须严格按照普珀提出的谬误性、正确性、排他性、完整性和独占性要求进行归谬论证。

三、类比推论规则

类比推论是法律推理中人们极不清楚和感到疑惑的论辩型式。[1]类比论证是人们用来发现新前提的决疑术，还是人们用来证立法律决定的论辩型式？类比推理是一种不同于演绎推理、归纳推理、目的推理或原则推理的特殊推理，还是一种可重构或还原为其中之一的“修辞性道具”？法律类比的关节点——“相似性判断”该如何进行？法律类比自身该如何被证成？文义论辩在其中能否发挥作用？

---

〔1〕 See Scott Brewer, Exemplary Reasoning: Semantics, Pragmatics, and the Ration Force of legal Argument by Analogy, *Harvard Law Review*, Vol. 109, No. 5, 1996, p. 926.

在第一个问题上，存在三种不同的观点：(1) 类比发现论。考夫曼认为，类比与演绎、归纳、设证有着根本性的不同，它不是一种法律推论，而是比较或等置。这种比较是在案件、规范和结论间螺旋式同步进行的“诠释学循环”。[1] 波斯纳认为，法律中的类比推理与道德或宗教推理中的决疑术很相似，属于发现的逻辑，而不属于正当化的逻辑。[2] (2) 类比论证论。这种观点认为，类比推理是一种典型的法律论辩型式。阿列克西、佩岑尼克、麦考密克、恩吉施、拉伦茨、魏德士、黄茂荣、黄建辉、杨仁寿、王泽鉴等学者均持这种观点。[3] (3) 中间论。这种观点主张，类比既是一种法律发现方法，也是一种法律论证方法。克鲁斯特威斯明确指出：“类比论证不仅是发现新前提的决疑术，而且是证立法律决定的一部分。”[4]麦考密克认为，类比推理与原则推理一样，是

---

〔1〕 参见〔德〕考夫曼：《法律哲学》，刘幸义等译，法律出版社 2004 年版，第 115—120 页。〔德〕阿图尔·考夫曼、温弗里德·哈斯默尔主编：《当代法哲学和法律理论导论》，郑永流译，法律出版社 2002 年版，第 180 页。

〔2〕 参见〔美〕理查德·波斯纳：《法官如何思考》，苏力译，北京大学出版社 2009 年版，第 168 页；〔美〕理查德·A. 波斯纳：《超越法律》，苏力译，中国政法大学出版社 2001 年版，第 594 页。

〔3〕 See Aleksander Peczenik, *On Law and Reason*, Kluwer Academic Publishers, 1989, p. 392; Aleksander Peczenik, *Scientia Juris: Legal Doctrine as Knowledge of Law and as a Source of Law*, Springer, 2005, p. 20; D. Neil MacCormick, Robert S. Summers, *Interpreting Statutes: A Comparative Study*, Dartmouth, 1991, p. 140; Aarnio Aulis, *The Rational as Reasonble: A Treatise on Legal Justification*, D. Reidel Publishing Company, 1987, p. 127. 另参见〔德〕卡尔·恩吉施：《法律思维导论》，郑永流译，法律出版社 2004 年版，第 177—197 页；〔德〕卡尔·拉伦茨：《法学方法论》，陈爱娥译，商务印书馆 2003 年版，第 258 页。〔德〕魏德士：《法理学》，丁晓春、吴越译，法律出版社 2005 年版，第 381—384 页；黄茂荣：《法学方法与现代民法》(第五版)，法律出版社 2007 年版，第 492—494 页；杨仁寿：《法学方法论》，中国政法大学出版社 1999 年版，第 193—202 页；王泽鉴：《法律思维与民法实例：请求权基础理论体系》，中国政法大学出版社 2001 年版，第 253—254 页。

〔4〕 Harm Kloosterhuis, Analogy Argumentation in Law: A Dialectical Perspective, *Artificial Intelligence and Law*, Vol. 8, Iss. 2-3, 2000.

一种扩展法律的论证方法。同时,类比推理在制定法的适用和解释中也发挥着重要作用。[1]

在第二个问题上,存在两种对立的观点:(1) 还原论。这种观点认为,类比推理与原则推理并无实质区别,它离不开法律原则的指引。因此,类比推理可被还原为演绎推理、原则推理或归纳推理。拉里·亚历山大和艾米莉·舍温认为,在司法推理中只有自然模式(the natural model)和规则模式(the rule model)这两种推理形式,类比推理自身并不能理性地决定案件,它只是有助于法官养成普通法的职业习惯。[2]肯德里克·卡普丁指出,类比推论的重心在于一般的法律原则,而不是最初的类比物,类比推理与先例推理、原则推理的区别仅在于其后的法律原则在抽象程度上的不同。[3] (2) 非还原论。这种进路的观点认为,类比推理是一种不同于演绎推理、归纳推理和原则推理的特殊推理。列维认为,类比推理是运用"先例原则",从个案到个案的特殊推理。[4] 特鲁迪·戈维尔认为,类比推论最终并不能被还原为其他形式的推理,当人们对之附加普遍性前提,并把它重构为演绎推理时,附加性前提会使描述类比的关键性前提成为多余。[5]

在第三个问题上,存在四种不同的观点:第一种观点认为,案件之间的相似性判断离不开法律规则的目的、立法理由、法律原则或判决理由等的指引。考夫曼认为,我们无法直接从特殊推论到特殊,从一个案

---

〔1〕 See Neil MacCormick, *Rhetoric and the Rule of Law: A Theory of Legal Reasoning*, Oxford University Press, 2005, pp. 205-207.

〔2〕 See Larry Alexander, Emily Sherwin, Demystifying Legal Reasoning, Cambridge University Press, 2008, pp. 64-66; Larry Alexander, Bad Beginnings, *Penn Law Review*, Vol. 145, Iss. 1, 1996.

〔3〕 See Hendrik Kaptein, *Legal Progress Through Pragma-Dialectics? Prospects Beyond Analogy and E Contrario*, Argumentation, 2005.

〔4〕 参见〔美〕爱德华·H. 列维:《法律推理引论》,庄重译,中国政法大学出版社 2002 年版,第 2—19 页。

〔5〕 See Trudy Govier, *Problems in Argument Analysis and Evaluation*, Foris Publications, 1987, pp. 59-60.

件推论到另一起案件。类比的有效性在根本上取决于比较点的选择,但比较点的确定并不是一种理性的认识,而是一种权力的决断。[1] 邦德认为,类比绝非对事实与规范间相似性的表面联想,它还包含一个作为第三类比项的上位命题。类比能否成立,取决于其基础的一般化是否足以令人信服。[2] 第二种观点认为,法律解释者能在不借助第三项类比的前提下,自动地进行相似性判断。列维认为:"一个实际运作的法律体系自会挑出事实间的相似之处并由此而推出共同的分类标准,而既然存在某些相同的事实,那么一般规则也就得以产生了。"[3]温利伯从认知科学的立场指出,法官和律师的法律知识和经验能使他们在不借用规则和目的的前提下,以直觉的方式知道哪些案件间的相似性对他们手中的案件至关重要,而且这一直觉仍在法律语境之内。[4] 第三种观点认为,案件间的相似性判断必须经过相应的论证程序或批判性问题的程序性证成。阿列克西、阿尔尼奥、克鲁斯特威斯等分别从程序论证、融贯论、语用—辩论等立场,为类比的相似性判断设定了法律商谈的程序性规则、融贯性证成途径、批判性问题的评估标准,并认为相似性判断并非法官等任意性的权力行为,而是可以满足合法性、合理性、可接受性、融贯性等论证要求的论辩行为。第四种观点认为,案件间的相似性判断可转换为案件构成要件间的相似性判断。拉伦茨认为,类推适用的基础在于案件之间在构成要件——与法律评价有关的重要观点上彼此相似。但是,他又认为:"法定要件中,哪些要素对于法律评价具有重要性,其原因何在,要答复这些问题就必须回归到该法律

---

〔1〕 参见〔德〕考夫曼:《法律哲学》,刘幸义等译,法律出版社 2004 年版,第115—121 页。

〔2〕 参见〔德〕埃尔马·邦德:《类推:当代德国法中的证立方法》,吴香香译,载《求是学刊》2010 年第 3 期。

〔3〕 〔美〕爱德华·H. 列维:《法律推理引论》,庄重译,中国政法大学出版社2002 年版,第 2—19 页。

〔4〕 See Harm Kloosterhuis, *Analogy Argumentation in Law*: A Dialectical Perspective, Artificial Intelligence and Law, Vol. 8, Iss. 2-3, 2000.

规整的目的、基本思想,质言之,法律的理由上来探讨。”[1]恩吉施、拉伦茨、魏德士、黄茂荣、黄建辉、杨仁寿、王泽鉴等学者均持该见解。

尽管学者们在前三个问题上存在各种分歧,对于第四个问题的处理即法律类比的证成却出现了惊人的相似:要么有意放弃语义论辩对于法律类比之证成的作用,从而将法律类比论证引向基于原则的论辩或目的论辩;要么虽不反对语义对类比论辩的作用,但对于语义论辩在其中的具体作用语焉不详。大部分学者虽然意识到案件间的属性相似对于相似性判断的重要性,但仍然认为待决案件与典型案件的相似即是它们在法律理由、“事物的本质”上的相似。同时,也有部分学者,如陈景辉[2]、雷磊[3]、沈琪[4]等认为,案件间的相似性不仅是它们在法律原则、立法目的等法律理由上的一致,而且属性、特征等语义上的相似也能对相似性的判断和论证产生影响。但是,关于案件间的语义关系对相似性论证究竟如何产生影响,这些学者却鲜有论述。

我们认为,法律类比是一种不同法律主体在法学思考、司法裁判中

---

〔1〕〔德〕卡尔·拉伦茨:《法学方法论》,陈爱娥译,商务印书馆2003年版,第258页。

〔2〕对于法律规则本身的语义“游移不定”的反对意见,陈景辉指出,即使法律规则的语义存在争议,也并非来自其本身的问题,而是由不同的解释理论之间的争议造成的。法官在裁判过程中选定单一的解释理论并不会导致法律规则语义的模糊,反而是解决法律规则语义模糊的利器。参见陈景辉:《规则的扩张:类比推理的结构与正当化》,载郑永流主编:《法哲学与法社会学论丛》(2010年第1期,总第15期),北京大学出版社2010年版。

〔3〕雷磊认为,案件之间的相似性与法律规则的目的和文义同时相关,这种关联应当体现在相关案件所要解决之实践问题的相似性上。参见雷磊:《法律推理基本形式的结构分析》,载《法学研究》2009年第4期。

〔4〕沈琪指出,刑法规范的可能文义是类似性判定的限制标准,待决案件必须被拟适用的刑法规范的可能文义包含。为了探究刑法规范的可能文义,“法官在裁判时应当充分听取法律共同体、案件当事人和社会大众对刑法规范、案件事实的解释、理解和意见,并从中获得解释刑法规范与案件事实的正当智识资源,而不是进行个人的独白式判断”。参见沈琪:《刑法推理方法研究》,浙江大学出版社2008年版,第111页。

频繁适用的法律论辩型式，比人们目前已经认识到的具有更广泛的适用范围和更大的实践价值。法律类比既可以在法律发现中适用，也可以在法律论辩中适用。

在法律发现中，法律类比是法律解释的基本范式，它借助“类型化的案件比较”实现规范和事实、存在和当为的对接和等置。在法律论辩中，法律类比通过判断法律未直接规范的待决案件与典型案件在事物的本质、利益状态或法律评价等方面的相似性，将待决案件纳入典型案件所适用的法律规范的涵摄范围。因此，法律类比在法律发现中具有发现功能，而在法律论辩中又是一种法律论辩型式。不过，我们所论述的类比论辩是法律论辩意义上的法律类比，不涉及法律发现意义上的法律类比。

在类比论辩中，若没有第三类比项的介入，论辩者根本无法从待决案件推理到典型案件，而且法律论辩的可普遍性、可检验性、融贯性等原则也要求案件间的相似性判断必须在法律原则或规则的目的等法律理由的指引下进行。但是，法律原则或规则的目的等法律理由构成的第三类比项并不能否定或排斥由案件之间事实特征方面的相似决定的待决案件与相关法律规则的语义关系对类比论辩中相似性判断及其论证的作用。佩岑尼克认为，制定法的类推“既不在制定法适用范围的核心，也不在其适用范围的边缘之外”〔1〕。在类比论辩中，案件之间的相似性由其语义相似性及其法律评价上的相似性共同构成，拟适用的法律规则在其中立语义域上的语义界限体系下，对案件之间的相似性判断可发挥一定的“证伪和限定作用”。因此，类比论辩在推理形式上并不能被还原为基于原则的论辩或目的论辩，而是一种特殊的、独立的论辩型式。类比论辩的相似性判断虽然在根本上无法离开实质性法律理由自动进行，但实质性法律理由并不能单独决定类比论辩的相似性判断，法律论证的程序性规则、批判性问题的评估标准、法律规则的构成

〔1〕 See Aleksander Peczenik, *On Law and Reason*, Springer, 2008, p. 320.

要件及其语义界限等都会在不同的层次上,从不同的方面对相似性判断和论证产生影响。

相似性判断的分析和论证构成类比论辩的核心和关节点。此外,类比论辩完整的论辩结构还须包含其他论辩型式的参与。在法律论辩中,如果待决案件通过文义论辩和目的论辩可被相关的法律规则涵摄,则不得进行类比论辩。即如果待决案件处于相关法律规则的核心语义内,则不得进行类比论辩。这是对类比论辩一个初步的语义限制。在满足初步的语义要求后,类比论辩的进行还要考察是否存在类比禁止的情形:如果对某个法律规则的反向推理被证立,则对同一个法律规则不能进行类比论辩;如果在制定法规定和法律原则上存在由罪刑法定、宪法保留、法律保留、行政法定等派生的类推禁止规定和原则,则不得进行相应的类比论辩。尽管并不存在明确的禁止类比的制定法基础,但如果司法实践和法教义学已经发展出相应的类比禁止判例和教义,则也不得进行相应的类比论辩。这构成类比论辩的一个消极论辩界限。

在构成消极论辩界限后,类比论辩进入关键论辩环节,即相似性的论辩。在这一论辩环节,需要进行语义论辩、目的论辩和基于原则的论辩这三种不同的论辩。相似性判断的语义论辩主要是考察待决案件是否处在相关法律规则的中间语义域上,并通过建构法律规则之中立语义域[1]上的语义界限体系,为案件间的相似性判断提供一个消极语义界限。在法律论证体系中,语义论证是与其他证成形式分离的、独立的言语分析商谈,它并不像法律结构理论所认为的那样能够被目的论证吸收和同化。[2] 因此,类比论辩中的语义论证具有一定的独立性,并不能被后续的目的论辩和基于原则的论辩遮蔽。但是,语义论证自身

---

〔1〕 See Matthias Klatt, *Making the Law Explicit: The Normativity of Legal Argumentation*, Hart Publishing, 2008, p. 274.

〔2〕 Ibid., pp. 276-277.

并不足以充分证成案件之间的相似性。案件之间的相似性判断只有同时求助于法律规则的目的、立法理由、判决理由和法律原则，才能获得期待的正当化。类比论辩的目的论辩需要先对拟适用的法律规则的目的进行解释和论辩，然后以其为参照点，分析和商谈待决案件与典型案件是否相似或存在共同点。

完成这一论辩环节后，类比论辩进入基于原则的论辩阶段。到目前为止，我们所讨论的只是案件之间的语义相似和法律规则的目的对相似性判断的正面证成，还未论述案件之间的属性差异对相似性论辩的影响。其实，案件之间的属性差异经与法律规则的目的、法律原则以及其他法律规则的不同"组合"，能够形成相似性证成的反面理由：(1) 如果法律规则的目的经过目的论辩后仍彼此冲突，而且案件之间的属性差异在这些目的中能作不同的评价，那么案件之间的属性差异就会转变为一种积极的差异性，将构成相似性判断的一种反向理由；(2) 如果法律规则的目的和法律原则或者不同的法律原则都可作为类比论辩的实质性理由，但又不尽相同，则会构成相似性判断的另一种对抗论证；(3) 案件之间的属性差异以及待决案件自身法律—语言属性的丰富性，有可能使待决案件同时成为另一法律规则的类推适用对象，从而构成案件之间相似性判断的又一个对立论证。上述这些相似性证成的反面理由都需要进入基于原则的论辩，通过将其背后的各种理由和依据分别还原为法律原则和法律原则的冲突、法律规则和法律原则的冲突，再依照相应的衡量规则和重力公式予以解决。至此，类比论辩的所有论辩环节便告一段落。

新修辞学、非形式逻辑和程序性法律论证都对类比论辩进行了相应的论述。佩雷尔曼不但直接论述了类比，还对与其功能和结构类似的其他论辩型式进行了详细的分析和论述。他在新修辞学立场上对类比的传统、经典概念进行了发展。他以类比与规则、原则的关系为标准，对类比、例证、示例与隐喻之间的关系进行了严格界定。[1] 他认为，类比的本组和喻组通常属于不同的领域，无须诉诸规则或原则便可进行。类比的基本推理过程为：C与D的关系就像A与B的关系，A、B是P，所以C、D是P；或者C与D的关系就像A与B的关系，A是B，所以C是D。例证争论的焦点并非规则或原则本身，而是以例子确认或证立规则的适用范围或具体化原则的抽象程度。例证有正、反两种，正面的例证可以激发他人的效仿，负面的例证则可以阻止类似不当行为的出现。与例证建立一项规律或法则不同，示例用于说明某项规则或法则，以强化听众对于这一规则或法则的认同与接收。隐喻是巧妙地使一个字或词从其适当的意义转换成其他意义，从性质上看，是浓缩的类比，是本体与喻体要素的融合。[2]

同时，佩雷尔曼还根据事物特征上的相似性描述了另一种类比。在这种类比形式中，本组和喻组通常来自同一领域，其基本推理过程为：A和B都具有P、R、Q等性质，而A又有S之性质，因此B也有S之性质。[3] 佩雷尔曼论述的两种类比形式分别对应于后来非形式逻辑学者提出的修辞类比(figurabive analogy)和字面类比(literal analogy)。加森指出，修辞类比并不对类比物和目标对象之间的具体属性进行比较，而是将来自不同领域、属于不同层次的类比物和目标对象进行一种抽象的比例关系的比较，这种类比不应被视为比较论证(compari-

---

〔1〕 See Chaïm Perelman, *The New Rhetoric*: *A Treatise on Argumentation*, John Wilkinson, Purcell Weaver(trans.), University of Notre Dame Press, 1969, pp. 106-118; CH. Perelman, *The Realm of Rhetoric*, William Klubeck(trans.), University of Notre Dame Press, 1982, pp. 350-380.

〔2〕 参见廖义铭：《佩雷尔曼之新修辞学》，台湾唐山出版社1997年版，第165页。

〔3〕 See Chaïm Perelman, *The New Rhetoric*: *A Treatise on Argumentation*, John Wilkinson, Purcell Weaver(trans.), University of Notre Dame Press, 1969, pp. 106-118; CH. Perelman, *The Realm of Rhetoric*, William Klubeck(trans.), University of Notre Dame Press, 1982, pp. 350-380.

son argumentation)，而是旨在提出其他论证类型的一种独特表现方式。[1]

以上论述对分析和认识类比争议中涉及的类比的含义和形式具有重要意义。我们认为，类比论辩并不是修辞类比，而只能是字面类比。因为为了最后能够进行演绎推理的理性重构，类比论辩中的本组和喻组必须来自同一领域——法律规则，类比不可能不诉诸规则或原则而自动进行。佩雷尔曼论述的例证与类比论辩更为接近。

佩雷尔曼还论述了与类比论辩相近的相似性论述。相似性论述是指，如果一项特定规则应用于特定范围内的人或客体，那么也应用于在相关特征上相似的那些人或客体。他认为，特定的案件情形决定了相似性论述是否适用。如果法官认为一项相似性论述的应用会产生不公正的法律后果，他可以对规则的适用范围作出区别并加以限制。[2] 通过这些论述，我们无法得知佩雷尔曼究竟是在修辞类比还是字面类比的意义上论述法律类比。但是，我们可以确定，佩雷尔曼将结果论辩融入了类比论辩之中，并认为判例法中的区别技术在其中发挥作用。

非形式逻辑学者普遍认为类比论辩是一种独立的法律论辩型式。例如，沃尔顿认为，类比论证依赖于两起案件的相似性，关键点是找到与争议案件在重要方面相类似的案件。某个在两起案件中十分常见的具体特征或原理，如预见性，对类比论证至关重要。因此，两起案件相似的一个重要方面或许会成为案件中其他论证网络之内的一个关键论证，推动类比论证的进展。对类比论证的分析，是通过引用两起案件中相同的或不同的特殊点，将论证的评价分解为对每个单独特征的评价。共同点和相似点越多，类比论证就越强；差异点越多，类比论证就越弱。

---

〔1〕 See F. H. Van Eemeren, B. Garssen (eds.), *Pondering on Problems of Argumentation: Twenty Essays on Theoretical Issues*, Springer Netherlands, 2009, p. 134.

〔2〕 参见〔荷〕伊芙琳·T. 菲特丽丝：《法律论证原理——司法裁决之证立理论概览》，张其山等译，商务印书馆2005年版，第52页。

相同点和差异点比其他方面更重要，这依赖于类比论证要证明什么。在沃尔顿看来，类比论证的一般形式为[1]：

大前提：在通常情况下，案件C1类似于案件C2。

小前提：命题A在案件C1中为真(为假)。

结论：命题A在案件C2中为真(为假)。

沃尔顿看到了类比论证对其他论辩型式的依赖，也意识到了案件间的共同点和差异点对类比论证的关键性影响。但是，他既没有指出法律规则的目的或法律原则等法律理由对相似性判断的决定性作用，也没有看到待决案件与先例的语义关系对相似性判断的作用，而是走向一种语境主义的相似性。

阿列克西将类比论辩作为一种特殊的法律论辩型式，并论述了与其存在密切关联的、由判例的适用构成的论证负担规则。阿列克西对类比的理解建立在对考夫曼之批判的基础上。他认为，法律获取的程序在本质上具有类比性，但类比并不支配其他推理形式。他还认为，存在两种运用类比的情形，即“内在于事实构成的类比”和“作为扩张的类比”。前者是对规范概念的外延进行澄清的手段，在涵摄的框架内发生并在规则语义空间内运用，本质上是一种特殊的体系论据，属于围绕规范概念展开的解释方法。所以，它要受到其他语义解释方法的制约。后者与语义解释相对，在规范概念的文义范围之外作出决定，其结果是对文义范围进行扩展(当类推这一规范时)或限缩(当类推与这一规范相对立的规范时)。[2] 阿列克西在“作为扩张的类比”的意义上对作为特殊法律论辩型式的类比论辩进行了界定。[3] 他认为，类比论辩可以

〔1〕 参见〔美〕道格拉斯·沃尔顿：《法律论证与证据》，梁庆寅、熊明辉等译，中国政法大学出版社2010年版，第37页。

〔2〕 雷磊：《法律推理基本形式的结构分析》，载《法学研究》2009年第4期。

〔3〕 参见〔德〕罗伯特·阿列克西：《法律论证理论——作为法律证立理论的理性论辩理论》，舒国滢译，中国法制出版社2002年版，第345—348页。

被表述为一个有效的逻辑推论，它的逻辑结构为：

(1) (x)(Fx V simx→OG)

(2) (x)(Hx→Fsimx)

(3) (x)(Hx→OGx)

阿列克西认为，类推适用的真正问题不在于从(1)(2)推论出(3)，而在于对(1)(2)进行证立。那么，这两种前提如何被证立？由于它们通常无法从制定法中直接引出，为了对之进行证立，我们需要这样的规则：从法律上看，类似的情形应当具有类似的法律效果。同时，这一规则只是可普遍化原则和平等原则的特殊情形。因此，可普遍化原则和平等原则为类推奠定了基础。但是，在阿列克西看来，单单基于这样的分析还不足以确定与法律相关的相似性。这是因为，法律类推多以某种价值评价为基础。为了证立这种价值评价，在法律论辩中所有可能的论辩都是被允许的。但是，这并不意味着法律类推作为论辩型式是多余的。实际上，它是实质论辩的一种型式结构，只有在这种结构中，实质论辩才能展示自己的影响。阿列克西认为，类比论辩本身以两种方式与论辩的概念联系在一起：第一，可普遍化原则奠定了它的基础，该原则无论对实质论辩还是对法律论辩都是构成性的；第二，只有在通过论辩被充实的时候，它才能适用。

由此可见，阿列克西也发现了类比在法律发现和法律论辩中的不同作用和功能，并将类比论辩作为一种独立的论辩型式。同时，尽管他认为为了证立类比论辩中的价值评价，在法律论辩中所有可能的论辩都是被允许的，但是他将类比论辩只看作实质论辩的一种型式结构，忽视了语义论辩在类比论辩中可能作用的空间。

除此之外，阿列克西还论述了由判例的适用构成的论证负担规则，对我们认识和分析类比论辩具有重要意义。他认为，判例适用的基础是可普遍化原则,有待决定的难题在于[1]:第一,从来没有两个完全相同的案件,因此对案件间差异点之相关性的确定是判例适用的难题之一;第二,尽管个案与某起已决案件的相关条件非常近似,法官却想作出不同的裁判,因为相关条件的评价在此期间发生了变化。第一个难题也是类比论辩的难题,于此不再赘述。第二个难题是判例适用的真正难题,也是论证负担规则生成的基础。在第二个难题中需要面对的问题是:一方面,可普遍化原则、惯性原理以及法治的一致性原则等都要求在原则上遵守先例;另一方面,法律的"正确性要求"却要求存在某种偏离。[2] 为了调和两者间的矛盾,必须设置一定的论证负担规则,以避免随意偏离先例。为此,阿列克西提出了如下的论证负担规则作为判例适用的普遍规则:

(1) 当一项判例可以被引证以支持或反对某一项裁判时,必须引证之;

(2) 谁想偏离某个规则,则应承受论证负担。[3]

事实上,这种论辩负担规则的适用取决于所涉案件与先例是否相似:若两者相似,则存在这样的论证负担;若两者差异很大,则不必承受这样的论证负担。但是,案件间相似性的模糊及其判断的复杂性,既决定了判例适用中论辩空间的可能性,也表明了判例适用和类比论辩的内在关联。类比论辩中相似性判断的论辩技术在某种意义上可直接用来分析待决案件与先例是否相似,从而决定是遵循先例还是偏离先例。同时,判例适用的普遍规则,即论证负担规则,也会影响类比论辩的具体结构和典型案件的选择。类比论辩在某种意义上既是遵循先例的一种特殊实践,使先例在可能的情况下得到最大程度的尊重和效力扩展,也是法律规则为了实现自己的一致性、融贯性和体系性而对自身所作

〔1〕 参见〔德〕罗伯特·阿列克西:《法律论证理论——作为法律证立理论的理性论辩理论》,舒国滢译,中国法制出版社 2002 年版,第 338—339 页。

〔2〕 同上。

〔3〕 同上。

的一种最大可能的扩张。

在上述论述和分析的基础上，我们认为，对类比论辩的规则可进行如下建构：

(1) 在法律论辩中，如果待决案件可通过文义解释（论辩）、目的解释（论辩）和体系解释（论辩）等解决，则论辩者不得进行类比论辩。否则，论辩相对人可通过这些论辩型式转移论辩主题。

(2) 在法律论辩中，如果所涉案件存在禁止类比论辩的制定法规定、法律原则以及相应的先例、法教义学论述，或者所涉法律规则可进行反面论辩，则论辩者不得进行类比论辩。

(3) 在类比论辩中，论辩者首先需要通过文义论辩对案件间的相似性判断进行证成，以保证待决案件处在相关法律规则的中立语义域内。如果待决案件处在相关法律规则的否定语义域内，则论辩者所主张的便不是真正的类比论辩，而是一种基于原则的论辩或基于价值的论辩，论辩相对人可通过这些论辩型式进行反驳。

(4) 在进行语义论辩后，论辩者需要通过目的论辩对案件间的相似性判断再次证成，以保证所涉规则的目的和其他法律理由作为类比参照点是清晰和明确的，并在此基础上比较和衡量待决案件和典型案件是否实质一致。

(5) 在进行目的论辩后，论辩者还需要通过基于原则的论辩对案件间的相似性判断进行论证。如果类比论辩所涉实质性理由彼此冲突，或与法律原则冲突或者可类推适用的法律规则不止一个且彼此冲突，则论辩者必须按照原则论辩中的衡量规则和重力公式等解决这些冲突。

(6) 在类比论辩中，如果存在进行基于价值的论辩和结果论辩的空间和必要，则论辩者不得回避和拒绝。否则，论辩相对人可以基于价值的论辩和结果进行反驳。

(7) 在类比论辩中，论辩者对类比的证成在总体上需要符合可普遍化原则、平等原则，对相似案件的选择要遵守判例适用的普遍规则即论证负担规则，相似性判断的证成最后必须具体化为案件间在所涉构成要件上的相似性。如果论辩相对人提出质疑，则论辩者必须作出回应和补充论证。

第四节 法律修辞规则之间的适用关系

不同的法律修辞规则在运用过程中会发生复杂的、动态的适用关系，具有不同的性质和指向。正是这些复杂的互动关系构成了法律修辞的动态体系和网状式结构。这些适用关系在性质上可以分为论证功能上的适用关系、论证负担上的适用关系和论证效力上的适用关系。论证功能上的适用关系，是指规则之间在适用中的相互借用、相互支持关系。论证负担上的适用关系，是指规则之间在论证过程中的适用顺位和结构安排上的关系。论证效力上的适用关系，是指不同规则若发生结论上的冲突，应如何解决的关系。同时，所有类型的法律修辞规则之间的适用关系都具有两种指向：一是每一法律修辞规则内部的适用关系，二是不同法律修辞规则之间的适用关系。

一、法律修辞规则内部的适用关系

（一）基于规则的法律修辞规则内部的适用关系

基于规则的法律修辞规则包括针对法律冲突的修辞规则和针对解释关系的修辞规则。其中，前者具体包括针对逻辑性法律冲突的修辞规则和针对评价性法律冲突的修辞规则，后者具体包括文义论辩规则、目的论辩规则和体系论辩规则。针对法律冲突的修辞规则是为了在法律修辞中将规范性前提的选择范围尽量压缩，而且这种修辞规则往往从冲突规则和价值判断的一般性角度切入，其主要依据是法教义学上的法律渊源理论、法律位阶理论、法律竞合理论以及法律部门的体系划分等教义或学说。所以，在适用顺序和论证功能上，针对法律冲突的修辞规则一般优先于针对解释关系的修辞规则。但是，两者并不存在论证负担和效力上的优先关系，更主要的是一种论辩上的相互支持关系。同时，法律之间的冲突尤其是评价性法律冲突并不能完全通过针对法律冲突的修辞规则加以解决，只有引入文义论辩规则、目的论辩规则和体系论辩规则才能得到进一步的解决。

根据法秩序的安全性、确定性、一致性和体系性价值与法的“正确性要求”的衡量关系，以及法教义学的外部体系相对于内部体系的优先关系，法律规则的文义相对于其目的具有初步的优先性。所以，根据法律论证的传递性，文义论辩规则相对于目的论辩规则也具有论证负担和效力上初步的优先关系。若存在更强的理由，则目的论辩规则可以突破文义论辩规则的限制和约束。但是，在论辩的启动和规范性前提的解释上，必须首先遵守和运用文义论辩规则，然后才能过渡到目的论辩规则。在非效力性的论证功能关系上，文义论辩规则具有绝对的优先性。

根据制度性规则的体系性结构和体系论辩规则的功能指向，体系论辩规则与文义论辩规则、目的论辩规则在论证效力和实用性功能上既不会也不应该发生冲突。体系论辩规则的功能和目的即在于使法律规则的文义和目的与整体的法律体系和法秩序实现逻辑和评价上的不矛盾、一致性和融贯性。文义论辩规则经由体系论辩规则的辅助和补充，可以实现与外部体系的兼容；目的论辩规则经由体系论辩规则的纠正和强化，能够实现与内部体系的融合。

（二）基于规则外要素的法律修辞规则内部的适用关系

在内部关系上，基于规则外要素的法律修辞规则具体包括基于原则的法律修辞规则、基于价值的法律修辞规则和结果论辩规则，三者之间存在相当复杂的关系。

第一，在论证功能关系上，结果论辩规则是从经验性的角度检验法律规则的适用后果，而基于原则的法律修辞规则和基于价值的法律修辞规则分别从法律原则和法律价值的角度评价法律规则的适用效果。所以,结果论辩规则、基于原则的法律修辞规则和基于价值的法律修辞规则在论证功能关系上处于一种平行关系,可以被同时运用。根据前述法律原则和法律价值在来源、评价标准以及抽象程度上的关系,我们认为,在基于原则的法律修辞规则和基于价值的法律修辞规则中,应该优先适用前者。

第二,在论证负担和效力上,若结果论辩规则与基于原则的法律修辞规则、基于价值的法律修辞规则在法律效果的检验上存在不一致或发生冲突,则结果论辩规则应具有绝对的优先性。因为结果论辩规则本身融合了归谬论辩的前提和规则,所以一旦相关法律规则的适用带来了荒谬的现实后果,则即使经受住基于原则的法律修辞规则和基于价值的法律修辞规则的检验,也不得适用。此外,相对于另外两个法律修辞规则,尤其是基于价值的法律修辞规则,结果论辩规则所具有的科学性和实证性也是保障其效力优先性的一个重要因素。那么,如果基于原则的法律修辞规则和基于价值的法律修辞规则发生冲突,又该如何抉择?我们认为,法律价值相对于法律原则具有更强的一般性、正确性、伦理性和道德性,而且法律原则本身并不直接涉及法秩序的安全性、确定性、一致性价值,这些价值与法“正确性要求”间的衡量关系在此无法发挥指引作用。所以,两者在论证负担上不存在优先关系,而在论证效力上,基于价值的法律修辞规则绝对优先于基于原则的法律修辞规则。

(三)基于推论的法律修辞规则内部的适用关系

在基于推论的法律修辞规则中,正面推论和类比推论的功能和任务是对相关法律规则的“射程”进行扩张,而反面推论则旨在确认和固守所涉法律规则的含义,将确定不属于其指向的案件从法律规则中排除出去。因此,在法律论证的具体功能上,反面论辩规则与正面论辩规则、类比论辩规则只能构成一种平行关系,不存在所谓的优先顺序。至于正面论辩规则和类比论辩规则，由于正面论辩比类比论辩具有更强的说理力和合理性，因此在可以进行正面论辩时，应优先适用正面论辩规则。也就是说，在论证的具体功能上，正面论辩规则优先于类比推论规则。

在论证负担和论证效力上，根据法秩序的安全性、确定性等价值与法"正确性要求"间的衡量关系，相对于正面论辩规则、类比论辩规则而言，反面论辩规则具有初步的优先性。但是，若存在更强的理由，则可以进行正面推论或类比推论。至于正面论辩规则和类比论辩规则在论证效力上的适用关系，由于两者的论证方向具有一致性，但逻辑要求和论辩规则显然不同，因此在效力上不可能发生冲突，也无法构成效力性的优先关系。同时，由于正面论辩比类比论辩具有更强的说理力和合理性，因此在论证负担上，正面推论规则相对于类比推论规则具有初步的优先性；而若存在更强的理由，则可直接适用类比论辩规则。

二、不同法律修辞规则之间的适用关系

基于规则外要素的法律修辞规则具体包括基于原则的法律修辞规则、基于价值的法律修辞规则和结果论辩规则。在论证功能关系上，三者对基于规则的法律修辞所形成的裁判结论分别从原则、价值和结果的角度进行检验和反思，通过将其论辩结构与更大范围内的一般性原则和法律价值以及经验性知识进行连接，从而将论辩结论融入法律共同体、法律受众乃至整个社会的法律感、法律意识和法律伦理之中，以实现论辩相对人和听众对论辩起点、论辩过程和论辩结论的接受和认同。基于规则的法律修辞规则旨在满足建构原则的合法性，而基于规则外要素的法律修辞规则对应建构原则的合理性。

同时，根据法秩序的安全性、确定性、一致性和体系性价值与法"正确性要求"间的衡量关系以及法教义学的外部体系与内部体系的优先关系，法律规则相对于法律原则、法律价值和法律后果具有初步的优先性。所以，根据法律论证的传递性，基于规则的法律修辞规则相对于基

于规则外要素的法律修辞规则具有论证负担和论证效力上初步的优先性。但是，若存在更强的理由，则基于原则的法律修辞规则、基于价值的法律修辞规则和结果论辩规则可以突破基于规则的法律修辞规则的限制和约束。在法律论证的论辩功能上，为了实现法律论辩的合理性、可接受性以及体系性思维与问题性、法治和法律可辩驳性的动态性协调，基于规则的法律修辞规则反而需要依赖和借助基于规则外要素的法律修辞规则。

基于推论的法律修辞规则具体包括反面论辩规则、类比论辩规则和正面论辩规则。它与体系论辩规则一样，属于辅助性的一般论辩规则，不但可以被用来填补法律漏洞，而且在文义论辩、目的论辩和体系论辩中都具有相应的作用空间。在某种意义上，不管是反面论辩规则还是类比论辩规则和正面论辩规则，都是基于法律规则进行论辩的。但是，法律规则只是其推论的一部分，几乎所有的规范性前提和论辩型式都可以进行推论。所以，这些论辩规则的独立性和特殊性之根本不在于其论辩的前提，而在于其论辩的逻辑结构。它们是由非形式逻辑的推理规则发展出来的论辩规则，并且在论题学上具有自己特定的论题基础。所以，基于规则的法律修辞规则和基于推论的法律修辞规则在论证功能、论证负担以及论证效力上都不可能形成一种优先关系和适用顺位。针对法律冲突的修辞规则、文义论辩规则和目的论辩规则只有诉诸反面论辩规则、类比论辩规则和正面论辩规则，才能在法律体系和法律论辩的制度框架内精确、理性地确定所涉法律规则无法适用的案件或扩展所涉法律规则的适用范围。所以，从这个角度而言，在论证功能上，基于规则的法律修辞规则对基于推论的法律修辞规则具有一定的依赖性。

至于基于规则外要素的法律修辞规则和基于推论的法律修辞规则的关系，我们也要遵循关于基于规则的法律修辞规则和基于推论的法律修辞规则关系的分析理路。基于推论的法律修辞规则主要是为法律规则适用范围的扩展（类比推论和正面推论的作用）和确定（反面推论的作用）服务的，其本身的逻辑结构也是基于原则的法律修辞规则、基于价值的法律修辞规则和结果论辩规则所无法具备的。所以，基于推论的法律修辞规则并不能为基于规则外要素的法律修辞规则提供任何明显的帮助。但是，反过来则不然。不管是反面论辩还是正面论辩、类比论辩，在自身论辩程序和论辩结构的安排中，必须有法律规则的目的、法律原则、法律价值和法律适用的现实后果等实质性理由的参与和介入，而且这些实质性理由在某种程度上发挥着积极的构成性作用，所涉法律规则的语义却只能发挥消极的限制和约束作用。在某种意义上，反面推论、正面推论与类比推论一样，只是一种“实质论述”的形式结构。[1] 所以，在论证功能关系上，基于规则外要素的法律修辞规则绝对优先于基于推论的法律修辞规则。不过，根据上述分析，两者之间不管是在论证负担还是论证效力上都不会发生冲突或产生竞合。

〔1〕 阿列克西认为，法律类推是一种“实质论述”的形式结构，只有在这种结构中，实质结构才能展现自己的影响。参见〔德〕罗伯特・阿列克西：《法律论证理论——作为法律证立理论的理性论辩理论》，舒国滢译，中国法制出版社 2002 年版，第 347 页。